高等院校国际经济与贸易系列教材

国际贸易理论与实务 第5版

International Trade Theory and Practice Fifth Edition

胡丹婷　徐志远　卓骏　成蓉　编著

机械工业出版社
CHINA MACHINE PRESS

图书在版编目（CIP）数据

国际贸易理论与实务 / 胡丹婷等编著 . —5 版 . —北京：机械工业出版社，2022.12（2025.3 重印）
高等院校国际经济与贸易系列教材
ISBN 978-7-111-72241-0

Ⅰ. ①国… Ⅱ. ①胡… Ⅲ. ①国际贸易理论 – 高等学校 – 教材 ②国际贸易 – 贸易实务 – 高等学校 – 教材 Ⅳ. ① F740

中国版本图书馆 CIP 数据核字（2022）第 251541 号

  本书以"理论、政策、措施、实务"为主线，系统、简明地介绍了国际贸易基础知识、国际贸易理论、国际贸易政策与措施、世界贸易组织与世界经济一体化发展情况，以及国际贸易惯例、国际贸易交易过程和实际操作等内容。本书第 5 版采用《国际贸易术语解释通则 2020》的最新内容，增加了教学视频和拓展资源，更新了案例，同时，提供了配套教学课件等教辅资源。

  本书适合非国际经济与贸易专业的学生作为教材使用，对 MBA 以及拟从事进出口业务、国际商务、涉外经济管理的人员也有很好的参考价值。

出版发行：机械工业出版社（北京市西城区百万庄大街 22 号　邮政编码：100037）	
策划编辑：王洪波	责任编辑：王洪波
责任校对：李小宝　贾立萍	责任印制：李　昂
印　　刷：北京捷迅佳彩印刷有限公司	版　　次：2025 年 3 月第 5 版第 3 次印刷
开　　本：185mm×260mm　1/16	印　　张：19.75
书　　号：ISBN 978-7-111-72241-0	定　　价：59.00 元

客服电话：（010）88361066　68326294

版权所有 · 侵权必究
封底无防伪标均为盗版

承蒙读者厚爱,《国际贸易理论与实务》第 4 版已出版使用 6 年多。国际经济形势在此期间以惊人的速度发生深刻变化。绿色发展、创新驱动、贸易数字化等全新贸易业态持续冲击传统贸易结构,正逐渐成为世界经济的主流发展方向。由此产生的国家间激烈竞争使得贸易摩擦频发,为全球经济带来了越来越多的不确定性。而这些新的变化也为教材的进一步修订提出了更高且迫切的要求。

当前,我国经济已经由高速增长进入高质量增长的新时期,以创新驱动为核心的绿色低碳、数字化等高质量发展方式逐渐在全国范围内展开。这一过程势必会对我国对外贸易结构产生深刻影响,因而要求"国际贸易理论与实务"课程学习做出适应性调整。《"十四五"对外贸易高质量发展规划》明确指出:新时期对外贸易"要坚持创新驱动,加快发展方式转型;坚持绿色引领,加快绿色低碳转型;坚持数字赋能,加快数字化转型;坚持互利共赢,提升开放合作水平;坚持安全发展,提升风险防控能力"。

截至 2022 年,全球整体经济形势依旧呈现较大的脆弱性,贸易保护主义频频抬头。我国积极推动经济全球化以及国家内部的新旧动能转换,努力为世界经济复苏、构建人类命运共同体贡献中国力量。这使得中国的对外贸易发展承受着更加严峻复杂的挑战。为了适应国际国内市场环境以及国际贸易惯例的新发展,我们集几十年的教学经验,进一步修订与完善了本书。本书在吸收国际贸易实务发展和国际贸易学科发展最新成果的基础上,系统又简明地介绍了国际贸易基础知识、国际贸易理论、国际贸易政策与措施、世界贸易组织(WTO)与世界经济一体化发展基本情况,以及国际贸易惯例、交易过程和实际操作等内容。

根据国际贸易理论和实务发展、读者反馈,以及教学实践的成果,本书再版时主要做了以下调整。

（1）提炼教学主线，精选课程内容。本课程为非国际经济与贸易专业的学生开设，鉴于课时限制与特定的课程目标，围绕"理论、政策、措施、实务"这一主线，我们对教材内容做了精选，将部分理论假设与推理放到了拓展资料部分，以凝练逻辑主线，更加强调内容的时代性、应用性与可拓展性。

（2）更新教材内容。贸易理论部分增加了异质性贸易理论等全新理论发展的内容，同时在原先的理论中增加了相关背景，并调整内容表述的方式，以增强理论的故事性，激发学生理论学习的兴趣。贸易实务部分则根据《国际贸易术语解释通则2020》（简称《2020年通则》）、《中华人民共和国民法典》（简称《民法典》）以及其他国际贸易惯例、法律的最新发展，对相关内容做了更新。

（3）引入课程教学视频。本书在学习内容的相应位置嵌入二维码，读者扫描二维码，即可观看教学视频。基于大学生注意力集中时间的研究成果，一个视频时长5～14分钟。同时，对重点内容增加案例分析，以提高学生的学习效率和效果。

（4）补充数字化拓展资料。本书将部分人物介绍、惯例法规等作为"拓展资料"嵌入二维码，以突出教材内容的主线，同时又不失课程内容的完整性，兼顾课程设计的系统性与丰富性。

（5）增加实务案例。本书案例选择遵循典型性和时代性原则。典型性强调案例在说明知识点时的典型意义以及在实际业务中的普遍意义，时代性强调案例能够反映正在发生的贸易现实。借助案例分析，可以有效提高学生分析思考的能力。

（6）更新部分习题。本书根据理论和实务的发展以及教材内容修订的实际，更新了习题。习题答案不再随习题给出，将连同其他教辅材料（PPT、案例分析结果等）单独提供给教师。

（7）增加附录样单。本书采用实际业务中使用的单据作为样单，以求反映进出口业务原貌。

与已有的教材相比，本书的创新和特色如下。

（1）将静态的文字与活生生的课堂学习结合。本书采用二维码链接的方式，将课程视频融入教材，读者可以随时随地进入课堂。同时，本书突出理论分析和案例分析在教学中的作用，结合知识点，开辟专栏，引进理论分析和案例，将课本知识与理论分析、实际问题结合起来，培养学生思考问题、分析问题的能力。

（2）将有限的教材链接到无限的网络中。对拓展资料，本书采用二维码链接的方式延伸阅读，减少教材的体量，增加教材的容量。同时，本书提供教学课程网站（https://mooc1-1.chaoxing.com/course/219556079.html），读者可以在网站上下载各种教学资源。

（3）更加强调理论与实务内容的社会属性。本书将国际贸易理论与贸易实践放置到当时所处的历史背景之中，一方面能克服理论与实务部分内容上的割裂，另一方面能增强学生对理论应用边界的认识。同时，这样做还有利于加强教材的时代延展性，提高学生利用经典理论知识解释动态变化贸易实践的能力。

（4）在注重讲解国际贸易惯例和相关法律的基础上，重视国内有关法律的介绍和运用。随着改革开放的深入，我国的法律体系不断完善，对我国对外贸易有重要的规范作用。本书在吸收现有教材内容的基础上，将国内有关的法律规定融合到具体的贸易做法和合同条款的介绍中。

本书第 5 版由课程主讲教师胡丹婷、徐志远、卓骏、成蓉在第 4 版的基础上修订而成。徐志远、卓骏老师修订第 1～5 章，胡丹婷、成蓉老师修订第 6～12 章。本书最终由胡丹婷统纂定稿。

胡丹婷
2023 年 2 月

一、教学方法

本书载有教学视频71个,共计约600分钟,另载有拓展资料24篇,均以二维码链接的方式呈现。

教师可以采用传统的课堂教学法,将视频用于:①学生课前预习,这样课堂上教师可以重点阐述学习要点,分析学习难点,增加现实问题分析、热点问题讨论和案例分析;②课后复习,以加深学生对课堂学习内容的理解和掌握,提高学习效果。

更建议教师采用**线上线下混合教学法,实现"翻转教学"**。在教学过程中,贯彻"教师主导、学生主体"的教学思想。线上教学时,教师应对学生课外自学、线上听课、完成作业提供充足的信息并进行积极的引导,让学生达到"有准备地参加课堂教学,对课堂教学充满期待"的状态。线下教学时,教师应针对重点、难点、热点,就学生的提问、现实问题和案例展开讨论,引导学生展开知识应用、反思与拓展,着力于分析应用能力和综合素质的提高。

二、教学安排

根据培养计划,基于课程总学时,安排教学时间。开展线上线下混合教学,教学时间建议:线上1学时、线下2学时,或者线上1学时、线下1学时,以达成最好的教学效果。表0-1是本书与课程视频结合教学的教学安排。

表 0-1 教学安排

开课顺序	视频序号	授课内容	视频时长	线上学时	线下学时
第1周	第1章	**导论**		1	1
	1.1	课程内容介绍	6′31″		
	1.2	国际贸易的基本概念	5′57″		
	1.3	国际贸易的分类	11′43″		
	第2章	**国际贸易基础理论**			
	2.1	国际分工的概念与发展阶段	9′38″		
	2.2	斯密之前的贸易思想	5′10″		
第2周	2.3	绝对优势理论	9′20″	1	1
	2.4	比较优势理论	7′22″		
	2.5	相互需求理论	5′41″		
	2.6	要素禀赋理论	12′10″		
第3周	2.7	规模经济理论	3′46″	1	1
	2.8	产业内贸易理论	5′52″		
	2.9	技术差距论与产品生命周期理论	8′04″		
	2.10	需求相似理论	4′37″		
	2.11	异质性贸易理论	6′00″		
第4周	第3章	**国际贸易保护理论与政策**		1	1
	3.1	重商主义的贸易保护思想	6′47″		
	3.2	李斯特的贸易保护学说	7′45″		
	3.3	凯恩斯主义的贸易保护理论	7′01″		
	3.4	战略性贸易保护理论	8′49″		
	3.5	普雷维什的中心–外围理论	3′22″		
第5周	第4章	**国际贸易政策措施**		1	1
	4.1	关税的含义与种类（一）	8′22″		
	4.2	关税的含义与种类（二）	13′19″		
	4.3	关税的有效性	10′06″		
	4.4	非关税措施的含义与特征	4′28″		
	4.5	非关税措施的主要类型	15′11″		
第6周	4.6	鼓励性贸易政策	8′44″	1	1
	4.7	倾销与反倾销	10′01″		
	4.8	补贴与反补贴	9′02″		
	4.9	特别保障措施	10′05″		
第7周	第5章	**世界经济一体化概述**		1	1
	5.1	经济一体化概述	12′08″		
	5.2	《关税与贸易总协定》	11′41″		
	5.3	世界贸易组织	12′27″		
	5.4	WTO的争端解决机制	9′28″		
第8周	第6章	**国际贸易的商品描述**		1	1
	6.1	商品的品名和品质	8′03″		
	6.2	以文字说明表示品质	9′40″		
	6.3	合同中的品质条款	7′47″		
	6.4	商品的数量	11′45″		
	6.5	商品的包装	11′57″		

(续)

开课顺序	视频序号	授课内容	视频时长	线上学时	线下学时
第9周	第7章	贸易术语与价格条款		1	1
	7.1	贸易术语及相关的国际贸易惯例	8′13″		
	7.2	贸易术语 FOB	13′54″		
	7.3	FOB 案例分析	7′40″		
第10周	7.4	贸易术语 CFR	11′21″	1	1
	7.5	贸易术语 CIF	11′37″		
	7.6	贸易术语 FCA	8′11″		
	7.7	贸易术语 CPT	7′48″		
	7.8	贸易术语 CIP	7′20″		
第11周	7.9	《2020年通则》中11种贸易术语总结	3′51″	1	1
	7.10	佣金和折扣	4′23″		
	7.11	出口成本核算	4′02″		
	7.12	合同中的价格条款	4′57″		
第12周	第8章	货物运输		1	1
	8.1	班轮运输	6′40″		
	8.2	合同中的装运条款	11′58″		
	8.3	海运提单的性质和作用	4′36″		
	8.4	海运提单的种类	9′20″		
第13周	第9章	货款结算		1	1
	9.1	汇票的含义及内容	11′52″		
	9.2	汇票的使用与种类	11′07″		
	9.3	汇付	8′49″		
	9.4	汇付的案例	3′50″		
	9.5	托收的含义及交单条件	9′20″		
	9.6	托收的案例	5′03″		
第14周	9.7	信用证的含义及基本当事人	8′22″	1	1
	9.8	信用证的其他当事人及内容	7′56″		
	9.9	信用证的业务程序及案例	12′07″		
	9.10	信用证的种类	11′35″		
	9.11	合同中的支付条款与支付方式的选择	6′35″		
第15周	第10章	贸易合同的磋商和订立		1	1
	10.1	交易磋商的一般程序	7′36″		
	10.2	构成发盘的条件	7′12″		
	10.3	发盘的有效期、生效和失效	8′05″		
	10.4	构成接受的条件	4′28″		
	10.5	贸易合同的签订	6′33″		
第16周	第11章	出口贸易合同的履行		1	1
	11.1	出口贸易合同的履行	10′24″		
	第12章	进口贸易合同的履行			
	12.1	进口贸易合同的履行	9′52″		

注：此处按32学时安排。若为48学时的课程，则每次线下2学时。

三、成绩评定

本课程对学生学业成绩采用过程性评价和终结性评价相结合的方式。

过程性评价主要有：①线上设置内嵌测试的作业题或讨论题，以帮助学生掌握学习内容或测试学习效果；②学生参与度评价，包括课堂上回答问题、介绍案例、案例分析、小组讨论等的参与情况。

终结性评价主要采用线下书面考试。

表 0-2 和表 0-3 分别是线上和线下考核与评价方式，学生成绩总评：线上成绩占 50%，线下成绩占 50%。

表 0-2 线上考核与评价方式

考核内容占比 /%				
视频观看	作业	测验	讨论发帖	笔记
40	25	25	5	5

表 0-3 线下考核与评价方式

考核内容占比 /%		
课堂发言	小组讨论	期末考试
10	10	80

前言
教学建议

上篇　国际贸易理论

第 1 章　导论 ········· 2
学习目标 ········· 2
1.1　国际贸易的产生和发展 ········· 2
1.2　国际贸易的研究对象 ········· 8
1.3　国际贸易的基本概念及分类 ········· 9
本章小结 ········· 13
练习题 ········· 14

第 2 章　国际贸易基础理论 ········· 15
学习目标 ········· 15
2.1　国际分工的概念与发展阶段 ········· 15
2.2　古典贸易理论 ········· 18
2.3　新古典贸易理论 ········· 23
2.4　新贸易理论 ········· 29
2.5　企业异质性贸易理论 ········· 35
本章小结 ········· 37

练习题 ········· 37

第 3 章　国际贸易保护理论与政策 ····· 42
学习目标 ········· 42
3.1　重商主义贸易保护思想 ········· 42
3.2　传统贸易保护理论 ········· 45
本章小结 ········· 55
练习题 ········· 55

第 4 章　国际贸易政策措施 ········· 57
学习目标 ········· 57
4.1　关税措施 ········· 57
4.2　非关税措施 ········· 70
4.3　鼓励性贸易政策 ········· 78
4.4　公平贸易救济 ········· 80
本章小结 ········· 96
练习题 ········· 96

第 5 章　世界经济一体化概述 ········· 102
学习目标 ········· 102
5.1　经济一体化概述 ········· 102

5.2 《关税与贸易总协定》……………… 105
5.3 世界贸易组织……………………… 108
本章小结………………………………… 115
练习题…………………………………… 115

下篇 国际贸易实务

第 6 章 国际贸易的商品描述 ……… 120
学习目标………………………………… 120
6.1 商品的品名和品质………………… 120
6.2 商品的数量………………………… 130
6.3 商品的包装………………………… 136
本章小结………………………………… 141
练习题…………………………………… 142

第 7 章 贸易术语与价格条款 ……… 143
学习目标………………………………… 143
7.1 有关贸易术语的国际贸易惯例…… 143
7.2 适用于海洋运输和内河水运的 3 种
    主要贸易术语……………………… 147
7.3 适用于各种运输方式的 3 种常用
    贸易术语…………………………… 161
7.4 其他 5 种贸易术语………………… 170
7.5 11 种贸易术语的关键点及选用…… 177
7.6 佣金和折扣………………………… 179
7.7 出口成本核算……………………… 181
7.8 合同中的价格条款………………… 184
本章小结………………………………… 186
练习题…………………………………… 186

第 8 章 货物运输 …………………… 188
学习目标………………………………… 188
8.1 海洋运输…………………………… 188

8.2 海洋运输单据……………………… 193
8.3 合同中的装运条款………………… 197
本章小结………………………………… 203
练习题…………………………………… 203

第 9 章 货款结算 …………………… 204
学习目标………………………………… 204
9.1 汇票………………………………… 204
9.2 汇付………………………………… 209
9.3 托收………………………………… 213
9.4 信用证……………………………… 219
9.5 各种支付方式的选择与运用……… 235
9.6 合同中的支付条款………………… 236
本章小结………………………………… 240
练习题…………………………………… 240

第 10 章 贸易合同的磋商和订立 …… 241
学习目标………………………………… 241
10.1 交易磋商的形式和内容…………… 241
10.2 交易磋商的一般程序……………… 244
10.3 贸易合同的成立…………………… 246
10.4 贸易合同的签订…………………… 256
本章小结………………………………… 260
练习题…………………………………… 260

第 11 章 出口贸易合同的履行 ……… 261
学习目标………………………………… 261
11.1 备货和报验………………………… 261
11.2 催证、审证和改证………………… 264
11.3 出口托运…………………………… 268
11.4 制单结汇…………………………… 270
本章小结………………………………… 274
练习题…………………………………… 274

第 12 章　进口贸易合同的履行 ······ 275
学习目标 ·· 275
12.1　开立信用证 ······························ 275
12.2　办理运输和保险 ······················ 276
12.3　审单和支付 ······························ 278
12.4　接货和报关 ······························ 280
12.5　进口商品的检验 ······················ 281
12.6　进口索赔 ·································· 282
本章小结 ·· 283
练习题 ·· 283
附录样单 ·· 284
参考文献 ·· 298

课程视频

课程内容介绍 ………………………… 2
国际贸易的基本概念 ………………… 9
国际贸易的分类 …………………… 12
国际分工的概念与发展阶段 ………… 15
斯密之前的贸易思想 ………………… 18
绝对优势理论 ……………………… 19
比较优势理论 ……………………… 21
相互需求理论 ……………………… 23
要素禀赋理论 ……………………… 25
规模经济理论 ……………………… 30
产业内贸易理论 …………………… 30
技术差距论与产品生命周期理论 …… 32
需求相似理论 ……………………… 34
异质性贸易理论 …………………… 35
重商主义的贸易保护思想 …………… 42
李斯特的贸易保护学说 ……………… 45
凯恩斯主义的贸易保护理论 ………… 46
战略性贸易保护理论 ………………… 47
普雷维什的中心–外围理论 ………… 50
关税的含义与种类（一） …………… 57

关税的含义与种类（二） …………… 59
关税的有效性 ……………………… 65
非关税措施的含义与特征 …………… 70
非关税措施的主要类型 ……………… 71
鼓励性贸易政策 …………………… 78
倾销与反倾销 ……………………… 80
补贴与反补贴 ……………………… 91
特别保障措施 ……………………… 93
经济一体化概述 …………………… 102
《关税与贸易总协定》 ……………… 105
世界贸易组织 ……………………… 108
WTO 的争端解决机制 ……………… 111
商品的品名和品质 ………………… 120
以文字说明表示品质 ………………… 124
合同中的品质条款 ………………… 128
商品的数量 ………………………… 131
商品的包装 ………………………… 136
贸易术语及相关的国际贸易惯例 …… 143
贸易术语 FOB ……………………… 147
FOB 案例分析 ……………………… 151
贸易术语 CFR ……………………… 154
贸易术语 CIF ……………………… 157

贸易术语 FCA	161
贸易术语 CPT	165
贸易术语 CIP	167
《2020 年通则》中 11 种贸易术语总结	177
佣金和折扣	180
出口成本核算	182
合同中的价格条款	184
班轮运输	188
海运提单的性质和作用	193
海运提单的种类	194
合同中的装运条款	197
汇票的含义及内容	204
汇票的使用与种类	205
汇付	209
汇付的案例	212
托收的含义及交单条件	213
托收的案例	218
信用证的含义及基本当事人	219
信用证的其他当事人及内容	221
信用证的业务程序及案例	224
信用证的种类	230
合同中的支付条款与支付方式的选择	235
交易磋商的一般程序	241
构成发盘的条件	247
发盘的有效期、生效和失效	250
构成接受的条件	253
贸易合同的签订	256
出口贸易合同的履行	261
进口贸易合同的履行	275

拓展资料

人物简介　亚当·斯密	19
人物简介　大卫·李嘉图	21
人物简介　阿尔弗雷德·马歇尔	25
人物简介　贝蒂尔·俄林	25
人物简介　沃西里·里昂惕夫	28
人物简介　保罗·克鲁格曼	30
人物简介　雷蒙德·弗农	33
人物简介　托马斯·孟	43
人物简介　弗里德里希·李斯特	45
人物简介　约翰·梅纳德·凯恩斯	46
商品命名的方法	121
联合国国际货物销售合同公约	123
销售包装的种类和选用	137
运输包装的种类和选用	137
商品条码	137
《1990 年美国对外贸易定义修正本》解释的贸易术语	145
Incoterms®2020 对 Incoterms®2010 的修改	146
《国际贸易术语解释通则 2020》中 6 个主要贸易术语	147
船货衔接问题	149
FOB 装货费用的承担	153
CFR 卸货费用的承担	157
租船运输种类	191
其他运输方式	197
UCP 600	224

上篇　国际贸易理论

第 1 章　导论
第 2 章　国际贸易基础理论
第 3 章　国际贸易保护理论与政策
第 4 章　国际贸易政策措施
第 5 章　世界经济一体化概述

第1章 CHAPTER1

导　　论

:: **学习目标**

| 了解国际贸易产生和发展的历史脉络与最新特征；
| 理解国际贸易理论中涉及的基本概念；
| 掌握国际贸易理论与贸易实践的相互作用。

1.1 国际贸易的产生和发展

1.1.1 国际贸易的产生

课程内容
介绍

国际贸易是在一定历史条件下产生和发展起来的，是一个历史的范畴。国际贸易的产生必须具备两个条件：一是有可供交换的剩余产品；二是有各自为政的社会实体。因此从根本上说，社会生产力的发展和社会分工的扩大，是国际贸易产生和发展的基础。

人类历史上先后经历了三次意义重大的社会大分工，在其演变与发展的过程中逐渐形成了最初的国际贸易形态。在原始社会初期，人类处于自然分工状态，集体协作是这一阶段的主要劳动形式，同时，人们按照公有制的方式对有限的物质资料进行平均分配。随着工具的发明与狩猎经验的不断积累，满足基本生活需求以外的剩余产品不断增加，多余的动物不断被饲养，畜牧业开始形成并逐渐与原始农业相分离，在原始社会后期，产生了人类的第一次社会大分工。生产效率在这次大分工后得到快速发展，剩余产品更为丰富，促使原先偶然性的必要生活资料交换转变为经常性的以多样化消费为目的的交换。同时，大量剩余财富的积累使私有制开始萌芽，掌握最多财富的部落族长开始从劳动者转变为脱离劳动的剥削者，而以往部落征战中将被处决的俘虏则有机会活下来，以奴隶的身份成为被剥削者。在人类发现冶炼方法并开始使用青铜器与铁器之后，金属工具辅助下的农业生产进一步得到发展，并推动了榨油、纺织、制陶、铸造等手工业的产生。生产多样化程度的提高使得一个人难以胜任所有的工作,导致专门的手工业者又开始从农业中分离出来,最终在原始社会末期产生了人类第二次社会大分工。第二次大分工进一步提高了生产率水平,增加了剩余产品数量,这一方面使原本局部的、零散的奴隶制演变成为社会制度的一个组成部分,另一方面促进了专门从事产品交换的人员集聚和城市的形成。而在产品流通领域,则催生出专门从事商品交换的独立生产部门。商业与商人的出现标志着人类走进文明时代,也由此形成了人类社会的第三次社会大分工。在商人的作用下,商品生产和商品交换更加广泛与频繁,商品流动不断向更远的区域扩张。

但是,奴隶制下奴隶与奴隶主之间愈加激烈的矛盾制约了社会生产力的进一步发展,最终加速了奴隶社会的瓦解和以剥削农奴为主的封建社会的形成。相比于奴隶社会,封建社会下的农民名义上具有相对独立的身份,只要缴纳足够的租金,包括土地在内的各类产出可以由农民自行处置。这使得社会生产能力得到进一步提高,商品生产与交换获得更大的自由,促进了贸易的国际化进程。例如,西方国家以呢绒、酒等换取东方国家的丝绸、香料和珠宝等。在欧洲封建社会的早期阶段,国际贸易的中心位于地中海东部。公元 7~8 世纪,阿拉伯贸易商人便已经贩运非洲的象牙、中国的丝绸、香料和宝石等。公元 11 世纪以后,随着意大利北部、波罗的海和黑海沿岸城市的兴起,国际贸易的范围扩大到北海、波罗的海和黑海的沿岸地带。城市手工业的发展推动了国际贸易的发展,而国际贸易的发展又促进了手工业的进一步发展,促进了资本主义因素在欧洲各国内部的迅速发展。但限于当时人类对世界的有限认知,国际贸易依然主要在同一大洲内的各个国家间进行。

1.1.2 国际贸易的发展历程

1. 地理大发现对国际贸易的影响

国际贸易的发展是与西欧各国资本主义生产方式的建立和发展紧密联系在一起的。自 1492 年哥伦布发现新大陆开始,欧洲各国就踏上了殖民扩张的征程,在这一过程中,原本各洲内部的贸易逐渐结合为一个整体,使得真正意义上的"世界贸易"开始形成。伴随人类认知范围的扩大,不同资源禀赋国家间的商品流通急速增加,欧洲商人的贸易范围得到空前扩张,国际贸易中心转向大西洋沿岸的葡萄牙、西班牙及日后的英法等国。大批欧洲商人前往非洲和美洲进行掠夺性贸易,运回大量金银财宝,进行黑人奴隶买卖,同时还将这些地区变成本国的殖民地。西班牙、荷兰、英国之间为争夺殖民地和国际贸易控制权连年发生战争。为筹措战争费用,各国政府除加大税收外,还纷纷在海外设立贸易公司(如英国的东印度公司),加强对殖民地的掠夺。残酷的殖民扩张在客观上也推动了各洲之间的贸易,使得以西欧为中心的世界市场初步形成。

与此同时,地理大发现后的殖民扩张,使得金银财富源源不断地从各殖民地流入欧洲,并转而进入商品流通领域。这种完全不依赖土地的财富获取方式从根本上改变了阶级之间的关系,推动了商业革命的形成与发展。各国自然禀赋差异所导致的产品价格差异进一步推动了以牟利为目的的国际贸易,资本主义生产方式随之建立并逐渐占据主导地位,最终独立为全新的资产阶级制度。

2. 工业革命对国际贸易的影响

17 世纪中期,英国作为世界最大的殖民帝国率先完成了资本的原始积累,成功进行了资产阶级革命,资本主义生产方式因此正式确立。随后,英国夺得海上霸权,在世界贸易中占据了主导地位。开始于 18 世纪中期的第一次工业革命以蒸汽机的发明和使用为标志,开创了大机器工业时代,极大地促进了生产力的提高,商品生产大为丰富,国际贸易规模实现爆炸式增长。1800～1870 年，扣除价格下跌因素后的全球实际贸易量增长了 9.6 倍，而在 18 世纪初到 19 世纪初的接近一百年中，世界贸易总额仅增长了 1 倍左右。这次工业革命为国际贸易的迅猛发展提供了坚实的基础。

1870 年以后，以美国和德国为首的欧美国家也相继完成了自身的工业化改造，在吸收英国工业化成果的基础上，着重在技术领域取得突破式发展。许多新的技术不断涌现，科学指导下的发明创造逐渐取代了偶然、单独的发明，最终以电力的发明和应用开启了资本主义世界的第二次工业革命。这次革命极大地推动了交通运输工具和通信联络技术的发展，使各国之间的贸易更加便捷，国家间的空间距离被极大缩短，并通过贸易使资本主义的生产方式在世界其他国家快速扩展，进一步强化了以欧美为主导的现代工业体系与专业化分工模式。世界市场在这一进程中得以真正建立。

两次工业革命之后，国际贸易从原来局部的、地区性的贸易活动转变为全球性的国际贸易，贸易商品的数量有了大幅增长，贸易方式和机构职能也有了创新和发展。农业在国民经济体系中的比重快速下降，工业的比重迅速攀升。这种转变使得先行工业化国家成为工业制成品的生产与出口国，而后进国家则沦为初级性产品的提供者，在全球价值体系中逐渐变成发达资本主义国家的附庸，资本主义发展开始转向垄断资本主义阶段。

资本主义进入垄断阶段后，国际贸易也不可避免地带有垄断特征，主要资本主义国家的对外贸易都由为数不多的垄断组织所控制，它们决定着一国对外贸易的地理方向和商品构成。第一次世界大战使英国丧失了在国际贸易中的霸主地位，由美国取而代之。1929～1933 年的"大萧条"更是使国际贸易陷入低谷。经济危机继而又波及政治，引发了第二次世界大战。第二次世界大战结束后，国际贸易中心开始从欧洲转向大西洋两岸。这一时期，分别以美国和苏联为首的两大集团扶植各自的势力，直接或间接地复兴了许多国家的经济。在关税与贸易总协定（GATT，简称关贸总协定）和 20 世纪 90 年代成立的世界贸易组织（WTO，简称世贸组织）的推动下，国际经济合作不断加强，世界经济空前繁荣，国际贸易在贸易自由化的旗帜下实现了惊人的发展。

3. 第二次世界大战后至今的国际贸易发展

第二次世界大战结束以后，国际分工又得到进一步的发展。在发达国家与发展中国家之间的纵向分工不断深化的同时，发达国家之间的横向分工逐渐兴起，并在全球贸易中占据越来越重要的位置，从而使得世界范围内各国之间在生产力发展、国际分工与世界市场发展的基础上，通过商品、货币和资本的流通，劳动力的转移和技术的转让，形成了错综复杂的各种类型的国际经济关系。特别是跨国公司的迅速发展，推动了生产与资本的进一步国际化，使各国经济生活的各个方面都或多或少地受到国际贸易的影响。

概括地讲，第二次世界大战后国际贸易呈现出以下几个特征。

（1）国际贸易额总体上保持上升趋势。

第二次世界大战以前，经济增长主要限于西欧、北美、日本、苏联以及东欧国家。而第二次世界大战后，发展中国家和地区的国民经济也有了较快的发展。

1948～1973 年，世界工业生产的年均增长率达到 6.1%，而同期国际贸易年均增长率则超过 10%。

20 世纪 70 年代以后，世界经济进入衰退时期，继而是全面、深刻而漫长的调整阶段，增长率明显下降。但是，国际贸易的增长始终超过世界经济的增长。尤其是 1994 年和 1995 年，贸易增长率均为同期世界经济增长率的两倍以上。国际贸易的迅速发展，是世界生产力的发展、科技的进步和各国各地区之间经济发展不平衡规律的作用结果。

从1760年至今的200多年间，人类社会曾经经历了三次科学技术革命，其中以第二次世界大战以后的第三次科技革命的影响最为深刻。20世纪40年代中期以来，自然科学的新发现和技术的新发明超过以往几千年的总和。人类的科学知识，在19世纪每50年增长1倍，20世纪中叶每10年增长1倍，20世纪70年代以来则是每5年增长1倍。国际贸易作为经济全球化的基本纽带，对经济增长的推动作用日益显著，世界各国对国际贸易的依赖程度不断提高。从绝对数量来看，世界商品出口额从1950年的607亿美元增加到20世纪末的6.23万亿美元。从相对增长速度来看，国际贸易增速一般是经济增速的1.5倍左右。

（2）以发达国家为主的制成品贸易占据主导。

第二次世界大战以前，制成品与初级产品在世界贸易中的比例为2∶3。到了1950年，制成品贸易比重首次超过初级产品，并在之后稳步攀升。根据世界贸易组织发布的《2018世界贸易统计报告》，2017年工业制成品占所有商品出口的比重达70%。其中，纺织品和一些轻工业产品的比重呈下降趋势，而机械电子产品以及其他资本密集型产品的比重则直线上升。这一变化表明，第二次世界大战后，各类经济部门内部的分工已逐渐取代了各经济部门之间的分工，成为国际交换的基础。在国际贸易商品结构的变化之中，特别值得一提的是服务贸易。自20世纪80年代以来，世界服务贸易就以高于货物贸易的速度增长，迅速成为国际贸易的重要组成部分，尤其在发达国家，服务业占GDP的比重到2017年已经超过了70%。1982年，世界服务贸易出口额仅为4 050亿美元，1992年这一数字变为1.2万亿美元，2017年更是达到了惊人的13.3万亿美元。服务贸易已上升到与货物贸易同等重要的地位，《服务贸易总协定》也成为WTO的3个主要协议之一。

（3）跨国公司在国际贸易中的作用进一步加强。

第二次世界大战以后，资本在世界范围内的扩张、直接投资的飞速增长，使世界经济进入生产资本国际化时期，这一重大变化的标志是跨国公司在国际贸易中地位和作用的增强。跨国公司在利润最大化的驱动下，将完整的产品生产过程分散到全球各地，在全球范围内进行产品生产的价值链重构与国际生产体系构建。目前，全球跨国公司的销售额已占世界出口总额的70%；美国出口总额的3/4被控制在美国跨国公司本土内的母公司手中。从国际商品交换的种类来看，目前世界的原料、燃料贸易绝大部分被控制在跨国公司手中。其中控制程度高达85%～90%的有：小麦、咖啡、玉米、可可、花生、木材、棉花、烟草、黄麻、铁矿石等；控制程度为70%～85%的有：大米、香蕉、茶叶、天然橡胶、石油、铜、锡和铝土矿等。

由于发达国家以出口制成品为主，跨国公司控制发达国家出口贸易的程度，就大致代表了它们控制发达国家制成品出口的程度。除了货物贸易以外，跨国公司还控制了世界技术贸易的60%～70%，发展中国家技术贸易的90%都被跨国公司所控制。进入20世纪90年代，由于资本集中和跨国兼并的进一步发展，技术贸易特别是高新技术贸易的增长，发达国家占世界贸易比重的上升趋势以及跨国公司经营中非股权控制形式的加强等诸多原因的共同作用，跨国公司在国际贸易中的作用进一步加强。

（4）发达国家之间的相互贸易愈加频繁，发展中国家的作用逐渐增强。

第二次世界大战以后，国际贸易被发达国家所统治的现象仍没有改变，在世界货物贸易出口额中，发达国家的出口占3/4；在世界服务贸易出口额中，发达国家的出口占4/5。但是，发展中国家作为一个整体，第二次世界大战后的贸易额呈不断上升之势。进入20世纪90年代，发展中国家的贸易额，包括发展中国家之间的贸易以及发展中国家同发达国家之间的贸易，增长迅猛。1993年，发展中国家的出口占世界出口总额的比重已达1/4，其中以东亚、东南亚地区最为突出。随着发展中国家调整产业结构，其出口商品的结构有所升级，发展中国家已不仅仅是农矿原料的生产者和出口者，而且成为世界制成品生产和出口的基地。1993年，发展中国家的制成品出口已占世界制成品出口的1/5。

（5）贸易保护主义升级，区域性贸易迅速发展。

19世纪40年代以后，国际贸易的平均增长率曾大幅度地超过世界工业生产增长率，但是在1870～1948年近80年的时间里，国际贸易相对于世界工业生产却一直处于落后状态，世界范围内的商品生产和销售之间的矛盾趋于尖锐化，国际贸易对于世界经济发展的推动作用减小了。然而20世纪50年代以后，国际贸易的增长率再一次超过了世界工业生产的增长率。1950～1960年，世界出口量的年均增长率比世界工业生产的年均增长率高出8.6%；1960～1970年，世界出口量比工业生产高出25%，世界经济已日益结为一体。

20世纪70年代中期以后，西方发达国家的对外贸易政策逐渐由贸易自由化向贸易非自由化发展，这种转化是战后西方世界经济发展由迅速增长走向"滞胀"和发达国家之间市场争夺加剧的必然结果。

进入20世纪90年代以来，随着"冷战"状态结束，西方发达国家之间的经济矛盾日趋加剧，特别是当西方各国面临经济衰退和失业问题的困扰时，美欧、美日、日欧之间的经济摩擦愈演愈烈。贸易保护主义随之升级，大国之间和经济集团之间的市场争夺加剧。

为免遭贸易保护的威胁，维护自由贸易的市场环境，全球贸易市场开始向区域性自由贸易市场转变。其中最具影响力的区域经济贸易集团主要包括1958年组建的欧洲经济共同体（欧盟前身）、1967年成立的东南亚国家联盟，以及20世纪80年代中后期先后成立的北美自由贸易区和亚太经合组织。到目前为止，几乎所有的世界贸易组织成员至少参加了一个区域性自由贸易协定。截至2021年年底，正式运行的区域性贸易协定有300多个⊖。由于各类区域性贸易集团内部都在极力推动贸易自由化，这在较大程度上缓解了贸易保护对各个国家，尤其是发展中国家的负面影响。

（6）产业内贸易出现若干新形式。

20世纪90年代以前的产业内贸易，主要是基于不同技术系统的产品差异化的交换，或者是由垂直型分工形成的各协作企业间的交换。90年代以后的产业内贸易，主要是基于同一技术系统的水平型分工交换，或者是市场标准创新引起的产品差异化交换。由于分工的细化，不仅制成品各生产环节的中间产品可以分工，制造与其他活动也可以分离，从而使产业内贸易在业务开展中出现了以下新形式——OEM、OLM、ODM和EMS⊜等。这四种产业内贸易的新形式基本上都是由跨国公司主导的。跨国公司通过两种国际生产体系来安排这种新型的产业内贸易：一种是通过直接投资和股权安排，形成公司内部价值链分工体系和公司内贸易；另一种是通过非股权安排，形成公司与其他独立厂商的供应链体系，实现供应链网络内部的贸易。对技术要素日益占据重要地位的许多产业来说，后一种分工与贸易方式日趋重要。

（7）管理贸易政策流行。

在自由贸易与保护贸易的斗争中，一种新的折中的贸易政策，即管理贸易政策开始登上

⊖ 包括自由贸易协定（Free Trade Agreement，FTA）、经济一体化协定（Economic Integration Agreement，EIA）、关税同盟（Customs Union，CU）、优惠贸易协定（Preferential Trade Agreement，PTA）。

⊜ OEM是指品牌拥有者将生产制造业务外包给其他厂商的业务模式；OLM是指品牌拥有者将生产制造、物流等环节外包给其他厂商的经营模式；ODM是指品牌拥有者将生产制造和部分设计环节外包给其他厂商的业务模式；EMS是指品牌拥有者将设计、制造和物流环节都外包给其他厂商的业务模式。

国际贸易的舞台。管理贸易是一种既不同于自由贸易,也不同于保护贸易,但兼有二者特点的新型贸易制度。它以协调为重心,以政府干预为主导,以磋商谈判为形式,综合运用经济和政治手段,对本国(地区)进出口贸易和全球贸易关系进行协调和管理。在一定程度上,它遵循自由贸易的原则,同时又利用一个国家(地区)的国内法规、法令,或通过一国(地区)政府的贸易集团同另一国(地区)政府和贸易集团达成协议等形式,来约束贸易伙伴的行为。

管理贸易的产生适应了发达国家既要遵循自由贸易的原则,又要实行一定的贸易保护的现实需要。它将贸易保护制度化、合法化,有人把它称为"借自由贸易之名,行保护贸易之实"。

管理贸易具有以下主要特点。

1)管理贸易提倡自由贸易,但在自由化的程度和范围上有所限制,政府始终采取或明或暗的干预手段加强协调和管理。

2)管理贸易采用的保护主义措施具有战略性,其重点转向实现国民经济的均衡增长和国际贸易关系的协调发展。

3)管理贸易使用的手段具有综合性,它融政治、经济于一体,综合运用贸易、金融、技术、信息乃至外交等手段,对本国和世界经济贸易施加影响,进行干预。

4)管理贸易主要采用非关税壁垒措施,不违背消除关税壁垒的自由贸易原则,通过各种巧妙的进出口管理办法,如政府间的协议、国际协定、国内立法、民间协商等形式进行组织、管理,旨在监督出口、限制进口、控制价格、实施监管,以此缓和各国间的贸易摩擦。管理贸易自21世纪以来盛行于西方国家,成为各国外贸政策的最佳选择。

(8)电子商务引导国际贸易新潮流。

进入21世纪以来,随着知识经济时代多媒体技术和网络技术的发展,互联网应用范围迅速扩大,国际贸易也逐渐借助国际互联网来完成,这为国际贸易带来深刻变化,网络贸易应运而生。所谓网络贸易,是指通过网络,特别是国际互联网所完成的一切贸易活动。电子商务实现了贸易的网络化、无边界化和个性化,能有效打破自然和人为限制,具有营运成本低、用户范围广、互动交流性强等特点,代表着21世纪国际贸易的发展方向。电子商务的兴起孕育着巨大商机。根据联合国贸易和发展会议《2021年全球电子商务评估报告》统计,2020年全球电子商务规模达25.6万亿美元,占当年全球国内生产总值的30%。

国际上对于电子商务的发展也都给予了很高的重视,联合国国际贸易委员会通过的《电子商务示范法》、WTO部长级会议上通过的《全球电子商务宣言》、经济合作与发展组织(OECD)召开的电子商务部长级会议提出的《全球电子商务行动计划》以及电子商务全球对话形成的《巴黎倡议》,都是国际范围内进行电子商务规则建设的可喜成果。美国的《全球电子商务政策框架》、欧盟的《欧洲电子商务倡议书》、英国的《电子商务:英国税收政策指南》、亚洲国家新加坡的《电子交易法》等,都是从本国能力和利益出发形成的单项立法,虽然还不系统,但对解决目前电子商务发展中存在的突出问题还是有积极作用的。

中国作为全球电子商务大国,高度重视相关立法工作。早在1999年的《中华人民共和国合同法》中,就通过明确数据电文的到达时间,以及电子商务合同的成立地点,在法律层面为电子商务的发展提供了法律依据。2004年8月28日,第十届全国人民代表大会常务委员会第十一次会议通过了《中华人民共和国电子签名法》,并于2005年4月1日实施。2005年10月26日实施了《电子支付指引(第一号)》。2018年8月进一步通过了《中华人民共和国电子商务法》,为保障电子商务各方主体的合法权益,规范中国境内的电子商务行为,促进电子商务的发展,提供了更加完善的法律体系支撑。在强化电子商务国内相关法律体系的同时,中国也积极参与国际电子商务规则谈判和政策协同,在中国对外签署的或正在磋商的双边或多边贸易协定中都设有电子商务相关章节,例如《中国-韩国自由贸易协定》《中华人民共和国政府和澳大利亚政府自由贸易协定》等均设立了专门的电子商务章节,涉及电子签名和电子认证、无纸化贸易、个人数据保护、国际合作与对话条款等内容。

1.2 国际贸易的研究对象

国际贸易自产生以来,在理论上一直围绕着国际贸易动因、国际贸易格局和贸易利益的分配等方面不断地演变。之所以会产生这些分析框架,是因为只有解决了上述三个问题,才能揭示出国际贸易的一般规律和方法。由此,我们可以得出国际贸易研究对象的具体范畴及其分析框架。

国际贸易理论,即回答为什么要进行国际贸易、国际贸易的模式如何、贸易利益如何分配这三个问题。显然,这是站在世界贸易总体的角度,试图从国际贸易活动的实践中提炼出真实原因。只有在这个理论前提下,才能衍生出与之相适应的概念体系和分析方法。图 1-1 展示了国际贸易理论演变的历程。

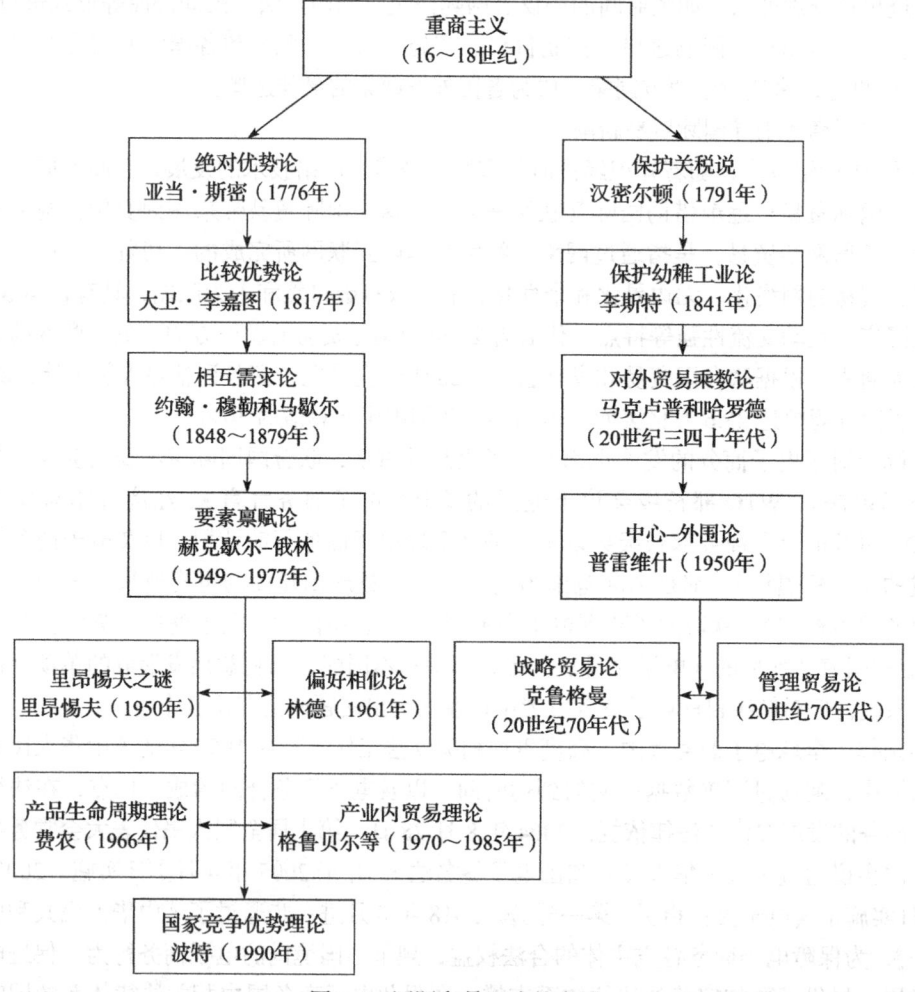

图 1-1 国际贸易理论的发展

国际贸易政策，即回答如何保护本国的贸易利益。显然，这是站在一个主权国家或单独关税区的角度来考虑问题的。无论是发达国家还是发展中国家，其贸易政策都带有一定的保护色彩。当然，这种保护倾向会受到两种约束：一是多边贸易规则的约束；二是基于各国的力量，不同国家贸易政策博弈的结果。与此相关联的是国际贸易体系的研究，即回答如何协调各国的贸易政策和实现贸易自由化的目标这个问题。显然，这是世界贸易组织的基本宗旨。在国际贸易规则的约束下，国际贸易政策的冲突可以得到一定程度的缓解和调和。

国际贸易实务，即如何进行国际贸易。显然，这是一个技术问题或操作程序问题。由于从事国际贸易实务的主体是企业，因而其必然受到多重约束，诸如国际贸易惯例和本行业的贸易惯例、本国的贸易政策和贸易对象国的贸易政策以及国际市场的竞争规则等。国际贸易实务要研究的是，在这些约束下如何进行国际贸易操作。

1.3 国际贸易的基本概念及分类

1.3.1 国际贸易的基本概念

国际贸易的基本概念

1. 国际贸易与对外贸易

国际贸易也称**世界贸易**（world trade），是指世界各国（或地区）之间商品交换的活动，既包括货物交换，也包括服务交换。**对外贸易**（foreign trade）是指一国或一个地区（独立关税区）同别国或地区（独立关税区）所进行的商品交换活动，这里所说的商品包括货物和服务。有时，在一些岛国或地区也称**海外贸易**（oversea trade），如英国、日本。

国际贸易是从整个世界的角度来考察各国或地区之间的贸易活动，而对外贸易则是从一个国家或地区的角度出发去考察它与别国或地区之间的贸易活动。国际贸易与对外贸易均包括货物和服务贸易。由于历史的原因，以前甚至目前仍有一些国家或地区的对外贸易统计不含服务贸易。

2. 对外贸易额和对外贸易量

对外贸易额（value of foreign trade）是指一国或一个地区在一定时期内的全部进口和出口商品的总值，也就是一国的商品进出口总额，或以金额表示的一国的对外贸易。它是反映一国或一个地区对外贸易规模的重要指标。**国际贸易额**（value of international trade）是指世界各国或地区在一定时期内的出口额或进口额相加构成的这一时期的贸易总额。

对外贸易量（volume of foreign trade/quantum of foreign trade）是指经价格指数调整后的对外贸易额。

对外贸易量的计算公式如下：

$$对外贸易量 = \frac{对外贸易额}{对外贸易商品价格指数}$$

对外贸易量实际为按不变价格计算的对外贸易额，也就是说剔除了价格变动的因素。因此，它比对外贸易额更为准确地反映了对外贸易的规模，也更便于对不同时期的对外贸易规模进行分析和比较。与对外贸易量类似，还可计算进口量、出口量和国际贸易量等指标，其单位仍为货币单位。例如，1998年世界货物贸易按贸易额计算增长-2.0%，按贸易量计算增长3.5%，1997年这一数字则分别为3.5%、10%。

3. 国际贸易的商品结构与对外贸易的商品结构

国际贸易的商品结构或**对外贸易的商品结构**（composition of international trade/composition of foreign trade）是指不同种类的商品在世界贸易或一国对外贸易中所占的比重，也称商品构成。

国际贸易的商品结构和对外贸易的商品结构的计算公式如下：

$$国际贸易的商品结构 = \frac{某类商品的出口额或进口额}{世界出口额或进口额}$$

$$对外贸易的商品结构 = \frac{一国（地区）某类商品的出口额或进口额或对外贸易额}{一国（地区）的出口额或进口额或对外贸易额}$$

对外贸易的商品结构可以反映出一国经济发展水平、产业结构状况。反过来，一国经济发展状况以及其他因素也会影响一国的对外商品结构。

同样，国际贸易的商品结构也可以反映世界的经济和产业状况。而世界经济发展状况以及其他因素也会影响国际贸易的商品结构。为便于统计，1950年联合国秘书处起草出版了《联合国国际贸易标准分类》（Standard International Trade Classification，SITC），并于1960年、1974年和1995年进行了修订。世界各国均以此为标准公布国际贸易和对外贸易的商品构成。

国际贸易商品共分为10大类：食品及主要供食用的活动物（0）；饮料及烟草（1）；燃料以外的非食用粗原料（2）；矿物燃料、润滑油及有关原料（3）；动植物油脂及油脂（4）；未列名化学品及有关产品（5）；主要按原料分类的制成品（6）；机械及运输设备（7）；杂项制品（8）；没有分类的其他商品（9）。在国际贸易统计中，一般将0~4类称为初级产品，5~8类称为制成品，9类称为其他。

在各国的进一步协商下，海关合作理事会于1983年通过了《商品名称及编码协调制度国际公约》及其附件《商品名称及编码协调制度》（Harmonized Commodity Description and Coding System，H.S.），并于1988年1月1日起正式实施。现已批准正式使用H.S.编码的国家和地区约有100个，我国海关也于1992年1月1日起开始实施以H.S.编码为基础编制的《中华人民共和国进出口税则》。H.S.将商品分为22类、98章、1 241个四位数的税目以及5 113个六位数子目。商品编码第一、二位数码代表"章"，第三、四位数码代表"目"（heading），第五、六位数码代表"子目"（subheading）。前六位数是H.S.国际标准编码，有的国家根据本国的实际，已分出第七、八、九位数码。如第1类为"活动物；动物产品"，其中第2章为"肉及食用杂碎"（02），其中第2项税目编号02.02为冻牛肉，再进一步细分：0202.1000冻整头及半头牛肉；0202.2000冻带骨牛肉；0202.3000冻去骨牛肉。

⊙延伸阅读1-1

H.S.编码的分类

国际贸易商品按生产部门归类，共划分成22类。这22类的名称如下。

第 1 类　活动物；动物产品（1～5 章）

第 2 类　植物产品（6～14 章）

第 3 类　动、植物油、脂及其分解产品；精制的食用油脂；动、植物蜡（15 章）

第 4 类　食品、饮料、酒及醋；烟草、烟草与烟草代用品的制品（16～24 章）

第 5 类　矿产品（25～27 章）

第 6 类　化学工业及其相关工业的产品（28～38 章）

第 7 类　塑料及其制品；橡胶及其制品（39～40 章）

第 8 类　生皮、皮革、毛皮及其制品；鞍具及挽具；旅行用品、手提包及类似品；动物肠线（蚕胶丝除外）制品（41～43 章）

第 9 类　木及木制品；木炭；软木及软木制品；稻草、秸秆、针茅或其他编结材料制品；篮筐及柳条编结品（44～46 章）

第 10 类　木浆及其他纤维状纤维素浆；纸或纸板的废碎品；纸、纸板及其制品（47～49 章）

第 11 类　纺织原料及纺织制品（50～63 章）

第 12 类　鞋、帽、伞、杖、鞭及其零件；已加工的羽毛及其制品；人造花；人发制品（64～67 章）

第 13 类　石料、石膏、水泥、石棉、云母及类似材料的制品；陶瓷产品；玻璃及其制品（68～70 章）

第 14 类　天然及养殖珍珠、宝石或半宝石、贵金属、包贵金属及其制品；仿首饰；硬币（71 章）

第 15 类　贱金属及其制品（72～83 章）

第 16 类　机器、机械器具、电气设备及其零件；录音机及放音机，电视图像、声音的录制和重放设备及其零件、附件（84～85 章）

第 17 类　车辆、航空器、船舶及有关运输设备（86～89 章）

第 18 类　光学、照相、电影、计量、检验、医疗或外科用仪器及设备，精密仪器及设备；钟表；乐器；上述物品的零件、附件（90～92 章）

第 19 类　武器、弹药及其零件、附件（93 章）

第 20 类　杂项制品（94～96 章）

第 21 类　艺术品、收藏品及古物（97 章）

第 22 类　特殊交易品及未分类商品（98 章）：如系统软件（9803.0010）

资料来源：海关总署公告 2010 年第 85 号。

4. 国际贸易与对外贸易地理方向

国际贸易地理方向（direction of international trade）是指一定时期内世界各洲、各国（地区）或各国家经济集团在国际贸易中所占的比重，也称**国际贸易地区分布**（international trade by region）。**对外贸易地理方向**是指一定时期内不同国家或地区在一国对外贸易中所处的地位或所占的比重，也称对外贸易地区分布或国别构成。其计算公式为：

$$国际贸易地理方向 = \frac{一国（地区）的进口或出口总额}{世界进口或出口总额}$$

$$对外贸易地理方向 = \frac{一国（地区）对某国的进出口总额}{该国（地区）的对外贸易额}$$

通过对对外贸易地理方向的研究，可以知道一国（地区）商品出口的去向和进口的来源，从而可以反映出该国（地区）与其他国家（地区）之间贸易联系的程度。对外贸易地理方向和国际贸易地理方向受许多因素的影响，例如经济互补性、国际分工状况以及贸易政策和政治因素等。

5. 贸易条件

贸易条件（terms of trade）是指一国（地区）在一定时期内的出口价格指数与进口价格指数之比。其计算公式为：

$$贸易条件 = \frac{出口价格指数}{进口价格指数} \times 100\%$$

如果贸易条件大于100，说明贸易条件改善了，反之则恶化了。这里所说的贸易条件一般也称净贸易条件。贸易条件只是反映不等价交换的一个指标，不是唯一指标。

6. 对外贸易依存度

对外贸易依存度（dependence of foreign trade）也称对外贸易系数，是指一国（地区）一定时期内的对外贸易额与该国（地区）同期的国民生产总值（或国内生产总值）之比。

其计算公式为：

$$对外贸易依存度 = \frac{对外贸易额}{GNP（或GDP）} \times 100\%$$

这一数字可以在一定程度上反映对外贸易在一国（地区）国民经济中的重要程度，也可以反映出不同国家参与国际分工的程度。第二次世界大战后，各国这一数字均有提高，说明世界经济的联系更加密切，或者说更趋于全球化。

1.3.2 国际贸易的分类

国际贸易的分类

1. 出口贸易和进口贸易

按商品的移动方向划分，国际贸易可分为**出口贸易**（export trade）和**进口贸易**（import trade）。

出口贸易是指将本国（地区）所生产或加工的商品输往国外市场进行销售的商品交换活动。进口贸易是指购进和输入国外商品，在本国（地区）市场上进行销售的商品交换活动。

2. 转口贸易与过境贸易

转口贸易（intermediary trade）是指商品的生产国与商品的消费国之间不是直接交易，而是通过第三国进行商品买卖。它对生产国和消费国来说都是间接贸易。转口贸易不一定要间接运输。

过境贸易（transit trade）是指商品生产国与商品消费国之间所进行的贸易活动，其货物运输过程中通过第三国的国境，对第三国来说，这就构成了该国的过境贸易。有些内陆国家的进出口商品必须经由第三国运输。

3. 复进口贸易和复出口贸易

复进口贸易（re-import）是指将本国商品输往国外后未经加工而重新输入国内的贸易活动。复进口贸易一般是由商品偶然受损、未售出、质量不合格等因素所造成的，没有经济意义。

复出口贸易（re-export）是指对买进的外国商品未经加工又输出到国外的贸易活动。它由两部分组成：从本国自由贸易区或海关保税仓库再出口；商品本国化后再出口。

4. 总贸易和专门贸易

按国境和关境[○]划分（也可以认为是按照不同的贸易体系或不同的进出口货物统计方法[○]进行划分），国际贸易分为总贸易和专门贸易。

总贸易（general trade）是指以国境为标准来统计货物的进出口情况。这种记录和编制进出口货物的方法也称总贸易体系，或者一般贸易体系。所有进入一国（地区）国境的商品被列为总进口，而离开一国（地区）国境的商品被列为总出口。目前世界上大约有 90 个国家和地区采用这种统计方法，例如美国、日本、英国、加拿大和澳大利亚等。

专门贸易（special trade）是指以关境为标准来统计货物的进出口情况。这种记录和编制进出口货物的方法也称专门贸易体系，或者特殊贸易体系。专门进口是指商品进入关境，并向海关缴纳关税，由海关放行后的商品进口。专门出口是指运出关境的商品出口。目前，世界上有德国、意大利、瑞士和法国等 80 多个国家和地区采用这种统计方法。

我国目前采用的是总贸易的统计方法。

5. 货物贸易和服务贸易

按交易对象划分（或者按交易商品的形式划分），国际贸易可分为货物贸易和服务贸易。

货物贸易（goods trade）即 SITC 中的 10 大类商品（相关内容已在国际贸易和对外贸易的商品构成中讲过）的贸易。

对于**服务贸易**（service trade），WTO 列出了服务行业涉及的如下部门：商业、通信、建筑、销售、教育、环境、金融、卫生、旅游、娱乐、运输和其他。

本章小结

作为本书的开篇，本章主要介绍了国际贸易产生的原因和发展过程、国际贸易的研究对象，以及国际贸易的基本概念和分类。在国际贸易的基本概念和分类这部分内容中，本章主要介绍了国际贸易额、国际贸易量、国际贸易的商品结构、国际贸易的地理方向、贸易条件、

○ 国境和关境的区别：国境是指国家实施主权的界线；关境即关税国境，是一国或地区执行其统一海关法的领土。一般情况下，关境等于国境；对加入区域经济集团的国家（如欧盟成员）来说，关境大于国境；对于有自由贸易区和保税仓库的国家来说，关境小于国境。

○ 统计差异：进入一国的商品，在总贸易中计为进口；在专门贸易中，不结关就不算进口。

对外贸易依存度等国际贸易基本概念，以及出口贸易与进口贸易、转口贸易与过境贸易、复进口贸易与复出口贸易、总贸易与专门贸易、货物贸易与服务贸易等主要的国际贸易分类。对这些概念的掌握，有助于读者对后续章节的学习和对相关参考文献的阅读及理解。

练习题

一、名词解释
1. 产业内贸易
2. 复出口贸易
3. 过境贸易
4. 转口贸易
5. 贸易条件
6. 对外贸易依存度
7. 国际贸易商品结构
8. 国际贸易地理方向

二、判断题
1. 1995 年世界贸易组织（WTO）正式成立后，把国际服务贸易也纳入其管辖范围之内。（　　）
2. 按贸易方式的不同，贸易可分为总贸易和专门贸易。（　　）
3. 资产阶级最初的国际贸易理论是自由贸易理论。（　　）
4. 间接贸易对第三国（或地区）来说，称为过境贸易。（　　）
5. 当我们用某种货币来表示贸易规模时，称为贸易值（贸易额）；当我们用某种物理量，如数量、重量、容积、面积、体积等计量单位来表示贸易规模时，称为贸易量。（　　）
6. 一般来说，大国的贸易依存度较高。（　　）
7. 某年世界出口货物贸易额为 1.3 万亿美元，进口货物贸易额为 1.8 万亿美元，该年国际货物贸易额为 3.1 万亿美元。（　　）

三、单项选择题
1. 国际贸易最早产生于（　　）。
   A. 原始社会　　B. 奴隶社会
   C. 封建社会　　D. 资本主义社会
2. 当前国际分工中居于主导地位的是（　　）。
   A. 宗主国与殖民地之间的垂直型分工
   B. 发达国家与发展中国家之间的垂直型分工
   C. 发达国家之间的水平型分工
   D. 企业组织内部分工
3. 关于转口贸易和过境贸易，下列说法正确的是（　　）。
   A. 商品实体都需要经过第三国
   B. 都需要第三方的介入
   C. 如果贸易是通过航空运输飞越第三国领空的话，第三国海关不会把它列入过境贸易
   D. 复进口贸易是和转口贸易密切相关的一种现象
4. 衡量一国一定时期内商品进出口额之和占该国生产总值比重的是（　　）。
   A. 对外贸易依存度
   B. 对外贸易商品结构
   C. 对外贸易条件
   D. 对外贸易地理结构
5. 一般情况下，各国都以（　　）指标来反映一国对外贸易发展的总体规模。
   A. 对外贸易地理方向
   B. 对外贸易商品结构
   C. 贸易条件
   D. 对外贸易额

四、简答题
1. 国际贸易学的研究内容有哪些？
2. 哪些因素会影响一国在世界经济中的排名？

第2章

国际贸易基础理论

::学习目标

| 了解国际贸易理论的产生与发展脉络；
| 掌握主要的国际贸易经典理论；
| 理解国际贸易理论的最新发展；
| 掌握国际贸易理论与国际贸易实践的联动关系。

2.1 国际分工的概念与发展阶段

2.1.1 国际分工的产生

国际分工的概念与发展阶段

国际分工是一个社会范畴，是社会分工发展到一定历史阶段，形成的跨越民族与国家界限的劳动分工。国际分工是国际贸易与世界市场形成的基础，并随着地理大发现后的欧洲殖民扩张而逐渐演化发展。历史上曾出现过三次意义重大的社会大分工，每一次社会大分工的基础动力都是社会生产力的革命式发展，而生产力水平的提高产生了大量的剩余产品，从而推动产品交换向更大的地理范畴拓展，最终促进国际分工的形成，并促使国家间的相互依赖程度不断加深，国际贸易对国家及世界经济的贡献越来越大。

2.1.2 国际分工的发展阶段

早在地理大发现之后，最初的国际分工就开始萌芽，并在随后的漫长历史时期中形成、发展并逐渐深化。大体而言，国际分工可分为三个阶段，分别为：①殖民主义时期的国际分工萌芽阶段；②两次工业革命时期的国际分工形成与发展阶段；③第二次世界大战后的国际分工深化阶段。

1. 国际分工的萌芽阶段

随着原始社会末期手工业与农业的分离，产品生产的种类增加，规模获得大幅度提升，并促进了商品经济的快速发展。大量剩余产品与财富的积累推动了城市的出现，以及传统手工业向大规模的工业生产的转变。资本主义生产方式开始萌芽。但此时的欧洲与富庶的东方文明相比仍存在巨大的差距，这使得欧洲在与亚洲的陆地贸易中始终处于贸易逆差状态，在金银为流通货币的经济体系下，造成了大量的贵金属流失，通货短缺导致欧洲的很多国家出现经济萧条。同时，欧洲各国之间的相互征伐也使各国对财富产生了十分迫切的需求。最终致使欧洲的一些国家渴望以海洋作为突破口，探索去往东方的新航线。直到 15 世纪哥伦布发现新大陆，并为欧洲皇室带回大量的金银财富，轰轰烈烈的地理大发现与殖民掠夺正式拉开了历史的序幕，真正意义上的国际贸易也就此展开。地理大发现后，西欧的殖民者用暴力手段掠夺他们发现的新大陆上的所有有用资源。他们在拉丁美洲、亚洲和非洲开发矿产与土地，生产并出口宗主国放弃的位于价值链低端的初级产品（如烟草、甘蔗等），殖民地则成为宗主国大量过剩工业制成品（如纺织品、铁制品及武器等）的疏散地，由此形成了早期的国际分工，殖民者也以此攫取了大量的财富。

2. 国际分工的形成与发展阶段

殖民扩张使西欧各国快速完成了自身的资本原始积累，并在 18 世纪 60 年代以英国为首率先进行了产业革命，即第一次工业革命。这次革命以蒸汽机的发明为标志，使人类从手工劳动时代正式进入大机器生产时代，资本主义的生产体系也由此建立，并确立了此时资产阶级对世界的统治地位。生产力的大幅度提高使大量的剩余产品越来越多地分散到遍布世界的各个殖民地国家，进一步加强了世界各国之间的密切联系，真正意义上的国际分工由此形成。第一次工业革命使国际分工呈现出如下特点。

（1）大机器生产将更多国家纳入国际分工体系。电报[一]等全新通信工具的发明极大缩短了国际交流的空间距离，商品国际交换效率大幅攀升，生产率提升的同时对原料性产品的需求进一步增强，促进了国际分工向更大地理范围不断扩展。

（2）国际分工模式愈加清晰。以英国为首的资本主义国家以先行者的身份进入发达国家阵营，而其他更多被强行纳入国际经济体系中的农业国家则进入发展中国家阵营。国家的分化形成了较为清晰的分工结构，发达国家生产并向发展中国家输出工业制成品，而主要以农业为主的发展中国家则生产并向发达国家提供基础性初级产品或中间产品。事实上，在这样的分工体系下，发达国家先入为主式的制成品输出与资本控制，使作为后进者国家的民族资本长期处于被压制的状态，民族工业发展与工业体系的建立举步维艰。

（3）资本主义国家之间的相互竞争推动商品交换手段趋于平和。随着更多国家完成资本主义工业化革命，资本主义国家之间在市场与原料上的竞争不断增强，这就使得以往对殖民地毫无顾忌的掠夺已不再可取，它们转而按照国际垂直分工模式进行"公平"交换，从而缓解发达国家之间以及发达国家与发展中国家之间的矛盾，使直接的掠夺变为一种更加隐蔽的间接形式进行。

到 19 世纪中期，欧洲各国、美国、日本的资产阶级革命相继完成，并于 19 世纪 60 年代以电力的发明和应用为标志开始了第二次工业革命，也是在这一次工业革命后，国际分工走向了快速发展的历史进程。在电力发明的驱动下，电器逐渐取代传统机器，海底电缆、电灯、电气化铁路、电影录放设施等电气化设备被迅速应用于全世界，进一步拉近了全球各国之间

[一] 电报发明于 1837 年。

的空间距离。在这一时期，各种新技术不再局限于英国，而是在几个国家同时被发明和应用，使新发明的规模与影响力大大超越第一次工业革命。

石油化工、电力与汽车工业等要求大规模集中生产的行业特征，促进了垄断组织的出现。垄断经营下的企业生产在推动效率提高、成本降低的同时，也催生了其向外扩张进行跨国控制的野心，各资本主义国家试图在经济上瓜分世界，借此争夺世界霸主的地位。

资本主义国家和传统农业国之间的国际分工体系在这一过程中进一步得到巩固和加强，但相应地，也使得各资本主义强国对其他国家农产品的依赖性越来越强。中国的茶叶、东印度群岛的烟草、俄罗斯的面包、西非的可可豆等产品源源不断地被送往德国等发达资本主义国家，以满足其财富巨额增加后的消费增长。

同时，为进一步提升商品交换效率，获得攫取巨额财富的机会，国际贸易方式也由传统的交易模式转向更具挑战性的期货交易，并由此催生了专门从事这种交易的期货交易所。芝加哥是19世纪初最大的谷物集散地，1848年由82位谷物交易商在此成立了世界上第一个谷物交易所。后经过不断完善演变成的芝加哥商业交易所（CME），已成为世界上第二大的期货买卖和期权合约交易所。

3. 国际分工的深化阶段

第二次世界大战之后，几乎所有的国家均不同程度地受到了战争的创伤。原先的殖民地国家纷纷在战后走向独立，世界格局发生深刻变革。美国作为第二次世界大战最大的受益者在战后成为资本主义世界新的领头羊，而苏联则作为新生的社会主义阵营领导者，与美国形成两极对立的新局面。为尽快恢复战后经济，在全球博弈中占据主导地位，资本主义国家开始极力宣扬自由贸易思想，试图打开发展中国家的巨大市场。

为此，在这一阶段，一方面美苏在政治、经济、科技等领域的全面竞争（美苏争霸），推动了新一代科学技术的迅猛发展，如1945年美国成功发射了原子弹，到1964年，苏联、英国、法国、中国也相继发射了自己的第一颗原子弹，其间美国又试制成功了氢弹；紧随原子能科技的发明、利用，1957～1958年，苏联和美国又相继发射了人造地球卫星，开始了人类空间技术发展的新征程，并推动人类历史的第三次科技革命拉开序幕。

另一方面，新一代技术革命使人类生产力的发展走向了一个全新的高度，生产效率、产品多样化以及分工的细致化程度均大幅度提升，大量利用新一代技术的新兴产业不断随之诞生，所谓的"夕阳产业"也随之产生。发达国家纷纷将落后的技术及高污染的低端产业向发展中国家转移，在维持自身国际竞争地位的同时，深化了与发展中国家的国际产业分工。由于发展中国家也存在改造自身工业体系和快速恢复战后经济的迫切需求，这就使得这种对发展中国家来说不怎么"划算"的国际分工模式变得顺理成章。

具体而言，第二次世界大战后国际分工呈现出以下三方面的特点。

首先，产业内的贸易分工逐渐增加。第二次世界大战后的产业划分愈加深化，整个产品生产不仅继续在价值链层面上进行纵向演化，还基于产品的多样化进行横向的拓展。通过满足消费者多样化的需求，各国可以在同类型产品上进行相互贸易，如美国与日本之间的小汽车贸易，就是美国向日本出口大排量的重型汽车，而日本则向美国出口较为节能的经济适用性小汽车。最初这种产业内贸易主要发生在发达国家之间，随着发展中国家经济的崛起，发展中国家之间的相互贸易也越来越频繁。

其次，传统农业国与工业国之间的界限不断模糊。在第二次世界大战前的国际分工体系中，发达国家的工业制成品出口与发展中国家的农产品出口之间存在着明显的分工界限。随着第二次世界大战后发展中国家纷纷建立起自身的工业体系，虽然短期内与发达国家相比垂直的产业差距依旧无法跨越，但一般性的工业生产逐渐从发达国家转向发展中国家。同时，在发展中国家有意识的超越战略下，这种差距在不断缩小。

最后，服务业国际分工开始形成。第二次世界大战后电子信息技术的飞跃式发展，带动了如咨询、餐饮、技术支持、运输保险等服务行业的蓬勃发展，计算机服务与研发服务更是在近十几年来伴随5G、大数据、人工智能等新一代互联网技术的突破性进展而焕发出强大的生机。根据WTO《世界贸易发展报告》的数据，2005～2017年，两类服务贸易平均增速超过10%。在贸易结构方面，虽然发达国家依然在服务贸易中占据主导地位（服务贸易占自身贸易比重超过70%），但发展中国家的服务贸易增长速度显然不可忽视。其服务贸易占比也超过50%，且自2005年以来，发展中经济体在服务贸易中所占份额在以每年10%的增速快速发展，这对世界贸易格局的重构将产生深刻影响。

2.2 古典贸易理论

2.2.1 亚当·斯密之前的贸易思想

斯密之前的贸易思想

1. 重商主义的贸易思想

15世纪末，随着手工业的快速发展，专门从事商品交易的商人阶级开始出现，资产阶级进入萌芽阶段。这种完全不依赖土地的财富获取方式使社会阶级关系发生了深刻变革，并催生出人们对财富的极大渴望。由于当时金银等贵金属是最主要的一般等价物，因而对财富的渴望就转换成对黄金与白银的渴望。在哥伦布发现了新大陆并带回大量黄金后，这种狂热达到了极致，驱动西欧各国开启了海外殖民的历史征程。资本主义经济进入资本的原始积累阶段，重商主义的思想也由此产生了。

重商主义发展先后经历了早期重商主义和晚期重商主义两个阶段。15世纪末到16世纪中叶的早期重商主义崇尚货币至上，由于当时主要的货币为金银等贵金属，因而在这一时期，重商主义的主要思想是将获取金银作为获取财富的唯一方式，并尽可能地防止财富以任何形式外流。但只要购买商品，就一定意味着货币的支出，这就导致重商主义指导下的国际贸易成为一种"零和博弈"。奖入限出成为早期重商主义主要的贸易政策，以追求短期绝对的贸易顺差。

早期重商主义苛刻的财富追求方式，使得财富仅仅在国家内部进行再分配，整体社会福利并没有显著改善，同时还导致其他资本主义国家纷纷采取同样的策略进行反制，抑制国际贸易的规模扩张。因此，16世纪中叶到18世纪的晚期重商主义不再追求短期的绝对贸易顺差，而更加关注长期的贸易优势。为此，贸易政策的重点更加倾向于保护和扶持本国产业发展，并通过进一步的出口鼓励政策（如出口退税、出口补贴等）来提升产品对外输出的国际竞争能力。

英国的托马斯·孟（Thomas Mun，1571—1641）在其《英国得自对外贸易的财富》的著作中深刻剖析了重商主义思想的局限性：重商主义思想实际上是一种"零和博弈"，即一方获益势必造成另一方受损，受损一方无法从贸易中获得任何好处。同时，由于重商主义是当时伴随商业阶级的崛起和国际商业实践的快速发展，在众多商人中间形成的一种广泛共识，是一种经验主义的短视思潮，因此，其被称为重商主义思想，而无法成为一个系统、严密的贸易理论。

2. 重农主义的贸易思想

17世纪后期在法国出现了反对重商主义，主张自由贸易和重视农业的思想，这一思想在随后一段时期里形成了重农主义。

重农主义以"自然秩序"为学说的哲学基础，强调人类世界存在着与物质世界相同的不以人类意志为转移的客观规律，即自然秩序，人身自由和私有财产是自然秩序所要求的人类基本权利，因此要进行自由经济与自由贸易。同时，又以"纯产品学说"作为重农主义的核心思想，强调财富的源泉是物质产品，且仅局限于农产品，工业生产只是改变了物质财富的形态，并没有创造新的财富。

当时的法国正处于封建社会瓦解与资产阶级崛起的关键阶段，重农主义的思想恰好迎合了代表封建阶级利益的大地主与皇室贵族的利益，在重农主义的开创者弗朗斯瓦·魁奈（Francois Quesnay，1694—1774）的游说下，重农主义的思想在整个法国逐渐蔓延开来。

重农主义打着"自由经济"与"保护农民利益"的口号，极力反对重商主义的保护性经济与贸易政策，宣扬自由贸易，尤其是农产品的自由贸易。但由于此时法国的资产阶级尚未占据主导地位，相比于已经进入资本主义社会的先行国家，自由贸易意味着本国的资本主义工业将受到巨大的竞争冲击。

为此，新旧两大阶层在法国国内展开了激烈的争论。最终的结果是，法国的农业在自由贸易的外衣下又获得了一重贸易保护，即法国为进口农产品设定了一个高于国内价格的进口价格门槛。只有高于门槛价格的农产品才允许进口。

但随着法国资产阶级的持续壮大，对劳动力的需求大大增加，导致劳动力价格快速攀升，从而使得法国农业生产的成本越来越高。为了维持本国农业的出口竞争优势，只能不断地提高之前的限定价格。这一行为抬高了国内工业生产的成本，使得工业制成品的出口竞争力也被严重削弱，从而导致重农主义最终走向毁灭。

2.2.2 亚当·斯密的绝对优势理论

亚当·斯密是英国著名的古典政治经济学的主要奠基人之一，也是国际分工、国际贸易理论的创始者，倡导自由贸易理论。

在斯密所处的时代，英国的工业革命逐渐展开，经济实力不断增强，新兴的产业资产阶级迫切要求在国民经济各个领域中迅速发展资本主义，但受到了中世纪遗留下来的封建行会制度和资本原始积累时期建立起来的重商主义政策体系的重重束缚。

绝对优势理论

人物简介
亚当·斯密

在 1776 年发表的《国富论》一书中，斯密批判了重商主义，创立了自由放任的自由主义经济理论。在国际贸易理论方面，他首次提出了主张自由贸易的绝对优势理论。

亚当·斯密在《国富论》中，通过对国家和家庭进行对比来描述国际贸易的必要性。

他首先强调了分工的利益，认为分工可以提高劳动生产率，从而增加国家财富。他以当时的制针业为例来说明其观点，在没有分工的情况下，一个粗工每天至多只能制造 20 枚针，有的甚至连 1 枚针也制造不出来。而在分工之后，平均每人每天可制造 4 800 枚，每个工人的劳动生产率提高了近百倍，这显然是分工的结果。

其次，斯密进一步说明，既然分工可以极大地提高劳动生产率，那么每个人都专门从事他最有优势的产品的生产，然后彼此进行交换，则对每个人都有利。他指出，如果一件东西在购买时所花费的代价比在家内生产时所花费的小，人们就永远不会想要在家内生产，这是每一个精明的家长都知道的格言。裁缝不想制作他自己的鞋子，而是向鞋匠购买。鞋匠不想制作他自己的衣服，而雇裁缝制作。

在斯密看来，适用于一国内部不同个人或家庭之间的分工原则，也适用于各国之间。他认为，每个国家都有其适宜于生产某些特定产品的绝对有利的生产条件，如果每个国家都按照其绝对有利的生产条件（即生产成本绝对低）去进行专业化生产，然后彼此进行交换，则对所有交换国家都是有利的。

因此，斯密认为，国际贸易和国际分工的原因及基础是各国间存在的劳动生产率和生产成本的绝对差别。如果一国在生产某一种产品上具有比其他国家更高的劳动生产率，则该国在这一产品生产上就具有绝对优势，因而应该专门生产并出口这种产品。相反，如果一国在某种产品的生产上相比于别国的劳动生产率更低，那么该国就在这种产品的生产上存在绝对的劣势，因而应该放弃这种商品的生产转而选择从别国进口。总而言之，各国应集中生产并出口其具有劳动生产率和生产成本"绝对优势"的产品，进口其不具有"绝对优势"的产品，这样可以使得每个国家都受益，并获得比分工前更大的贸易福利。这一学说即为"**绝对优势理论**"（absolute advantage）。

进一步地，对于国家间在同一种产品的生产上存在生产率差异的原因，斯密解释为国家间先天的历史条件与自然条件差异。其中历史条件表现为社会与经济发展的历史阶段不同，导致国家间在分工前就存在绝对经济差异，而自然条件则表现为气候、地理环境、土壤等自然禀赋的差异。如在气候寒冷的苏格兰，人们可以利用温室种植出极好的葡萄，并酿造出与国外进口的一样好的葡萄酒，但要付出高出 30 倍的代价。

1. 绝对优势理论的基本假设

①两个国家和两种可贸易产品（2×2 模型）；
②两种产品的生产都只有劳动这一种要素投入；
③两国在每种产品的生产上存在先天的技术差异，从而导致绝对的劳动生产率差异；
④要素可以在国内不同部门间进行流动，但无法跨国流动；
⑤规模报酬不变；
⑥完全竞争市场；
⑦无运输成本及其他交易成本；
⑧两国之间的贸易是平衡的。

2. 绝对优势理论的基本原理

下面以英国和法国生产铜和大米为例,对国际贸易分工与绝对优势原理进行分析说明(见表2-1)。

表2-1 国际贸易分工与绝对优势原理分析

国家		铜产量	所需劳动	大米产量	所需劳动
分工前	英国	1	100	1	200
	法国	1	200	1	100
	合计	2	300	2	300
分工后	英国	3	300		
	法国			3	300
	合计	3	300	3	300
交换后	英国	2		1	
	法国	1		2	

注:假设交换比例为1∶1。

表2-1表明,法国在生产大米上处于绝对优势地位,因为法国生产1单位大米只需要100单位劳动;英国则在生产铜上处于绝对优势。按照绝对优势原理,每个国家都应该集中精力生产其具有绝对优势的产品,而对于放弃的产品则从其他国家进口。因此,分工后,英国用全部的300单位劳动力生产铜,可以得到3单位的铜,法国则用全部的300单位劳动力生产大米,可以得到3单位的大米。我们按照1∶1的比例用1单位的大米换取1单位的铜,最终的结果显示,通过专业化生产和国际交换,每个国家都得到了比分工前更多的产品,即每个国家都可以从贸易中获益。

2.2.3 大卫·李嘉图的比较优势理论

大卫·李嘉图是著名的英国经济学家,是资产阶级古典政治经济学的完成者。李嘉图所处的时代是英国工业革命迅速发展、资本主义不断上升的时代。当时英国社会的主要矛盾是工业资产阶级同地主贵族阶级之间的矛盾,这一矛盾由于工业革命的进展而达到异常尖锐的程度。李嘉图在这场斗争中站在工业资产阶级一边,继承和发展了亚当·斯密的理论,提出了以自由贸易为前提的比较优势理论,为工业资产阶级的斗争提供了有力的理论武器。

比较优势理论

大卫·李嘉图进一步发展了亚当·斯密的观点,认为各国不一定要专门生产劳动成本绝对低(即绝对有利)的产品,而只需要专门生产劳动成本相对低(即利益较大或不利较小)的产品,以之进行对外贸易,便能从中获益和实现社会劳动的节约。

大卫·李嘉图在阐述比较优势理论时,是从个人的情况谈起的。他在《政治经济学及赋税原理》一书的"论对外贸易"这一章中论述道:"如果两个人都能制造鞋和帽,其中一个人在两种职业上都比另一个人强一些,不过制帽时只强1/5或20%,而制鞋时则强1/3或33%,那么这个较强的人专门制鞋,而那个较差的人专门制帽,岂不是对双方都有利吗?"

人物简介
大卫·李嘉图

李嘉图由个人推及国家，认为国家间也应按"**两优取其重，两劣取其轻**"的比较优势原则进行分工。如果一个国家在两种商品的生产上都处于绝对有利的地位，但有利的程度不同，而另一个国家在两种商品的生产上都处于绝对不利的地位，但不利的程度也不同。在此情况下，前者应专门生产相较而言最有利（即有利程度最大）的商品，后者应专门生产其不利程度最小的商品。通过对外贸易，双方都能取得比自己以等量劳动所能生产的更多的产品，从而实现社会劳动的节约，给贸易双方都带来利益。

值得注意的是，比较优势理论包含比较利益法则的一种例外情况，即当一国与另一国相比，在两种商品生产上都处于绝对不利地位，而且两种商品生产的绝对不利程度相同，将没有互惠贸易发生。在延伸阅读 2-1 中，如果英国生产每单位毛呢需要 130 单位劳动，而不是 100 单位劳动，则在英、葡两国之间就没有互惠贸易发生。另外，我们也可以看到，亚当·斯密的绝对优势理论实际上是李嘉图比较优势理论的一个特例。

李嘉图所提出的比较优势理论，促进了新兴工业资产阶级的资本积累和生产力的发展。在这个理论的影响下，英国的《谷物法》被废除了。这是 19 世纪英国自由贸易政策所取得的最伟大的胜利。

比较优势理论的科学性在于它揭示了一个客观规律。无论是生产力水平高还是低的国家，按照比较优势的思想参加分工和贸易，世界的福利总体水平都会提高。在贸易条件合理的情况下，参与分工的各方都可以得到实际利益，这就为世界各国参加国际分工和国际贸易的必要性做了理论上的证明。

但比较优势理论未能揭示出国际分工中生产关系的作用。国际分工的产生是社会生产力发展到一定阶段的结果，生产力总是在一定生产关系下发展的，国际分工的实质和内容都要受社会生产关系的制约，因此，不能把国际分工简单地说成是在比较优势的支配下形成的。

此外，比较优势理论所揭示的贸易各国所取得的利益是静态的短期利益，这往往与一个国家经济发展的长远利益相矛盾。因此，我们在制定对外经贸发展战略时，要灵活运用比较优势理论。比如，按照比较优势理论，发展中国家在工业化初期应该发展和出口初级产品，进口工业制成品。但为了长远利益，发展中国家也要大力发展工业制成品，使其国产化，而不能大量依赖进口。

⊙延伸阅读 2-1

比较优势理论的基本假设与原理

1. 基本假设
①只有两个国家，生产两种商品；
②自由贸易；
③劳动在国内具有完全的流动性，但在两国之间则完全缺乏流动性；
④每种产品的国内生产成本都是固定的；
⑤没有运输费用；
⑥不存在技术变化；
⑦贸易按物物交换方式进行；

⑧劳动价值论——劳动是唯一的生产要素，所有劳动都是同质的，每单位产品生产所需要的劳动投入维持不变，故任一商品的价值或价格都完全取决于它的劳动成本。

2. 基本原理

下面以英国和葡萄牙生产酒和毛呢为例，对国际贸易分工与比较优势原理进行分析说明（见表2-2）。

表 2-2　国际贸易分工与比较优势原理分析

	国家	酒产量	所需劳动	毛呢产量	所需劳动
分工前	英国	1	120	1	100
	葡萄牙	1	80	1	90
	合计	2	200	2	190
分工后	英国			2.2	220
	葡萄牙	2.125	170		
	合计	2.125	170	2.2	220
交换后	英国	1		1.2	
	葡萄牙	1.125		1	

注：假设交换比例为1∶1。

由表2-2可以看出，葡萄牙在葡萄酒和毛呢的生产上都占有优势，在生产葡萄酒上每生产1单位比英国少花费40单位的劳动，在生产毛呢上少花费10单位的劳动。虽然葡萄牙在两种产品的生产上都处于绝对有利地位，英国在两种产品的生产上都处于绝对不利地位，但是两国优势或劣势的程度是不同的，葡萄牙在葡萄酒生产上具有更强的优势，英国在毛呢生产上具有较弱的劣势。

根据比较优势原则——"两优取其重，两劣取其轻"，葡萄牙应专门从事葡萄酒生产并出口部分葡萄酒换取英国的毛呢。而英国则应专门从事毛呢生产，并出口部分毛呢换取葡萄牙的葡萄酒。如果两国按照1∶1的比例交换，不难发现，每个国家相比于分工前都有额外的产品增加。可见，即使一国在两种商品的生产上都处于不利地位，通过两国间的分工与相互贸易，双方仍可获益。

2.3　新古典贸易理论

2.3.1　相互需求理论

最早对比较优势理论提出质疑的是英国著名经济学家约翰·斯图亚特·穆勒（John Stuart Mill，1806—1873）。他是李嘉图的学生，从小就学习和钻研政治经济学。早在少年时代，他就在父亲詹姆斯·穆勒（James Mill，1773—1836）的指导下研读了亚当·斯密的《国富论》和大卫·李嘉图的《政治经济学及赋税原理》等政治经济学名著。17岁后在英国东印度公司任职期间，他利用闲暇

相互需求
理论

继续钻研经济问题,其代表作是 1848 年出版的《政治经济学原理及其在社会哲学上的若干应用》(简称《政治经济学原理》)。正是在这本书中,他首次提出:李嘉图的比较优势理论只能确定国际贸易的价格范围,也就是贸易条件的上下限,但不能决定贸易条件本身。

为弥补古典贸易理论的这一缺陷,穆勒提出了国际价值论和相互需求论。他认为,商品的国际价值取决于国际贸易条件,即取决于国际物物交换比率;国际贸易条件又取决于国际需求,即取决于相互需求均等规律,也就是贸易条件应该使得出口品的价值等于进口品的价值。由此可见,穆勒的国际价值论实际上就是供求价值论。

穆勒在上述国际价值论和相互需求论的基础上,用各国国内的产品交换价格作为国际交换价格的上下限以确定互惠贸易的范围;用从事贸易交换的实际交换价格来说明贸易利益的分配;用相互需求强度解释贸易条件的变动。

假设世界上只有 A、B 两国,只生产 X、Y 两种产品,其单位劳动的产出量如表 2-3 所示。

在开展国际贸易前,A 国国内的商品交换比率为 2X:1Y,B 国国内的商品交换比率为 1X:2Y。基于比较优势理论,A 国在 X 产品的生产上有比较优势,B 国则在 Y 产品的生产上有比较优势,开展国际分工后,A 国生产和出口 X 而 B 国生产和出口 Y,并且两种产品的国际交换比率一定介于两国的国内交换比率之间(见图 2-1)。

也就是说,1X 在国际贸易中所能换到的 Y 的数量,既要大于其在 A 国内换到的 Y 的数量(0.5),又要小于 B 国国内 1X 所能换到的 Y 的数量(2),设原点为 O,即只有在 $\angle AOB$ 范围内取值,才能保证贸易双方都获利。而获益的大小,则取决于两国国内交换比率的差异,这是由具体的国际交换比率,也就是实际贸易条件决定的。在贸易总利益不变时,越接近本国国内交换价格的国际交换价

表 2-3 劳动产出

国别	X 产品	Y 产品
A 国	2	1
B 国	1	2

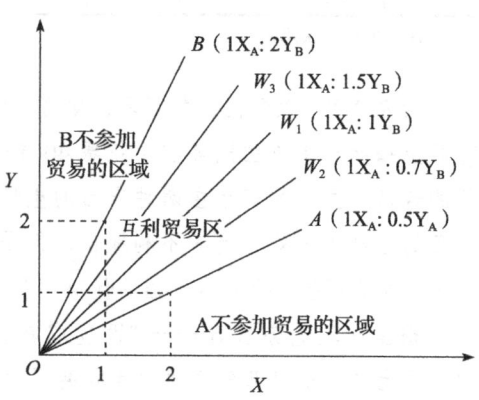

图 2-1 互利贸易区域与利益分配

格,对本国越不利,本国分到的份额越少;越远离本国国内交换价格的国际交换价格,对本国越有利。在图 2-1 中可以非常直观地看到,射线 OW_1 的斜率所代表的国际交换比率使贸易利益在 A、B 两国间平均分配。那么,具体的贸易条件又是由什么决定的呢?

穆勒认为一切贸易都是商品互换,供求关系实际是贸易双方的相互需求关系。双方各自为交换(购买)对方产品而愿意或不得不提供(出售)的己方产品数量,客观、准确地反映了双方对对方产品的需求强度,即相互需求强度;现实的交换比率就由贸易双方的相互需求强度之比,或者说,由对对方产品需求的相对强度来决定。如将上述相互需求论运用于国际贸易领域,那么国际贸易条件或商品的国际交换价格,就是由各国需求对方产品的强度所决定的。两国中只要有一个国家的需求强度发生变化,就意味着相互需求强度改变,必然会造成贸易条件或国际交换比率变动。一国对另一国商品的需求越强,而另一国对该国商品的需求越弱,贸易条件对该国就越不利;反之,则是该国所获贸易利益越大,对该国越有利。穆

勒的相互需求理论成为新古典学派国际贸易理论的基石。阿尔弗雷德·马歇尔（Alfred Marshall）进一步完善了穆勒的国际贸易理论，并最早用数学工具阐释了穆勒的相互需求论，以几何曲线使相互需求论更为严谨。

人物简介
阿尔弗雷德·马歇尔

2.3.2 要素禀赋理论

埃利·赫克歇尔（Eli Heckscher，1879—1952）是瑞典著名的经济学家，他于1919年发表《对外贸易对收入分配的影响》（*The Effect of Foreign Trade on the Distribution of Income*）这一经典论文，对相互需求理论的核心思想做出了初步分析。贝蒂尔·俄林（Bertil Ohlin，1899—1982）作为赫克歇尔的学生，在他的博士论文中进一步发展了导师的观点，并在1933年出版的《区域贸易与国际贸易》（*Interregional and International Trade*）一书中，对其导师的理论做了清晰而全面的注释，同时在书中提出了生产要素禀赋论，建立了H-O模型，开创了国际贸易的现代理论。

要素禀赋理论

赫克歇尔－俄林理论（Heckscher-Ohlin theory，简称H-O理论）产生于对李嘉图理论的质疑。根据比较优势理论，成本差异的来源是各国的生产技术的先天差异，但20世纪初的贸易实践却表现为相似技术水平国家间的相互贸易。基于此，赫克歇尔认为，真正决定各国在不同产品上是否具有比较优势的可能并非技术差异，而是各国生产要素的禀赋不同以及产品生产中的要素比例不同。

人物简介
贝蒂尔·俄林

因此，赫克歇尔和俄林突破了生产产品仅使用单一要素的局限性，认为劳动、土地、资本在产品构成中同样十分重要，不同生产要素的使用比例差异决定着生产某一种产品的最终生产成本与生产率水平。由于俄林将贸易中国际竞争力的差异归于生产要素的禀赋的国际差异，故人们将赫克歇尔－俄林理论称为**要素禀赋理论**（the theory of factor endowment）；又由于该理论特别强调不同国家拥有不同的生产要素比例，故人们又将其称为**要素比例理论**（the theory of factor proportions）。

赫克歇尔－俄林理论关于国际贸易理论的基本内容主要由两部分组成：一是关于贸易的基础或原因，即生产要素供给比例理论；二是贸易带来的结果，即要素价格均等化理论。

⊙延伸阅读2-2

赫克歇尔－俄林理论的基本假设

第一组是把问题变得容易处理的假设：

①只有两个国家、两种产品、两种生产要素（如资本和劳动），即2×2×2模型；

②各国可供利用的生产要素总量不变；

③两国消费者的偏好相同，消费无差异曲线一样。

第二组是有关生产技术的假设：

①两国生产时采用同一种技术,具有相同的生产函数;
②规模报酬不变,生产函数是齐次线性的;
③两种生产要素(资本和劳动)在生产中可以完全相互替代;
④不存在要素密集度逆转的情况,如果一种产品在一个国家是资本密集型产品,在另一个国家也是资本密集型产品;
⑤两国经济总量总是处于均衡状态。

第三组是有关贸易条件的假设:
①运输成本为零,也不存在其他交易成本;
②双方自由贸易;
③市场结构是完全竞争的;
④生产要素只能在一个国家范围内流动,但产品可以在国家之间自由流动。

如果以上任何一个假设被放松或发生变化,那么赫克歇尔-俄林理论的结论就可能发生变化,甚至完全不能成立。

1. 关于贸易的基础或动因

H-O 理论认为,①商品价格的绝对差异是国际贸易产生的直接原因,而这种差异又源于各自生产相同商品成本的国际绝对差。②两国国内各种商品成本比例不同是国际贸易发生的必要条件。各国商品成本比例的不同又派生出生产要素价格比例的不同。这是因为不同的商品是由不同的生产要素组合生产出来的。在每个国家内,商品的成本比例反映了它的生产诸要素的价格比例关系,也就是工资、地租、利息之间的比例关系。③最终,要素供给比例的不同是决定要素价格比例不同的因素。在各国要素需求一定的情况下,各国的要素禀赋不同,导致要素的价格不同。一些供给丰富的生产要素价格低,稀缺的生产要素价格高。同样,假设生产要素供给比例是相同的,各国对这些生产要素不同的需求也会产生要素的不同价格比例。整体的逻辑脉络如图 2-2 所示。

进一步地,我们可以通过下面的例子来理解 H-O 理论对国际贸易利得的分析。现假定美国土地要素相对丰富,劳动力要素相对稀缺,因此土地较便宜,劳动力较贵,美国 1 单位土地的价格是 2 美元,1 单位劳动的价格是 4 美元。英国劳动力要素相对丰富,土地要素相对稀缺,英国 1 单位土地的价格是 8 美元,1 单位劳动的价格是 2 美元。再假定两国生产小麦和纺织品两种产品,生产 1 单位小麦需 5 单位土地和 1 单位劳动,生产 1 单位纺织品需要 1 单位土地和 10 单位劳动。因此,美国生产 1 单位小麦和 1 单位纺织品的成本分别是 14 美元和 42 美元,而英国生产 1

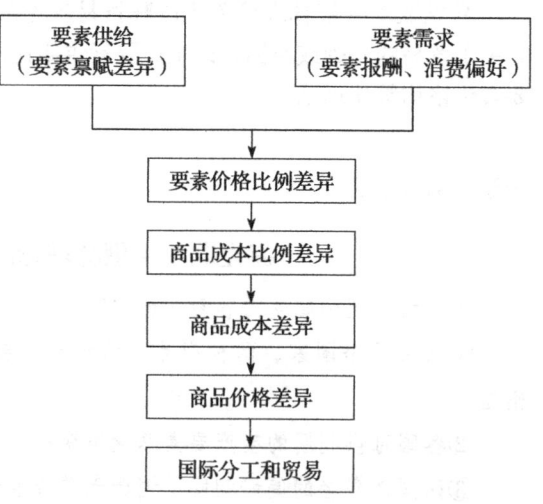

图 2-2 赫克歇尔-俄林理论的基本逻辑脉络

单位小麦和 1 单位纺织品的成本分别是 42 美元和 28 美元，如表 2-4 所示。

表 2-4　单位要素价格与单位商品成本

国别	单位要素价格 / 美元		单位商品成本 / 美元	
	土地	劳动	小麦 土地 5　劳动 1	纺织品 土地 1　劳动 10
美国	2	4	14	42
英国	8	2	42	28

不难发现，美国使用相对更便宜的土地去生产更多使用这种便宜要素的产品小麦，其成本显著低于英国生产同样产品的成本。反之，英国如果使用相对更便宜的劳动去生产更多使用劳动要素的纺织品，那么，英国纺织品的生产成本就显著低于美国纺织品的生产成本。因此，如果美国和英国按照这种方式进行分工，那么两国都能够在国际贸易中获益。

2. 关于要素价格均等化

要素价格均等化理论（factor price equalization theory）进一步论述了在发生贸易之后，两国之间的资源价格将会发生怎样的变化。俄林认为，虽然国际生产要素不能自由流动，但商品的国际流动可以在一定程度上弥补其流动性较弱的不足。而且，贸易的扩大将会减少两国间要素价格的差异，从而导致两国生产要素的相对价格和绝对价格趋于均等化，这就是所谓的要素价格均等化理论。

但是俄林认为，要素价格完全相等几乎是不可能的，因此要素价格均等只是一种趋势。

萨缪尔森（P. A. Samuelson）进一步通过严谨的数学推导证明，要素价格均等化不仅是一种趋势，而且是一种必然。他认为，即使生产要素不能在国家间自由流动，只要商品能在国家间自由流动，那么，两国生产要素的相对价格差异，仍会推动贸易持续扩大和发展，并在发展过程中持续减少两国间的要素价格差异，直到两国国内各种商品的相对价格完全均等为止。鉴于他对赫克歇尔 – 俄林理论的发展，我们称之为赫克歇尔 – 俄林 – 萨缪尔森定理（H-O-S theory）。

总结而言，关于赫克歇尔 – 俄林理论可以得到三个主要结论。

（1）每个国家或区域在国际分工和国际贸易体系中应该生产和输出本国丰裕要素密集的商品，输入本国稀缺要素密集的商品。

（2）区域贸易或国际贸易的直接原因是价格差别，即各个地区间或国家间商品价格不同。

（3）商品贸易趋向于（即使是部分地）消除工资、地租、利润等生产要素收入的国际差异，导致国家间商品价格和要素价格趋于均等化。

2.3.3　里昂惕夫之谜及其解释

按照赫克歇尔 – 俄林理论，一个国家应当出口密集使用其相对丰裕要素所生产的商品，而进口密集使用其相对稀缺要素生产的商品。1953 年，沃西里·里昂惕夫（Wassily W. Leontief）利用他的投入 – 产出分析法对美国的对外贸易商品结构进行具体计算，来验证赫克歇尔 – 俄林理论，即美国是否像该理论所描述的那样，出口的是资本密集的商品，进口的是劳动密集的商品，因为当时美国是世界上资本最丰裕的国家。

人物简介
沃西里·里昂惕夫

里昂惕夫把生产要素分为资本和劳动两种，对200种商品的统计数据进行了分析，还对1947年美国生产每百万美元的出口商品所包含的资本与劳动的数量进行了计算。但对进口商品他却不能这样做，因为这些商品是在国外生产的，所以他只有美国出口商品的"投入－产出表"，而没有美国进口商品国家的"投入－产出表"。为此，他采用从美国生产的产品数据中计算进口替代品的要素密集度的方法，来估计进口商品的要素密集程度。其计算结果如表2-5所示。

表2-5　1947年美国每百万美元出口商品和进口替代品的要素投入量

	资本/美元	劳动/人	资本/劳动
出口商品	2 550 780	182	14 015
进口替代品	3 091 339	170	18 184

1947年美国进口替代品人均资本使用量与出口商品生产人均资本使用量的比率为1.30∶1，这就是说，作为世界上资本最丰裕的国家，美国出口的是劳动密集型产品，而进口的是资本密集型产品。正如里昂惕夫所言："美国参加国际分工是建立在劳动密集型生产专业化的基础之上，而不是建立在资本密集型生产专业化基础上的。"这个验证结果正好与赫克歇尔－俄林理论相反，也完全出乎里昂惕夫本人的预料，而且有悖常理，因此被人们称为**里昂惕夫之谜**或里昂惕夫反论。1956年，里昂惕夫利用投入－产出法和美国1951年之后的统计资料，对美国贸易结构进行了第二次验证。验证结果以"生产要素比例和美国贸易结构：进一步的理论和验证分析"为题于同年发表，其中得出，1951年进口替代品人均资本使用量与出口商品生产人均资本使用量的比率为1.06∶1，这与1953年的结论基本相同，即美国进口的是资本密集型产品，出口的是劳动密集型产品。

里昂惕夫发表其验证结果后，西方经济学界大为震惊，由此产生了解释里昂惕夫之谜的国际贸易理论，其中有以下几个代表性的理论。

1.需求偏好差异说

该学说认为，赫克歇尔－俄林理论的假设条件不成立。该理论成立的一个假设是贸易国双方的需求偏好相似，消费结构相同，因此忽略了两国需求偏好差异对贸易方式的影响。然而，实际上贸易各国国民需求偏好是不同的，而且这种偏好会强烈地影响国际贸易方式。里昂惕夫之谜之所以会在美国发生，正是由于美国人对资本要素密集产品的强烈偏好。因为美国人强烈地偏好资本要素密集的商品，故不得不进口资本要素密集的商品，而出口劳动要素密集的商品。

2.要素密集逆转说

该学说认为，赫克歇尔－俄林理论的另一个假设是要素密度不发生逆转，即如果在一种要素价格比率下，一种商品较另一种商品是资本密集型的，那么，它在所有的要素价格比率下，都是属于资本密集型的。但现实情况是要素密度是会发生逆转的，例如，美国是世界上最大的粮食出口国之一，但是与泰国相比，美国的粮食生产显然是属于资本密集型的。

3. 人力资本说

该学说认为，赫克歇尔－俄林理论将劳动视为一种同质的生产要素的假设是不现实的。实际上，一个国家的人力要素禀赋是异质性的，在构成和质量上都不同于其他国家。美国经济学家基辛（D. B. Keesing）利用美国1960年人口普查的资料，将美国企业的从业人员分为熟练劳动和非熟练劳动两大类，并按技术熟练程度由高到低分为8个等级。他还根据这两大分类，对包括美国在内的14个国家的进出口商品结构进行了分析。在这14个国家中，美国出口产品所使用的熟练劳动的比例最高，而进口商品所使用的熟练劳动力比例最低。这表明美国出口的是技能密集程度最高的产品，进口的是技能密集程度最低的产品。

美国经济学家凯南（P. B. Kenen）认为，熟练的劳动技能是社会投资于教育和培训的结果，是人力资本，与有形资本一起组成资本投入。人力资本投入增加，可提高劳动技能和专门知识水平，促进劳动生产率的提高。由于美国投入了较多的人力资本，因而其拥有更多的熟练劳动力，因此，美国出口的产品包含较多的熟练劳动。凯南对人力资本进行量化，把熟练劳动者高于非熟练劳动者的收入部分资本化，并同有形资本相加。经过这样处理后，表面上看，美国出口的主要是劳动密集型产品，而实际上出口的则是人力资本密集型产品，即美国出口产品的资本密集度高于进口产品的资本密集度。这样，引入人力资本这一新要素，里昂惕夫反论就不存在了。

4. 贸易保护说

鲍德温认为，赫克歇尔－俄林理论的前提假设是自由贸易，而里昂惕夫所使用的资料是美国进出口构成的实际数据。在里昂惕夫进行统计分析的年代里，美国事实上有很高程度的贸易保护，这种贸易保护主要针对的是美国缺乏国际竞争力的劳动要素密集型产品，以保护这些行业，提高国内就业水平。如果没有这种保护性贸易政策，美国进口的劳动密集型产品的份额便会高于存在这些限制的情况。1947年，美国对劳动密集型产品征收的关税税率超过了25%，而对资本密集型产品征收的关税税率则较低。根据鲍德温的计算，如果美国的进口不受限制的话，则其进口产品的资本－劳动的比率将比按实际进口所计算的比率低5%。该学说认为，是美国的关税结构导致了贸易类型的扭曲。

5. 自然资源说

自然资源学说指出，里昂惕夫之谜的根源在于：里昂惕夫的统计只考虑资本和劳动两种要素投入，而忽略了自然资源。证据表明，美国出口的产品消耗了大量的自然资源，其在开采、提炼与加工过程中均有大量资本投入，如果加入这部分资本投入量，里昂惕夫之谜就不存在了，赫克歇尔－俄林理论也就会同国际贸易实践吻合。经济学家在理论上重新审视了赫克歇尔－俄林理论前提的合理性，并深入思考了里昂惕夫统计检验方法的有效性，从而丰富和发展了自由贸易学说。但是也有一些经济学家对赫克歇尔－俄林理论的检验结果与赫克歇尔－俄林理论不一致，由于对这个模型的实证研究不能完全令人满意，一些经济学家便把注意力转向了新的研究领域，探索国际贸易新的理论。

2.4 新贸易理论

第二次世界大战以后，国际贸易出现了与传统贸易理论不相符的三个显著特征：一是发达国家之间的贸易量迅速增长,并成为国际贸易主流;二是产业内贸易大大增加,许多国家不仅出口工业产品,也大量进口类似的工业产品;三是知识密集型产品在国际贸易中的比重不断上升。

人类已从工业经济时代跨入了知识经济时代,这一时代特征的变化是古典贸易理论所无法预见的,因而古典贸易理论也就无法解释这些新变化。贸易实践对贸易理论的挑战,激发了一些经济学家对古典贸易理论进行反思,同时他们又试图对新形势下的某些新的贸易现象进行解释。在这些新理论中,本章主要介绍以下五种。

2.4.1 规模经济理论

规模经济理论

古典贸易理论和新古典贸易理论都假定产品的规模报酬不变,而**规模经济理论**(economy of scale theory)则认为这种假定是不完全的,因为规模经济现象在许多行业中非常突出。例如在制造业中,随着生产规模的扩大、生产时间的延长、机器设备闲置减少及利用率提高,劳动者的技术熟练程度得到提高,从而导致单位产品的成本降低,即出现了规模报酬递增的情况。

马歇尔在《经济学原理》一书中论述了规模经济形成的两种路径。一种是单个企业通过对自身资源的充分组织、经营与利用,优化生产过程中的资源配置效率,降低综合生产成本,从而形成"**内部规模经济**"。另一种是通过企业集聚,多个企业之间实现更加合理的分工与协作,以及优化地区布局,从而形成"**外部规模经济**"。同时,马歇尔进一步阐述了规模经济报酬的变化规律,即随着生产规模的不断扩大,规模报酬将依次经过规模报酬递增、规模报酬不变和规模报酬递减三个阶段。

人物简介
保罗·克鲁格曼

1979年,保罗·克鲁格曼(P. R. Krugman)在其发表的论文中,将规模经济理论引入国际贸易分析,该理论成为当代贸易理论具有代表性的学说之一。该理论认为,即使两国在要素禀赋与消费偏好上完全相同,即不存在比较优势,但是只要存在报酬递增的规模经济,经济发展水平大体相同的国家之间照样能产生国际分工和国际贸易。这样,该学说就从理论上对第二次世界大战后发达国家之间工业品的"双向贸易"做出了较有说服力的解释。

2.4.2 产业内贸易理论

产业内贸易理论

当代国际贸易的产品结构,大致上可分为产业间贸易和**产业内贸易**(intra-industry trade)两类。产业间贸易是指非同一产业内的产品在两国间进行进口和出口贸易的情况,也称为垂直贸易。例如,中国向美国出口纺织品,从美国进口计算机芯片。与之相对应的是产业内贸易,它是指同一产业的产品在具有相同或相似的生产要素禀赋的两国之间互相进口和出口的贸易活动,一般也被称为水平贸易。例如,美国和日本之间的汽车贸易就属于水平贸易。美国经济学家格鲁贝尔(H. G. Grubel)等人在研究共同市场成员方之间贸易的增长时,发现发达国家之间的大量贸易是产业内同类产品的贸易,因而对产业内贸易进行了研究,并解释了产业内同类产品贸易增长的原因及其特点。

一般来说,产业内贸易具有以下几个特点。

（1）与产业间贸易相比，它在内容上有所不同，是产业内同类产品的相互交换，而不是产业间非同类产品的交换；

（2）产业内贸易的产品流向具有双向性，即同一产业内的产品，可以在两国之间相互进出口；

（3）产业内贸易的产品具有多样化的特点，既有劳动密集型产品，也有资本密集型产品；

（4）产业内贸易的产品必须具备两个条件：一是在消费上能够相互替代，二是在生产中需要相近或相似的生产要素投入。

早在1978年，哈夫里列辛（O. Havrylyshyn）和吉万（E. Givan）就根据62个国家或地区的产业内贸易额占其总贸易额的测算，得出了产业内贸易额与人均收入水平呈正相关的结论。当年的这一预见已在20世纪90年代得到了国际贸易实践的证明。现在产业内贸易占全球贸易的比重已提高到60%以上，而且70%的产业内贸易是由发达国家的跨国公司完成的。当年哈夫里列辛和吉万的统计数据如表2-6所示。

表2-6　62个国家或地区产业内贸易额占总贸易额的比重（1978年）

国家或地区分组	人均国民生产总值/美元	产业内贸易额占总贸易额的百分比（%）
15个低收入国家	261	21.4
18个中等收入国家	1 273	25.7
6个新兴工业化国家或地区	1 466	36.6
23个高收入国家	7 722	60.3
所有62个国家或地区	2 909	55.7

注：低收入国家为人均国民生产总值在600美元以下的国家，高收入国家为人均国民生产总值在2 400美元以上的国家，6个新兴工业化国家或地区为巴西、墨西哥、新加坡、韩国及中国香港地区、中国台湾地区。

资料来源：世界银行《1980年世界发展报告》。

20世纪60年代以来，产业内贸易的交易量大大增加，传统的国际贸易模式逐渐改变，产业内的贸易占全球贸易的比重日益上升，并逐渐成为国际贸易的主要力量。表2-7给出了2005～2016年中某些年份中国与日本、韩国产业内贸易的状况。

表2-7　2005～2016年某些年份中国与日本、韩国产业内贸易指数

国家	指数	2005年	2007年	2009年	2011年	2013年	2015年	2016年
中日	HGL	0.05	0.06	0.04	0.06	0.03	0.04	0.03
中日	VGL	0.26	0.26	0.32	0.31	0.33	0.35	0.35
中韩	HGL	0.08	0.08	0.06	0.13	0.11	0.15	0.15
中韩	VGL	0.27	0.23	0.29	0.26	0.27	0.26	0.25

注：HGL是指水平型产业内贸易指数，VGL是指垂直型产业内贸易指数。

资料来源：杨定豪. 中国与日、韩产业内贸易比较分析［J］. 黑龙江生态工程职业学院学报，2018，31（03）：52－54＋121.

格鲁贝尔对产业内贸易的原因做出了解释。他认为，同一产业的产品可以分为同质产品和异质产品，同质产品在价格、品质、效用上基本相同。对于同质产品间的贸易，他认为，首先是运输的原因，消费者希望能就近获得供应，于是就会发生就近进口或出口；其次是由于一些产品的季节性特点和各国生产季节的差异，这会导致一个国家对这类产品既有进口又有出口。

同类产品的异质性是产业内贸易的重要基础，这种异质性主要表现在商标、牌号、款式、性能、质量、用途、包装、信贷条件、交货时间、售后服务和广告宣传等方面。这种异质性

技术差距论与产品生命周期理论

可以满足不同的消费心理、消费欲望和消费层次的需求，从而导致不同国家之间产业内贸易的发生。

2.4.3 技术差距理论

技术差距理论（technology gap theory），又称技术间隔论，是由美国经济学家波斯纳（M. V. Posner）提出，经格鲁贝尔等人进一步发展而形成的。

技术差距理论认为，各国技术发展的情况不一致，技术革新领先的国家就可能享有出口技术密集型产品的比较优势。技术领先的国家发明出一种新产品或设计出新的生产流程时，由于其他国家尚未掌握这项技术，因而就产生了国家间的**技术差距**（technology gap）。但是，随着新技术向国外扩散，其他国家迟早会掌握这种技术，从而使国家间的技术差距逐步缩小，直至消失。其过程如图 2-3 所示。

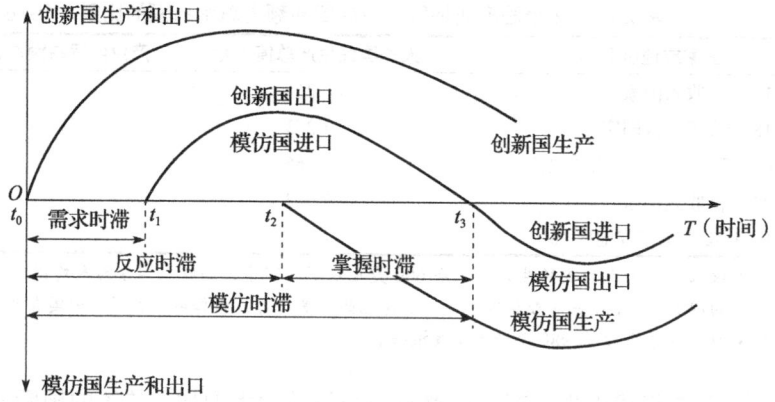

图 2-3 技术差距与国际贸易

在图 2-3 中，t_0 为创新国生产开始的时刻，随后生产逐步扩大，经过一段时间之后又逐步缩小。波斯纳在描述技术差距时，提出了模仿时滞和需求时滞。需求时滞是指从创新国新产品问世到其他国家消费者认识其价值并对它产生需求的时间差距，即图中的 $t_0 \sim t_1$，它取决于收入因素、模仿国消费者对新产品的认识。模仿时滞是指从技术创新国的新产品问世以后到其他国家仿制的产品出口以前这一段时间差距，即图中的 $t_0 \sim t_3$。它又分为反应时滞和掌握时滞：前者是指创新国新产品问世以后到进口国开始仿制的时间间隔，即图中的 $t_0 \sim t_2$，取决于模仿国厂商的反应以及规模经济、贸易壁垒、运输成本、收入水平等因素；后者是指模仿国开始生产到国内生产扩大和开始出口的时间间隔，即图中的 $t_2 \sim t_3$，取决于创新国技术转移的时间、进口国对新技术的需求强度、科研基础、科研费用和生产条件等因素。需求时滞和模仿时滞的差距导致了国际贸易的可能性，其贸易区间为 $t_1 \sim t_3$。

总之，一国由于技术创新而获得垄断地位，该国便可借此优势而大量出口技术领先的产品。也可以说，一些技术领先的国家具有较强的开发新产品和新工艺的能力，从而形成和扩大了国家间的技术差距，因而有可能暂时享有生产和出口某类高技术产品的比较优势。

2.4.4 产品生命周期理论

在现代国际贸易中,作为技术创新产物的知识密集型产品大多是在以美国为代表的西方发达国家创造发明的,随着产品标准化程度的提高,该类产品的生产与出口逐渐由原发明国转向其他国家。美国经济学家雷蒙德·弗农(Raymond Vernon)于 1966 年发表的《产品周期中的国际投资与国际贸易》(*The International Investment and International Trade in the Product Cycle*)一文对这一现象做出了解释。由于在该文中弗农提出了产品生命周期的概念,故人们将弗农的这一理论称为**产品生命周期理论**(the theory of product life cycle)。

弗农把参与国际贸易的国家分为三类:第一类,发明和出口新产品的发达工业国家,如美国;第二类,中等工业发达国家,如日本;第三类,广大发展中国家。同时,他认为一个新产品的技术发展大致经历创新阶段、成熟阶段和标准化三个阶段,各个阶段的特点不同,对国际贸易的影响也不同。

第一阶段是创新阶段。弗农认为,新产品最初总是出现在最发达的国家。这是因为在这些发达国家,良好的教育条件与雄厚的科技力量可以充分提供企业创造发明所需的人力资源和科研条件,完备的知识产权保护体系和旨在鼓励创造发明的税收结构与产权制度为产品研究与开发提供了宽松的外部环境,且富有创新进取精神的企业家对新机会有把握和利用能力;同时,由于新产品具有需求价格弹性较低、收入弹性较高的特点,发达国家的社会要素积累与较高的社会购买力,足以从供给和需求两方面为新产品的生产提供技术与经济上的支持。

第二阶段是成熟阶段。在这一阶段,技术已成熟,产品已定型,生产规模不断扩大,国外的需求也在增加。这个时期,发达国家在向本国消费者提供该种产品的同时,还将产品大量出口到对其产生需求的外围国家,或者向国外生产者出售生产许可证,又或者在国外设分厂生产并销售该产品。

第三阶段是标准化阶段。在这一阶段,生产技术和产品本身都已经标准化,即不仅在发达国家已普及,而且已扩展到发展中国家,技术本身的重要性已逐渐消失。此时,新产品的要素密集性已发生变化,即从知识与技术密集型产品转变为资本与熟练劳动要素密集型产品,产品也已转移到生产成本相对较低的外围国家去生产。随着生产过程的向外转移,贸易的方向也会颠倒过来,即原来出口该新产品的发达国家,将成为该产品的进口国。

上述产品生命周期各阶段的特征与贸易的流向特征如表 2-8 所示。

表 2-8 产品生命周期与贸易流向

	创新阶段	成熟阶段	标准化阶段
技术扩散程度	未扩散	开始扩散	标准化
要素密集类型	技术密集型	资本密集型	劳动密集型
市场势力状况	卖方市场	卖方向买方转变	买方市场
国际贸易流向	无	向外出口	创新国出口下降,逐渐向净进口国转变

产品生命周期与国际贸易格局变化模式,如图 2-4 所示。

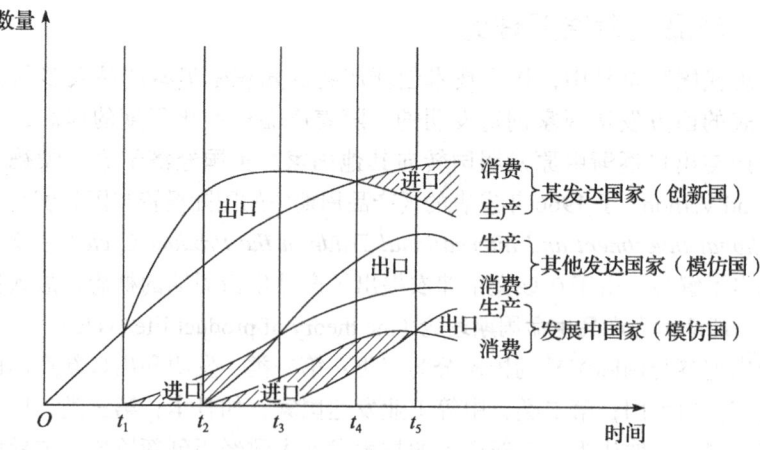

图 2-4 产品生命周期与国际贸易格局变化模式

弗农的产品生命周期理论与第二次世界大战后美国企业的国际化历程是相当一致的。1950～1980 年，美国企业对外直接投资从 118 亿美元上升到 2 000 亿美元。20 世纪 50 年代，这类投资的大部分集中在与美国相邻的拉美国家和加拿大。到了 20 世纪 60 年代初期，投资重心转移至欧洲，欧共体所占美国企业对外直接投资的份额从 1957 年的 16% 增至 1966 年的 32%。最后，在 20 世纪 70 年代，投资重心转移至发展中国家，它们所吸收的美国对外直接投资份额从 1974 年的 18% 增至 1980 年的 25%。

2.4.5 需求相似理论

需求相似理论

瑞典经济学家林德（S. B. Linder）于 1961 年出版了《贸易和转移支付》（*An Essay on Trade and Transformation*）一书，他认为赫克歇尔－俄林理论适用于理解初级产品，尤其是自然资源密集型产品的贸易模式，但不适用于解释制成品，尤其是资本密集型产品的贸易模式。对于后者的解释，林德提出了**需求相似理论**（theory of demand similarity）。

林德的需求相似理论主要包括以下三点内容。

1. 一个国家工业制成品的出口，主要取决于其国内需求条件

首先，企业家对国内市场的熟悉程度要高于对国外市场的熟悉程度，在生产初期，他们更看重在本国的获利机会，只有当这种产品在国内市场立足、企业规模已发展到足够大的时候，企业家才会考虑国外市场。因此，出口只是市场的延伸，而不是市场的开端。其次，本国需求是产品发明与创新的原动力，本国具体环境需要适应，特殊问题需要解决，从而推动着人们去从事技术革新与发明创造。例如，印度一年四季不冷，印度人当然不会对皮衣皮帽产生需求，因此在印度该类产品的开发很少。最后，当一种产品适合市场需求时，生产者与消费者之间交流的信息会及时地影响产品的发展方向，这种相对低廉的信息成本使得该产品具有更大的相对优势。

2. 工业品贸易量取决于需求结构和需求偏好的相似程度

林德指出，两国间的需求结构和需求偏好越相似，其贸易量就越大。一旦发生贸易，需求结构和需求偏好相似两国的贸易量要大于需求结构和需求偏好差别较大的两国的贸易量。如果两国的需求结构和需求偏好完全一样，一个国家可能进出口的商品，也就是另一个国家可能进出口的商品。

3. 一个国家的需求结构和需求偏好取决于该国的人均收入水平

林德指出，影响一个国家需求结构的主要因素是人均收入水平，人均收入水平的相似性可以用来作为衡量需求结构相似性的指标。人均收入水平越相似的国家，其消费偏好和需求结构就越相近，产品的相互适应性就越强，贸易机会也就越多，而人均收入水平的差异则是贸易的潜在障碍。当然，收入不均的低收入国家中的高收入阶层与高收入国家中的低收入阶层的需求结构和需求偏好也会存在相似性，因此，两国需求存在重叠区域，需求重叠使得这两种类型国家之间的贸易成为可能。

⊙ 延伸阅读 2-3

贸易理论的新发展及相关经验研究的发展再次证明爱因斯坦的名言，"不是经验观察为理论研究提供基础，而是理论研究决定我们可以观察到什么"（转引自 Heisenberg，1971：p.31）。支持这一名言的有力证据就是红移现象。在人们了解相对论之后，人们才有观察红移现象的概念。新的贸易理论模型使贸易理论中的概念体系发生了革命性的变化，外生比较利益等概念已变得过时，人们开始用外包贸易（outsourcing trade）、出口加工贸易、合约转让、特许经营、一体化程度、商业化程度、贸易依存度、全球化程度等概念来讨论贸易问题。新的经验研究将会以这些新概念为基础，不再局限于传统的外生比较利益概念。

资料来源：杨小凯，张永生. 新贸易理论、比较利益理论及其经验研究的新成果：文献综述［J］. 经济学（季刊），2001，1（1）：19-44.

2.5 企业异质性贸易理论

异质性贸易理论

20世纪70年代贸易实践中出现的大规模产业内贸易，对新古典贸易理论形成了巨大冲击，到了20世纪90年代，随着企业层面微观数据的可获性大大增强，一些以往的理论无法解释的生产者行为纷纷涌现出来，包括在企业生产率水平、规模等方面表现出的异质性。相关的实证分析发现，一方面，即使在可贸易品行业，绝大多数企业也根本不出口，而相比于国内的企业，出口企业在生产率水平，甚至生产规模、资本与技术密集度等方面均呈现出更大的优势。另一方面，企业出口并非一种永恒的状态，而是存在着显著的进入、退出现象，新进入企业、在位企业和退出企业在生产率水平上表现出依次递减的特征，说明资源不仅在行业间，而且在行业内进行着再分配。这些发现与传统理论发生了强烈冲突，即使以克鲁格曼的理论为代表的规模经济理论也仅从行业层面解释了部分异质性的特征。因此，亟待新的理论予以回应。

2.5.1 新新贸易理论的基本内容

传统贸易理论主要探讨产业间的贸易，克鲁格曼基于第二次世界大战后产生的全新贸易实践，将贸易理论从产业间引入到产业内，并在产业内层面探讨行业的异质性问题。但随着企业级微观数据的可获取性增强，更深入的企业异质性问题逐渐引起人们的关注。对大量微观数据的观察发现，企业的异质性表现大大超出了之前理论所能够解释的范畴，从而激发了新一轮的理论创新，学者们试图基于新的贸易实践探讨贸易的基础与动因问题。新新贸易理论以梅利兹（Melitz，2003）为代表，他在克鲁格曼（Krugman，1980）和霍彭哈恩（Hopenhayn，1992）的基础上，发展出了企业异质性垄断竞争模型，后来也被称为新新贸易理论模型。他通过引入企业生产率异质性和贸易固定成本，系统地解释了开放条件下不同生产率水平的企业在进行是否进入市场决策时的自选择效应。

梅利兹首先将市场结构划分为国内市场与国际市场，而无论哪种市场均存在一个进入的生产率门槛。其次，假设市场中的企业存在不同的生产率水平，企业根据自身的生产率状况选择进入不同的市场。梅利兹认为，只有生产率水平最高的企业才有资格进入国际市场，中间生产率水平的企业则停留在国内市场，而生产率最低的企业则直接退出商品市场。这一结论一方面解释了仅有部分企业选择出口的理论动因，另一方面通过受生产率门槛限制的企业进入、退出机制，说明了贸易开放能够显著提升出口部门的整体生产率水平。

值得注意的是，关于企业异质性的理论探讨，早在梅利兹之前就已经开始。基于封闭市场刻画企业异质性的数学模型在20世纪90年代就已经出现，但相比而言，梅利兹的成功或巨大贡献主要体现在以下几个方面。首先，早期理论探讨对先前理论的承接性存在欠缺，而梅利兹则在克鲁格曼垄断竞争模型的基础上，清晰完整地分析了异质性企业的一般均衡与贸易模式，能够更好地推动主流经济范式的发展。其次，梅利兹模型的假设条件更加简明，理论结论也更具一般性，具备更好的理论延展性。最后，早期模型没有充分讨论贸易利益与资源配置效应，而梅利兹则系统地刻画了国际贸易如何导致资源在企业间进行再配置，并将其作为全新的国际贸易利益源泉。

2.5.2 新新贸易理论的不同看法

新新贸易理论是在新贸易理论的基础上，拓展出基于企业异质性的全新理论，这也是该理论被称为"新"新贸易理论的原因。但也有很多学者认为，目前的理论仅在研究对象上进行了创新，无法成为承前继后的新的完整理论。钱学锋（2020）从国际贸易的三个基本问题角度进行总结，指出该理论更应该被称为"企业异质性理论"，而非新新贸易理论。

1. 从国际贸易的基础来看

贸易的基础主要回答国际贸易的动因问题。古典贸易理论假定国际贸易的动因来源于技术的绝对或相对差异，具体又表现为生产率或生产成本的差异。新古典贸易理论假定国际贸易的动因来源于要素禀赋的差异，而要素禀赋的差异又来源于基于历史条件的先天技术差距和基于自然条件的自然禀赋差异。新贸易理论致力于解释国家间产业内形成贸易的动因，强调了产品差异化和规模经济的作用。新新贸易理论则强调了异质性企业基于不同生产率水平进入、退出市场的自选择。不难发现，新新贸易理论与前面的理论均是从生产率角度进行讨论，只是新新贸易理论深入到了更加微观的企业层面。

2. 从国际贸易的模式来看

贸易的模式主要回答国际贸易如何展开的问题。新新贸易理论是基于新贸易理论进行的拓展，依旧是用来解释产业内形成的贸易，但新贸易理论仅停留在产品层面，假设所有企业都参与出口，新新贸易理论则进一步深入到企业层面，强调只有生产率水平最高的企业才会参与出口。该理论在企业异质性的基础上强化了比较优势的分工模式。

3. 从国际贸易的利益来看

贸易的利益主要回答国际贸易的利益分配问题。古典与新古典贸易理论的贸易利益来源于专业化分工与国际交换，新贸易理论的贸易利益源泉则是规模经济与产品多样化，三种主流理论均假设所有企业都参与出口。相比之下，企业异质性理论利用生产率门槛将企业进行了分层，当只有拥有最高生产率的企业才有资格出口时，整个出口行业都因为企业的自选择与淘汰机制而提升了总体生产率水平，资源在行业内部的企业间进行重新配置，在位企业获得了更大的市场份额，进而获得额外的贸易利益。但一个新的问题是，微观层面的资源再分配是否提升了总体的贸易利益，目前为止对此问题尚未得到统一的结论。这就导致理论的解释无法形成一个完整的闭环。

本章小结

本章介绍了国际贸易主流理论的总体发展脉络，包括古典贸易理论、新古典贸易理论、新贸易理论以及最新发展的新新贸易理论。

古典贸易理论与新古典贸易理论从产业间层面，基于绝对优势与比较优势的视角阐述国际贸易的动因；新贸易理论则基于规模经济与产品种类多样化，深入到产业内层面阐述贸易的动因，很好地解释了当时出现的全新的产业内贸易实践。新新贸易理论进一步将视角深入到企业层面，从生产率差异与企业异质性角度阐述了国际贸易的新动力。

可见，贸易理论的发展始终与特定时期的贸易实践交替前行，贸易理论的发展不断为全新的贸易实践提供系统的解释，并指导贸易实践实现更好的发展。

练习题

一、名词解释

1. 绝对优势理论
2. 比较优势理论
3. 相互需求论
4. 贸易条件
5. 要素密集度逆转
6. 里昂惕夫之谜
7. 要素禀赋
8. 要素价格均等化
9. 产业内贸易
10. 规模经济理论
11. 内部规模经济
12. 外部规模经济
13. 产品生命周期理论

二、判断题

1. 穆勒的相互需求论解释了马歇尔的提供曲线。（   ）
2. 国际交换比与国际价格比不是一个概念。（   ）
3. 李嘉图的比较优势理论提出了"两优取其

轻、两劣取其重"的思想。（　）
4. 如果一个国家生产一种产品的比较成本低于另外一个国家，则表明该国拥有绝对优势。（　）
5. 马歇尔用提供曲线解释了斯密的绝对优势理论。（　）
6. 赫克歇尔－俄林理论认为本国倾向于进口那些使用其充裕要素生产的产品。（　）
7. 赫克歇尔－俄林理论认为本国与外国同一产品价格的差异来自劳动生产率的差异。（　）
8. 赫克歇尔－俄林理论认为随着贸易的开展，两国要素价格会趋于均等。（　）
9. 里昂惕夫采用投入－产出法证明了赫克歇尔－俄林要素禀赋理论的普遍性。（　）
10. 尽管工业发达国家在国内消费需求的偏好相似程度方面显得较低，但由于发展程度和人均国民收入比较接近，因此工业品的行业内贸易量较大。（　）
11. 当规模经济发生在行业水平而非单个企业水平时，这种规模经济被称为内部经济。（　）
12. 印度软件生产与出口业集中在班加罗尔的现象，可用内部经济来解释。（　）
13. 行业内贸易的相对重要性依存于国家之间经济结构的相似性。（　）
14. 部门内贸易的相对重要性依存于国家之间经济结构的相似性。（　）
15. 在今天，行业间贸易在发达国家之间占主导地位。（　）

三、单项选择题

1. 贸易条件是指（　）。
   A. 进口1单位外国商品需要出口多少单位本国商品
   B. 出口1单位商品可以换回多少单位外国商品
   C. 进出口商品需要具备的条件
   D. 一国对外依赖的程度

2. 假设A国在X商品与Y商品上分别花80个劳动日与100个劳动日，B国在这两种商品上分别花160个劳动日与200个劳动日，按照李嘉图比较优势理论"2×2×1"模型，则（　）。
   A. A国会专门生产X商品，出口X商品，进口Y商品
   B. A国会专门生产Y商品，出口Y商品，进口X商品
   C. B国会专门生产Y商品，出口Y商品，进口X商品
   D. 两国不会发生贸易关系

3. 假设有A、B两国，生产X与Y两种商品。A国生产X物品有比较优势的条件是（　）。
   A. 生产1单位X物品所放弃的Y物品比B国多
   B. 生产1单位X物品所放弃的Y物品比B国少
   C. 生产1单位X物品所需要的劳动投入比B国少
   D. 生产1单位X物品所需要的资本投入比B国少

4. 提出比较优势理论的是（　）。
   A. 亚当·斯密
   B. 阿尔弗雷德·马歇尔
   C. 约翰·穆勒
   D. 大卫·李嘉图

5. 提出相互需求理论的是（　）。
   A. 马歇尔
   B. 林德
   C. 弗农
   D. 穆勒

6. 贸易条件公式一般以（　）表示。
   A. $TOT=(P_X-P_M)/(P_M+P_X)$
   B. $TOT=P_M/P_X$
   C. $TOT=(P_M+P_X)/(P_X-P_M)$
   D. $TOT=P_X/P_M$

7. 中国生产一台电视机和洗衣机均需要10

个劳动日,印度分别为12个和14个劳动日,为此( )。
A. 中国生产电视机有比较优势,印度生产洗衣机有比较优势
B. 中国和印度在生产电视机上都有比较优势
C. 中国生产洗衣机有比较优势,印度生产电视机有比较优势
D. 中国和印度在生产洗衣机上都有比较优势

8. 古典国际贸易理论的创始人是( )。
A. 斯密
B. 穆勒
C. 李嘉图
D. 马歇尔

9. 在2×2×1的李嘉图模型中,如果贸易条件接近于出口国的贸易前国内的交换比价,则贸易的最大受益者是( )。
A. 进口国
B. 出口国
C. 世界
D. 消费者

10. 俄林认为国际贸易产生的直接原因是各国商品价格的( )。
A. 相对差异
B. 绝对差异
C. 完全相同
D. 不相同

11. 假定等量的资源在X国能够生产两台电视机和四架照相机,在Y国能够生产一台电视机和两架照相机,那么( )。
A. X国应向Y国出口电视机,进口照相机
B. X国应向Y国出口照相机,进口电视机
C. 不管汇率如何,X国能在Y国以低价出售两种商品
D. 两国对这两种产品的交易无利可图

12. 假定衣服为劳动密集型产品,食品为土地密集型产品,根据要素价格均等化理论,当衣服出口的相对价格(P_C/P_F)提高时,劳动的相对工资(W/R)必定会( )。
A. 下降
B. 上升
C. 不变
D. 无法确定

13. 产业内贸易更容易发生于( )。
A. 富裕国家与贫穷国家之间
B. 类似的高收入国家之间
C. 发展中国家之间
D. 发达国家与发展中国家之间

14. 规模经济更容易发生于( )。
A. 小规模的纺织业
B. 飞机制造业
C. 制鞋业
D. 小企业

15. ( )特别强调国内需求的作用,认为产品之所以出口,是因为进口国有国内需求;产品之所以出口,是因为国外有需求。
A. 绝对优势理论
B. 比较优势理论
C. 需求相似理论
D. 要素禀赋理论

16. 当产品基本定型且进入批量生产和开始普及时,该产品也就进入了生命周期的( )。
A. 导入期
B. 成长期
C. 成熟和标准化期
D. 衰退期

17. 关于产业内贸易,下列说法中不正确的是( )。
A. 产业内贸易是产业内同类产品的相互交换
B. 产业内贸易的产品流向具有双向性

C. 产业内贸易的产品具有多样性
D. 产业内贸易的商品在消费上不能够相互替代

18. 下列容易形成内部规模经济的是（   ）。
    A. 小商品市场
    B. 中关村电脑城
    C. 汽车
    D. 电器城

19. 根据产品生命周期理论，产品成熟期应选择（   ）。
    A. 海外直接投资战略
    B. 商品出口战略
    C. 技术转让战略
    D. 海外间接投资战略

20. 在今天，部门间贸易在（   ）国家间占主导地位。
    A. 欧盟
    B. 欧亚
    C. 北美
    D. 北欧

21. （   ）理论认为，国家间收入的相似性越大，贸易的可能性越大。
    A. 引力模型
    B. 偏好相似性
    C. 比较优势理论
    D. 产品生命周期理论

22. （   ）的分析表明，新产品是由发达国家发明并出口的。
    A. 李嘉图
    B. 俄林
    C. 弗农
    D. 林德

23. 以下理论用于解释当代国际贸易模式动态变化的是（   ）。
    A. 要素禀赋理论
    B. 不完全竞争理论
    C. 规模经济理论
    D. 产品生命周期理论

24. 弗农认为，产品周期可分为产品创新、成熟和（   ）三个阶段。
    A. 衰退
    C. 成长
    B. 标准化
    D. 投入

25. 产品处于（   ）阶段，属于资本密集型。
    A. 新产品
    B. 发展
    C. 成熟
    D. 标准化

26. 技术发明国在产品生命周期的（   ）阶段开始出口下降。
    A. 衰退
    B. 创新
    C. 标准化
    D. 成熟

四、计算题

1. 某国的出口值2000年为980亿美元，2003年为1 680亿美元；出口价格指数2000年为100%，2003年为180%，请问该国2003年的贸易量指数是多少？2003年的出口规模比之2000年是扩大了还是缩小了？

2. 假设2008年本国对外出口额为1.43万亿美元，其中机械及运输设备出口6 721亿美元；该年世界贸易总额为15.78万亿美元，其中机械及运输设备出口7.89万亿美元。请分析本国机械及运输设备的国际竞争力状况。

3. 本国劳动和资本供给总量各为100单位，生产1单位钢材需要10单位劳动和50单位资本，生产1单位食品需要3单位劳动和6单位资本。问：
   （1）本国钢材和食品各为什么密集型产品？
   （2）写出本国劳动和资本对钢材与食品生产的约束条件。

4. 假设本国条件同上题，外国劳动和资本供给量分别为110和100，并且生产每单位钢材需要投入的劳动和资本量分别为8单位和 40 单位，生产每单位食品需要投入的劳动和资本量为 3 单位和 6 单位。问：
（1）外国钢材和食品是什么密集型产品？
（2）外国劳动与土地对其钢材和食品生产的约束条件是什么？
（3）根据要素禀赋理论，本国与外国各为什么类型的国家？
（4）根据赫克歇尔－俄林理论，本国与外国的生产优势分别是什么？其可能的贸易方式是什么？

五、简答题

1. 试述赫克歇尔－俄林要素禀赋理论的基本内容。
2. 什么是要素价格均等化理论？
3. 简述比较优势的主要内容。它给我们的启示是什么？

第3章

国际贸易保护理论与政策

:: **学习目标**

| 了解国际贸易保护理论的发展阶段与特征；
| 掌握主要国际贸易保护理论的含义；
| 掌握国际贸易政策手段的基本逻辑及福利影响。

3.1 重商主义贸易保护思想

重商主义的贸易保护思想

3.1.1 重商主义的产生与发展

重商主义是资本主义原始积累时期建立起来的代表商业资产阶级利益的一种经济学说和政策体系。15世纪以后，西欧封建经济逐渐瓦解，商品货币经济关系急剧发展，封建地主阶级力量不断削弱，商业资产阶级的力量不断增强，社会经济生活对商业资本的依赖日益加深。与此同时，社会财富的重心由土地转向了金银货币，货币成为全社会上至国王下至农民所追求的东西。而当时金银货币主要来自商业资产阶级的贸易活动，尤其是对外贸易。因此，重商主义所重的"商"是对外经商，重商主义学说实质上是重商主义的对外贸易学说，是巨商大贾、学者、政府官员关于对外贸易的理论观点和政策主张。

重商主义对外贸易学说以重商主义的财富观为理论基础，认为货币是一国财富的根本和富强的象征，一切经济活动的目的是积累财富，获取财富的途径则是取得对外贸易顺差，因而其主张国家干预经济活动，鼓励本国商品输出，限制外国商品输入，"多卖少买"，追求顺差，使货币流入国内，以增加国家财富和增强国力。

⊙ 延伸阅读 3-1

重农学派介绍

重农学派是18世纪50～70年代的法国资产阶级古典政治经济学学派。这一学派以自然秩序为最高信条，视农业为财富的唯一来源和社会一切收入的基础，认为保障财产权利和个人经济自由是社会繁荣的必要因素。

重农学派在鼎盛时期以"经济学家"作为称呼。其成员之一杜邦·德·奈穆尔于1767年编辑出版了一本题名为《菲西奥克拉特，或最有利于人类的管理的自然体系》的魁奈著作选集，首次提出将希腊文"自然"和"统治"两字的合成词作为他们的理论体系的名称。但在当时，这个新名称没有得到广泛使用。斯密在1776年发表的《国富论》中，依据他们"把土地生产物看作各国收入及财富的唯一来源或主要来源"的学说，把他们称为"农业体系"，汉语则意译为"重农学派"。

资料来源：西方经济学重要学术流派简介，https://wenku.baidu.com/view/3d07e1dfd938376baf1ffc4ffe4733687e21fc2b.html。

重商主义经历了15～16世纪中叶的早期和16世纪下半叶至17世纪的晚期两个发展阶段。

（1）早期重商主义被称为**货币差额论**，主要代表人物有英国的约翰·黑尔斯（John Hales，？—1571）和威廉·斯塔福德（William Stafford，1554—1612，代表作是《对我国同胞某些控诉的评述》）等。早期重商主义认为，一切购买都会减少货币，一切销售都会增加货币。根据这一理论，他们在对外贸易中坚持多出口少进口，以便把货币储藏起来，使国家富裕起来，人们亦称这种思想为重金银主义。货币差额论把增加国内货币积累，防止货币外流视为对外贸易政策的指导原则，认为国家应采取行政手段，直接控制货币流动，禁止金银输出，在对外贸易上遵循少买（或不买）多卖的原则，使每笔交易和对每个国家都保持顺差，这样就可以使金银流入国内。

（2）晚期重商主义称为**贸易差额论**，最重要的代表人物是英国的托马斯·孟（Thomas Mun）。贸易差额论反对国家限制货币输出，认为那样做不但是徒劳的，而且是有害的。一方面，国内金银太多，会造成物价上涨，消费下降，出口减少，从而影响贸易差额；另一方面，以邻为壑的零和贸易模式会遭受其他贸易国家的报复，使本国贸易减少甚至消失，货币积累的目的将无法实现。因此，贸易差额论认为，国家应允许适量货币输出国外，这非但不会使货币流失，而且还会像猎鹰叼回"肥鸭"一样，吸收进更多的货币，使国家更加富裕。贸易差额论者信奉"货币产生贸易，贸易增加货币"以及"进出口贸易总额保持顺差"的原则。

人物简介
托马斯·孟

3.1.2 重商主义的贸易政策

（1）**货币政策**。早期奉行重商主义的国家通过颁布各种法令，禁止货币输出，并规定了严厉的刑罚。例如，西班牙曾规定输出金银者处死，检举者有赏，并禁止外国人购买金条。英国也曾规定输出金银为大罪。在禁止货币输出的同时,各国都想方设法吸收国外货币,政府通过法令,规定外国人来该国进行贸易时,必须将出售货物所得到的全部款项用于购买该国货物,以免货币外流。到了重商主义的晚期发展阶段,货币政策有所放宽,准许输出适量货币,以期获得更多的货币。

(2) **奖出限入政策**。重商主义者主张通过奖出限入政策促进出口,减少进口,实现贸易顺差,积累货币财富。在进口方面,实行重商主义的国家不仅禁止奢侈品输入,而且对一般制成品的进口也严加限制。因为奢侈品、工业制成品价格高昂,所以进口这些商品需要输出大批金银,影响货币积累。英、法等国就曾制定过禁止奢侈品进口的法令。在出口方面,重商主义者主张出口制成品代替出口原料,通过提高产品的附加值增强货币获取能力。另外,国家还用现金奖励在外国市场上出售本国商品的商人。例如,当时英国曾禁止输出羊毛、皮革和锡等原料,奖励那些不输出原料及在英国制造并出口工业品的生产者。

(3) **关税保护政策**。关税保护政策在重商主义的早期发展阶段便开始实行,晚期阶段已成为扩大出口、限制进口的重要手段之一。政策主张对进口的制成品设置关税壁垒,课以重税,使进口的商品价格提高,售价高昂,从而达到限制进口的目的;对进口的原料和出口的制成品则减免关税,或在出口制成品时退还对进口原料所征的关税,以支持和鼓励本国制成品的生产和出口。例如,法国1667年实行关税保护政策,将从英国、荷兰进口的呢绒税率提高一倍,花边等装饰品的进口税率也提高一倍,从而阻止了这些产品的进口;而对法国急需的工业品原料如羊毛、铁、锡、铅等的进口及工业制成品出口,则加以鼓励。

(4) **发展本国工业政策**。重商主义者认为,保持贸易顺差的关键在于本国能够多出口竞争力强的工业制成品,因此他们主张实施鼓励国内工业发展的政策。当时实行重商主义政策的各国都围绕着发展本国工业制定并执行了种种政策措施:①为了发展制造业和加工业,有的国家高薪聘请外国工匠,禁止熟练技工外流和机器设备输出,鼓励原料和半成品输入,还向工场手工业者发放贷款和提供各种优惠条件;②向工业发展提供充足的劳动力,鼓励增加出口;③为了降低工业生产成本,实行低工资政策;④为了提高产品质量,制定工业管理条例,加强质量管理。例如,英国政府通过《职工法》鼓励外国技工移入,通过《行会法》奖励国内工场手工业者。法国则采取免税、补贴、给予特权,乃至皇家基金自由投资等措施,促进制造业发展,并大力发展"皇家制造业",为扩大商品输出创造雄厚的经济基础。

⊙延伸阅读 3-2

重商主义时期的法规举例

1815年,在土地贵族把持的国会的推动下,英国政府颁布了《谷物法》,规定只有当国内市场上的粮价达到80先令1夸脱⊖时,才准许进口外国粮食。结果粮食价格上涨,地租上升,对地主阶级有利;但对工业资产阶级来说,工人工资上涨,成本增加,利润减少;对其他阶级来说,用于粮食的开支增加,用于工业品消费的支出减少。在国外,该法还招致别国对英国的工业品征收高额关税。《谷物法》大大损害了新兴资产阶级的利益,因此他们迫切需要找到自由贸易的理论依据。

⊖ 1夸脱(英) = 1.136 5升。

3.2 传统贸易保护理论

3.2.1 李斯特的贸易保护学说

李斯特的贸易保护学说

从历史上看，工业先进国家的经济学家大多赞扬自由贸易，而后进国家的经济学家则倡导保护贸易。例如，从18世纪到19世纪上半期，英国是首屈一指的工业国，斯密、李嘉图等都从多方面论证了自由贸易的优越性，而当时工业上还处于落后地位的美国、德国等国家的经济学家则竭力倡导贸易保护政策。曾任美国第一任财政部部长的亚历山大·汉密尔顿（A. Hamilton，1757—1804）、美国19世纪的经济学家丹尼尔·雷蒙德（Daniel Raymond，1786—1849）和亨利·凯里（Henry Charles Carey，1793—1879）都极力主张实行关税保护政策，以发展本国工业，向英国的工业垄断地位发出挑战。在德国，李斯特（Friedrich List，1789—1846）系统地论证了贸易保护政策对后进国家的重要性，并提出了一整套贸易保护的政策措施。

人物简介
弗里德里希·李斯特

1. 汉密尔顿的贸易保护思想及实践

汉密尔顿是美国第一任总统华盛顿执政时期的财政部部长。汉密尔顿1789～1795年任财政部部长期间，根据美国独立后的具体情况，在政治上主张建立联邦制，成立强有力的统一国家；在经济上主张实行贸易保护，以促进本国工业的发展，使美国走上资本主义工业化道路。汉密尔顿对独立后美国的财政、金融、经济等问题，论述颇多。他对这些问题的主张，大多以报告形式向国会提出。1791年12月，他将实行贸易保护的主张写入向国会提交的《关于制造业的报告》之中。他在报告中主张，要排除外国竞争，以保护国内市场，发展本国工业。

汉密尔顿的贸易保护主张对于美国工业发展有较大的影响。美国于1789年通过的第一个关税法案，税率仅5%～15%。19世纪初为抵御英国工业品的竞争，扶植美国工业的发展，美国不断提高关税税率，1816年为7.5%～30%，1824年平均关税税率提高到40%，1825年提高到45%，关税保护使美国工业得以避免外国竞争而顺利发展。19世纪80年代，美国工业跃居世界首位，1900年在世界对外贸易额中仅次于英国，位居第二。

汉密尔顿承认，实行保护贸易将引起产品价格上涨。但他认为，一旦幼稚工业成长，由于生产能力的提高，产品价格将会下跌，全社会将享受价廉物美的好处。那时，生产效率提高到可以与外国竞争的水平，关税壁垒就可以拆除，此时，美国就可以实行自由贸易。汉密尔顿的思想也被称为保护关税说，对后来的李斯特的贸易保护理论产生了巨大影响。

2. 李斯特的保护幼稚工业理论

李斯特认为，一个国家的经济发展及生产力水平的提高，最重要的是依靠其工业的发展。一个处于农工业时期经济发展阶段的国家，要想迅速发展本国的生产力，必须对本国的幼稚工业特别是大宗消费品工业实行保护。这是因为，发展这类工业需要大量资本和劳动，这一方面可以带动本国资本积累并能对外资产生吸引力，另一方面可以促进人口的增长，并带动农业的繁荣和外贸的发展。同时，由于这类工业规模大，其产品可用于大量出口，有利于保持一个国家的进出口平衡，因此可以使其赢得工业上的独立地位，从而推动生产力的发展。李斯特认为对农业不需要用关税进行保护，主张用高关税甚至禁止进口等办法来保护本国的幼稚工业，但对发展工业所需的机器和技术，则应减免进口关税。

在实行关税保护政策的步骤、时间选择和部门选择问题上，李斯特已经注意到：在同一工业部门发展的不同时期，保护程度应有所不同；对不同工业部门的保护程度也应有所不同。这里包含着这样的思想，即在保护本国工业时，应保持一定程度的国外竞争。一个国家的保护贸易政策应同本国的产业发展政策结合起来，通过发展重要工业带动相关产业。

为了实现通过关税保护政策来发展本国工业、提高生产力水平的目的，李斯特极力主张国家对经济生活加以干预。他以人力在培育森林中的作用来比喻国家在经济发展中的作用："经验告诉我们，风力会把种子从这个地方带到那个地方，因此荒芜的原野会变成稠密的森林；但是要培育森林就得静等着风力作用，让它在若干世纪的过程中来完成这样的转变，世界上岂有这样愚蠢的办法？如果一个植林者选择树秧，主动栽培，在几十年内达到了同样的目的，这不算是一个可取的办法吗？历史告诉我们，有许多国家，就是由于采取了那个植树者的办法，胜利地实现了它们的目的。"⊖

3.2.2 凯恩斯主义的贸易保护理论

凯恩斯主义的贸易保护理论

人物简介
约翰·梅纳德·凯恩斯

1936 年，英国经济学家凯恩斯出版了他的代表作《就业、利息与货币通论》（简称《通论》），奠定了当代宏观经济学的理论基础。其后，出现了一大批凯恩斯主义经济学家，对宏观经济学进行补充、发展和完善，形成了以就业、国民收入、总供给、总需求等为研究对象，以总量分析为特征的系统的宏观经济理论。其中贸易保护主义理论占有非常重要的地位。虽然凯恩斯的《通论》中并没有系统的国际贸易理论，但其后的经济学家提出的贸易保护理论都是建立在他的就业理论与乘数理论基础之上的。

1. 凯恩斯的就业与乘数理论

（1）凯恩斯的就业理论。凯恩斯主义认为，在现代经济生活中，不仅存在着摩擦失业、自愿失业，而且存在着非自愿的失业，即尽管人们愿意接受现行工资水平也无法找到工作的那种失业。

20 世纪二三十年代以后，仅仅依靠市场的力量，已无法自动地通过价格机制的引导，实现包括非自愿失业者就业在内的充分就业。其主要的原因在于社会有效需求不足，也就是说总需求往往不能在充分就业条件下同总供给保持平衡，而是使经济体系在低于充分就业的水平就达到了稳定均衡的状态。

有效需求是由消费需求和投资需求组成的，边际消费倾向、边际资本效率和流动性偏好三条基本的心理规律造成消费需求的不足，投资需求则取决于利息率和贸易收支状况。由于消费倾向在短期内十分稳定，因此要实现充分就业就必须从增加投资需求这方面着手。为保护国内就业，国家应对对外贸易进行干预，采用财政政策，增加公共投资和政府开支，保持贸易顺差，以促进就业和产出的增加。

⊖ 李斯特. 政治经济学的国民体系 [M]. 陈万煦，译. 北京：商务印书馆，1961：101.

（2）凯恩斯的乘数理论。增加一笔投资所引起的收入的增加量，并不限于增加的投资量。只要社会存在闲置的生产资料和失业的劳动者，投资变动就会使收入和产出的变动产生一种乘以倍数的扩大效果，扩大的倍数就是乘数。

如果企业部门的投资仍不足以使经济体系达到充分就业，凯恩斯就主张直接增加政府的支出和公共投资。因为政府支出和私人投资一样，也会使就业和产出按照乘数原理成倍增加。他主张政府负起更大的责任，直接组织投资，增加政府开支，由此出现的财政赤字并不会引起总需求过多的通货膨胀，因为就业工人的增加引起总供给相应地增加，因而总需求与总供给将在更高的就业水平上达到平衡。

据此，马克卢普和哈罗德等人建立了对外贸易乘数理论，认为一国的出口和进口的波动会对国民收入产生倍数效应。而对外贸易乘数一般取决于边际进口倾向与边际储蓄倾向。在对外贸易上则强调贸易顺差，如果是贸易顺差，国外投资增加，并因此导致国内货币供给增加，利率下降，那么会刺激国内投资增加；如果是贸易逆差，则相反。保持贸易顺差可以不断地扩大国外投资，增加投资需求和有效需求，解决就业问题，促进经济繁荣。而保持贸易顺差的途径就是国家干预对外贸易，采取奖出限入的政策。罗宾逊夫人更进一步指出，任何一国的进出口构成和规模与其国民收入的水平都存在相关性。贸易政策的制定应视具体国情而定。在既定的国内投资水平下，贸易顺差相当于在就业不足的情况下，使就业水平恢复到正常水平所需要增加的投资。贸易顺差以及相应产生的国内就业的变化，可以由政府通过能够导致出口或进口的竞争产品的生产扩张政策来实现。

2. 凯恩斯的新重商主义政策主张及其局限性

凯恩斯主义者认为，为了增加有效需求，实现充分就业，政府应采取鼓励出口、限制进口及保持顺差的贸易保护政策。由于这种对外贸易政策与重商主义政策相似，因而被称作新重商主义。这种外贸政策代表了垄断资产阶级的利益，在保护的内容、范围和采用的保护手段等方面均大大超过了传统的贸易保护政策，因而人们又将它称作超贸易保护政策。

凯恩斯主义的贸易保护政策，强调保持贸易顺差和贸易乘数的作用，对扩大总需求及增加就业而言，这在经济萧条时期无疑是正确的。在存在大量失业及严重的生产过剩的情况下，扩大出口，保持顺差，可以刺激总需求扩大，减轻失业的压力，有利于实现总供给和总需求的平衡。但是，如果已经达到充分就业，实行贸易保护政策所形成的顺差，就会造成需求过大，导致通货膨胀。另外，即使是在经济萧条时期，贸易保护政策也未必会奏效，因为各个国家从本国利益出发，都会实行贸易保护政策，一国限制进口必然会遭到其他国家的报复，各国之间的相互限制进口及互相报复的贸易战，会使各个国家都无法扩大出口，世界贸易量就会减少或停滞不前，这对各个国家都有害无益。这些问题，反映出凯恩斯主义的贸易保护理论存在着很大的局限性。

3.2.3 战略性贸易保护理论

20世纪70年代初之后，发达国家的增长速度普遍放慢。在美国，工资水平上涨缓慢，导致实际购买力的下降；在欧洲，失业率不断上升；堪称世界经济

战略性贸易
保护理论

增长中奇迹的日本在 20 世纪 90 年代也开始了长时期的经济增长停滞甚至下降。发达国家应如何作为才能改善其经济发展的现状？它们需要一种新的国家干预政策，即通过对某些所谓战略性产业的扶持来刺激经济增长。在这种背景下产生了战略性贸易保护理论。战略性贸易保护理论也称战略贸易论，主要代表人物是美国经济学家布兰德和斯潘塞，以及保罗·克鲁格曼。

1. 布兰德和斯潘塞的"以补贴促进出口"观点

布兰德（Brander）和斯潘塞（Spencer）认为，传统贸易理论是建立在完全竞争的市场结构之上的，因而自由贸易政策为最优贸易政策。但现实中，不完全竞争和规模经济普遍存在，不少重要产业的市场结构是以寡头垄断为特征的。他们根据产业组织理论和博弈论的研究成果，创造性地探讨了在不完全竞争和规模经济的条件下，政府的补贴政策对一国产业发展和贸易发展的影响，建立了战略性贸易政策理论的基本框架。

⊙延伸阅读 3-3

产业组织理论

产业组织理论，英文为"theory of industrial organization"，在英国及其他欧洲国家又称"industrial economics"。简而言之，产业组织理论是运用微观经济理论分析厂商和市场及其相互关系的一门学科，是研究企业结构与行为、市场结构与组织以及市场与企业相互作用和影响的一个新兴的应用经济学的分支。产业组织理论诞生于美国，其后在这一领域里最有影响力的经济学家和最有影响力的研究进展、研究成果也大多产生于美国。从某种意义上说，美国产业组织理论的发展可以代表这一理论发展的一般过程。

在寡头垄断的市场结构下，产品的初始价格高于边际成本。政府通过对本国厂商生产和出口该产品进行补贴，包括直接补贴和减税，可以使本国厂商实现规模经济，降低产品的边际成本，从而可以在国内外竞争中占有较大的市场份额和垄断利润份额。同时，未来规模经济的实现也可以为消费者带来利益。只要最终通过成本降低与市场份额扩大而获取超过补贴成本的超额收益，那么以补贴为核心的战略性贸易保护政策就是成功的。

⊙延伸阅读 3-4

垄断竞争下的补贴政策

假定有两个国家的两家企业参与某一产品的国际竞争，假设这两家企业分别是美国的波音公司和欧洲的空中客车公司，两家公司各自准备生产一种型号、性能等方面完全相同的飞机，两家公司只有两种策略选择：生产和不生产。它们的利润取决于做出什么样的决策。下面我们用一个最简单的博弈均衡模型来说明战略性贸易政策（见图 3-1）。

从图 3-1 中可以看出，无论哪家公司单独生产这种产品都会盈利，获得 100 万元的利润。假设波音公司率先进入市场，就会形成右上方的组合，即波

		空中客车公司	
		生产	不生产
波音公司	生产	（-5万，-5万）	（100万，0万）
	不生产	（0万，100万）	（0万，0万）

图 3-1　两家公司的战略选择和利润

音公司生产，空中客车公司不生产，从而波音获得 100 万元的利润，空中客车公司则没有利润。这时空中客车公司看到了这种产品存在的垄断利润，决定进入市场与波音公司争夺垄断利润。由于市场规模有限，空中客车公司的进入使两家公司的产量都不大，导致平均成本提高，竞争也很激烈，从而使价格下降。于是，两家公司分别遭受了 5 万元的损失，即左上方的组合。可见，在这种寡头市场上，谁首先进入市场，谁就会占据垄断利润，而竞争的结果可能是两败俱伤。

在这种情况下，政府的行为可以改变市场格局。假设欧洲政府为空中客车公司的生产发放金额为 25 万元的补贴，这时的市场将变为图 3-2 中的状况。

		空中客车公司	
		生产	不生产
波音公司	生产	（-5万，20万）	（100万，0万）
	不生产	（0万，125万）	（0万，0万）

图 3-2　政府对不完全竞争市场格局的影响

这时，空中客车公司如果不生产的话，就得不到这笔补贴；如果它生产的话，在波音公司不生产的情况下（左下方组合），空中客车公司将获得 100 万元的利润加上 25 万元的补贴。如果波音公司先进入市场，在没有政府干预的情况下，空中客车公司进入市场后会导致两败俱伤。但现在空中客车公司得到了 25 万元的补贴，它进入市场后，波音公司的利润变成 -5 万元，而空中客车公司则在补贴的支撑下有 20 万元的利润。长此以往，空中客车公司将在政府的支持下把波音公司挤出市场，独自享受全部的垄断利润。

这个例子说明，一国政府可以采取措施帮助本国企业在国际市场上获取战略性优势并使整个国家受益。新贸易保护主义者常常用这一理论来支撑他们的贸易保护主张。但是，这种理论也存在缺陷：外国政府很可能采取同样的措施支持它国的企业，这样就会导致双方各自的整体经济遭受损失；另外，信息不完全也可能使政府的干预政策失效。

为确保补贴政策能够有效实施，补贴的行业选择尤为重要。斯潘塞认为，能够给予补贴的行业需要同时具备以下三方面的条件：①行业本身在国内具备一定的规模优势，以确保不会因为补贴带来的进一步规模扩张而过度挤占国内市场；②行业具备潜在的竞争优势，即补贴后能够迅速降低成本，并在国际市场上获取额外的市场份额，最终使收益超过因为补贴给纳税人带来的损失；③行业在国际市场上面临激烈的竞争或竞争威胁，因而通过补贴可以使该行业获得竞争优势，占据更大的市场份额。尽管在满足所有的条件后，实施战略性贸易保护政策的国家可以快速在特定行业获取较大的规模收益，但布兰德自己也意识到，在寡头垄断的市场结构下，这种战略性贸易保护手段会招致对手国家同样的政策报复，使实际的政策福利效果变得不确定，甚至得不偿失。

2. 克鲁格曼"以进口保护促进出口"

克鲁格曼认为，在非完全竞争的现实社会中，在规模报酬递增的情况下，要提高产业或企业在国际市场上的竞争能力，首先必须扩大生产规模，取得规模经济效益。由于扩大生产规模仅靠企业自身的积累一般非常困难，尤其是对经济落后的国家来说。因此，最有效的解决方法是政府选择有发展前途的产业加以保护，使之迅速扩大生产规模、降低生产成本、提高竞争能力。等这些产业成熟到足以与外国产业相抗衡后，政府即可取消保护。但区别于布兰德和斯潘塞的观点，克鲁格曼将保护的落脚点放到了进口上面。其主要逻辑与保护幼稚工业理论相似，都是通过对具备潜在规模效益的产业进行保护，使其能够首先在国内进行规模扩张，实现平均成本降低与国际竞争能力的提升，并在不断参与国际竞争的过程中进一步扩大产业规模，增强国际市场势力。战略性贸易理论与李斯特的保护幼稚工业理论有异曲同工之妙。所不同的是，战略性贸易理论中所说的具有规模经济递增特点的产业多为高科技产业。这些高科技产业需要付出巨额的研究和开发费用，具有外部经济效应。就像幼稚工业一样，它们对于提高国民经济的整体水平起着重要作用，但其巨额成本支出却不能通过市场得到完全补偿。因此要增强企业、国家的竞争优势，政府必须通过关税保护、出口补贴等众多方式，对这些战略性产业进行扶持。

3. 战略性贸易保护的"外部经济效应"观点

外部经济效应指某一产业的经济活动对其他产业产生的有利影响。新兴的高技术产业往往具有这种积极的外部经济效应。其创造的知识、技术和新产品将会对全社会的科技进步与经济增长起着积极的推动作用。

此观点认为，现实世界中存在着由于知识的无偿占用而导致潜在市场失灵的现象，即一些产业的企业所生产的知识被其他企业无偿占用，但实际上这种知识生产所带来的外部经济利益并不对该企业形成有效的激励，于是使得私人利益与社会利益相偏离。如果这些企业得不到政策某种形式的补偿或扶持，就会逐渐丧失投资于高技术产业的原动力，而这特别有损于国家长远发展目标的实现。在这种情况下，只要外部经济效应比较重要和明显，政府的相应补贴与财政扶持从逻辑上就变得必要了。

在发达国家，客观上存在着这样一些产业，它们产业活动的核心就是不断地生产知识、技术，利用生产出来的知识和技术制造并销售产品。政府财政支持的必要性在于，虽然置身这些产业中的企业可以获得用生产的知识进行投资所带来的收益，但遗憾的是，它们并不能获取投资产生的全部利益。为保护企业知识创造的热情，刺激企业知识开发活动，扩大知识外溢所产生的经济效应，政府直接扶持这些产业的活动是十分必要的。

4. 对战略性贸易保护理论的评价

战略性贸易保护理论的科学性在于以下两点。①战略性贸易保护理论是一国在不完全竞争和规模经济条件下获得资源次优配置的最佳选择。同时，政府的直接干预可以转移他国利润以提高本国的福利水平。这种理论为国家进一步干预对外贸易活动提供了依据。②战略性贸易保护理论指导下的高科技产业保护为发展中国家提供极大的借鉴意义。对全球价值链顶端的产业进行有效扶持，能够推动一国在国际竞争中占据有利位置，并实现国家总体经济层级的跃升。

战略性贸易保护理论的缺陷在于以下两点。①战略性贸易政策往往以他国利益的牺牲为代价，因而势必会导致其他国家的报复，从而引发贸易保护主义的抬头，抵消战略产业扶持发展的效果。②很难选择将来能提供大量外部经济的产业，难以设计合适的政策来成功地培育它们。

普雷维什的中心－外围理论

3.2.4 普雷维什的中心－外围理论

劳尔·普雷维什（Raul Prebisch）是阿根廷著名的经济学家、第一届"第三世界基金奖"（1981）获得者。他的代表作是 1950 年出版的《拉丁美洲的经济发展及其主要问题》一书，即著名的"拉丁美洲经委会宣言"。普雷维什根据他的工作实践和对发展中国家问题的深入研究，站在发展中国家的立场提出了中心 - 外围理论。

1. 中心 - 外围理论的基本观点

普雷维什认为国际经济体系在结构上分为两部分：一部分是由发达工业国构成的中心；另一部分是由广大发展中国家组成的外围。中心和外围在经济上是不平等的：中心是技术的创新者和传播者，外围则是技术的模仿者和接受者；中心主要生产和出口制成品，外围则主要从事初级产品的生产和出口；中心在整个国际经济体系中居主导地位，外围则处于依附地位并受中心控制和剥削。在这种国际经济贸易关系下，中心国家主要享有国际贸易的利益，而外围国家则享受不到这种利益。这是造成中心国与外围国经济发展水平差距加大的根本原因。

普雷维什用英国 60 多年（1876～1938 年）的进出口价格的统计资料推算了初级产品和制成品的价格指数之比，来说明主要出口初级产品的外围国和主要出口工业品的中心国的贸易条件的变化情况。推算的结果表明，外围国家的贸易条件出现长期恶化的趋势，此即著名的"普雷维什命题"。若以 1876～1880 年外围国家的贸易条件为 100 的话，到 1936～1938 年，外围国家的贸易条件已降到 64.1，这说明与 19 世纪 70 年代相比，外围国家的贸易条件恶化了 35.9。

2. 发展中国家贸易条件恶化的原因

对于发展中国家初级产品的贸易条件长期恶化，可以从供给和需求两方面来进行分析。从供给方面来看，发展中国家的技术水平低，要素生产率也低。一般来说，工业部门比农业部门更容易吸收新技术，因而工业部门的技术水平较高。工业部门的技术进步会提高工业要素生产率，从而使工业的要素收入增加。同时，发展中国家农业部门的技术普遍落后，劳动生产率低，农业要素的边际收益较低。如果发展中国家和发达国家的这种技术进步状况以及要素供给和要素收入状况长期持续下去的话，初级产品与工业制成品之间的比价就会不利于初级产品。从需求方面来看，初级产品特别是农产品的收入弹性较小，而工业品的弹性较大。随着收入的增加，无论是发展中国家还是发达国家，对农产品的需求会相对减少，即总收入中用于农产品的部分会下降，而用于工业制成品的部分会提高。在技术进步的条件下，一些天然原材料已经被许多人工合成材料所代替。因此，初级产品在总收入中的份额更趋下降。

具体可归纳为以下几点：一是初级产品与工业化制成品之间的价格剪刀差是长期存在的；二是工业制成品的需求收入弹性较大，而初级产品的需求收入弹性较小；三是在国际经济的周期性变化中，初级产品的世界市场价格具有更大的不稳定性，而制成品的价格波动具有相对的稳定性；四是工业制成品的生产具有相对的垄断性，而农产品及初级产品的生产具有相对的竞争性；五是发达国家与发展中国家的劳动力市场的差别很大。所有这些共同导致了发展中国家贸易条件长期恶化的状况。

为了摆脱贸易条件恶化的不利局面，普雷维什主张发展中国家应该加快自身工业化进程。首先，应立足于本国的资源和人力，积极发展传统的出口商品，以换取外汇，进行资本积累；与此同时建立本国的消费品工业，在限制进口的情况下，努力提高进口商品生产，用以替代从中心国家进口的部分产品，即实行进口替代战略。其次，当进口替代工业发展到一定规模以后，应进一步提高产品质量，扩大工业制成品出口，用制成品出口来代替初级产品出口，即实行出口替代的发展战略。当然，在贸易政策的方向上，发展中国家应实行贸易保护政策，旨在纠正国际贸易中的不正常现象。这与中心国家的贸易保护政策的意义是不一样的。这些政策的目的是最终使外围国家摆脱贸易条件恶化的处境。

⊙ 延伸阅读 3-5

主张贸易保护的其他论点

1. 国际收支论

国际收支论（balance of payment argument）主张以关税、配额等贸易保护措施限制进口，减少外汇支出，以达到迅速、有效地改善国际收支的目的。临时性的贸易壁垒紧急措施，能使一国的国际收支逆差状况暂时改善。有些发达国家和发展中国家也不时依靠一些本国的贸易壁垒措施，以减少逆差。但该论点忽略了国际收支状况是进口与出口（或外汇流出与流入）的差额的事实，仅减少进口（或外汇流出）并不能保证国际收支状况获得改善。若在本国限制进口的同时，发生了下列情况：外国采取报复手段、本国资源由出口部门转移至进口部门进行生产而使本国出口减少（或外国资金流入减少）、本国对进口品的需求缺乏弹性因而关税无法有效地减少进口、用于出口品生产的中间投入品的进口减少或价格上涨而削弱出口能力、本国进口减少而导致外国的进口能力也随之下降、本国进口减少而导致本国币值上升等，则改善国际收支的目的未必能够达到。因此，改善国际收支更为有效的办法应是改善经济结构、提高要素生产力，以增强本国产品的国际竞争力，使出口增加，吸引外汇流入。

2. 贸易条件论

贸易条件论（terms of trade argument）认为，在一定条件下，一国通过对进口商品征收关税和限制出口等措施，可达到改善贸易条件、提高福利水平的目的。

理论上，在一国对国际贸易具有影响力的情况下（即一国具备大国贸易条件时），以关税限制进口，可使进口品的国际价格下跌；限制出口，可使出口品的国际价格上升，因而以同样数量的出口品可换回更多的进口品，使贸易条件得到改善，社会福利水平得以提高。但是，贸易条件论只在静态条件下成立，若外国采取报复手段，本国的贸易条件则不仅无法改善，还可能恶化。即使外国不报复，贸易限制使贸易利益减少的损失也可能大于贸易条件改善使福利水平提高的利益，这样一来，本国贸易条件虽然有所改善，但福利水平却降低了。因此，以限制贸易来改善贸易条件并非良策，积极的办法应是促进进口替代部门的成长，改善贸易条件。

3. 政府收入论

政府收入论（government revenue argument），又称关税收入论（tariff revenue argument）或幼稚政府论（infant government argument）。该论点认为，新独立或发展中国家因其他税源缺乏或无法征得足够的税收收入，所以就以征收简单、易行的关税作为政府收入的主要来源，这种做法可部分减轻政府在基本公共服务方面开支的负担。以征收关税来增加政府收入，对落后国家的生产和社会的发展有一定意义。但是，以增加财政收入为目的而收取的关税往往会导致资源配置严重扭曲，使经济成长受阻，进口和出口的能力因而下降，关税收入终将减少。

所以，以关税作为增加政府收入的主要来源，是一种杀鸡取卵的做法。以健全的税制来促进经济增长，才是政府收入长期可靠的来源。

4. 收入再分配论

收入再分配论（income redistribution argument）主张通过贸易限制对一国的收入进行重新分配，以保护国内生产，或纠正不利的收入分配，缩小贫富差别。关税、配额等限制措施可使生产者剩余增加，消费者剩余减少，即使部分社会收入由消费者转移至生产者，从而保护特定产业的国内生产。另外，根据要素价格均等说，自由贸易对一国供给丰富的生产要素的报酬有利，而对稀缺的生产要素的报酬不利。因此，稀缺要素所有者和在生产中相对密集使用稀缺要素的进口替代产业经营者可能会请求政府的保护，以避免其收入下降。

而在一些国家，实行贸易限制是为了"税富济贫"，缩小贫富差距。这类国家常常通过对进口的奢侈品征收高关税这一措施，使富人向政府缴纳高额税，同时对必需品的出口征税以保证国内市场供给，降低价格。但这种办法往往违背政府实行限制的初衷。因为对奢侈品进口课征高关税和对必需品出口征税，导致国内生产者增加价格高的奢侈品的产量，而对价廉必需品的生产缺乏积极性。限制贸易虽然可实现社会收入在不同利益集团间的再分配，使特定利益集团的收入增加，但并未减轻公众负担。因此，对于收入分配不均，或因国际贸易所致的不利的收入再分配后果，抑或贫富差别等问题，应以国内政策解决，而不应限制贸易从而使贸易利得丧失、社会整体福利水平下降。

5. 国内扭曲论

国内扭曲论（domestic distortion argument）建议，在国内市场不完善因而形成扭曲（生产扭曲、消费扭曲或要素扭曲）的情况下，应采取征税或提供生产补贴等保护措施来纠正或消除扭曲，以增进福利。

当国内存在扭曲的情况时，应针对扭曲的根源采取相应的措施，才能予以纠正。生产要素市场不完善，如部门间存在着工资差异所形成的要素扭曲，对策是对生产要素降低税收与增加补贴；产品市场不完全，如产品生产存在外部效应所形成的生产扭曲，最优措施是生产补贴；消费不完善，如消费存在外部效应所形成的消费扭曲，纠正办法是对消费征税；对外贸易不完善，如存在垄断所形成的贸易扭曲，那么最优政策是关税。

6. 公平贸易论

公平贸易论（fair trade argument）认为，国际贸易中倾销、补贴等做法破坏了公平贸易这一国际贸易规则，因而必须以反倾销税、反贴补税等保护手段来抵制，以维护国际贸易的公平竞争。该论点在《关贸总协定》《世界贸易组织协定》及许多国家的贸易立法中被采用。当贸易对手国对出口产品进行补贴，或以低于正常价值的价格进行倾销，或以其他不正当手段进行不公平竞争，而使另一国遭受不利影响时，该国家（地区）采取征收反倾销税或反贴补税等措施来抵消不公平贸易的影响这一做法是正当的。

但在实践中，公平贸易论常常被滥用。一方面是因为一些国家在实行保护时，有时不加区别地对待普通的商业策略和不公平贸易的行为。例如，有的国家对贸易对手国以低于国内市场价格进行的销售，不分青红皂白就征收反倾销税。实际上，有些低于国内市场价格的销售对进口方并无损害或未产生不利的影响,因而不应受到谴责。1967年《关贸总协定》达成一项协定,明确规定了只有在倾销对进口方的同类行业或相近产业产生重大损害或严重威胁时,才允许实施反倾销税这一政策。这一规定抑制了滥用反倾销税的行径。另一方面,各国对不公平竞争解释的不一致也导致了以公平贸易为由的保护手段的滥用。不公平竞争的定义已从最初针对国际贸易中因为政府参与而出现的不公平竞争的行为,发展到现在的伙伴国的市场开放不对等,甚至比较成本的差异这一贸易基础也被歪曲为不公平竞争。保护措施的滥用会使国际贸易偏离公平贸易。

7. 保护就业论

保护就业论(employment protection argument)认为,保护关税或配额的实施,可减少进口,增加国内有效需求,从而使生产扩张,本国就业和收入水平因而提高。

这一论点对短期内缓和失业压力有一定意义,尤其是在严重失业时期,例如20世纪30年代,保护不失为缓和失业困局的有效补救措施。但是,保护并非解决失业问题的最佳途径。首先,它不一定十分有效。若一国通过关税等措施限制进口,其贸易伙伴国的出口便会相应减少,贸易伙伴国的就业和收入随之下降,对进口品的支出因而减少,从而最终使得贸易国的出口减少,该国通过保护措施旨在增加就业人数的效果因此在很大程度上被抵消。其次,其他国家的报复,使关税等保护措施所带来的就业率和收入的提高无法长久维持下去。在国际贸易中,一国的出口必是另一国的进口。一国通过减少进口来提高就业率和增加收入,实际上是在输出自己的失业,这种以邻为壑的做法必然会导致贸易伙伴的报复。因此,由保护所带来的就业率和收入的提高都只是短暂的。最后,保护措施并没有增加就业的长期效果。从长期来看,一个国家必须有进口才能维持出口的扩张,真正增加就业。而保护只是使劳工由出口产业转移到保护产业,使资源使用效率降低,福利水平下降。故要提高本国就业水平,财政或货币政策远比保护政策来得有效。

8. 国家安全论

国家安全论(national security argument)主张,对于关系国计民生的产业(如农业)和有关军用国防需要的产业,国家应以关税、补贴等手段加以保护,使其达到自给自足的目标,以摆脱对外国的依赖,加强国防力量,维护国家安全。

这种论点的基本思想是主张限制进口,以保持独立自主的经济。由于20世纪以来战争持续不断,第二次世界大战后又经历了长期的东西方"冷战",所以这一论点经久不衰,并被发达国家用作保护特殊利益集团的论据。但这种基于政治与军事而非经济因素的考虑,将导致本国资源配置的扭曲和产品价格的提高。而且,保护有关国防的一些重要产业免受国际竞争的威胁,可能会妨碍国内国防产业的技术创新,从长远来看,国防力量将因缺乏创新而受到削弱。

9. 经济多样化论

经济多样化论(diversified economy argument)主张,经济高度专业化的国家应通过保护关税等措施推动本国生产活动的多样化,以减少国际市场波动对本国经济的影响,稳定国内经济。

这种论点颇为中肯。高度专业化的经济，如巴西的咖啡经济、智利的铜矿经济以及中东的石油经济，其所在国产品的出口和价格的确容易受国际市场波动的影响，对本国的收入和就业均有十分不利的影响。但是，由于资源禀赋和技术条件的限制，这些国家由高度专业化转变为多样化生产可能要付出极大代价。加之由于难以预知哪些产业值得纳入多样化生产的范围，所以如果勉强推行多样化生产，将导致资源使用效率降低，从而增加多样化生产的代价。

10. 管理贸易论

管理贸易论（managed trade theory）主张，一国政府应对内制定各种对外经济贸易的法规和条例，加强对本国进出口贸易有序发展的管理；对外签订各种对外经济贸易协定，以约束贸易伙伴的行为，缓和与各国的贸易摩擦，并促进出口，限制或减少某些产品进口，协调和发展与各国的经贸关系，最终促进对外贸易发展。

管理贸易论的实质是协调性的贸易保护。它将贸易保护制度化、合法化，通过各种巧妙的进口管理办法和合法的协定来实现保护。在国际贸易领域中，商品综合方案、《国际商品协定》《国际纺织品协定》《多种纤维协定》《"自动"出口限制协定》、有秩序销售安排、发达国家的进出口管制、欧盟共同农业政策等都是管理贸易措施的具体反映。管理贸易不仅盛行于发达国家，也为发展中国家所采用，并运用于区域性贸易集团中。

本章小结

由于国际贸易对贸易参与国的福利影响是不均等的，为了避免福利损失和获得更大的利益，参与国往往拿起贸易保护的武器，而保护贸易理论则是贸易保护实践的需要，为后者提供了理论基础。

保护贸易理论出现了很多论点。主要有汉密尔顿的保护关税说、李斯特的保护幼稚工业理论、凯恩斯主义的对外贸易乘数理论、普雷维什的中心-外围论、国际收支论、贸易条件论、政府收入论、收入再分配论、国内扭曲论、公平贸易论、保护就业论、国家安全论、经济多样化论，以及战略贸易论和管理贸易论等保护贸易的新理论。

练习题

一、名词解释

1. 重商主义
2. 保护幼稚工业理论
3. 战略性贸易政策
4. 凯恩斯贸易顺差论
5. 改善贸易条件论
6. 充分就业论
7. 贸易乘数论

二、判断题

1. 晚期重商主义要求每一笔贸易都是顺差，而早期重商主义则只要求一定时期总体贸易为顺差。（　　）
2. 对幼稚产业的保护不是无休止的，而是有限期的，超过了规定的限期，该产业即便没有成长起来，也要解除对它的保护。（　　）
3. 李斯特的保护幼稚工业理论主张用关税作为保护手段，而战略性贸易政策理论主张的保护手段还包括补贴、配额等非关税手

段。（　　）
4. 李斯特并不否认自由贸易政策的一般正确性。（　　）
5. 凯恩斯并非认为贸易顺差越大越好，它只是将贸易顺差作为克服经济萧条的手段。（　　）
6. 战略性贸易政策是一种以邻为壑的贸易政策，是零和博弈。（　　）
7. 汉密尔顿的幼稚产业保护论主要是围绕农业展开分析的。（　　）
8. 保护幼稚工业理论多用于解释发展中国家对其欠发展产业的保护，而战略性贸易政策更能解释发达国家对某些高新技术产业的保护。（　　）

三、单项选择题

1. "财富的生产力比之财富本身，不晓得要重要多少倍"，这句话出自（　　）。
   A. 大卫·李嘉图
   B. 亚当·斯密
   C. 弗里德里希·李斯特
   D. 保罗·克鲁格曼
2. 幼稚工业保护理论提出，保护幼稚工业的措施是（　　）。
   A. 关税
   B. 配额
   C. 进口许可证
   D. 产品技术标准
3. 战略性贸易政策理论之所以被冠以"战略"二字，是因为（　　）。
   A. 该政策要保护的产业对该国有至关重要的意义
   B. 该政策要保护的企业对该国有至关重要的意义
   C. 政府在制定该贸易政策时会把对手国的反应考虑在内
   D. 企业在制定生产策略时会把对手的反应考虑在内
4. 强调贸易保护对促进就业具有积极作用的是（　　）。
   A. 重商主义
   B. 保护幼稚工业理论
   C. 贸易乘数理论
   D. 战略性贸易理论
5. 强调贸易保护有助于创造"财富生产力"的理论是（　　）。
   A. 重商主义
   B. 保护幼稚工业理论
   C. 贸易乘数理论
   D. 战略性贸易政策理论
6. 战略性贸易政策理论的基础不包括（　　）。
   A. 不完全竞争的市场结构
   B. 外部经济
   C. 内部规模经济
   D. 自由竞争的市场结构
7. 凯恩斯认为，（　　）可以提高一国有效需求，缓和经济危机和增加就业。
   A. 顺差　　　　B. 逆差
   C. 出口　　　　D. 进口
8. 关于中心–外围理论，正确的说法是（　　）。
   A. "贸易条件恶化论"是该理论的重要立论基础之一
   B. 该理论认为外围国家促进本国经济发展的重要途径是积极参与对外贸易
   C. 外围国家应该发挥本国的比较优势，大力促进初级农矿产品的出口
   D. 外围国家要实现工业化，必须通过积极的对外贸易促进外国先进技术的输入

四、简答题

1. 简述重商主义的基本思想。
2. 比较战略性贸易政策理论与保护幼稚工业理论。
3. 简述战略性产业的选择原则。

第4章 国际贸易政策措施

:: **学习目标**

| 掌握国际贸易政策措施的类型、背景及应用；
| 掌握各类贸易政策的经济效应与政策含义；
| 能够运用所学的关税措施对现实国际贸易政策进行分析讨论。

4.1 关税措施

4.1.1 关税的含义与特点

关税（customs duties tariff）是一个国家的海关对进出关境的货物和物品，向进出口商或物品所有者所征收的一种税收。

关税的含义与种类（一）

其中，海关是征收关税的核心职能部门。海关通常设置在边境、沿海口岸或境内的水陆空国际交往的通道上。关境是执行统一海关法的领土，是海关征收关税的领域，在一般情况下，关境和国境是一致的。但当有的国家设置自由港、自由贸易区时，关境则小于国境。有的国家缔结了关税同盟，当参加关税同盟的国家的领土成为统一关境时，关境则大于各自的国境。

关税作为税收的一种，具有强制性、无偿性和固定性。强制性是指国家凭借政治权力和法律征收关税，纳税人必须依法纳税，否则将受到法律制裁。无偿性是指征收关税后，其税款成为国家财政收入，不再直接归还纳税人，也无须给予纳税人任何补偿。固定性是指国家通过有关法律事先规定征税对象和税率，海关和纳税人均不得随便变动。

关税是一种间接税，不同于以纳税人的收入和财产作为征税对象的直接税。关税是由进出口商缴纳的，但作为纳税人的进出口商可以将所缴纳的关税作为成本的一部分，分摊在商品的价格上，最后转嫁给消费者。

关税除了具有税收的一般特点外，还是一种进行国际经济斗争和政治斗争的工具。因此,主权国家在一定的条件下可以运用关税来调整本国和其他国家的经济贸易关系,从而影响政治关系。

⊙ **延伸阅读 4-1**

通关手续

通关手续,又称报关手续,是指进出口商向海关申报进口或出口,接受海关的监督和检查,履行海关规定的手续。通关手续一般有四个基本环节:申报、查验、征税、放行。

(1) **申报**(application)。申报又称报关,是指进出口商或其代理人在货物运抵进口国(地区)的港口、车站或机场时,在海关规定的时间内,向海关提交有关单证和填写有关的表格。在填制报关单时,必须正确、全面,其内容与实际货物及交验的其他单证必须完全一致,并做到报关单、货物及其他证件三者相符。

提交的单据和文件包括:进口报关单、提单、商品发票或海关发票、进口许可证、装箱单、原产地证书、商品检验证书及其他单证和合同等。

海关在收到报关人提交的上述单证后,进行审核。海关如果发现缺少单证或没有按规定内容填制,应立即通知申报人及时补充或更正。

(2) **查验**(customs inspection)。查验又称验关,是指由进口货物的收货人、进口商或代理人随同海关人员在进口货物到岸卸货后,在海关指定的仓库内进行查验,核实货物与单证是否相符。

(3) **征税**(duties collection)。征税指海关查验货物后,根据该国海关税则,对来自不同国家的货物依照不同的税率征收关税。如果发现货物缺失,可扣除该部分的进口税。

(4) **放行**(release)。放行,即海关在审核单证、货物并照章向进口商收取关税后,盖章放行。报关人即可到海关监管仓库或场所提货。

4.1.2 关税的作用

(1) **增加财政收入**。海关征收关税后即上缴国库,使其成为国家财政收入。在前资本主义时期和资本主义发展的初期,税源较少,各国财政收入的绝大部分来自关税。随着工商业的迅速发展,税源不断扩大,关税在财政收入中的比重逐渐降低,作用也随之弱化。现在只有少数财政极为困难的发展中国家,仍把关税作为财政收入的重要来源。

(2) **保护本国企业的市场**。对进口商品征收关税,增加了进口商品的成本,提高了进口商品的价格,可以削弱其与国内产品的竞争能力,保护本国企业生产的顺利进行。对出口商品征收关税,可以抑制这些商品的输出,防止本国资源的大量流失,保证本国国内市场的供应。

(3) **调节本国供求状况与国际收支的平衡**。关税是一种经济杠杆。利用关税税率的高低和关税的减免,可以调节某些商品的进出口量,保持市场供求平衡,稳定国内市场价格,保持国际收支平衡。当贸易逆差过大时,通过征收进口附加税,可以减少进口数量和外汇支出,缩小贸易逆差。当贸易顺差过大时,通过减免关税,可以扩大进口,缩小贸易顺差。

关税虽然具有以上诸多积极作用,但如果运用不当,也会产生消极作用。如果对某些产品长期予以过度保护，就会使生产这类产品的企业因缺乏国际市场的竞争压力而失去改进技术、提高劳动生产率的内在动力，长期落后于世界先进水平，在国际市场上缺乏竞争能力。

4.1.3 关税的种类

关税的种类繁多，按照不同的标准可以有多种分类方式。

关税的含义与种类（二）

1. 按照商品的流向或征收方向分类

（1）进口税（import duty）。进口税是进口国家（地区）的海关在外国货物和物品输入本国（地区）时，对进口商和物品所有者所征收的正常关税。这种进口税在外国货物直接进入一国（地区）关境时征收，或者外国货物由自由港、自由贸易区提出运往进口国国内市场，在办理海关手续时征收。进口税作为最主要的税种之一，是执行关税保护职能的主要工具。所谓关税壁垒是指对进口商品征收高额的关税。

进口税通常分为最惠国税和普通税两种。最惠国税适用于与该国签订含有最惠国待遇条款的贸易协定的国家和地区的商品。普通税适用于没有与该国签订这种贸易协定的国家或地区所进口的商品。最惠国税税率比普通税税率低，两者的差幅往往很大。第二次世界大战后，大多数国家已成为世界贸易组织的成员方，或者签订了双边的贸易协定，相互提供最惠国待遇，适用最惠国税率。

（2）出口税（export duty）。出口税是指出口国家（地区）的海关在本国（地区）产品输往国外时，对出口商征收的关税。由于出口关税会提高本国商品的国际市场价格，从而降低本国商品的竞争力，因此各国很少征收出口税。目前只有少数发展中国家还征收少量出口税，其征收出口税的目的在于：增加本国财政收入；保护本国生产环境和市场；控制和调节某种商品的出口流量，保持国内外市场价格的稳定。我国也对极少数产品实行出口关税政策，主要集中于高污染、资源型产品方面，目的是保护生态环境。

（3）过境税（transit duties）。过境税是一国（地区）对通过其国境或关境的外国货物所征收的关税。由于过境关税在增加本国财政收入的同时，会将税负转移给货物输出国或输入国，影响其在国际市场上的竞争能力，因此，自19世纪后期，许多资本主义国家就相继废止了过境税，代之以准许费、签证费、印花税等。

2. 按照差别待遇情况分类

（1）进口附加税（import surtax）。进口附加税是指出于某种目的而在征收正常关税后额外征收的关税。进口附加税一般是临时性措施，它通常是在一段时间内或在发生特定情况时征收，主要针对个别国家的个别商品征收。

征收进口附加税的主要目的是：有效保护国内产业；应付国际收支危机，维持进出口平衡；对某个国家实行歧视或报复；抵制外国商品低价销售。最常见的进口附加税是反倾销税和反补贴税。

反倾销税（anti-dumping duty）是指一国（地区）对存在倾销行为的进口商征收的一种关税。根据《1994年关税与贸易总协定》规定，如果一国以低于正常价值的方式出口到其他国家，从而对进口国国内相关产业产生严重损害，则被认定为是一种倾销行为。《WTO反倾销协定》进一步阐述了确定倾销的三个基本条件：第一是存在倾销行为；第二是倾销产品所属的行业在进口国国内面临损害或损害威胁；第三是倾销行为与损害或损害威胁之间存在因果关系。一旦倾销行为被WTO认定，WTO就会允许进口国（地区）对倾销商品征收一笔进口附加税，以保护进口国（地区）生产同类产品或相似产品的企业。

反补贴税（counter vailing duty）又称抵消税或反津贴税，是对在生产、加工及运输过程中直接或间接地接受出口国（地区）政府或同业公会发给的任何奖金或补贴的进口商品所征收的一种进口附加税。征收的税额与其接受的补贴数额相等。其目的在于抵消进口产品所享受的补贴金额，使其不能在进口国（地区）市场上低价竞争，以保护国内同类产业。

（2）**差价税**（variable levy）。差价税又称差额税，是指对低于本国（地区）商品价格的同类进口商品征收的关税，以削弱进口商品的国际竞争力，保护国内产业发展。例如，包括中国在内的很多国家对农产品的保护。当前主要的差价税类型为关税配额（tariff-rate quotas）。

（3）**特惠税**（preferential duty）。特惠税是指对从某个国家（地区）进口的全部或部分商品给予特别的低关税或免税待遇，以增进与受惠国之间的友好贸易关系。特惠税一般是在最惠国关税的基础上实行的更加优惠的关税税率，因此，税率往往低于最惠国税率或协定税率。特惠税有互惠与非互惠两种类型。

（4）**普惠税**。普惠税是在**普遍优惠制**（generalized system of preference，GSP）下实行的进口关税。普遍优惠制简称普惠制，是发达国家对来自发展中国家（地区）的某些产品，特别是工业制成品和半制成品给予一种普遍的关税减免的制度。

普惠制的基本原则是普遍的、非歧视的、非互惠的。所谓普遍的，是指所有的发达国家应给予所有的发展中国家出口的制成品和半成品关税优惠待遇。所谓非歧视的，是指所有的发展中国家都应无歧视、无例外地享受普惠制待遇。所谓非互惠的，是指发达国家单方面给予发展中国家出口产品关税的优惠待遇，而不要求发展中国家提供反向优惠。普惠制的目标是扩大发展中国家对发达国家工业制成品、半制成品的出口，增加发展中国家的出口收入，促进发展中国家的工业化，提高发展中国家的经济增长率。

普惠制是由各给惠国的普惠制方案构成的。这些方案是各给惠国和国家集团单独制订的，各有特色，不尽相同，但基本内容主要包括受惠国家和地区、受惠商品范围、关税削减幅度、保护措施和原产地规则。

给惠国出于保护本国产业的目的，其保护措施一般有以下几种。

1）**例外条款**（escape clause）。当某种受惠商品的进口量增加到对本国同类产品或有竞争关系的商品生产者造成或即将造成损害时，给惠国保留对该产品完全或部分取消关税优惠待遇的权利。

2）**预定限额**（prior limitation）。给惠国预先规定一定时期受惠商品优惠关税进口限额，超过这一限额，则取消普惠制待遇，按最惠国税率征收。

3）**竞争需要标准**（competitive need clause）。对来自受惠国的某种进口商品，如超过当年所规定的进口额度，则取消下一年度该种商品关税的优惠待遇。

4）**毕业条款**（graduation clause）。给惠国认为受惠国的国民生产水平和某种产品的出口竞争能力达到一定程度，符合毕业标准而取消其所享受的普惠制待遇。毕业标准分为两种：产品毕业和国家毕业。1983年美国宣布对"亚洲四小龙"取消普惠制待遇。欧洲联盟1995年1月1日以来实施的新普惠制方案规定，如果某一国（地区）的某种产品对欧盟的出口超过普惠制项下总进口的25%，就达到产品毕业标准，应当分阶段取消普惠制待遇。

⊙ 延伸阅读 4-2

什么是原产地规则

原产地规则是各给惠国（地区）关于受惠国（地区）出口产品享受普惠制待遇必备条件的规定。原产地规则是普惠制的主要组成部分和核心。为了确保普惠制关税优惠待遇的好处仅给予在发展中国家生产、收获和制造，并从发展中国家出运的产品，各给惠国（地区）都制定了详细的原产地规则。原产于第三国的产品，如果仅在受惠国（地区）进行轻微加工或仅经受惠国（地区）转运，一般是没有资格享受普惠制待遇的。原产地规则包括三个部分：原产地标准、直接运输规则和书面证明。

原产地标准强调，享受普惠制待遇的受惠产品必须原产于受惠国（地区）或在受惠国（地区）内经过实质性的加工和制作，以保证普惠制目标的实现和防止普惠制的滥用。原产地标准规定，来自受惠国（地区）的受惠商品必须符合下列条件之一：一是不含任何进口成分，全部由受惠国（地区）生产、制造、加工的产品；二是含有进口成分，但经过实质性改变的产品。各国（地区）对实质性改变的标准可分为两种：加工标准和增值标准。

（1）加工标准（process criterion）。加工标准是根据受惠国（地区）出口制成品的税则号和制成品的税则号有无变化，来确定是否发生了实质性变化。一般说来，如果制成品的税则号与进口成分的税则号不同，即发生了实质性的改变，该产品可享受关税优惠待遇。欧盟、瑞士、挪威、日本等均采用这项标准。

（2）增值标准（value added criterion），又称百分比标准。增值标准即根据进口成分或本国（地区）成分占出口商品价值的百分比来确定是否发生了实质性变化。澳大利亚、新西兰、加拿大、美国、俄罗斯、波兰、匈牙利和保加利亚等国均采用这一标准。

直接运输规则要求受惠产品必须从受惠国（地区）直接运往给惠国（地区），其目的是保证原产于受惠国（地区）的商品在运输途中不被伪装或再加工。因地理条件的限制或运输困难，受惠商品可以通过邻国（地区）领土转运，但必须在海关监管之下。

受惠国（地区）要享受普惠制待遇还必须向给惠国（地区）提供原产地证书（Form A）。Form A 要填写正确，符合要求。

自 1978 年普惠制实施以来，全球先后有 40 个国家给予中国普惠制关税优惠，其中大多是中国的重要贸易伙伴，如欧盟成员国及英国、俄罗斯、加拿大、日本等。根据《中华人民共和国普遍优惠制原产地证明书签证管理办法》，海关总署决定，自 2021 年 12 月 1 日起，对输往欧盟成员国、英国、加拿大、土耳其、乌克兰和列支敦士登等已不再给予中国普惠制关税优惠待遇国家的货物，海关不再签发普惠制原产地证书。

3. 按照关税征收的标准分类

（1）**从量税**（specific duty）。从量税是以货物的计量单位（如重量、数量、容量、长度、面积等）作为征税标准，按每计量单位预先制定的应税额计征关税。例如，日本 1996 年版税则规定，原油暂定税率为 315 日元/千升。

从量税额的计算公式是：

$$从量税额 = 商品计量单位数 \times 每单位应税额$$

例如，如果进口一种商品的数量10万单位，每单位规定的税额为20美元，那么从量税额即10万×20=200万（美元）。

征收从量税的优点是：只需核对商品的名称和数量，征收手续简便，容易计算，并能起到抑制廉价商品进口和防止价格瞒报的作用。其缺点是：对同一税目下的商品，不论质量好坏、价格高低，均按同一税率征收，税负不太合理。由于单位税额是固定的，不能随着价格的变动而及时调整，特别是在物价上涨时，关税相对降低，因而其保护作用和财政调控作用有所减弱。

⊙延伸阅读 4-3

2022 年我国部分进口货品从量税税率表

序号	税则号列	货品名称	单位	普通税率	最惠国税率
1	03019110	鱼苗	千克	0	0
2	03081190	活、鲜或冷的刺参	千克	70%	10%
3	04051000	黄油	千克	90%	10%
4	05059010	羽毛或不完整羽毛的粉末及废料	千克	35%	10%
5	06031200	鲜的康乃馨	千克	100%	10%
6	07061000	鲜或冷藏的胡萝卜、芜菁及类似食用根茎	千克	70%	13%
7	08039000	鲜或干的香蕉	千克	40%	10%
8	27081000	沥青	千克	35%	7%
9	37013021	未曝光照相制版用激光照排片（任何一边 >255 毫米）	千克	50%	0
10	38011000	核级石墨、人造细晶粒整体石墨及其他人造石墨	千克	30%	6.5%

资料来源：《中华人民共和国进出口税则（2022）》。

（2）**从价税**（ad valorem duty）。从价税是以货物的完税价格作为征税标准，按其一定比例计征关税。

从价税额的计算公式是：

$$从价税额 = 完税价格 \times 从价税率$$

例如，如果进口棉纱的商品价值总额为500万美元，所规定的从价税税率为30%，那么所征收的税额即500万×30%=150万（美元）。

征收从价税的优点是：第一，税负合理，对同一商品，质高价高其税额也高，质次价低其税额也低；第二，物价上涨时，税额相应增加，关税的财政调控作用和保护作用都不受影响；第三，从价税率以百分数表示，便于各国在关税水平、关税保护程度上进行衡量、比较与谈判。

从价税的缺点是：完税价格的确定比较复杂，费人费事，需要较强的专业技术；另外，当某一种进口商品的国际市场价格大幅度下跌时，或人为故意瞒报低价进口和低价倾销时，从价税不能有效地起到保护国内相关工业或防止逃漏税款的作用。目前世界上除个别国家外，大多国家使用从价税或以从价税为主。

（3）**混合税**（mixed duty）。混合税又称**复合税**（compound duty），指在关税税则中，对同一税则号下的商品同时订有从量税和从价税两种税率，并同时征收的一种关税。例如，美国1982年版税则规定，对非针织毛制服装每磅⊖价格不超过4美元的，征收每磅从量税25美分，另加从价税21%；每磅价格超过4美元的，征收每磅从量税37.5美分，另加从价税21%。

⊖ 1磅=0.454千克。

混合税额的计算公式是：

$$混合税额 = 从量税额 + 从价税额$$

混合税综合了从量税和从价税的优点，使税负更合理、适度。在进口商品价格变动时，既可以保证有稳定的财政收入，又可以起到一定的保护作用。但混合税中从价税与从量税的比例难以确定。

⊙延伸阅读 4-4

2020 年我国部分进口货品复合税税率表

序号	EX	税则号列	货品名称	最惠国税率	暂定税率
777	ex	85258013	手机用摄像组件（由镜头+CCD/CMOS+数字信号处理电路三部分构成）	（11.7%或复合税从低执行）#（5.8%或复合税从低执行）	4%
778	ex	85258013	高清摄像头（必须满足以下三个条件：1.镜头元件必须使用5层及以上玻璃镜头；2.使用USB2.0及以上高速接口；3.硬件传感器像素达到130万及以上）	（11.7%或复合税从低执行）#（5.8%或复合税从低执行）	1~6月：10%
852		91081100	已组装的机械指示式完整电子表芯	16%	10%
853	ex	92012000	完税价格50 000美元及以上的大钢琴	10%	1%
854	ex	92021000	完税价格15 000美元及以上的弓弦乐器	10%	1%
855	ex	92051000	完税价格2 000美元及以上的铜管乐器	10%	1%
856	ex	92059090	完税价格10 000美元及以上的其他管乐器	10%	1%
857	ex	96019000	牛角纽扣坯圆片（濒危动物制除外）	20%	6%
858		96190011	婴儿尿布及尿裤	4%	0
859		96190019	成人尿布及尿裤	4%	0

注：1. 税号前标注"ex"，表示适用该税率的进口货物应在该税目范围内，以货品名称栏中的具体描述为准。
2. 税率中间含有"#"的，"#"前后分别为当年上半年和下半年适用税率。

资料来源：《中华人民共和国进出口税则（2020）》。

（4）**选择税**（alternative duty）。选择税是指在关税税则中，对同一税则号下的商品同时规定有从价税和从量税两种税率，分别按从价税或从量税计算税额，但选择其中一种有利的税率征收。选择税克服了从价税或从量税各自的缺点。一般各国多选择税额较高的一种征收，但有些国家为使税负更合理，也会选择较低的一种征收。

4.1.4 海关税则与完税价格

1. 海关税则

海关税则（custom tariff）又称关税税则，是一国（地区）通过一定的立法程序制定和公布的，对进出口应税和免税商品加以系统分类的一览表。海关税则是征收关税的法律依据，一般包括以下内容：①海关税则实施细则以及使用税则的有关说明；②税则归类的总原则；③各类、章和税目的注释；④关税税率表，税率表包括税则号列、商品分类目录和税率三部分。其中，商品分类目录是将种类繁多的商品加以综合，按照商品的不同生产部门，或按照商品的自然属性、功能与用途等分类，以便分别规定不同的税率。

目前，许多国家（地区）的海关税则都采用海关合作理事会制定的《商品名称及编码协调制度》。我国于1992年1月1日起采用该制度。海关税则按其税率栏数可分为单一税则和复式税则。单一税则是指税则中只设有一栏税率，适用于来自任何国家（地区）的同种商品。如肯尼亚规定农具的进口税税率为20%，工具的进口税税率为10%。复式税则是指税则中设有两栏或两栏以上的税率，对来自不同国家（地区）的同种商品，根据不同情况适用不同税率，实行差别待遇。其中，普通税率（或称一般税率）是最高税率，特惠税率是最低税率。在这些税率之间，还有最惠国税率、协定税率、普惠制税率等。

目前大多数国家（地区）都采用2栏、3栏、4栏，甚至5栏的多栏税则。例如，中国实施4栏税则：第1栏为最惠国税率，实施对象包括来源于WTO成员方的进口货物、与我国签订最惠国待遇条款的双边协定国或地区的进口货物、我国关境内的复进口货物；第2栏为协定税率，实施对象包括来源于与中国签订贸易协定的国家的进口货物，如根据中巴《早期收获计划》，对原产于巴基斯坦的2 244个税号（2006版《税则》）项下的进口货物实行零关税；第3栏为特惠税率，实施对象包括原产于与我国签订有特殊优惠关税协定的国家或地区的货物，如根据《亚太贸易协定》，我国对原产于孟加拉国的92个税目项下（2006版《税则》）的商品实行特惠税率；第4栏为普通税率，实施对象包括原产于上述国家或地区以外的国家和地区的进口货物，以及原产地不明的货物。四种税率在征收幅度上依次为：普通税率＞最惠国税率＞协定税率＞特惠税率。

2. 完税价格

完税价格（duty paid value）又称海关价格或海关固定价格（customs value），是指经过海关审定作为计征关税依据的价格。在世界大多数国家（地区）使用从价税或以从价税为主的情况下，完税价格是决定税额的重要因素。

《海关估价协议》（即《关于执行〈1994年关贸总协定〉第7条的协议》）明确规定了6种不同的依次采用的估价方法，用以确定完税价格。其方法如下所述。

（1）**进口商品的成交价格**。它指商品出售给进口方时，按规定进行调整后的实际支付或应实际支付的价格。有关费用（例如，除购货佣金以外的其他佣金和经纪费；包装和集装箱的费用；各种辅助工作的费用；专利费和许可证费；假如以成本、保费加运费价进行海关估价，运输、保险以及与进口地点有关的收费）应加到进口商为进口货物实际支付或应付的价格（即发票价格）之中。

（2）**相同货物的成交价格**。该协议第2条第1款规定："如果不能按第1条的规定确定货物的海关估价，与该货物同时或大约同时向同一进口国（地区）输出的相同货物的成交价格即为该货物的海关估价。在使用此种估价方法时，应采取按同一商业条件出售的、与被估价货物数量大体相同货物的成交价格。"

（3）**类似货物的成交价格**。除相似商品而不是相同商品的交易价格用于海关估价的依据外，此种方法与上述第二种方法相同。所谓相似商品指的是"与该货物同时或大约同时向同一进口方输出的类似货物"。

（4）**扣除价格**。扣除价格是在以下基础上确定的：应税的进口商品在其国内市场的单位销售价格，或者其相同或类似商品在其国内市场的单位销售价格，扣除相关的利润、关税和国内税、运费和保险费以及在进口时产生的其他费用。

（5）**推算价格**。海关估价包括生产成本、额外费用以及利润及一般费用的总和。

（6）**合理确定**。如果上述方法都不能确定海关估价，则应采用符合该协议原则或《关贸总协定》第7条的合理方法，并在进口国可得到信息的基础上进行估价。

4.1.5 关税的有效性

1. 关税水平

关税水平（tariff level）是指一个国家（地区）的平均进口关税率。用关税水平可以大致衡量或比较一个国家（地区）进口税的保护程度。关税水平可以用以下三种方法来表示。

关税的有效性

（1）**全额商品加权平均**。这种方法是以一定时期内所征收的进口关税总额占所有进口商品价值总额的百分比计算。其计算公式为：

$$关税水平 = \frac{进口关税总额}{进口商品总额} \times 100\%$$

在这种计算方法中，如果一国（地区）的免税项较多，计算出来的数值就偏低，不易看出有税商品税率的高低。

（2）**有税商品加权平均**。这种方法是按进口税额占有税进口商品总额的百分比计算。其计算公式为：

$$关税水平 = \frac{进口关税总额}{有税进口商品总额} \times 100\%$$

这种计算方法能纠正上一种方法中免税项的干扰，但各国（地区）的税则并不相同，税则下的商品数目众多，也不尽相同，因而这种方法使各国（地区）关税水平的可比性相对减少。

（3）**以代表性商品取样加权平均**。以代表性商品取样加权平均，即选取若干有代表性的商品，按一定时期内这些商品的进口税总额占这些代表性商品进口总额的百分比计算。其计算公式为：

$$关税水平 = \frac{代表性商品进口关税总额}{代表性商品进口总额} \times 100\%$$

这种计算方法可以在各国选取同样的代表性商品进行比较，因此能够比较客观地反映出各国（地区）的关税水平。

以上三种方式从不同的方面反映关税的平均水平，但还不能完全表示保护的程度。

2. 名义关税与名义保护率

名义关税（nominal tariff）是指某种进口商品进入该国关境时按照海关税则所征收的关税。

名义保护率（nominal rate of protection）是指由于实行保护而引起的国内市场价格超过国际市场价格的部分占国际市场价格的百分比。其公式为：

$$名义保护率 = \frac{进口商品国内市场价格 - 国际市场价格}{国际市场价格} \times 100\%$$

与关税水平衡量一国关税保护程度不同，名义关税衡量的是一国对某一类商品的保护程度。在不考虑汇率的情况下，名义保护率在数值上等于关税税率。

3. 有效保护率

如果对中间产品和最终产品都征收关税，则关税的实际保护效果同名义保护效果可能是不同的。为了准确反映征收关税对一国生产的实际保护程度，经济学家提出了"**有效保护率**"（effective rate protection，ERP）的概念。

关税的有效保护率又称实际保护率，是指征收进口关税对某产品在其生产过程中净增值的影响。其公式为：

$$ERP = \frac{国内加工增值 - 国外加工增值}{国外加工增值} \times 100\%$$

将下面各项因素代入 ERP 的计算公式。设 P 为制成品国外价格（无进口关税的价格）；n 为制成品名义保护率；r 为投入品名义保护率；v 为投入品在制成品中的比重。

则 ERP 的计算公式可展开为：

$$ERP = \frac{[P(1+n) - Pv(1+r)] - (P - Pv)}{P - Pv}$$

推导简化为：

$$ERP = \frac{(n - vr)}{1 - v} \times 100\%$$

举例说明

（1）某国需要直接进口电冰箱，也需要进口压缩机，在国内进行生产。电冰箱进口价格为每台 300 美元，压缩机进口价格为每台 150 美元，压缩机在电冰箱价格中所占比重为 50%。如果对电冰箱征收进口税，税率 50%，而对压缩机免征进口关税，则本国电冰箱工业享有的有效保护率为：

$$ERP = \frac{(50\% - 50\% \times 0)}{1 - 50\%} \times 100\% = 100\%$$

（2）如果对压缩机征收进口税，但征收的进口税税率低于电冰箱的进口税税率，如取 30%，则本国电冰箱工业享有的有效保护率为：

$$ERP = \frac{(50\% - 50\% \times 30\%)}{1 - 50\%} \times 100\% = 70\%$$

（3）如果对压缩机也征收与电冰箱相同的进口税税率，则代入公式后，可得出本国电冰箱工业享有的有效保护率为 50%。

（4）如果对电冰箱征收的进口税税率为 50%，而对压缩机征收的进口税税率为 60%，则本国电冰箱工业享有的有效保护率为：

$$ERP = \frac{(50\% - 50\% \times 60\%)}{1 - 50\%} \times 100\% = 40\%$$

（5）如果对电冰箱征收的进口税税率降为 30%，而对压缩机征收的进口税税率提高到 70%，则本国电冰箱工业受到负保护：

$$ERP = \frac{(30\% - 50\% \times 70\%)}{1 - 50\%} \times 100\% = -10\%$$

从以上例子可以看出：①当制成品的进口税税率高于所用投入品的进口税税率时，有效保护率大于名义保护率。②当制成品的进口税税率等于所用投入品的进口税税率时，有效保护率等于名义保护率。③当制成品的进口税税率低于所用投入品的进口税税率时，有效保护率小于名义保护率。④当制成品的进口税税率低于投入品的进口税税率与投入品在制成品中的比重之乘积时，有效保护率为负。负保护说明征收进口税扭曲了制成品和投入品的价格关系，使投入品在国内加工生产为最终产品后不如直接进口制成品，国内生产者无利可图，从而丧失了关税的保护作用。因此，要对本国产业进行有效的保护，就应该设置阶梯关税，即关税的增幅应该从中间投入品到最终产品从低往高提升。所以，我们考察一国（地区）关税结构，不仅要考察该商品的进口关税税率，还必须考察其投入品的进口关税税率。

4.1.6 关税的经济效应分析

关税的经济效应主要是指进口关税对本国国内价格、贸易条件、生产、消费、进出口税收、再分配以及国民福利等方面产生的综合影响。

在分析关税的经济效应时，我们把参与贸易的国家分为两类：一类为贸易小国，这类国家在国际贸易中占有的份额很小，难以对世界市场产生实质性影响，因此贸易小国为国际贸易中的价格接受者；另一类为贸易大国，这类国家在国际贸易中具有举足轻重的影响力，其本身进出口数量的变化足以改变世界市场的供求关系，从而带动国际市场价格发生变化。因此贸易大国为国际贸易中的价格制定者。

1. 贸易小国关税的经济效应分析

假设在某种商品的国际贸易中，M 为贸易小国，其在该商品上的国内市场供求情况如图 4-1 所示。

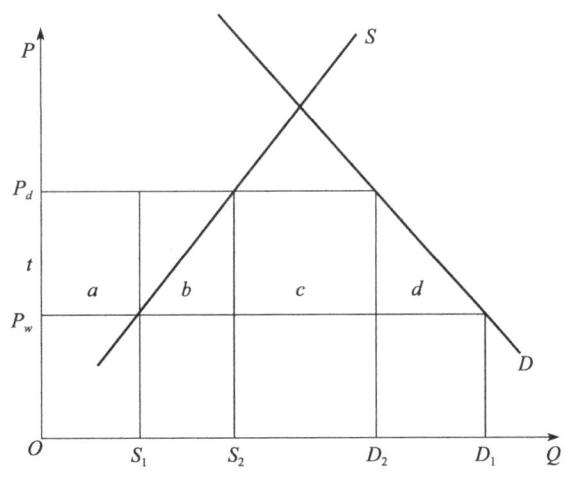

图 4-1　贸易小国（M）的关税效应

图 4-1 中，S 和 D 分别代表 M 国进口商品的供给与需求曲线，P_w 为世界市场价格，P_d 为征税后的国内市场价格，$P_d = P_w + t$，其中 a、b、c、d 分别为被标示的几何图形的面积。

在 M 国对该种进口商品不征收关税的情况下，若世界市场价格为 P_w，则 M 国的国内市场价格也为 P_w，M 国国内市场该商品生产量为 S_1，消费量为 D_1，进口量为 $D_1 - S_1$。当 M 国对每一个单位进口商品征收的进口关税为 t 时,因世界市场价格仍维持在 P_w 水平,M 国国内市场价格将因关税的征收而上升至 P_d ($P_d = P_w + t$),国内生产量增加至 S_2,国内消费量减少至 D_2,进口量缩减到 D_2-S_2。具体说来,关税的征收给 M 国带来如下经济效应。

(1)**价格效应**。贸易小国对世界市场价格没有影响,因此,M 国对进口品征税并不会改变世界市场价格,但征收关税之后,进口商除需要按世界市场价格支付价款外,还需要向本国海关缴纳进口关税。进口成本提高,进口商品及国内替代品的市场价格也必然提高,国内该种商品价格上涨的部分等于关税税额。

(2)**生产效应**。进口商品及国内替代品的市场价格提高后,国内生产厂商会相应提高产量,扩大生产,此为关税的生产效应。事实上,很多国家以关税限制进口,就是希望通过给国内生产厂商提供保护,推动国内生产的扩大和促进就业水平的提高。

价格的上升和生产量的增加为本国生产厂商带来的利益,可由生产者剩余的变动来衡量。在图 4-1 中,当价格从 P_w 上升至 $P_w + t$ 后,生产者剩余的增加值为梯形的面积 a,这就是征收关税使国内生产厂商得到的福利。

(3)**消费效应**。进口商品及国内替代品的市场价格提高,还会导致国内市场需求的下降,消费数量的减少,产生消费效应。价格的上升和消费数量的减少使消费者蒙受损失,损失的程度可由消费者剩余的变动值来衡量。在图 4-1 中,价格上升后,消费者剩余减少量为大梯形面积 ($a+b+c+d$),这就是征收关税使国内消费者损失的福利。

(4)**贸易效应**。将关税的生产效应与消费效应结合起来,即可得到关税的贸易效应;消费数量的减少和本国替代品生产数量的增加,必然导致进口数量的萎缩。

(5)**税收效应**。进口关税的征收还直接为政府带来了税收,增加了财政收入,这就是关税的税收效应。在图 4-1 中,关税收入为矩形 c 的面积。

(6)**贸易条件效应**。贸易条件是出口价格指数与进口价格指数之比。其公式为:

$$T = \frac{p_{e_1}/p_{e_0}}{p_{i_1}/p_{i_0}}$$

式中,T 为贸易条件;p_{e_0} 为基准年的平均出口价格,p_{e_1} 为计算期的年平均出口价格,p_{i_0} 为基准年的平均进口价格,p_{i_1} 为计算期的年平均进口价格。

贸易条件效应是指征收关税引发的贸易条件的变动。它是以进口方是一个垄断买主或接近于一个垄断买主为前提的。贸易条件效应的变化可分为以下三种情况。

若 $T=1$,贸易条件不变。贸易条件不变的原因有两种:一是计算期的年均出口价格和年均进口价格分别与基期的年均出口价格和进口价格完全一致;二是计算期的年均出口价格和年均进口价格分别相对基期发生变动,且变动幅度一致。

若 $T>1$,贸易条件改善,即定量的出口商品可换回更多的进口商品(下面讲的大国效应就有这种情况)。原因有三点:一是出口商品价格上涨,但进口商品价格不变;二是出口商品价格与进口商品价格同时上涨,但前者比后者上涨速度快;三是出口商品价格不变,进口商品价格下跌。

若 $T<1$,贸易条件恶化,即定量的出口商品换回比以前更少的进口商品。其原因有三:一是进口商品价格上涨,但出口商品价格不变;二是进口商品和出口商品同时上涨,但前者比后者上涨幅度大;三是进口商品价格不变,出口价格下跌。

(7)**总体福利效应**。关税的征收使国内不同经济主体的利益发生不同的变化:生产厂商获得利益，政府获得税收，但消费者会蒙受损失。根据前面的分析，厂商获利 a 与政府税收 c 两者之和并不能弥补消费者损失（$a+b+c+d$），关税的征收使一国产生了（$b+d$）的净福利损失，b 是由于国内生产者以高于国际生产成本进行生产造成的资源浪费，而 d 是国内消费者以较高的价格消费，并没有任何一方从中获益的部分。这就是贸易小国的关税总体福利效应。不难看出，在以上的分析模型中，贸易小国对进口品征收关税只会降低自身的福利水平，因此，对贸易小国而言，自由贸易是最佳选择。

2. 贸易大国关税的经济效应分析

贸易大国与贸易小国的显著差异在于它们对世界市场价格的影响力，这使得贸易大国的征税行为不仅会影响其国内价格，还会影响世界市场价格。

假设在某种商品的国际贸易中，N 国为贸易大国，其在该商品上的国内市场供求情况如图 4-2 所示。

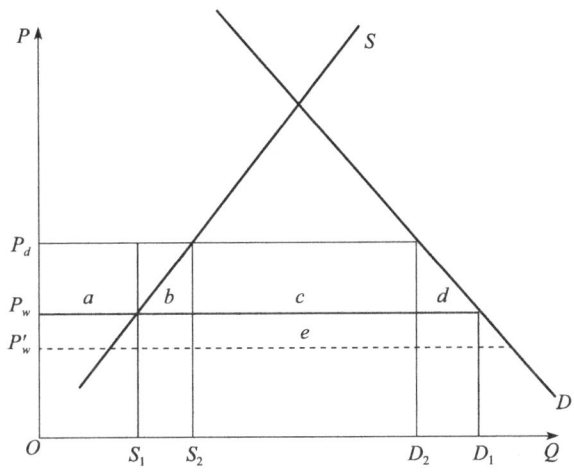

图 4-2　贸易大国（N）的关税效应

与贸易小国 M 情况相同。在 N 国对该种进口商品不征收关税的情况下，若世界市场价格为 P_w，则 N 国的国内市场价格也为 P_w，N 国国内市场中该商品生产量为 S_1，消费量为 D_1，进口量为 D_1-S_1。与贸易小国 M 的情况不同，当 N 国对每一个单位进口商品征收的进口关税为 t 时，由于征税必然导致该国进口数量的下降，减少对世界市场上该商品的需求，因此将致使该商品世界市场价格降低。假定降低后的世界市场价格为 P'_w，N 国国内市场价格将因关税的征收而升至 P_d（$P_d=P_w+t$），国内生产量增加至 S_2，国内消费量减少至 D_2，进口量缩减到 D_2-S_2。

图中 S 和 D 分别代表 N 国进口商品的供给与需求曲线，P_w 为 N 国征税前的世界市场价格，P'_w 为 N 国征税后的国际市场价格。P_d 为征税后的 N 国国内市场价格，$P_d=P_w+t$，其中 a、b、c、d 分别为被标示的几何图形的面积。

与贸易小国相同，关税的征收同样给贸易大国带来了价格上涨的价格效应、生产扩大的生产效应、消费下降的消费效应、进口萎缩的贸易效应以及增加关税收入的税收效应等经济效应。但是，贸易大国的各种关税效应仍表现出与贸易小国明显不同的特征。

（1）**国内价格的上涨幅度小于贸易小国**。征收进口税后，世界市场价格被压低，进口方国内价格为新的世界市场价格与进口关税之和，与贸易小国价格上涨幅度等于关税水平的情况相比，价格上涨幅度较小。贸易大国关税价格效应的这一特征也使其在生产增长幅度、消费下降幅度和贸易萎缩程度方面均小于贸易小国。

（2）**产生贸易条件效应**。贸易大国征收关税降低了该商品的世界市场价格，实际上也降低了该国的进口价格，在其他因素不变的情况下，意味着改善了本国的贸易条件。

（3）**改变了福利效应**。贸易大国征收关税同样会使生产厂商获利，政府获得关税收入，消费者蒙受损失，但净福利变动却不同于贸易小国。如图4-2所示，厂商获利为 a，消费者损失为 $(a+b+c+d)$，但政府的关税收入却应该是 $(c+e)$，净福利变动为 $[e-(b+d)]$，这就使贸易大国的净福利变动出现三种可能：第一，$e<(b+d)$，出现了净福利损失；第二，$e=(b+d)$，净福利变动为零；第三，$e>(b+d)$，征税反而给贸易大国带来了净福利的增加。

与贸易小国征收关税只会带来福利损失不同，贸易大国的征税行为可能带来福利的增加。这种可能性来自贸易条件效应，即贸易大国依靠其强大的市场影响力，通过压低进口价格、改善自身贸易条件而将一部分利益从国外出口商那里转移至本国，从而部分及至全部补偿本国因征税导致价格上涨、贸易萎缩而蒙受的损失。不难看出，与贸易小国相比，贸易大国通常处于更为有利的地位。

4.2 非关税措施

4.2.1 非关税措施的含义与特征

非关税措施的含义与特征

非关税措施（non-tariff barrier）是指除关税以外，用来限制进口的一切措施。这种措施可以通过国家法律、法令以及各种行政措施来实现，从贸易保护的角度来看，也被称作非关税壁垒。

非关税壁垒是在世界市场问题尖锐的情况下发展起来的，第二次世界大战以后，在关税与贸易总协定的主持下，经过几轮多边贸易谈判，其成员方的平均关税水平已降到很低的程度。关贸总协定成员方之间的关税税率从第二次世界大战前的40%下降到10%以下，其中，欧、美、日等关税税率已下降到5%以下，关税壁垒已大大降低。随着越来越多的国家和地区加入关税与贸易总协定（1995年1月1日起被世界贸易组织所替代），整个世界的关税水平将继续呈现降低趋势。

关税的限制作用被大大削弱，但各国为了维护自身的利益，还必须对贸易实行一定程度的限制，以保护国内企业，缓解国内失业压力等，所以它们不得不寻找非关税措施来达到限制进口的目的。现在非关税壁垒的手段越来越多，花样不断翻新，严重地阻碍着国际贸易的发展。世界银行出版的《1991年世界发展报告》中指出："在过去的几十年里，工业国的平均关税税率降到6%以下。但是从20世纪60年代起，其他保护性措施的采用，如配额、补贴、'自动'出口配额以及反补贴和反倾销，已达到令人震惊的程度。"报告还说：

"1966～1986年，进口贸易中受到所有非关税壁垒影响的份额，美国增加了20%以上，日本增加近40%，欧共体增加60%。到1986年，OECD成员方从发展中国家进口的商品中有21%面临所谓的'硬核'非关税壁垒——配额、'自动'出口配额、《多种纤维协定》以及其他高度限制性措施。"

与关税措施相比，非关税措施具有以下特征。

1. 非关税措施项目复杂多样，适用范围广

从20世纪60年代以来，发达资本主义国家采取的非关税壁垒措施日益复杂化、多样化，根据统计，目前已达1 000多项。不仅如此，非关税壁垒措施的适用范围也日益广泛，限制进口的商品范围不断扩大，既有初级产品如农产品，又有工业制成品，从服装鞋帽到汽车和钢铁，而且随着服务贸易的进一步发展，非关税壁垒措施也扩展到服务贸易领域。

2. 非关税措施具有较强的灵活性和针对性

关税税率的制定必须通过立法程序，一经确定，必须严格执行，因此它的灵活性差，难以应对一些紧急出现的情况。而非关税壁垒措施的制定一般只需经过行政程序，手续简便，灵活性强。同时，非关税壁垒措施的制定往往针对某个具体的国家或某种具体的商品，具有较强的针对性。

3. 非关税措施具有隐蔽性和歧视性

所谓隐蔽性是指非关税壁垒不像关税措施那样具有公开性。关税是公开制定纳税税率，并以法律形式公之于众，依法执行；非关税壁垒措施一般借助于随意制定并且不公开的烦琐复杂的技术标准和进口手续，使进口商难以适应，从而达到限制进口的目的。所谓歧视性，是指进口方根据出口方与其政治关系不同而采取不同的非关税措施，为歧视对方而制定一些限制进口的特殊规定。

4. 非关税措施具有十分明显的有效性和难以超越性

关税壁垒是通过征收高额关税，来提高进口商品的成本和价格，削弱其竞争力，间接地达到限制进口的目的。如果采用诸如配额、"自动"出口限制、进口许可证等非关税壁垒，由于它们一般规定了进口商品的数量或金额，超过限额就禁止进口，这样就直截了当地将不想进口的商品拒于国门之外。

4.2.2 非关税措施的主要类型

非关税措施的主要类型

目前，对于非关税壁垒传统的分类方法是将其分为配额、金融控制、政府参与贸易、海关与海关手段及对产品的要求五大类。然而，从非关税壁垒限制进口的方法来看，不外乎直接限制和间接限制两类。所谓直接限制，是指进口方直接规定商品进口的数量或金额，或者通过施加压力迫使出口方自己限制商品出口，如进口配额制、"自动"出口限制、进口许可证制等。所谓间接限制，是指进口方利用行政机制，对进口商品制定苛刻的条例和技术标准，从而间接限制进口，如外汇管制、最低限价、海关估价制度、歧视性政府采购政策及相关安全、健康、卫生和技术标准等。

联合国贸易与发展会议将非关税壁垒分成三种类型，每种类型又分为A、B

两组，其中 A 组为数量限制，B 组为影响进口商品的成本（见表 4-1）。

表 4-1 联合国贸易与发展会议对非关税壁垒的分类

1. 为保护国内生产不受外国竞争而采取的商业措施
A 组：（1）进口配额
（2）许可证
（3）"自动"出口限制
（4）禁止出口和进口
（5）国有贸易
（6）政府采购
（7）国内混合规定
B 组：（8）最低限价和差价税
（9）反倾销税和反补贴税
（10）进口押金制
（11）对与进口商品相同的国内工业生产实行优惠
（12）对与进口商品相同的国内工业实行直接或间接补贴
（13）歧视性的国内运费
（14）财政部门对于进口商在信贷方面的限制
2. 除商业政策以外的用于限制进口和鼓励出口的措施
A 组：（15）运输工具的限制
（16）对于进口商品所占国内市场份额的限制
B 组：（17）包装和标签的规定
（18）安全、健康和技术标准
（19）海关检查制度
（20）海关估价
（21）独特的海关分类
3. 为促进国内替代工业的发展而实行的进口限制措施
（22）政府专营某些商品
（23）政府实行结构性或地区性差别待遇政策
（24）通过国际收支限制进口

1. 进口配额制

进口配额制是指一国政府在一定时期（通常为 1 年）内对某些敏感商品的进口数量或金额加以直接限制，在规定的期限内，配额以内的货物可以进口，超过配额不准进口，或者征收较高的关税或罚款后才能进口。进口配额制主要有以下两种。

（1）**绝对配额**（absolute quotas）。绝对配额是指在一定时期内对某些商品的进口数量或金额规定一个最高金额，达到这个数额后，便不准进口。这种进口配额在实施中又有以下两种方式。

1）**全球配额**（global quotas）。全球配额是指一国规定在一定时期内对某种商品进口的最高限额，适用于来自任何国家的进口商品，不做国别分配。因此，全球配额适用于世界范围，而不仅仅适用于某个国家或地区。政府主管部门根据各国进口商提出申请的先后顺序，或过去某一时期的进口实绩批给一定的额度，直至总配额发放完毕为止，超过总配额就不准进口。进口方实行这种配额的目的是让各出口方相互竞争，从而选择对其有利的价格和质量。

2）**国别配额**（country quotas）。国别配额是指一国规定在一定时期内某种商品的进口最高限额后，再将这些配额按国别或地区进行分配。在某国或某地区的进口数量达到所分配的配额后，即不被进口。为了区分来自不同国家或地区的商品，进口商品时进口商必须提交进口国家或地区的原产地证明书。实行国别配额，可以更好地贯彻国别地区政策。国别配额又可分为**自主配额**（autonomous quotas）和**协议配额**（agreement quotas）。前者又称单方面配额，是指由进口国单方面、自主地强制规定在一定时期内从某国或某地区进口某种商品的配额。后者是指由进口国和出口国政府或民间团体，通过谈判协商达成双边或多边协议，来规定在一定时期内某种商品的进口配额。

（2）**关税配额**（tariff quotas）。关税配额是对商品进口的绝对数额不加限制，而对在一定时期内在规定数额以内进口的商品，给予低税、减税或免税待遇；对超过配额的进口商品则征收较高的关税，或者征收附加税或罚款。

关税配额按征收的目的，可分为优惠性关税配额和非优惠性关税配额。前者是对关税配额内进口的商品给予较大幅度的关税减让，甚至免税，而对超过配额的进口商品则征收原来的最惠国税率。后者是在关税配额内仍征收原来的进口税，但对超过配额的进口商品，就征收极高的附加税或罚款。按商品进口的来源，关税配额还可分为全球性关税配额和国别关税配额。

（3）绝对配额与关税配额的区别。绝对配额是规定一个最高数额，不得超额进口；关税配额则是在额度内可以享受优惠关税或免税，超过额度仍可进口，只不过超额部分的待遇不同而已。目前大多数发达国家对于从发展中国家进口的制成品或半制成品，在配额内的给予普惠制待遇，超过配额的以最惠国税率征税。

⊙ 延伸阅读 4-5

"入世"以来我国主要农产品进口关税配额情况

根据国家发展和改革委员会公布的相关数据，2002年"入世"初期，我国主要农产品进口关税配额分别为：小麦846.8万吨，国营贸易占比90%；玉米585万吨，国营贸易占比68%；大米399万吨（其中：长粒米，即籼米199.5万吨，中短粒米，即其他米199.5万吨），国营贸易占比50%；棕榈油240万吨，国营贸易占比34%；豆油251.8万吨，国营贸易占比34%；菜子油87.9万吨，国营贸易占比34%；食糖176.4万吨，国营贸易占比70%；棉花87.9万吨，国营贸易占比33%。2012年主要农产品进口关税配额为：小麦963.6万吨，国营贸易占比90%；玉米720万吨，国营贸易占比60%；大米532万吨（其中：长粒米266万吨，中短粒米266万吨），国营贸易占比50%；棉花89.4万吨，国营贸易占比33%。2023年主要农产品进口关税配额为：小麦（包括其粉、粒）963.6万吨，国营贸易占比90%；玉米（包括其粉、粒）720万吨，国营贸易占比60%；大米（包括其粉、粒）532万吨（其中：长粒米266万吨，中短粒米266万吨），国营贸易占比50%。

资料来源：国家发展和改革委员会公布的历年《粮食进口关税配额申请和分配细则》。

2. "自动"出口配额制

"自动"出口配额制，又称"自动"出口限制，是指出口国（地区）在进口国（地区）的要求和压力下，单方面或经双方协商规定某种或某些商品在一定时期（一般为3年）内对该进口国（地区）出口的最高数量限额，在限额内，出口国（地区）自行安排出口，达到限额即停止出口。

"自动"出口配额制是20世纪60年代以来非关税壁垒中很流行的一种形式，几乎所有工业发达国家在各种长期贸易项目中都采用了这种形式。例如，在日美"纤维战""钢铁战""汽车战"中，美国均采取对日本施加压力的方法，迫使日本自动限制对美国的出口数量或金额。"自动"出口配额制主要有以下两种形式。

（1）非协定的"自动"出口配额。

这种配额是指不受国际协定的约束，由出口方在进口方的压力下规定出口额度，限制出口的一种形式。这种配额有的是由政府有关机构规定配额并予以公布，出口商必须向有关机构申请配额，领取出口授权书或出口许可证才能输出；有的是由本国（地区）大的出口厂商或协会"自动"控制出口。

（2）协定的"自动"出口配额。

这是指进出口双方通过谈判签订"自限协定"或"有秩序销售协定"，规定一定时期内某些商品的出口配额，出口方根据配额发放出口许可证或实行出口配额签证制，自动限制出口，进口方则根据海关统计进行监督检查。目前，"自动"出口配额大多属于这一种。

"自动"出口配额制与绝对进口配额制在形式上略有不同。绝对进口配额制是由进口方直接控制进口配额来限制商品进口，而"自动"出口配额制则是由出口国（地区）直接控制对指定进口国家（地区）的出口。但是，就进口国（地区）方面来说，"自动"出口配额同绝对进口配额一样，起到了限制商品进口的作用，因而其实质还是进口配额，具有等效于进口配额的所有经济效应。不同的是，出口配额是由出口国（地区）控制的，因而出口商就可利用出口配额提价出口，使配额产生的垄断利润流到外国出口商的手中。一般来说，出口配额只限制数量而不限制金额，这样，外国出口厂商就能以提高产品质量和价格的方法来完成一个时期的配额。因此，从经济福利的观点来看，由出口国（地区）进行自动限制出口，与由进口国（地区）实行进口关税和配额相比，对进口国（地区）造成的净福利损失更大。

3."自动"进口配额制

进口许可证制是指商品的进口必须得到国家有关部门的批准，领取许可证之后才能进口的一种行政措施。进口许可证常与配额、外汇控制等结合起来运用。

（1）按进口许可证与进口配额的关系分类。

1）有定额的进口许可证。有定额的进口许可证，即国家有关机构预先规定有关商品的进口配额，然后在配额的限度内，根据进口商的申请对每一批货发给进口商一定数量或金额的进口许可证。例如，联邦德国对纺织品进口实行进口配额，每年分三期公布配额数量，配额公布后进口商可提出申请，获得进口许可证即可进口。进口配额一旦用完，进口国有关机构就不再发放进口许可证。一般说来，进口许可证是由进口国有关机构向提出申请的进口商发放的，但有时也会将这种权限交给出口国自行分配使用。

2）无定额的进口许可证。无定额的进口许可证，即进口许可证不与进口配额相结合，有关政府机构预先并不公布进口配额，对有关商品进口许可证的颁发只是在个别考虑的基础上进行的。由于它是个别考虑的，没有公开的标准，因而就给正常的贸易造成更大的困难，起到更大的限制进口的作用。

（2）按进口商品的许可程度分类。

1）一般许可证。一般许可证又称自动进口许可证，它对进口国别或地区没有限制，凡列明属于一般许可证的商品，进口商只要填写一般许可证后，即可获准进口。因此属于这种许可证的商品实际上是自由进口的商品。

2）特别许可证。特别许可证又称非自动进口许可证，是指进口商必须向政府机构提出申请，经有关机构逐笔审查批准后才能进口。这种进口许可证多数都指定进口国别或地区。

4. 技术性贸易壁垒

技术性贸易壁垒（technical barrier to trade，TBT）是指商品进口国以维护生产、消费安全以及人民健康为理由，制定并执行具有强制性或非强制性的商品标准、法规以及商品检验的合格性评定要求，从而对贸易形成的障碍。

近年来，随着关税水平的普遍降低以及配额、补贴等非关税措施的使用受到限制，各国保护贸易的手段逐步转向隐蔽性更强的技术性壁垒，该措施已经成为当前国际贸易中一种重要的非关税壁垒。该壁垒是一个体系，主要由技术法规和标准、卫生检疫标准、商品包装和标签规定以及信息技术壁垒四个方面构成。

（1）技术法规和标准。

这是进口国为保证商品的进口质量符合一般的技术要求而做出的规定。技术标准主要适用于工业制成品。发达国家对制成品普遍规定了严格、繁杂的技术标准，不符合技术标准的商品不能进入其市场。例如，美国与加拿大规定，无"UL"标志的电子电器产品不能在其市场销售。而要获得"UL"标志，必须向美国保险商实验室申请，由对方检验、审定合格后方可使用"UL"标志，这会大大增加出口的成本和时间。

（2）卫生检疫标准。

这是一国对进口的动植物及其制品、食品、化妆品等所实施的必要的卫生检疫，以免疾病或病虫害传入本国。卫生检疫标准主要适用于农副产品及其制品。目前，各国要求卫生检疫的商品越来越多，规定的标准也越来越严格。例如，日本对茶叶上的农药残存量，美国对搪瓷含铅量，英国对花生中的黄曲霉素含量等，就提出了一些非常苛刻的要求。

（3）商品包装和标签规定。

许多国家对于在国内市场销售的商品，规定了有关包装和标签的条例，而且这些条例或规定内容繁杂、手续麻烦且经常变化，使外国商品一时难以适应。出口商为了符合这些规定，不得不按规定重新包装和改换标签，这样一来就会费时费工，增加商品的成本，削弱了商品的竞争力。

（4）信息技术壁垒。

发达国家在信息技术上处于领先地位，在信息技术标准的制定上处于主导地位。发展中国家则由于信息技术地位落后（表现在：信息不透明，如不能充分了解合格认证程序；信息传递不及时，如不能及时得知技术标准更改；信息传递受阻等），在国际贸易中处于被动地位，甚至被边缘化。发达国家有目的、有意识地联合起来，试图控制和垄断世界信息资源，以达到继续主导国际贸易的目的。

（5）环境贸易壁垒。

环境贸易壁垒（environmental trade barrier）又称绿色壁垒，产生于20世纪80年代后期，是发达国家及其主导下的国际组织为保护环境、保障人类健康，凭借经济、科技优势，通过立法制定严格的强制性技术标准，对可能造成生态破坏和环境污染的国际贸易活动加以管制、限制、阻碍国外（主要是发展中国家）相关产品进口的一种非关税贸易保护措施。

环境贸易壁垒的主要表现形式有绿色关税、绿色市场准入、绿色反补贴、环境贸易制裁、强制性绿色标志、强制要求 ISO 14000 认证、烦琐的进口检验程序和检验制度,以及要求回收利用等。它是新贸易保护主义和环境保护理性结合的产物。一方面,它有利于加强环境管理,能保护人类健康和动植物的安全,体现了各国对环境重视的新动向;另一方面,有些发达国家打着保护环境的幌子来构筑非关税壁垒,因此,它也是贸易保护主义的反映。

⊙ 延伸阅读 4-6

国外技术性贸易措施对中国出口企业的影响

为全面了解我国出口企业遭遇国外技术性贸易措施影响的情况,服务中央"扩大内需、稳定外需"战略部署,2020 年 7 月和 8 月,海关总署在全国范围内组织开展了 2019 年国外技术性贸易措施对我国出口企业影响调查。

调查结果显示:2019 年,我国 19.68% 的出口企业受到国外技术性贸易措施不同程度的影响,同比下降 11.30%。因退货、销毁、产品降级或者丧失订单等原因所发生的直接损失额为 692.08 亿元,同比减少 68.22%;企业为应对国外技术性贸易措施而新增加的成本为 161.14 亿元,同比减少 62.21%。技术性贸易措施依然是影响我国企业出口的重要因素。

从受影响的地域分布观察,广东、山东、北京三省市的直接损失较大,分别占全国直接损失总额的 17.07%、13.88%、9.77%;安徽、山东、广东三省的新增成本较高,分别占全国新增成本总额的 16.5%、15.29%、11.46%。从受影响的产品观察,化矿金属、木材纸张和橡塑皮革行业直接损失较大,分别占直接损失总额的 21.73%、19.26%、18.98%;纺织鞋帽、化矿金属和橡塑皮革行业新增成本较大,分别占新增成本总额的 25.08%、24.42%、12.81%。

对中国企业出口影响较大的国家和地区排在前五位的是欧盟、美国、日本、俄罗斯和拉美国家,受国外技术性贸易措施影响较大的行业排在前五位的是机电仪器、农食产品、纺织鞋帽、木材纸张、非金属和化矿金属。

调查发现,影响工业品出口的技术性贸易措施集中在认证、技术标准、标签和标志、包装和材料、环保要求五方面,遭遇五类措施的企业占全部受影响企业数量的 56.42%;影响农产品出口的技术性贸易措施类型集中在食品中农兽药残留限量标准、食品中重金属等有害物质限量要求、食品微生物指标要求、种养殖基地及加工厂和仓库注册要求、食品标签要求五方面,受上述因素影响的出口企业占比高达 60.92%。

调查数据表明,在遭遇国外技术性贸易措施后,有超过 50% 的出口企业能及时与海关、国外进口商进行咨询沟通,探寻应对之策。同时,59.72% 的企业通过提升管理、54.4% 的企业通过市场多元化、45.56% 的企业通过科技创新和 43.84% 的企业通过调整产品结构,积极作为,提高了产品竞争力,从而有效巩固和拓展了相关出口市场。

资料来源:中华人民共和国海关总署. 国外技贸措施对我国出口企业影响依然较大 [EB/OL].(2020-09-27)[2022-06-01]. http://www.customs.gov.cn//customs/xwfb34/302425/3302131/index.html.

5. 其他非关税措施

(1) **外汇管制**(foreign exchange control)。

外汇管制是指一国政府通过法令对国际结算和外汇买卖实行限制,来平衡国际收支和维持本国货币汇价的一种制度。

在实行外汇管制时，出口商必须把它们所得到的外汇收入按官定汇率卖给外汇管制机关；进口商也必须在外汇管制机关按官定汇率申请购买外汇。携带本国货币出入国境也要受到严格的限制等。这样，有关政府机构就可以通过确定官定汇率、集中外汇收入和控制外汇供应数量的办法来达到限制进口商品价格、种类、数量和控制进口国别等目的。外汇管制一般可分为以下两类。

1）数量性外汇管制。数量性外汇管制是指国家外汇管理机构对外汇买卖的数量直接进行限制和分配，其目的在于集中外汇收入、控制外汇支出、实行外汇分配，以达到限制进口商品品种、数量和国别的目的。一国实行数量性外汇管制时，往往规定进口商必须获得进口许可证后，方可得到所需的外汇。

2）成本性外汇管制。成本性外汇管制是指国家外汇管理机构对外汇买卖实行多重汇率制度，利用外汇买卖成本的差异，间接影响不同商品的进出口。多重汇率制度是指一国货币有两个以上的汇率。其目的是利用汇率的差别达到限制或鼓励某些商品进出口的目的。各国实行的多重汇率制不尽相同，但主要原则大致相似。在进口方面，一般对国内需要而又供应不足或不能生产的重要原料、机器设备和生活必需品，使用较为优惠的汇率；对国内能大量供应或者不很重要的原料和机器设备，使用一般的汇率；对奢侈品和非生活必需品，则使用最不利的汇率。在出口方面，一般对缺乏国际竞争力但又要扩大出口的某些商品，给予较为优惠的汇率；对于其他一般商品的出口，则使用一般汇率。

（2）**进口押金制**（advanced deposit）。

进口押金制又称进口存款制，是指进口商在进口商品前，必须预先按进口金额的一定比率和规定的时间，在指定的银行无息存入一笔现金的制度。这种制度无疑加重了进口商的资金负担，起到了限制进口的目的。例如，意大利1974年5月~1975年3月曾对400多种商品实行进口押金制度，规定凡属此项目下的商品的进口，进口商都必须预先向中央银行缴纳相当于货值一半的现款押金，无息冻结半年。据估计，这项措施相当于征收5%以上的进口附加税。

（3）**最低限价**（minimum price）和**禁止进口**（prohibitive import）。

最低限价就是一国政府规定某种进口商品的最低价格，若进口货物的价格低于规定的最低价格则征收进口附加税或禁止进口。最低限价一般是由于进口国生产的同类商品的价格较高，因此通过限定最低价格来削弱进口商品的竞争能力。

1976年，日本对美国钢铁出口量由1974年的470万吨增至800万吨，其在美国钢铁进口国别总量构成中的比重达55.9%，美国不少钢铁厂因销售不畅而倒闭，钢铁业失业人数达2万余人。美国钢铁工业连续多次指控日本厂家对美国倾销，要求美国政府采取措施纠正不公平竞争。为了抵制日本等国的低价钢材的进口，1978年1月，美国政府决定对进口的钢铁及制品实行"启动价格制"，即对进口到美国的所有钢材及部分钢制品制定启动价格。这种启动价格是以当时世界上效率最高的钢生产者的生产成本为基础计算出来的最低价格，因此，这种价格也是一种进口最低限价。欧盟对进口农产品制定的"门槛价格"事实上也是一种最低限价，它阻碍了国外低价产品的进口。另外，当一些国家感到实行进口数量限制已不能解决经济与贸易困难时，往往会颁布法令禁止某些商品的进口。

（4）**进出口的国家垄断**（state monopoly）。

进出口的国家垄断，即在对外贸易中某些商品或全部商品的进出口由国家机关直接经营或授权某些经济组织垄断经营。一般发展中国家为获得政治与经济上的独立，在经济发展的初级阶段，均由国家直接经营所有的进口与出口商品。而发达国家的烟、酒、农产品、武器经常是由国家直接经营，或者由国家授权的垄断组织经营。

（5）**歧视性国内税**（discriminatory internal taxes）。

歧视性国内税是指进口国（地区）通过对进口商品征收与国内产品有差别的国内税，增加进口商品成本来阻碍进口。例如，泰国对香烟征收消费税，国内产品征收60%、进口产品80%。由于国内税的制定和执行属于进口国（地区）内政，通常不受贸易条约和协定的约束，因此，这是一种比关税更灵活和更易伪装的非关税壁垒措施。歧视性的国内税是与WTO的国民待遇原则相违背的，因此，往往遭到出口国（地区）的反对。

（6）**海关壁垒**（customs barrier）。

海关除了征收关税外，还可通过本身对进出口商品的监督管理职能，利用法律条文的弹性，增加对进口的阻碍。进出口商品在经过海关时，一般要经过非常烦琐的清关手续，一些国家为限制进口，往往会在其中故意制造麻烦，增加进口阻力，例如，有些海关对报关文件和单据的要求非常繁杂，填写要求非常高，甚至要求提供一些特别的文件。

鼓励性贸易政策

4.3 鼓励性贸易政策

4.3.1 鼓励出口的贸易政策

1. 出口信贷

出口信贷（export credit）是指一国（地区）政府为鼓励本国商品的出口，增强出口竞争力，对本国出口给予利息补贴并提供信贷担保的方式。这种方式主要通过本国银行对本国出口商或外国进口商（或其银行）提供低息贷款，来解决本国出口商资金周转的困难，或满足国外进口商对本国出口商支付货款的需要。

出口信贷可分为卖方信贷和买方信贷两种形式。

卖方信贷（buyer's credit）是指出口方银行向出口商提供的商业贷款。出口商以此贷款为垫资，向进口商提供延期付款的信贷选择，从而允许进口商赊购自己的货物，但出口商一般会将相关的资金成本计入货款中进行成本转嫁。

买方信贷（supplier's credit）是指出口国银行直接向进口商或进口商所在地银行提供的信贷支持，以支持进口商对出口国商品或技术的购买。由于贷款是面向进口商或进口商所在地银行的，因此出口商与进口商签订的是即期付款合同，而非出口卖方信贷的延期付款合同。

2. 出口信用保险

出口信用保险（export credit insurance）又称出口信贷保险，是指政府为降低出口信贷风险，以国家财政为后盾，为企业的出口贸易等经济活动提供安全保障的一种政策性支持措施。出口信用保险属于非营利性保险业务，通过国家设立的**出口信用保险机构**（export credit agency，ECA）办理，主要为企业的出口卖方信贷进行承保，以降低企业的出口收汇风险，使企业能够更加灵活地运用各种信贷工具不断拓展市场，为企业出口业务的稳定发展提供保障性支持。同时，相比于一般商业保险，这种由国家支持的政策性信用保险能够保证即使在出现较大经济波动，一般商业保险公司不愿意提供或不愿意以正常利率提供信贷保险的情况下，也能为出口企业提供短期信贷支持。

3. 出口补贴

出口补贴（export subsides）是指一国（地区）政府为鼓励出口，提升出口商品的国际竞争力，在出口商品时给予出口商的现金补贴或财政上的优惠。

出口补贴主要有两种形式：直接补贴和间接补贴。

（1）**直接补贴**（direct subsidy）是指出口国（地区）政府在商品出口时直接付给出口商的现金补贴。直接补贴的目的是弥补出口商品国内价格高于国际市场价格所带来的竞争力减弱与利益损失。有时，为了进一步提升某些特定出口产品的国际市场占有率，保证国内相关从业者利益，政府给予的补贴金额可能会超过国内外价差，这种往往被称为鼓励性补贴。最典型的例子是欧盟与美国对其出口农产品的巨额补贴。

（2）**间接补贴**（indirect subsidy）是指政府对某些特定商品出口给予的财政优惠。例如，退还或减免出口商品的国内税；对进口的原料性产品与再出口的进口中间产品给予暂时的免征或退还进口税，并免征出口税；对出口商实行延期缴税、降低运费、提供低息贷款及实行优惠汇率等优惠政策。其目的是降低本国商品的出口成本，提升出口产品的国际竞争力，推动出口规模扩张和快速发展。

4.3.2　鼓励进口的贸易政策

鼓励进口的贸易政策简称进口鼓励政策，是指进口国政府通过经济与行政手段，鼓励外国商品进口的政策措施。进口鼓励政策包括长期鼓励政策和短期鼓励政策两种类型。长期进口鼓励政策主要针对进口国长期短缺的产品类型，如我国为加快构建与完善自身的工业化体系，提升国内生产加工能力及出口创汇能力，对原料性商品和先进技术、设备给予长期的进口优惠政策。而短期进口鼓励政策则主要适用于对暂时短缺的进口产品给予临时性的优惠政策。如我国 2012 年提出"加强进口，促进对外贸易平衡发展"的目标，2012 年当年就对 731 种商品实行较低的进口暂定税率；又如新冠疫情期间，多国政府对口罩、呼吸机等医护用品实行暂时性优惠关税，以满足国内迅速增加的需求，在疫情好转和国内供应充足后，这些鼓励进口的政策可能会被取消。

按照政策内容不同，进口鼓励政策大致可分为进口关税政策、进口非关税政策、国家专营三种类型。

1. 进口关税政策

进口关税政策是指政府给予进口商品的优惠关税支持，通常政府会根据不同的商品类型等情况采取降低关税或直接免税的措施。开放条件下，进口鼓励政策的实施有利于充分利用全球资源，根据前文中有关有效保护率的内容可知，对原料性产品给予进口关税政策支持，可以有效调节国内供需平衡，降低资源环境压力，同时降低制成品生产成本，提升相关外向型产业的出口竞争力。因此，进口鼓励政策往往和出口鼓励政策结合起来使用。而对制成品给予进口优惠关税政策，则能够充分满足国内消费者日趋增长的多样化需求。对我国这样拥有超过 14 亿人口的巨大市场而言，鼓励进口的关税政策在满足国内消费需求的同时，还能够极大地推动国内产业的结构升级，以及增强世界各国与中国市场的黏性，缓解国际上由于贸易保护主义频繁抬头所带来的市场垄断与封闭。

2. 进口非关税政策

进口非关税政策是指通过非关税手段限制进口的政策措施的总称。由于非关税政策具有灵活性和隐蔽性的特征，因此它能够适应政府对外贸易政策的各种变化。例如，政府既可以通过配额制度、加强商品通关与检验管控、提高进口商品的技术与质量标准等方式有针对性地限制某些商品的进口，也可以通过放松进口许可证的管制程度、提高配额、降低商品技术与质量标准等方式鼓励特定类型商品的进口。对于发展中国家而言，在国内产业发育尚未成熟的阶段，更多采取限制性的进口非关税政策，而随着产业发展逐渐成熟，则转而采取鼓励性的进口非关税措施，降低商品进入壁垒，更多通过竞争机制倒逼产业的进一步发展。

3. 国家专营

国家专营是指政府通过对某些商品的进口专营直接控制进口规模。在需要实行进口鼓励政策的情况下，通过这种方式，政府可以较容易地扩大商品的进口规模。我国的大型国有企业往往承担着国家专营的角色，根据国家的整体产业发展战略，对紧缺的资源型产品和先进技术、设备等进行大规模进口，成为国家发展的企业先行者与排头兵。同时，为妥善处理国际贸易争端与贸易摩擦，国有企业有时还承担着从主要顺差国大量进口产品的任务，以促进贸易平衡，缓解贸易摩擦。

倾销与反倾销

4.4 公平贸易救济

4.4.1 倾销与反倾销

1. 倾销的含义

倾销（dumping）是指以低于产品正常价值的价格，将产品输入另一国国内市场的行为。倾销被认为是一种违反公平贸易规则的不正当竞争行为，对被倾销国家的产业会产生严重损害。因此，为保护本国市场，维护本国企业权益，WTO在乌拉圭回合谈判中达成了《反倾销协议》，以阻止倾销及遏制反倾销手段滥用。

倾销按照倾销方式不同分为商品倾销、外汇倾销和间接倾销；按照倾销目的不同又分为偶然性倾销、掠夺性倾销、长期性倾销。

2. 倾销的种类

（1）按照倾销的方式分类。

商品倾销（product dumping）是指商品以低于国内市场的价格甚至成本价格对国外市场进行出口的行为。倾销一般是指这种商品倾销。

外汇倾销（foreign exchange dumping）是指为了提升本国产品的出口竞争力，促进出口规模扩大，政府强行干预外汇市场，使本国货币贬值的行为。

间接倾销（indirect dumping）又称第三国倾销，是指出口国对直接进口国倾销的产品被进口国通过转售将倾销转嫁给第三国的行为。第三国将最终成为倾销行为的所有损害承担者，此时，第三国无法直接对第一出口国采取反倾销措施，只能对中间国家进行反倾销调查，或要求中间国对第一出口国采取反倾销调查。

（2）按照倾销的目的分类。

偶然性倾销（sporadic dumping）是指为了缓解国内产能过剩而采取的暂时性倾销行为。由于产能过剩可以通过国内产业政策进行调节，所以为此进行的倾销行为时间一般较短，很少会被进口国采取反倾销调查。

掠夺性倾销（predatory dumping）是指以占领进口国市场并获取垄断利润为目的进行低价倾销，并在垄断市场后再提价销售的行为。由于这种倾销会对进口国相关产业形成严重损害，并试图控制该国市场，因此一旦被发觉会引发进口国强烈的反倾销制裁，甚至被赶出该国市场。

长期性倾销（long-run dumping）是指长期以低于国内市场的价格甚至成本价格进行倾销的行为。为弥补长期低价销售带来的损失，企业一般通过扩大生产规模的方式降低生产成本。由于这种长期倾销行为会带来巨大的沉没成本，企业自身往往难以进行，因此更多通过政府的进出口鼓励政策实现。

3. 倾销的经济效应

对于进口国（地区）来说，倾销的影响是十分直接的。一方面，当倾销产品进入国内市场之后，由于其价格低廉，消费者转而购买进口产品，就会造成进口国（地区）同类产品的生产企业失去国内市场，利润下降，甚至倒闭破产。但是另一方面，也给进口国（地区）带来了一定的好处，进口国（地区）的消费者以更低的价格购买商品，减少了负担和开支。但是总体来看，倾销给进口国（地区）带来的好处小于其遭受的损害。对于出口国（地区）的经济来说，倾销的好处是不言而喻的。但是从长远来看，若采取恶意倾销手段，一旦进口国（地区）采取反倾销措施，出口国（地区）因无力继续倾销，很可能失去原来的国外市场。

4. 倾销的确定

由于倾销行为对公平交易原则的破坏，以及对进口国国内产业的严重损害，一旦倾销行为被认定存在，进口国将通过反倾销调查进行惩罚性反制。判断倾销行为是否存在遵循以下三条标准：①出口商品以低于正常价格的低价在进口国市场销售；②这种低价销售行为对进口国产业造成了严重损害，包括实质性损害、实质性威胁和实质性障碍；③进口国产业所遭受的损害与出口国的低价销售之间存在因果关系。

（1）倾销幅度的确定，即对出口价格低于正常价格的幅度的确定。其中最关键的是对"正常价格"含义的确定。根据《关贸总协定》第 6 条规定，正常价格是指旨在供出口国（地区）国内消费的相同产品在正常贸易过程中的可比价格。确定这一可比价格的方式有三种：第一，出口国国内销售价格；第二，当无法确定出口国国内价格时可以采用与出口国经济结构相似的第三国国内价格替代；第三，当无法找到合适的第三国时，可以构成价格确定，即被指控倾销的产品的国内生产成本加上合理管理费用、推销费用、其他费用及利润作为产品的价格。一旦确定正常价格，就可以将实际的出口价格和正常价格进行比较来确定是否存在倾销行为。

⊙延伸阅读 4-7

WTO 反倾销制度中的"非市场经济"规则

"非市场经济"在反倾销制度中的国际法依据主要见于《1947 年关税与贸易总协定》

《WTO反倾销协议》以及《中华人民共和国加入议定书》（简称《入世议定书》）等相关文件。第二次世界大战之后，以美国为首的资本主义阵营和以苏联为首的社会主义阵营在政治、经济、贸易等各个领域进行了全面对峙。随着20世纪五六十年代国际化进程的持续推进，不同政治、经济制度国家间的贸易愈加频繁，引发了资本主义国家对新的竞争对手的担忧，而这种担忧在国际贸易领域则主要体现在反倾销领域。

在进行反倾销认定时，所有价格的确定及比较都要求在市场经济国家"正常贸易过程中"。而西方国家认为社会主义国家市场存在垄断，尤其是政府垄断，其企业受政府控制，因此并不承认社会主义国家的市场经济地位。所以在对被认定为"非市场经济"的国家进行反倾销调查时，就不能使用该国企业的有关价格作为依据来判断倾销与其幅度（因为存在垄断条件下的价格是扭曲的），而是需要选择另外一个市场经济国家作为"替代国"（即所谓的与出口国经济结构相似的第三国国内价格），以其生产或销售的同类产品的价格作为基础来计算该"非市场经济"国家产品的正常价值，以认定出口产品是否存在倾销。一旦反倾销税被确定，就适用于该"非市场经济"国家企业出口的所有产品，即一国一税制。

查伦·巴尔舍夫斯基（Charlene Barshefsky）教授曾总结过西方学界对"非市场经济"规则的主要批判。第一，是否存在或者存在何种程度上的倾销完全取决于进口国相关部门所选择的替代国。第二，由于事先无法知晓哪个国家会被选为替代国，因此案件的结果是完全无法预知的。同时，替代国一旦选定，对于价格和成本，外国生产商无力抗辩。第三，"非市场经济"国家的生产商无法合理定价以使其免于反倾销诉讼。第四，由于使用了替代国价格，一些具有明显竞争优势的"非市场经济"国家生产商也无法从价格或成本价格中获取任何利益。

《入世议定书》第15条规定，在我国加入WTO的15年内，其他成员方可以把我国视为"非市场经济"国家。但是对于相对方来说，这并非一个强制性条款，我国可以通过与WTO的成员进行谈判协商，分别促使有关国家和地区根据其内部反倾销法律的规定，认定中国市场经济国家的地位。在这一规则下，虽然我国通过积极谈判试图让更多的国家和地区承认中国的市场经济地位，但主要的资本主义国家仍在坚持行使这一权利，极大增加了中国遭受"反倾销调查"的概率，为我国出口企业造成了巨额损失，带来了严重的出口不确定性。

资料来源：[1] 赵子琦. WTO反倾销制度下非市场经济规则的非合理性分析 [J]. 才智, 2020（36）: 163-166.
[2] 王胜伟. WTO反倾销中的"非市场经济国家"制度分析 [J]. 商业时代, 2010（25）: 57-58.

（2）倾销造成的损害确定。首先，是倾销对进口国（地区）影响的评估问题。《WTO反倾销协议》的第3条第1款和第2款规定，要查清倾销产品的进口数量和对进口国（地区）本地相同产品价格的影响，并且强调要兼顾所有经济因素，综合评估。若被诉倾销产品从数国进口，《WTO反倾销协议》第5条第8款规定，倾销幅度小于2%，从某国进口的产品数量在总进口量中低于3%，即可忽略不计。同时第3条第3款还规定，只有满足：①来自每一国家进口产品的倾销幅度和进口量都是不能忽略不计的；②根据进口产品之间、进口产品与国内同类产品之间的竞争条件进行累积评估是恰当的，在这一情况下，方可对进口产品的影响进行累积评估。

其次，关于倾销与进口国（地区）受损害的关系，按照《1994年关税与贸易总协定》第6条的规定，进口国（地区）有关机构必须证明进口产品的倾销与国内产业受损害有因果关系，方可对进口产品征收反倾销税。此种因果关系可分为"主要原因说"和"原因之一说"两种主张。前者坚持只有在证明倾销是造成损害的主要原因时，才可对倾销产品征收反倾销税；后者则认为只要倾销是造成损害的原因之一，因果关系即告成立，无须证明倾销是造成损害的主要原因，也不必对可能导致损害的其他因素（如通货膨胀、商业周期等）进行调查，2000 年美国对中国企业浓缩苹果汁的倾销起诉就是持这种态度。而《反倾销守则》对此问题也采取了折中的立场，第 3 条第 5 款关于因果关系的规定并未要求倾销须是造成损害的主要原因。实际上，GATT 和 WTO 规则中对损害的界定，放宽了判别的标准，使进口国（地区）本地行业更容易获得支持定案的依据。

⊙ 延伸阅读 4-8

《关贸总协定》第 6 条的签署

第二次世界大战前，世界各国在反倾销国内立法和实践中存在严重差异，各国的国内反倾销立法助长了反倾销措施的滥用，反倾销已成为阻碍国际贸易发展和引发世界性经济危机的主要原因。为了实现公平贸易，禁止商品倾销，同时限制各国借反倾销之名行贸易保护主义之实，需要一个国际组织对各国的行动加以协调，为各缔约方的反倾销行为确定全面的统一规则，以减少各国（地区）反倾销法和程序对国际贸易形成的消极影响。1947 年 4 月，美国、英国、中国、法国等 23 个国家参加国际贸易与就业会议筹备委员会第二届会议，进行关税减让谈判。美国代表以美国《1921 年反倾销法》为依据，将反倾销问题列入新签署的《关贸总协定》第 6 条，从此，国际社会首次对倾销与反倾销规定了一项国际规则。

1. 肯尼迪回合多边谈判

《关贸总协定》第 6 条仅仅是对倾销与反倾销的一个原则性的规定，许多问题并没有涉及，在反倾销案件处理上也没有明确的程序规则，所以没有实际操作性。为了改进这一状况，《关贸总协定》的缔约方于 1967 年的肯尼迪回合多边贸易谈判中讨论通过并制定了世界上第一个关于反倾销问题的国际协议——《关于执行〈关贸总协定〉第 6 条的协议》，通称《1967 年反倾销守则》（1967 GATT Antidumping Code）。这是第一部比较完整的国际反倾销法，对反倾销法的各方面问题及相应的诉讼程序等都做出了全面、具体的规定，使得国际反倾销守则的可操作性大大加强，在一定程度上有利于统一当时各国的反倾销法。

《1967 年反倾销守则》于 1968 年 7 月 1 日生效，但事实上，它却没有达到统一各项反倾销法的目的。主要原因一是虽然美国政府在《1967 年反倾销守则》上签了字，但当时美国总统并没有得到国会授权与其他成员谈判并缔结反倾销协议；二是《1967 年反倾销守则》要求倾销与损害之间必须存在强因果关系，进口国（地区）才能采取反倾销措施，这与美国的 1921 年《关税法》有关条款相左，遭到美国坚决反对。美国的这一做法遭到其他成员的批评，同时，不少国家（地区）也采取了相应的抵制措施，所以在整个 20 世纪 70 年代，国际贸易中反倾销壁垒有增无减。

2. 东京回合多边谈判

由于肯尼迪回合谈判达成的《反倾销守则》效果不佳，GATT 各缔约方在 1973 年 9

月~1979年4月进行了东京回合的多边贸易谈判，并于1979年4月12日达成了新的反倾销守则，即《1979年反倾销守则》，1980年1月1日起生效。这是国际反倾销立法的一次质的飞跃。与《1967年反倾销守则》相比，《1979年反倾销守则》不仅调和了过去存在的与各国（地区）国内反倾销法的矛盾与冲突，而且反倾销程序和调查内容更加明确，操作性更强，被世界各国（地区）所接受。因此，东京回合达成的《反倾销守则》对于处理国际贸易领域的反倾销问题具有重要意义。

3. 乌拉圭回合多边谈判

20世纪80年代以来，由于反倾销的范围不断扩大和反倾销措施的频繁使用，人们对反倾销的批评也日渐增多。在这样的背景下，关贸总协定乌拉圭回合多边贸易谈判于1994年4月15日达成了《关于执行〈1994年关贸总协定〉第6条的协议》，即《反倾销协议》。该协议成为世界贸易组织统管的多边贸易协议的一部分，被认为是世界反倾销法的一场革命。新的《反倾销协议》由3个部分、18个条款和2个附件构成，它不再作为GATT的一项独立协议，而通过《建立世界贸易组织协议》成为WTO体制下一揽子协议的组成部分，任何WTO成员方都必须接受《反倾销协议》。这使得新协议的影响超过以往任何反倾销协议和守则。

同肯尼迪回合和东京回合达成的两个《反倾销守则》相比，乌拉圭回合达成的协议有了新的变化和发展。具体表现为两个方面。第一，在约束力上，前两个守则都是双边协议，即协议只适用于那些签署协议的总协定缔约方，这种现象在最惠国待遇方面产生了严重的问题。如果有关条款适用于签字方而不适用于非签字方，那后者无疑会被拒绝最惠国待遇。总协定生效15年来一直在尽力避免这种对抗，直到乌拉圭回合多边守则的采用才得以解决，因为所有WTO成员方都是此协议的当事方。第二，在内容上，乌拉圭回合达成的协议与前两个守则实质性的不同之处在于一些更详细的程序性要求的出现，如对调查程序、申诉人的资格、抽样问题、低于成本销售、累积评估制度、最佳可得信息、日落条款、司法审查做出了更具体的规定。该协议既反映了欧、美等发达国家和地区的要求，又体现了发展中国家成员的利益，实际上是国际不同利益集团就反倾销问题谈判妥协的结果。

4. 国际《反倾销协议》与世界反倾销

关贸总协定的一系列反倾销守则制定的目的就是限制和禁止国际贸易中的不公平竞争行为，维护自由贸易的国际经济秩序，为各成员方对出口国（地区）的出口倾销不正当竞争行为提供一个调整和纠正的手段。从理论上讲，《反倾销协议》有助于国际贸易冲突的合理、公正解决，能促进国际自由贸易的发展。但国际经济实践表明，自从国际《反倾销协议》产生以来，反倾销已成为世界贸易保护主义的有效工具，成为国际贸易新的壁垒。据世贸组织统计，反倾销措施的使用已大大超过反补贴、保障措施、技术贸易壁垒、绿色保护等非关税壁垒，成为世界各国（地区）贸易保护的主要手段。

国际反倾销法之所以会与其设立的初衷产生较大矛盾，与其自身的制度缺陷有关。一是因为在关贸总协定对国际反倾销立法之初，过分注重了倾销对国际贸易产生的负面影响，忽视了反倾销可能对国际贸易产生的阻碍。二是因为虽然国际社会有统一的反倾销法律，但这一法律只为各成员方反倾销立法提供指导和范本，并不直接参与各成员方反倾销的具体实践，即各成员方在反倾销实务中仍具有较大的自由发挥空间，这就使国际反倾销立法与各成员方的反倾销实践产生背离。

5. 反倾销与反倾销调查

反倾销（anti-dumping）是指进口产品以倾销方式进入国内市场，并对已经建立的国内产业造成实质性损害或产生实质性损害威胁，或对建立国内产业造成实质性阻碍的，进口国可采取反倾销措施。反倾销调查是指一国政府根据国内相关受损害产业的起诉，对被控诉产品进行反倾销立案调查的过程。具体包括以下几个步骤。

（1）申诉与立案。在进口国相关产业提出申诉后，进口国政府按照倾销的判定标准，对申诉方提供的证据进行充分审查，确定无误后决定是否立案。在特殊情况下，进口国政府也可跳过申诉环节，主动开展证据收集和立案调查。

（2）调查与裁定。调查是指进口国政府根据倾销判定的标准，从事实和法律上对倾销行为进行查证的过程。调查期限一般为1年，最长不超过18个月。到期若缺乏有力证据，则应立即终止调查；反之，若确定存在倾销行为，则做出倾销裁定。裁定分为初步裁定和最终裁定两种类型，初步裁定主要确定是否存在倾销与损害行为，最终裁定则在初步裁定的基础上做出征收反倾销税的裁定。

（3）反倾销措施。反倾销措施主要包括临时性关税、价格承诺、反倾销税征收三个方面。其中临时性关税主要针对初步裁定的倾销行为，是指为防止国内产业继续受到损害而采取征收临时性反倾销税或要求提供担保的政策措施；价格承诺是指出口方承诺对初步裁定为倾销的产品进行提价，若得到进口方反倾销调查相关机构的认可，则终止当前的反倾销调查程序，并取消征收临时性反倾销税；反倾销税征收则是指在进口方相关机构做出反倾销最终裁定后，对倾销产品征收不超过倾销幅度的反倾销税的政策措施。

⊙ 延伸阅读 4-9

美国反倾销的历史及现状

1. 美国反倾销的演变历史

在国际贸易市场上，美国一直以贸易自由化的积极推动者的姿态出现，然而美国在向全球推广贸易自由化的观念和输出本国产品的同时，从来都不遗余力地采用种种贸易保护主义政策以限制外国产品的进口。美国是反倾销历史最久的国家之一，早在1916年，美国税收法中已有关于反倾销的若干规定。1921年美国正式制定《反倾销法》，此后又经过了《1930年关税法》《1979年贸易协定法》《1984年贸易及关税法》和《1988年综合贸易及竞争法》的数次修订。目前使用的反倾销法是美国国会于1994年年底根据关税与贸易总协定乌拉圭回合谈判中达成的《反倾销协议》而再度修订并通过的《反倾销法修正案》。从1916年至今，美国的反倾销法从无到有，从幼稚到成长，从"我行我素"到逐渐与国际社会协调一致，走过了一个充斥着争议、纠纷、矛盾的演变过程。

（1）第一阶段：1916～1967年。

那部总被人拿来炫耀美国反倾销立法历史的《1916年反倾销法》，其实只不过存在于美国现行法典当中，未被明文废除而已，因其适用程度不高，在美国历史上从未有过依据该法获胜的案例。真正重要并实际使用的是《1921年反倾销法》，它确立了具有美国特色的反倾销法的基本框架，也正是该法明确规定了美国反倾销法的损害标准是"损害"，且在"损害"二字前没有任何限制性的定语。《1921年反倾销法》使美国关税委员会（即现在的美国国际贸易委员会）在确定是否存在损害时享有极大的自由裁量权，即从法律上，任何轻微程度的损害均可构成美国反倾销法所称的损害。美国关税委员会的委员认为"损害"就是指超过最低程度（more than de minimis）的损害，何为最低程度的损害却未见明文规定。

尽管早在1947年，《关贸总协定》第6条已明确规定了损害的标准是"重大损害"（material injury），但美国却没有采用这一标准。因为美国虽是GATT的缔约方之一，但GATT的《临时议定书》中的"祖父条款"，使得美国享有不予适用《关贸总协定》第6条的特权（美国的反倾销法制定的时间早于1947年）。美国政府在1947～1967年长达20年间从来没有讨论过是否应该在国内反倾销法的损害标准中加上"重大"二字！美国这样做，是想最大限度地保留利用反倾销手段进行贸易保护的权利，而如果加上"重大"二字，则有可能限制其反倾销手段的运用。

（2）第二阶段：1967～1979年。

1967年结束的肯尼迪回合多边贸易谈判的成果之一是GATT的《1967年反倾销守则》，当时的美国总统约翰逊签署了该守则。该守则在1947年《关贸总协定》第6条的基础上进一步阐述了"重大损害"标准。按常规，该守则应该可以在美国适用，但由于约翰逊总统事先未征求国会的意见，事后也未及时提请国会批准并相应修改法律，被激怒了的美国国会不仅拒绝实施《1967年反倾销守则》，反而制定了一项法律阻止实施这部反倾销法则。美国参议院财政委员会在对授权肯尼迪回合谈判的法律所做的报告中明确指出，目前的反倾销法"将不会受到肯尼迪回合的影响"。美国国会排斥《1967年反倾销守则》的原因并非守则对美国有严重不利影响，而主要是总统和议会之间的矛盾所致。在这里，法律成了政治斗争的牺牲品。所以，自1967年之后，其他遵守《1967年反倾销守则》及1947年《关贸总协定》第6条所确定的"重大损害"标准的国家不断公开抨击美国的法律达不到"重大损害"标准。美国对此声称，虽然其在立法中没有加入"重大"二字，但实际上，美国政府一直在使用"重大损害"标准。然而大多数国家并不接受美国这一辩解，继续对美国政府施加压力，并利用东京回合多边贸易谈判的机会来促使美国接受"重大损害"标准。

（3）第三阶段：1979年至今。

肯尼迪回合达成的反倾销守则不被美国所遵守，使得东京回合多边贸易谈判再次围绕反倾销问题进行新一轮谈判，并于1979年4月达成《关于执行〈关贸总协定〉第6条的协议》，即《1979年反倾销守则》。该守则本身没有提到"重大损害"标准，但该守则是对1947年《关贸总协定》第6条的补充，因此毫无疑问，《1979年反倾销守则》中的损害标准是"重大损害"。美国国会通过《1979年贸易协议法》将东京回合的成果纳入美国国内法律体系，其中包括GATT《1979年反倾销守则》。国会其实仍倾向于保留旧的表达方法，但欧共体威胁，美国如不加入"重大"二字，将被欧共体视为不履行东京回合规定的义务，在各方压力之下,美国国会才极不情愿地将"重大"二字加入其反倾销法中。但出于自身利益考虑,国会在解释"重大"含义时仍坚称:"重大损害"即美国关税委员会在过去(1979年以前)5年中使用的标准。至此,美国正式承认反倾销构成标准是"重大损害"而非"损害",同时,援用已久的"祖父条款"自动失效。修改后的美国反倾销法规定,**"重大损害"**即**"不是不重大的损害"**(The term "material injury" means harm which is not inconsequential, immaterial or unimportant)。虽说字面意思尚模糊不清并有同义反复之嫌,但表面上毕竟已开始和国际接轨,况且,美国国会同时正式废除了早期适用的"最低程度"损害标准。在此之后,长达千页的《1988年综合贸易及竞争法》出台,美国的反倾销法已进入一个新的阶段。1994年乌拉圭回合多边贸易谈判结束后,美国国会随即又以立法形式将包括该谈判达成的协议在内的一揽子协议纳入美国国内法律体系,即美国《乌拉圭回合协议法》,因此《关于执行〈1994年关贸总协定〉第6条的协议》这一国际性反倾销法律也转化为美国反倾销法的渊源。

2. 美国现行反倾销法简介

经过了几十年的演变并同国际接轨,美国的反倾销法已经相当成熟和完善,现简要介绍一下,希望能为我国尚待完善的法律体制提供借鉴。

反倾销法是美国外贸法的重要组成部分,包括程序法和实体法。程序法主要包括美国反倾销税的条款、征收反倾销税、中止协议和反规避措施等。美国反倾销程序包括调查程序、征税程序、行政复查和司法复查。

(1)调查程序。

美国反倾销案调查和判定机构有两个:美国国际贸易委员会和美国商务部。反倾销案的受理、调查和判定须从这两个机构开始协同进行,但两个机构调查和判定的内容不同,两个机构的判定彼此构成对方做进一步调查和判定的决定因素。倾销案的调查不仅与行政机构有关,而且可以涉及司法机构,因此一个案件的全部审理过程最多可以涉及两个有管辖权的机构,所涉及机构的权限各有分工,彼此制约。这些机构包括:美国国际贸易委员会(International Trade Commission,ITC)、美国商务部(Department of Commerce,DOC)、美国海关(U.S. Customs Serice)、美国国际贸易法院(United States Court of International Trade)、联邦巡回上诉法院(U.S. Court of Appeals for the Federal Circuit)和美国最高法院(Supreme Court of the United States)。调查程序如图4-3所示。

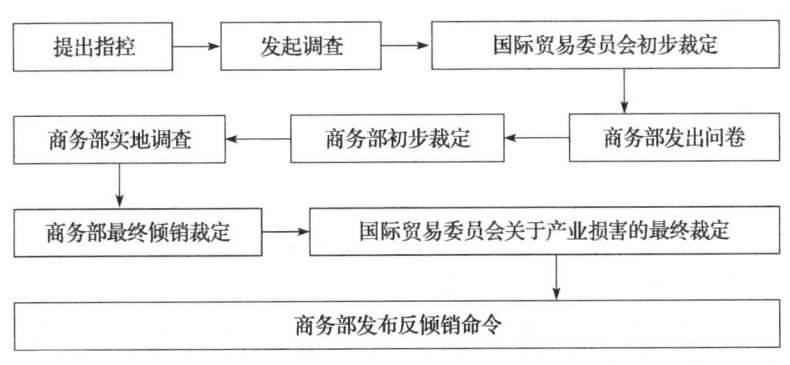

图4-3 美国反倾销调查程序

（2）征税程序。

美国对于反倾销税采用追溯征收的方法。最终征收反倾销税的数额，将依据反倾销命令发布一年后商务部根据当事人的申请进行年度行政复查的结果来决定。当美国国际贸易委员会最终裁定有实质损害时，反倾销命令发布后第一年的行政复查结果要追溯到美国商务部初期裁决及开始征收临时反倾销税之日。如果国际贸易委员会最终裁决为有损害威胁，则该行政复查结果将追溯到最终反倾销税命令发布之日。

在反倾销命令发布前，美国进口商必须依据商务部初期裁决的倾销幅度提供债券或现金担保。对于接受反倾销调查的厂商，商务部将分别裁定其反倾销税税率。对未被列入调查的厂商，则按加权平均税率征收。最终裁定的税率如果高于根据初期裁定的临时措施而征收的现金或债券担保，其差额将不再追补。如果最终裁定的税率低于已经缴纳的现金或债券担保，其差额将予以返还。如果依照最终裁决的税率所缴纳的现金担保高于隔年行政复查判定的倾销税率，其差额加上利息将返还给进口商。如果最终裁决的税率低于已缴纳的现金担保，则将向进口商追收差额及其利息。

为防止进口商在初期裁定前抢先进口涉案产品，而干扰反倾销的救济措施，反倾销申诉人可提出紧急状况并且征收反倾销税，如果此紧急状况被商务部认定，商务部可将初期判决后实施的暂停完税通关命令追溯到初期判决前90天加以实施。美商务部认定紧急状况的条件是：涉案产品在美国或其他地方曾有倾销并造成美国产业实质性损害的纪录；进口商明知或应知出口商在以低于公平价值的价格销售而且可能给美国相关产业造成实质性损害；涉案产品在短时间内大量进口到美国。

（3）行政复查。

反倾销命令或中止调查协议生效后，美国商务部将自第二年起每年同一月份在联邦公告上刊登行政复查公告。如果在指定期间内无任何当事人提出申请，商务部将通知美国海关继续按照原反倾销税税率征收进口关税。如果有人提出申请，商务部将会另行发布展开行政复查的公告。行政复查通常需一年左右的时间，海关将按复查判定的新税率对复查期间征收的反倾销保证金进行清算，这个新税率也将作为复查后重新预估反倾销税税率的标准。

反倾销措施实施满两年后，如果商务部或国际贸易委员会接到复查申请或认为情况已经有所改善，并认为有必要对正在实施的反倾销命令或中止调查协议等进行复查，商务部或国际贸易委员会将在联邦公告上刊登复查公告。国际贸易委员会的复查主要是判定如果撤销正在实施的反倾销命令，是否会继续或再次对产业造成实质性损害，并依此来决定是否撤销反倾销命令或废止中止调查协议。

根据美国反倾销法，如果所有涉案出口商及生产商至少在过去三年内没有倾销行为，而且将来也不可能在美国以倾销价格销售其产品，商务部将考虑撤销相关的反倾销命令，但条件是涉案厂商要在过去三年曾进行过行政复查，同时每年都要有相当数量的涉案产品出口到美国。如未进行行政复查，涉案厂商要在第三年的行政复查月内提出行政复查申请，同时提出撤销反倾销命令复查申请。如果在行政复查完成后再提出撤销反倾销命令复查申请，商务部将不再受理。

那些在反倾销调查期间未向美国出口涉案产品，而且与其他被调查的涉案出口厂商无关的出口商和生产商,向美国出口前须向商务部提出新出口商复查申请。商务部将在发布反倾销命令6个月后或实施满一年后进行复查,并在180天内发布初期裁定,初期裁定后90天内做出最终裁定。如果裁定通过,将对此类出口或生产商实行个别倾销税税率。

(4) 司法复查。

1930年《关税法》第516A条(D)款规定,任何反倾销调查程序的当事人均可在国际贸易法院起诉,请求对倾销裁定的合法性进行司法审查,以防止行政机关滥用职权。申请人要在有关裁定公布后30天内提出申诉及申诉理由。当事人可以对以下裁定提出司法复查申请:商务部或国际贸易委员会的最终肯定或否定裁定、依《关税法》第751条所做的最后行政复查裁定、商务部根据出口商的保证而做出的中止调查裁定、国际贸易委员会关于中止调查协议是否已完全消除损害性的裁定。在诉讼进行中,当事人可以请国际贸易法院颁发禁止进口物品通关的禁止令。如果国际贸易法院审理后判决原告胜诉,案件将发回有关机关依判决内容更改。商务部要在判决后10天内将法院判决的通知在联邦公告上发表,并要在指定期限内将依法院判决更改的结果报回国际贸易法院。在公布日期之后进口的产品将按照法院判决的条件通关,此日期之前进口的产品,则仍按原裁定通关。

3. 美国反倾销(反补贴)的主要特点

(1) 贸易救济法律制度较为完善。

美国的贸易救济法律制度历经百余年的发展演变,已相当完备。国会、政府和司法机构均设立了贸易救济措施的管理机构,三者在法律框架下形成了各司其职、相互协作、彼此制约、运转顺畅的工作机制。

(2) 调查与裁决程序较为严密。

美国反倾销、反补贴法规定了比较明确和详细的程序制度。调查机关受理立案申请、发起调查、初裁、终裁、司法审查、复审等,都有明确的进度和时限要求,调查和裁决的效率较高。同时,调查机关还必须提供可供公众查阅的、与案件有关的公开信息。利害关系方的代理律师也有权查阅案件的保密信息,从而进行充分抗辩。

(3) 实施贸易救济措施强调国家利益和政治利益优先的原则。

在贸易救济法律领域,美国的国内法优先于国际法。美国的各种国内救济措施,均服从和服务于其国家利益及政治需要。

(4) 美国反补贴税法不适用于非市场经济国家。

美国认为在非市场经济国家中,一切经济活动由政府控制,或在不同程度上得到政府的支持和干预,要确定哪些产品存在补贴是非常困难的。因此美国现行反补贴法原则上不适用于非市场经济国家,美国对来自非市场经济国家的低价销售行为一般都通过反倾销措施等予以抵制。

⊙延伸阅读4-10

中国遭遇反倾销措施的情况

根据中国遭遇反倾销措施案件的时间统计,从国外对中国产品发起反倾销指控到反倾销最终裁定并采取反倾销制裁措施,通常要历时一年甚至更长。WTO和各国国际贸易管理机构对反倾销案件的统计,习惯上是按照反倾销指控的时点和反倾销制裁措施实行的时点分别进行的。如表4-2所示,1995～2020年,中国累计遭遇国际社会对华反倾销指控案件1 478起,遭遇国际社会对华反倾销制裁案件1 066起,占同期全球反倾销指控和制裁案件数量的比例分别为23.5%和27.3%。从时间段上来看,2003年以前,中国遭遇的反倾销指控案件占全球反倾销指控案件的比例不超过20%;2004年以前,中国遭遇的反倾销制裁案件占全球反倾销制裁案件的比例基本上也在20%以下。考虑到反倾销案件从指控到最终实施制裁有1～2年的时间周期,可以看出在我国加入WTO之后,随着国际化程度的进一步提高,国际社会针对中国产品发起的反倾销指控和实施的反倾销制裁数量呈现阶段式上升。特别是2005年之后,随着中国外贸顺差的快速增长,中国遭受的反倾销指控和制裁无论是在绝对量上还是在相对量上,都急剧增加。2007～2011年,中国年均遭受的反倾销制裁案件占了全球的40%。随后至2020年,这一比例虽然有所下降,但仍处于较高位置。

表4-2 1995～2020年各国对华反倾销指控和制裁数量

年份	反倾销指控			反倾销制裁		
	对华指控/起	指控总数/起	在全球占比(%)	对华制裁/起	制裁总数/起	在全球占比(%)
1995	20	157	12.7	27	120	22.5
1996	43	226	19.0	16	92	17.4
1997	33	246	13.4	33	127	26.0
1998	27	264	10.2	24	181	13.3
1999	42	359	12.0	21	190	11.1
2000	43	296	14.5	31	238	13.0
2001	55	372	14.8	31	169	18.3
2002	50	311	16.1	36	218	16.5
2003	53	234	22.6	40	223	17.9
2004	49	220	22.3	44	154	28.6
2005	54	200	27.0	42	138	30.4
2006	73	203	36.0	37	142	26.1
2007	61	166	36.7	46	106	43.4
2008	78	218	35.8	54	142	38.0
2009	78	217	35.9	56	142	39.4
2010	44	173	25.4	56	134	41.8
2011	51	165	30.9	37	99	37.4
2012	60	209	28.7	35	120	29.2
2013	76	283	26.9	51	159	32.1
2014	63	236	26.7	41	159	25.8
2015	70	229	30.6	61	182	33.5
2016	93	298	31.2	46	171	26.9
2017	55	249	22.4	58	192	30.2
2018	60	202	29.7	61	203	30.0
2019	62	214	29.0	46	146	31.5
2020	85	349	24.4	36	113	31.9

资料来源:WTO反倾销数据库,https://www.wto.org/english/tratop_e/adp_e/adp_e.htm。

中国遭遇反倾销指控和制裁的分布如表4-3所示。从表4-3中的情况来看，1995～2021年，对中国发起反倾销指控和实施反倾销制裁位居前6的贸易伙伴，其对华发起的反倾销指控数量合计占中国遭遇反倾销指控总数的59.78%；其对华实施的反倾销制裁数量合计占中国遭遇反倾销制裁总数的56.54%。印度、美国和欧盟是对华进行反倾销指控和制裁最集中的三大贸易伙伴，三者合计对华的反倾销指控与制裁数量均超过总数的30%。

表4-3　1995～2021年中国遭遇反倾销指控和制裁的分布

国家 （地区）	中国遭受各国反倾销指控数量/起	占同期中国遭受的全部反倾销指控数量的比率（%）	中国遭受各国反倾销措施数量/起	占同期中国遭受的全部反倾销措施数量的比率（%）	各国对中国反倾销执行率（%）
印度	269	17.54	214	16.85	79.55
美国	183	11.93	152	11.97	83.06
欧盟	150	9.78	107	8.43	71.33
阿根廷	130	8.47	96	7.56	73.85
巴西	101	6.58	71	5.59	70.30
土耳其	84	5.48	78	6.14	92.86

资料来源：中国贸易救济信息网，http://cacs.mofcom.gov.cn/。

4.4.2　补贴与反补贴

1. 补贴的含义与形式

补贴（subsidy）是指一国政府为了促进某些产业发展，鼓励出口，在商品出口时给予出口商的现金补贴或财政优惠，目的是降低出口成本，提高出口商品的国际竞争力。以补贴形式提升竞争力的行为被认为是一种不公平交易，并非商品本身比较优势的体现，因此补贴实际上是一种贸易保护主义措施。目前世界各国依旧大肆补贴的行业基本都集中在农业方面，为阻止补贴滥用对市场自由竞争机制的干扰，同时为农业等特殊领域留出空间，WTO通过"绿箱""蓝箱"与"黄箱"政策⊖对不同形式的补贴加以幅度上的约束。

一般来说，补贴有三种主要形式：生产补贴、出口补贴和出口信贷。

（1）**生产补贴**（production subsidy）是指政府为促进产业发展，保证相关产品的国内市场稳定供应，直接给予生产企业的津贴。在开放条件下，自由竞争的市场机制会在国内商品价格高于同类进口商品价格时推动国内产业退出。因此，对于受补贴的国内产业而言，生产补贴一方面能够起到稳定国内生产供应的作用；另一方面，如果产品出口，就能够提升出口产品的国际竞争力。生产补贴主要通过财政拨款、优惠贷款、税收减免等形式提供。不难发现，生产补

补贴与反补贴

⊖ WTO反对由于价格补贴造成的农产品价格扭曲，因此《农产品协议》对补贴有比较详细的规定，并将直接刺激农产品生产与没有直接影响的支持措施区分开来，分别对待。其中，不引起贸易扭曲或仅引起微小扭曲的政策称为"绿箱"政策，不需要减让承诺；容易引起贸易扭曲的政策称为"黄箱"政策，成员方必须承约约束和削减义务；此外，WTO允许成员方给予那些被要求限制生产的农民以某种直接支付，这些补贴与农产品限产计划有关，成员方不须承担削减义务，称为"蓝箱"政策。

贴并不会明显扭曲市场，因而WTO对这种补贴形式的约束程度较低。

（2）**出口补贴**（export subsidy）又称出口津贴，是指政府为促进出口，降低出口的成本门槛，给予出口商品的现金补贴或财政优惠政策。出口补贴是出口导向型国家经常采取的出口鼓励政策。出口补贴分为直接补贴和间接补贴两种形式。**直接补贴**（direct subsidy）是指政府对出口商品直接支付给出口商的现金补贴，以保证企业出口的积极性；**间接补贴**（indirect subsidy）是指政府以出口退税或免税等财政优惠形式给予出口商品的补贴，目的同样是降低出口门槛，增强出口竞争力。

（3）**出口信贷**（export credit）是指一国政府为鼓励本国商品出口，提升出口稳定性与持续性，为本国出口商或国外进口商提供低息贷款的方式。出口信贷是一种国际信贷方式，主要支持本国大型设备与工程项目等需要占用大量资金的产品出口，以缓解出口企业国际交易占款的压力。出口信贷相比于一般的商业信贷，具有低利率、与保险相结合和由专门机构管理等特点。出口信贷按照贷款期限的不同分为短期贷款（180天以内）、中期贷款（1～5年）和长期贷款（5～10年）三种类型；按照借贷人不同又可分为卖方信贷和买方信贷两种类型。

2. 反补贴措施

《补贴与反补贴措施协议》（简称《反补贴协议》）规定，只有在补贴进口确实造成损害并且二者之间有因果关系的情况下，反补贴调查机关才可以采取反补贴措施。补贴进口对申请方的国内产业是否造成损害，应依据反补贴措施调查程序确定。

对于禁止性补贴和可诉补贴可以采取的反补贴措施，《反补贴协议》规定了以下两种：一种是向世界贸易组织申诉，通过世界贸易组织的争端解决机制，经授权采取反补贴措施；另一种是进口国（地区）根据本地反补贴法令，通过调查征收反补贴税。对于特定补贴在进口国（地区）市场的影响，只能采取其中一种方法予以解决。以下主要介绍通过世界贸易组织争端解决机制采取的措施。

（1）针对禁止性补贴的反补贴措施。当WTO成员方有理由相信另一成员方实施或维持禁止性补贴时，即可提出磋商要求，另一成员方应尽快进入磋商，双方应在30天内达成协议。如果双方未达成协议，任何一方均可以诉诸世界贸易组织争端解决机制，要求成立专家小组。专家小组应自成立和授权之日后的90天内提交最终报告并发送给所有成员；争端解决机构应于专家小组报告发送之日后的20天内通过专家小组报告，除非当事人上诉或争端解决机构成员协商一致不予通过。对于任何上诉，世界贸易组织的上诉机构应在通知上诉之日后的30天内做出决定，最长不得超过50天。上诉机构的报告代表最终结果，除非争端解决机构成员在报告发给各成员之日起的20天内协商一致不同意通过上诉报告。如果争端解决机构通过的报告或建议在规定的时间内未被执行，应向申诉方授权采取相应的反补贴措施。

（2）针对可诉补贴的反补贴措施。当受到不利影响的成员方提出磋商请求时，补贴成员方应尽快进入磋商，并应在60天内达成双方均可接受的解决办法。如果未有解决办法，任何一方均可诉诸争端解决机制，要求成立专家小组。专家小组应自成立后的120天内向所有成员提交报告。专家小组报告自提交之日起30天内由争端解决机构通过，除非一方提出上诉或争端解决机构成员协商一致决定不通过该报告。上诉机构应在收到上诉之日后的60天内做出裁决报告，最迟不得超过90天。除非争端解决机构成员在收到报告后的20天内协商一致决定不通过报告，否则报告应被通过而且争端各方应无条件接受。如果报告被通过之日后的6个月内实施补贴的成员方既未消除不利后果和撤回补贴，也未达成任何补偿协定，则争端解决机构应授权申诉方采取与不利后果的程度和性质相当的反补贴措施。

针对禁止性补贴与可诉补贴的反补贴措施，其主要区别在于针对禁止性补贴的反补贴措施不要求证明损害，程序时限较短；而针对可诉补贴的反补贴措施要求证明损害，程序时限相对要长。

（3）针对不可诉补贴的反补贴措施。对于不可诉补贴，反补贴协议通常不予干涉。但是对于专向性的不可诉补贴，应通知补贴与反补贴措施委员会。一旦这些措施被认为与协议规定的标准不符，就可能被视为可诉的补贴；而且，即使某种补贴符合协议规定的不可诉补贴标准，但若该专向性的不可诉补贴对其他成员方造成无可挽救的不利影响，那么也应进入磋商程序，如果双方在60天内未达成协定，则可将纠纷提交给补贴与反补贴措施委员会。补贴与反补贴措施委员会应在120天内做出裁决，如果裁决在6个月内未得到执行，补贴与反补贴措施委员会可以授权申诉方采取与不利后果的程度和性质相当的反补贴措施。

4.4.3 特别保障措施

1. 特别保障措施的含义

特别保障措施（product specific safeguard measures）是世界贸易组织（WTO）成员利用**特定产品过渡性保障机制**（transitional product specific safeguard mechanism）针对来自特定成员方的进口产品采取的特别措施，即在WTO体制下，在特定的过渡期内，进口国（地区）政府为防止来自特定成员方的进口产品对本地相关产业造成损害，而实施的限制性保障措施。

特别保障
措施

最早的特别保障措施主要针对日本。1953年日本申请加入关税与贸易总协定（GATT）时，一些GATT缔约方担心日本的纺织品进口可能对自身相关产业造成损害，于是决定在日本加入GATT之后，其他成员方可以对日本采用特别保障措施条款，即GATT缔约方在发现原产于日本的纺织品进口数量增加从而对本国（地区）构成市场扰乱时，可以单方面针对日本的纺织品采取保障措施，以抵消或减少对本地产业的冲击。此后，在波兰、匈牙利、罗马尼亚等东欧社会主义国家加入GATT时，也适用特别保障措施条款。

针对中国的特别保障措施实际上是"发达国家把中国当作'非市场经济'国家对待的产物"。我国是GATT的创始缔约方，但由于历史的原因，曾长期游离于GATT之外。1986年，我国正式提出恢复GATT缔约方地位的申请，但是因为种种原因未能在1994年年底前结束谈判。1995年WTO成立后，我国又开始申请加入WTO的漫长谈判。以美国为代表的一些西方国家对中国提出苛刻要求，要求中国接受特别保障措施条款，因此谈判十分艰难。经过多次谈判，我国政府权衡利弊，采取务实和灵活的态度，最终于1999年与美国达成包含特别保障措施条款的关于中国"入世"的双边协议，实现了中美利益的双赢。2001年我国"入世"时，双边协议被确定为《入世议定书》的正式条款。因此，在某种程度上，特别保障措施是以美国为代表的发达国家贸易利益的直接体现，是双方利益均衡的结果。

2. 特别保障措施的性质与特点

（1）性质。特别保障措施违反了 WTO 非歧视原则，事实上当时中国处在弱势地位，是在权衡后做出的承诺，在意思表示的真实性上存在瑕疵。因此，特别保障措施是中国加入 WTO 时被迫接受的不公平条款，是 WTO 成员方针对中国产品实施的歧视性措施；但如前文所述，它也是中国在谈判中为换取 WTO 成员方的其他让步所做出的战略选择，是中国为平衡和其他 WTO 成员方贸易利益冲突的战略推进与战术妥协的结果。

（2）特点。

1）适用对象的选择性和歧视性。如果说保障措施是 WTO 自由贸易原则的例外制度，那么特别保障措施则是保障措施的例外，具有严重的歧视性。保障措施是条约法，是"情势变更原则"（Principle of Change of Circumstances）的具体体现，适用于所有 WTO 成员，意在平衡贸易利益，也是合理运用以保证各国（地区）经济安全和实现贸易自由化的"安全阀"，具有合法性和非歧视性。而特别保障措施仅针对来源于中国的产品，对什么产品适用和何时适用完全取决于进口方，因而具有强烈的选择性和针对性。

2）适用条件的模糊性和随意性。《入世议定书》第 16 条规定，实施特别保障措施的条件是来源于中国的产品数量增加（包括绝对增加和相对增加）给进口方造成威胁、造成市场扰乱或造成重大贸易转移。只要一项产品的进口快速增长，无论是绝对增长还是相对增长，从而对生产同类产品或直接竞争产品的本地产业造成实质损害或构成实质损害威胁的一个重要原因，即可认定为市场扰乱。但是，《入世议定书》对实质损害和实质损害威胁并无明确的定义和说明；对本地产业造成实质损害或实质损害威胁的标准也远低于实施保障措施条件的"严重损害或严重损害威胁"的标准；同时，只要实质损害或实质损害威胁是"重要原因"而不需要是"主要原因"即可认定，这实际上也放宽了适用特别保障措施的条件，因为进口方只要证明来源于中国的产品进口大量增加，就可以提起特别保障措施调查，有很大的随意性。

3）适用报复措施救济的有限性。《入世议定书》第 16 条第 6 款中，规定了中国有权针对实施特别保障措施的 WTO 成员的贸易暂停实施《1994 年关贸总协定》项下实质相当的减让或义务的两种情形：一是因中国产品进口水平的相对增长而采取的特别保障措施持续有效的期限超过 2 年；二是特别保障措施是由于进口的绝对增长而采取的，且持续有效的期限超过 3 年。而根据《保障措施协议》，对于因进口相对增长采取的保障措施，被诉 WTO 成员有权在保障措施实施生效后的任何时间采取报复措施。由此可见，特别保障措施条款实质上限制了中国采取报复措施的权利。

4）适用期限具有过渡性。与保障措施没有实施期限的规定不同，特别保障措施的实施期限为直至中国"入世"12 年后终止。最近的一次为 2009 年的中美轮胎特保措施案，2012 年此案终止后至今未再发生特保措施案件。

3. 特别保障措施的程序

（1）调查。调查是发现事实的根本途径。特别保障措施的调查内容包括来自中国的进口产品数量、市场份额及其对进口方同类产品的价格和本地产业的影响，以及市场扰乱与中国的进口产品增长是否存在因果关系等。

（2）公告和通知。进口方应及时公告有关信息，包括调查的启动、调查的结果、拟采取的措施、采取措施的决定及采取措施的对象等。同时，对中国实施特别保障措施的 WTO 成员采取的任何措施和中国采取的任何报复行动，都应该立即通知保障措施委员会。

（3）磋商。①磋商的启动。启动磋商的触发器就是原产于中国的产品进口的数量或所依据的条件对生产同类产品或直接竞争产品的国内生产者造成市场扰乱（或构成损害威胁），在这种情况下，受此影响的 WTO 成员可请求与中国进行磋商。②磋商达成一致，中国主动采取限制出口的行动。如果在这些双边磋商过程中，双方认可原产于中国的进口产品是造成市场扰乱的原因并有必要采取行动，则中国应采取行动以防止或补救此种市场扰乱。③磋商没有达成一致。如果磋商未能使中国与有关 WTO 成员在收到磋商请求后 60 天内达成协议，则有关 WTO 成员有权在防止或补救此种市场扰乱所必需的限度内，对此类产品撤销减让或限制进口。

（4）临时保障措施。《入世议定书》第 16 条第 7 款规定，在迟延会造成难以补救的损害的紧急情况下，受影响的 WTO 成员方可根据一项有关进口产品已经造成市场扰乱（或构成损害威胁）的初步认定，采取临时保障措施，并立即向保障措施委员会做出有关所采取措施的通知，同时提出进行双边磋商的请求。临时措施的期限不得超过 200 天。临时措施的期限均应计入将来采取保障措施的期限。

（5）报复。WTO 成员只能在防止和补救市场扰乱所必需的时限内根据《入世议定书》第 16 条采取措施。如果基于进口水平的相对增长而采取的特别保障措施期限超过 2 年，或基于进口的绝对增长而采取的特别保障措施超过 3 年，那么中国有权采取报复措施，即针对实施该措施的 WTO 成员的贸易暂停实施《1994 年关贸总协定》项下实质相当的减让或义务。

4. 特别保障措施与一般保障措施的区别

（1）原则依据不同。保障措施应针对正在进口的产品实施，而不考虑其来源。而据《入世议定书》第 16 条的规定，某 WTO 成员可只对中国的进口产品提起特别保障调查。显然，这一原则构成了《关贸总协定》第 19 条和《保障措施协议》所遵循的非歧视性原则的一个例外。

（2）实施条件不同。根据《入世议定书》规定，某一 WTO 成员只需在我国产品对其生产同类产品或直接竞争产品的国内产业造成"市场扰乱"的情况下，才可针对中国进口产品提起特别保障调查。此处的"市场扰乱"应在下列情况下存在：一项产品的进口快速增长（无论是绝对增长还是相对增长），导致进口国（地区）生产同类产品或直接竞争产品的产业遭受实质损害或者是构成实质损害威胁的一个重要原因。

从美国轴承传动器特别保障措施案来看，美国调查机关即围绕中国轴承传动器的进口是否对美国相关产业造成实质损害展开调查。与一般保障措施的损害判定标准（严重损害）相比，显然特别保障措施的门槛低了许多。

（3）实施期限不同。一般保障措施的实施期限不得超过 4 年，特殊情况下可以最多延期至 8 年，发展中国家的实施期限最长可为 10 年。《入世议定书》第 16 条对特别保障措施的实施期限则没有明确的限制性规定，唯一可以作为参考的是"WTO 成员只能在防止和补救市场扰乱所必需的时限内根据本条采取措施"这一弹性条款。在此需要注意的是，无论是特别保障措施，还是一般保障措施，其临时措施的期限均为"不得超过 200 天"。

（4）措施的后果不同。在进口相对增长的情况下，对一般保障措施而言，受影响成员方可以及时针对实施该措施的 WTO 成员的贸易，只实施《1994 年关贸总协定》项下实质相当的减让或义务；对特别保障措施而言，只有在该措施实施满 2 年以后，中国才有权针对实施该措施的 WTO 成员的贸易，只实施《1994 年关贸总协定》项下实质相当的减让或义务。在进口绝对增长的情况下，一般保障措施与特别保障措施的后果则是一致的，即在该措施实施的前3年内不得针对实施该措施的WTO成员的贸易只实施《1994年关贸总协定》项下实质相当的减让或义务。

本章小结

关税措施与非关税措施是世界上主要的贸易保护政策形式，二者在时间上继起，空间上并存。本章分别介绍了关税措施与非关税措施的含义、特征与主要类型。在此基础上，针对关税措施，本章讨论了关税的征收规则，以及不同关税征收方式下的关税有效性，并进一步介绍了关税征收分别对大国与小国的经济效应。针对非关税措施，本章介绍了随着世界经济一体化进程持续深入，非关税措施的产生与发展，以及各国基于不同的目的所采取的具体政策措施。由于非关税措施的灵活性、隐蔽性等特征，各国所采取的非关税措施壁垒属性逐渐凸显，如何利用公平贸易救济规则进行制约与反制成为本章介绍的重点内容。同时，随着我国面临的全球非关税措施影响愈加严重，我国在应对非关税措施过程中遇到的困境也是本章着重讨论的内容和重点学习目标。

练习题

一、名词解释

1. 关税
2. 财政关税
3. 保护关税
4. 进口税
5. 过境税
6. 进口附加税
7. 反补贴税
8. 反倾销税
9. 差价税
10. 紧急关税
11. 惩罚关税
12. 报复关税
13. 特惠税
14. 普遍优惠制
15. 原产地规则
16. 从量税
17. 从价税
18. 混合税
19. 选择税
20. 最惠国待遇
21. 名义保护率
22. 有效保护率
23. 非关税壁垒
24. 进口配额
25. 自动出口配额
26. 进口许可证制
27. 外汇管制
28. 绿色贸易壁垒
29. 技术性贸易壁垒

二、判断题

1. 财政关税的主要目的是增加财政收入，因此，其税率通常较高，以增加关税收入。（   ）
2. 关税是海关直接向本国进出口商征收的，但其是间接税。（   ）
3. 我国于1992年1月1日起正式实施以《商品名称及编码协调制度》为基础的新的海关税则。（   ）
4. 进口关税是进口国海关向国外出口商征收的关税。（   ）
5. 关税的限制作用往往不及歧视性国内税措施灵活。（   ）
6. 歧视性国内税是另一种形式的关税堡垒。（   ）
7. 各国的保护关税都是保护本国新兴工业的。（   ）
8. 关税配额项下的超额进口，仍可享受最惠国税率。（   ）
9. 多栏税则中最优惠的税率是协定税则。（   ）
10. 只要是完全的原产品，则一定能享受到普惠税。（   ）
11. 海关征收的关税叫保护关税，财政部征收的关税叫财政关税。（   ）
12. 特惠税是一种地区性的优惠安排。（   ）
13. 差价税是一种滑动关税，说明关税具有

非固定性。（　　）
14. 正常关税一般指的是各国的普通税。（　　）
15. 关税是间接税。（　　）
16. 进口关税中，最优惠的一种关税是最惠国税。（　　）
17. 普遍优惠制的一项重要原则是互惠原则。（　　）
18. 一国的关税越高，则来自关税的财政收入就越大。（　　）
19. 完税价格一定大于进口价格。（　　）
20. 保税就是免税，即海关不予征收关税。（　　）
21. 由进口国海关对进口商品估价即构成非关税壁垒。（　　）
22. 特惠税可以是非互惠的，普惠税则完全是非互惠的。（　　）
23. 差价税根据进口价格高于内部价格的差额来征收。（　　）
24. 进口配额制的两种基本类型是全球配额和国别配额。（　　）
25. 技术性贸易壁垒是指对进口技术实行严格的限制。（　　）
26. 贸易中全球配额比国别配额使用广泛。（　　）
27. 配额一般不采用自主配额的形式。（　　）
28. 歧视性的政府采购政策是指政府规定本国企业在采购时要优先购买进口产品。（　　）

三、单项选择题

1. 发达国家对来自发展中国家的初级产品主要采取（　　）方法征进口关税。
   A. 从价税
   B. 从量税
   C. 混合税
   D. 选择税
2. 美国给予中国永久性正常贸易待遇，同下面的（　　）最接近。
   A. 国民待遇
   B. 最惠国待遇
   C. 普惠制待遇
   D. 特惠制待遇
3. 普惠制的主要特点是（　　）。
   A. 普遍的、歧视的、互惠的
   B. 普遍的、非歧视的、非互惠的
   C. 非普遍的、非歧视的、非互惠的
   D. 非普遍的、歧视的、非互惠的
4. 进口关税的纳税主体是（　　）。
   A. 本国进口商
   B. 外国出口商
   C. 外国进口商
   D. 进口商品
5. 对于工业制成品的关税征收主要采用（　　）方法。
   A. 从量税
   B. 从价税
   C. 选择税
   D. 季节税
6. 当国际市场价格上涨时，实施从量征税的保护程度（　　）。
   A. 降低
   B. 提高
   C. 不变
   D. 不确定
7. 实施从价征税，当国际市场价格上涨时，其名义保护程度（　　）。
   A. 降低
   B. 提高
   C. 不变
   D. 不确定
8. 对关税配额内进口商品必须征收（　　）。
   A. 优惠关税
   B. 普通关税
   C. 最惠国税
   D. A～C 的说法都不正确
9. 按征税的目的不同关税可分为（　　）。

A. 财政关税和保护关税
B. 名义关税和有效关税
C. 有效关税和保护关税
D. 名义关税和财政关税

10. 关税是（　　）。
    A. 直接税
    B. 间接税
    C. 特惠税
    D. 差价税

11. 关税属于（　　）的重要措施。
    A. 自由贸易政策
    B. 保护贸易政策
    C. 扩大出口
    D. 扩大进口

12. 按差别待遇和特定的实施情况，关税可分为（　　）。
    A. 进口税和出口税
    B. 从价税和从量税
    C. 特惠税、最惠国税、普惠制关税、普通关税
    D. 选择税和从量税

13. 最低的一种关税为（　　）。
    A. 普通关税
    B. 最惠国税
    C. 普惠制关税
    D. 特惠税

14. 按关税的保护程度和有效性分类，关税可分为（　　）。
    A. 进口税和出口税
    B. 从价税和从量税
    C. 名义关税和有效关税
    D. 特惠税、最惠国税、普惠制关税、普通关税

15. 海关税则中，没有差别待遇的税则称为（　　）。
    A. 单式税则或一栏税则
    B. 复式税则或多栏税则
    C. 复式税则或一栏税则
    D. 单式税则或多栏税则

16. 采用从量税的方法征收进口税，在通货膨胀时（　　）。
    A. 保护作用加强
    B. 保护作用减弱
    C. 保护作用不变
    D. 保护作用消失

17. 目前世界上大多数国家在制定各自的海关税则时采用的商品分类是（　　）。
    A. SITC
    B. BTN
    C. CCCN
    D. H.S.

18. 财政关税与保护关税的主要区别在于（　　）。
    A. 征税机关不同
    B. 征税对象不同
    C. 征税目的不同
    D. 征税依据不同

19. 某国对进口电视机、显像管分别征收20%和10%的从价关税，其中进口显像管价值在电视机价值中所占的比重为40%，则其有效关税保护率为（　　）。
    A. 20%
    B. 26.67%
    C. 0%
    D. 47.52%

20. 对一种进口商品所征收的混合税额等于（　　）。
    A. 从价税额与选择税额之和
    B. 从量税额与选择税额之差
    C. 从价税额与从量税额之差
    D. 从量税额与从价税额之和

21. 差价税是一种（　　）。
    A. 滑动关税
    B. 特惠关税
    C. 出口关税
    D. 财政关税

22. 进口附加税是一种（　　）。
    A. 特定的临时性措施
    B. 普遍采用的措施
    C. 经常性的措施
    D. 非关税措施
23. 进口税主要分为普通税和（　　）。
    A. 最惠国税
    B. 优惠关税
    C. 差价税
    D. 特别关税
24. 一般来说，在其他条件不变的情况下，世界市场上主要国家关税税率的高低与国际贸易发展的速度（　　）。
    A. 成正比关系
    B. 成反比关系
    C. 没有关系
    D. 同方向变化
25. 为了消除外国商品在短期内大量进口对国内同类产品生产造成的重大损害或产生的重大威胁而征收的进口附加税，即为（　　）。
    A. 惩罚关税
    B. 紧急关税
    C. 反倾销税
    D. 报复关税
26. 在其他条件不变的情况下，当进口最终产品的名义关税税率高于其所用的进口原材料的名义关税税率时，（　　）。
    A. 有效关税保护率等于名义关税保护率
    B. 有效关税保护率大于名义关税保护率
    C. 有效关税保护率小于名义关税保护率
    D. 以上三种情况都可能出现
27. 关税的税收客体是（　　）。
    A. 外国进出口商
    B. 本国进出口商
    C. 进出口货物
    D. 海关
28. 能反映关税对本国同类产品的真正有效保护程度的关税是（　　）。
    A. 禁止关税
    B. 名义关税
    C. 有效关税
    D. 保护关税
29. 按国内价格与进口价格之间的差额征收的关税是（　　）。
    A. 特惠税　　　B. 差价税
    C. 反补贴税　　D. 最惠国税
30. 当某进口商品真正达到有效保护程度时，（　　）。
    A. 进口原料名义关税率大于最终产品名义关税率
    B. 最终产品名义关税率小于进口成品名义关税率
    C. 最终产品名义关税率等于进口原料名义关税率
    D. 进口原料名义关税率小于最终产品名义关税率
31. （　　）项不属于技术性壁垒措施。
    A. 工业标准
    B. 卫生检疫措施
    C. 商标和标签
    D. 社会责任标准
32. 下列属于非关税壁垒的措施有（　　）。
    A. 反倾销税
    B. 反补贴税
    C. 进口附加税
    D. 关税配额
33. 对于国家整体而言，分配进口配额最好的方法是（　　）。
    A. 竞争性拍卖
    B. 固定的受惠
    C. 资源使用申请程序
    D. 政府适时分配
34. 韩国不锈钢餐具销往美国，被指控构成倾销，美国海关对该商品征收反倾销税，反倾销税的纳税人应是（　　）。

A. 韩国出口商
B. 韩国制造商
C. 美国进口商
D. 美国代理商

35. 关税配额属于（　　）的一种形式。
    A. 进口配额制
    B. "自动"出口配额制
    C. 出口限制
    D. 出口鼓励

36. 最低限价就是一国政府对某一种（　　）规定的最低价格。
    A. 进口商品
    B. 出口商品
    C. 服务
    D. 税收

37. 外汇管制属于（　　）。
    A. 关税壁垒措施
    B. 非关税壁垒措施
    C. 出口限制
    D. 出口鼓励

38. 国际贸易中的"绿色贸易壁垒"是指对进口商品的（　　）提高。
    A. 技术质量标准
    B. 环境保护标准
    C. 社会保障标准
    D. 劳工标准

39. A国规定2005年从B国进口打火机数量不得超过100万只，该贸易限制属于（　　）。
    A. "自动"出口配额
    B. 关税配额
    C. 国别配额
    D. 全球配额

40. 绝对配额与关税配额的区别主要体现在（　　）。
    A. 对进口数量的控制上
    B. 对关税的征收上
    C. 对进口商品价格的控制上
    D. 对附加税和罚款的处理上

四、简答题

1. 关税有哪些特点？关税分为哪些类型？
2. 普惠制的基本原则是什么？普惠制方案一般包括哪些内容？给惠国自我保护措施有哪些？
3. 征收关税的方法有哪几种？
4. 简述《海关估价协议》的六种估价方法。
5. 按从价税的方式征收关税有什么优缺点？
6. 试就关税和配额对进口国的不同影响进行比较分析。
7. 什么是有效保护率？如何确定有效保护率？
8. 如何看待关税对一国经济产生的影响作用？
9. 简述保税与免税的区别。
10. 简述并举例说明非关税壁垒相对于关税壁垒的特点。
11. 简述自动出口配额制相对于进口配额制的特点。
12. 什么是反补贴税？什么是反倾销税？构成倾销的条件有哪些？
13. 绝对进口配额、关税进口配额和自动出口配额三者之间有何异同？
14. 反倾销规则中的正常价格有哪几种确定方法？
15. 一国的贸易壁垒对本国企业的出口倾销有什么影响？

五、计算题

1. A国生产衣服所用布料需进口，自由贸易下做一件衣服的布料成本为80美元，成衣的价格为100美元。假定A国对成衣的进口征收10%的名义关税，请计算A国对进口面料分别征收0%、10%、20%、30%的名义关税时有效保护率是多少，并对计算结果加以说明。

2. 在两国贸易模型中，设中国对汽车的需求和供给分别为：$D_c = 2\,000 - 0.02P$，$S_c = 1\,200 + 0.03P$；美国对汽车的需求和供给分别为：$D_m = 1\,800 - 0.02P$，$S_m = 1\,400 + 0.03P$。请计算并回答下列问题。
（1）贸易前，双方汽车的均衡价格和产量。

（2）自由贸易条件下，国际市场汽车的均衡价格、各国的产量及贸易量，自由贸易给两国的福利带来的影响。

（3）①中国对汽车进口征收 3 000 美元的单位税，这时各国汽车市场的价格、产量及贸易量。

②关税对中国汽车制造商、国内消费者和中国政府的福利分别带来什么影响？

③关税的福利净损失（与自由贸易相比）。

六、案例分析

1. 案情介绍：2006 年 7 月 1 日，欧盟环保令（RoHS 指令）正式强制实施，即铅等 6 种有害物质的含量超过规定上限的机电产品将不能在欧盟市场上销售，违例者须负法律责任。该法令将导致家电企业成本提高 6%～7%。这对欧美强调品牌、实行高价策略的外资企业影响不大，但对强调"性价比"的中国家电产品是很大的挑战。

试用国际贸易相关知识进行分析

2. 案情介绍：美国联邦通信委员会（Federal Communications Commission，FCC）规定，自 2007 年 3 月 1 日起，出口到美国市场的电视机必须是数字电视，并且 13 英寸⊖以上的电视机必须符合先进制式委员会（ATSC）标准的技术规范。而要达到 ATSC 标准的相关技术规范，就不得不用 ATSC 会员企业的相关专利，从而使得中国电视机成本提高，竞争力下降。

试用国际贸易相关知识进行分析

3. 案情介绍：继以往反倾销举措之后，美国再挥"关税法 337 条款"大棒，其永久排斥性特点使其成为影响中国企业出口的又一严重壁垒。自 1995 年以来，几乎每年都有中国企业遭受"337 条款"的调查。据 2002 年至 2003 年统计数据：中国内地涉案公司的数量跃居亚洲第一位；仅 2003 年上半年就有 7 种中国产品被列"337 条款"诉讼，包括 DVD、拖拉机、药品、汞电池、油墨打印机等，中国成为美国"337 条款"的最大受害者。对应诉企业来讲，由于"337 条款"调查涉及的内容在技术上比较专业且时间紧迫，应对起来比反倾销更为复杂，且案件的诉讼费用非常高昂，一般都在百万美元以上，最高可达 300 万美元，单个企业往往难以承受，这直接导致几乎没有中国公司会在"337 调查"中出庭抗辩。依据"337 条款"，如果被起诉企业不应诉，则属自动败诉，美国国际贸易委员会（ITC）将发出"永久排斥令"，使得中国所有生产该产品的企业都无法进入美国市场。

试用国际贸易相关知识进行分析

⊖ 1 英寸 = 2.54 厘米。

第5章 世界经济一体化概述

:: 学习目标

| 了解世界经济一体化的含义、基本形式及世界主要的区域经济一体化组织；
| 掌握关贸总协定与世界贸易组织的产生与演变历程；
| 掌握世界贸易组织的争端解决机制相关内容；
| 了解中国"复关"及加入世界贸易组织的发展历程。

经济一体化
概述

5.1 经济一体化概述

5.1.1 经济一体化的含义

经济一体化（economic integration）是指世界各国经济的联合或统一的发展态势、发展进程或者发展结果。在《新帕尔格雷夫经济学大辞典》中，"经济一体化"一词被贝拉·巴拉萨这样表述："一方面，两个独立的国民经济体之间，如果存在贸易关系就可认为是经济一体化；另一方面，经济一体化又指各国经济之间的完全联合。这里，经济一体化既被定义为一个过程，又被定义为事物的一种状态。作为一个过程，它旨在消除不同国家之间的歧视；作为事物的一种状态，它表示各国民之间不存在各种形式的歧视。"

与经济一体化相对应的**经济全球化**（economic globalization），则是指各国经济高度互相依赖、密切融合的过程。它包含两方面内容："一是生产要素在国际上的自由流动，形成了真正意义上的统一世界市场；二是统一的国际经济规则对民族国家的约束力不断加强。"它是世界经济发展和国际分工深化的必然结果，具体表现为生产的全球化、消费的全球化和经济的一体化。

5.1.2 经济一体化的基本形式

根据一体化程度的不同，可以划分出不同的经济一体化组织形式。

(1) **优惠贸易区**（preferential trade area）。在特惠区中，成员方相互间只课征远远低于对第三国所课征关税水平的关税，小部分商品可能完全免税。这是最初级的一体化组织形式。

(2) **自由贸易区**（free trade area）。自由贸易区内的成员方之间不存在贸易限额，约定分阶段减免关税、实现自由贸易，但对非成员方国家或地区仍独自实行独立的贸易和关税政策。1994年由加拿大、墨西哥和美国结成的北美自由贸易区便是典型的例子。

(3) **关税同盟**（customs union）。同盟内部成员之间取消了所有的贸易限额和贸易壁垒，对同盟外也采取统一的贸易和关税政策。它具有超国家调节的特征。

(4) **共同市场**（common market）。它除了具有与关税同盟相同的特征外，还允许资本、劳动力自由流动。也就是说，在共同市场内，商品市场和生产要素市场是互相结合的。

(5) **经济同盟**（economic union）。它指在共同市场的基础上，成员方制定统一的社会经济（货币、财政、汇率、经济发展、社会福利等）政策，在经济上取消国界，政治上建立超国家的权力机构。这是欧盟近期的发展目标，它不仅在成员方之间取消了关税和非关税壁垒，而且开始采用欧元（Euro）来进行结算，并对相关的财政、货币、汇率政策等方面进行了有力的协调和统一。

(6) **完全经济一体化**（perfectly economic integration）。它在经济同盟的基础上，要求成员方在贸易、货币、财政等政策上完全一致，以便让商品、资本、劳动力能在共同体内真正做到完全的自由流通。目前，世界上还没有出现任何一个完全经济一体化的组织。

5.1.3 世界主要的区域经济一体化组织

1. 欧洲联盟

欧洲联盟（European Union，EU）简称欧盟，是由20世纪50年代的欧洲经济共同体演变而来的，是商品、科技、金融和服务都非常发达的统一大市场，是世界上资格最老、最为成熟的经济一体化组织。欧共体的宗旨是：通过共同市场的建立，使共同体内经济均衡增长。在这一宗旨指导下，一体化组织取得了令人瞩目的成就，实行了共同的农业、科技、贸易政策，创立了欧洲货币体系。1993年1月1日，欧洲统一大市场正式启动，实现了商品、人员、劳务和资本的自由流动。1999年欧元如期启动，首批欧元国为德国、法国、意大利、西班牙等11国。2002年1月1日，欧元成为欧洲统一货币，进入流通。实行统一的经济政策后，欧盟正在谋求政治、军事的统一，以期步调一致，以一个声音对外，这将大大增强欧洲在处理国际事务中的能力。

2. 北美自由贸易区

北美自由贸易区（North American Free Trade Area，NAFTA）由美国、墨西哥、加拿大三国组成，于1994年1月1日正式宣告成立。《北美自由贸易协定》是一个内容极其广泛的三边协议，其目的是消除贸易壁垒，促进平等竞争，增加投资机会，保护知识产权，解决贸易争端，促进三边、区域性和多边合作。北美自由贸易区是当今世界第一个由发达国家和发展中国家联合组成的经贸集团，其成员方之间在经济上虽有较多互补性和互相依存性，但也存在明显的不对称性，从而使其在区域经济合作组织中长期处于低层次的发展阶段。为促成更加自由的市场、更加公平的交易以及更可持续的经济增长，2018年三国着手签订全新的贸易协定。2018年11月30日，三国领导人在阿根廷首都布宜诺斯艾利斯签署了《美国－墨西哥－加拿大协定》，替代原先的《北美自由贸易协定》。2020年1月29日，时任美国总统唐纳德·特朗普签署了修订后的《美国－墨西哥－加拿大协定》（简称《美墨加协定》）。自此宣告北美自由贸易区进入新的阶段。

3. 东南亚国家联盟

东南亚国家联盟（Association of Southeast Asian Nations，ASEAN）简称东盟，1967年8月8日在泰国首都曼谷宣告成立。现有10个成员，最初的创始成员包括印度尼西亚、马来西亚、菲律宾、新加坡和泰国，后续加入的成员包括文莱（1984年）、越南（1995年）、老挝（1997年）、缅甸（1997年）和柬埔寨（1999年）。东盟作为东南亚地区以经济合作为基础的政治、经济、安全一体化合作组织，其宗旨和目标是本着平等与协作精神，共同努力促进本地区的经济增长、社会进步和文化发展，为建立一个繁荣、和平的东南亚国家共同体奠定基础。东盟成立之初只是个保卫自身安全利益以及与西方保持战略关系的联盟。随着1976年《东南亚友好合作条约》和《巴厘宣言》的签署，东盟各国开始加强在政治、经济和军事领域的合作，并逐步成为亚洲地区举足轻重的区域性组织。目前，东盟已经形成了一个人口超过6亿，面积约450万平方公里的大型集团。2003年10月，第9届东盟首脑会议发表了《东盟协调一致第二宣言》，宣告将于2020年建成以安全、经济与社会文化三大支柱为核心的东盟共同体。2012年的第21届东盟首脑会议则进一步将该日期提前为2015年12月31日。近年来，东盟积极开展多方位外交，与中国相关的合作机制包括"东盟与中日韩（10＋3）"机制、区域全面经济伙伴关系（RCEP）等。截至2020年，东盟已超越欧盟成为中国最大的货物贸易伙伴。而中国则连续12年保持东盟第一大贸易伙伴的地位。

4. 非洲联盟

非洲联盟（African Union，AU）简称非盟，是继欧盟之后成立的第二个重要的国家间联盟，是集政治、经济、军事等为一体的全洲性政治实体。《非盟章程》确定的目标是：实现非洲国家和人民间更广泛的团结和统一；维护成员方主权、领土完整和独立；促进和平、安全和稳定；加快政治、社会和经济一体化进程；促进民主原则、大众参与和良政；促进和保护人权；推动非洲经济、社会、文化的可持续发展；推动在各领域的泛非合作，提高人民生活水平；协调和统一次区域经济体当前和未来政策；维护非洲共同立场和利益；加强国际合作，创造条件使非洲在全球事务中发挥应有作用。

非洲联盟的前身是成立于1963年5月25日的非洲统一组织（简称非统）。1999年9月9日，非统第四届特别首脑会议通过《锡尔特宣言》，决定成立非洲联盟。2002年7月，非盟正式取代非统。我国同非盟及其前身非统保持着友好往来和良好合作，并向其提供了力所能及的援助。

5. 南方共同市场

南方共同市场（MERCOSUR）简称南共市，是南美地区最大的经济一体化组织，也是世界上第一个完全由发展中国家组成的共同市场。1991年3月26日，阿根廷、巴西、乌拉圭和巴拉圭4国总统在巴拉圭首都亚松森签署《亚松森条约》，宣布建立南方共同市场。该组织的宗旨是通过有效利用资源、保护环境、协调宏观经济政策、加强经济互补，促进成员方科技进步和实现经济现代化，最终实现经济政治一体化。在这一宗旨下，1991年至1994年6月30日期间，成员方以每半年降低7个百分点的速度将区内关税降为零。1995年1月1日起，进一步对85%的进口商品实行税率为0～20%的统一对外关税。同盟还充分考虑到了成员方间发展水平的差异，对巴拉圭和乌拉圭做了区别对待。阿根廷和巴西在1994年12月前实现零关税，而巴拉圭和乌拉圭推迟到1995年12月。

2021年3月26日，在南方共同市场成立30周年纪念峰会上，颁布了《南共市公民法》，以更好地维护各成员方公民的权利和利益。其中包括某成员方公民可以在其他成员方快速申请身份证明和工作许可、互相承认中小学学历等内容。同时，南共市积极发展同世界主要国家或集团的关系，已同中国、欧盟、东盟、日本、俄罗斯、韩国、澳大利亚、新西兰等国家和地区建立了对话或合作机制。

5.2 《关税与贸易总协定》

5.2.1 《关贸总协定》的含义

《关税与贸易总协定》

《关税与贸易总协定》（General Agreement on Tariff and Trade，GATT）简称《关贸总协定》，是在美国倡议下，由23个国家于1947年10月30日共同签订的，关于调整缔约方对外贸易政策和国际贸易关系的一个国际多边协定。

第二次世界大战后初期，美国在经济上处于绝对领先的地位，其生产总值占资本主义世界的1/2，出口贸易额占世界贸易额的1/3，黄金储备占整个世界的3/4。其他的国家由于战争的破坏，国际收支出现巨额逆差，各国的经济都举步维艰，不得不在贸易方面实行保护政策。美国为了称霸世界，就积极在国际金融、投资和贸易方面进行对外扩张。为此，美国首先提出建立一个国际贸易组织，以解决贸易保护问题，提倡世界贸易自由化。1946年2月，联合国经济和社会理事会开始筹建该组织，并于1947年4月在日内瓦举行的筹委会第二次会议上通过了《国际贸易组织宪章》草案。同年10月，在哈瓦那举行的联合国贸易和就业会议上，审议并通过了《国际贸易组织宪章》。后来主要由于美国参议院未通过，因而国际贸易组织没能成立。为了尽快解决关税问题，参加会议的代表根据草案中的有关关税条文编写了一个文件，即为《关税与贸易总协定》，在1947年10月30日由23个国家签署，并于1948年1月1日起正式生效。《关税与贸易总协定》原为临时性的，准备一旦各国政府批准《国际贸易组织宪章》，就令后者取而代之。但是，由于该宪章未被一些国家的政府批准，成立"国际贸易组织"的计划也就没能实现。因此，《关贸总协定》也就成为各缔约方在贸易政策方面确立的某些共同遵守的准则，成为推行多边贸易自由化的一项唯一的、带有总括性的多边条约与协定。它与国际货币基金组织和世界银行一起构成调整国际经济、贸易和金融关系的三大支柱。

5.2.2 《关贸总协定》的宗旨及作用

《关贸总协定》的宗旨是：各缔约方本着提高生活水平，保证充分就业，保障实际收入和有效需求巨大且持续增长，充分利用世界资源、发展商品生产和交换，促进经济发展的目的，来处理它们在贸易和经济发展上的相互关系，彼此减让关税，取消其他贸易壁垒和消除贸易上的歧视待遇。

《关贸总协定》作为世界上第一个国际贸易体系，对世界经济发展和贸易增长的积极作用具体表现在以下几个方面。

（1）通过多边贸易谈判，大幅度地削减了关税。自《关贸总协定》于 1948 年生效以来的 40 多年里，经过 7 次多边贸易谈判，发达国家和地区的平均关税已从 36% 减到 20 世纪 80 年代的 4.7%，发展中国家和地区的平均关税在同期也下降到 13%。关税的削减使这一时期世界贸易的总额增长了 10 倍以上。

（2）有效地处理了国际经济贸易的纠纷。《关贸总协定》适用于所有缔约方，一旦发生纠纷，可用多边贸易规则解决，而不是用一国贸易法裁决，这样就可以较为公正地解决纠纷。虽然关贸总协定在处理国际经济贸易纠纷方面还缺乏强制性手段，但它仍有最后手续和缔约方全体的联合行动。从日内瓦签约以来，关贸总协定在处理纠纷方面取得了一定的成就，到目前为止，通过协商手段已成功地解决 100 多起缔约方之间的贸易纠纷。同时，关贸总协定为世界各个国家和地区通过双边和多边谈判发展彼此之间的经济与贸易关系，解决纠纷，提供了场所。

（3）逐步消除非关税壁垒。特别是乌拉圭回合谈判已将"非关税措施"列入议题进行谈判，并制定出一些规则来对非关税壁垒加以约束，扩大了各个国家和地区市场准入的程度，从而进一步实现贸易的自由化。

（4）增加了各缔约成员经贸政策的透明度。《关贸总协定》第 10 条"贸易条例的分布和实施"对贸易透明度做了 3 项规定，实施的结果增进了各缔约方之间的经贸透明度、增加了相互间经贸状况的了解，在宏观上有利于各个国家和地区政府的决策，在微观上有利于企业的经营，总协定定期汇总的世界各个国家和地区贸易统计数据是了解世界贸易状况的重要依据。

（5）保障了国际贸易环境的稳定性。稳定性主要表现在缔约方之间谈判达成的关税税率、减让的幅度，均须列入减让表，作为总协定的组成部分。缔约方的关税税率被约束在减让表水平上，不得随意提高。任何缔约方如欲提高受约束的关税，要经过 3 年，同时须与有关约方进行协商，重新谈判。税率的复升，必须用其他产品税率减让作为补偿，因而保证了国际贸易环境的稳定性。

（6）促进了国际服务贸易、知识产权和投资的发展。根据乌拉圭回合部分会议的决定，服务贸易、知识产权和与贸易有关的投资措施的提案，被列为新议题进行谈判，这就很可能使关贸总协定协调的范围扩大到国际经济贸易关系的各个领域。

5.2.3 《关贸总协定》的发展及八轮多边贸易谈判

第一轮谈判于 1947 年 4 月～10 月在瑞士日内瓦举行。包括中国在内的 23 个原始缔约方参加了谈判，结果达成双边减税协议 123 项，涉及商品税目 45 000 项，使应征税进口值 54% 的商品平均降低关税 35%，影响了 100 亿美元的贸易额。

第二轮谈判于 1949 年 4 月～10 月在法国安纳西举行。有 33 个国家和地区参加，达成双边减税协议 147 项，涉及关税减让 5 000 项，使应征税进口值 5.6% 的商品平均降低关税 35%。

第三轮谈判于 1950 年 9 月～1951 年 4 月在英国托奎举行。有 39 个国家和地区参加，达成双边减税协议 150 项，涉及关税减让 870 项，使应征税进口值 11.7% 的商品平均降低关税 26%。

第四轮谈判于 1956 年 3 月～5 月在瑞士日内瓦举行。有 28 个国家和地区参加，使应征税进口值 16% 的商品平均降低关税 15%，只涉及 25 亿美元的贸易额。

第五轮谈判（又称"狄龙回合"）于 1960 年 9 月～1962 年 7 月在日内瓦举行。有 45 个国家和地区参加谈判，使应征税进口值 20% 的商品平均降低关税 20%，涉及 49 亿美元的贸易额。

第六轮谈判（又称"肯尼迪回合"）于 1964 年 5 月～1967 年 6 月在日内瓦举行。有 54 个国家和地区参加，使工业品的进口关税下降 35%，影响贸易额 400 亿美元；同时，第一次把非关税壁垒也列入谈判内容，通过了第一个《反倾销守则》。

第七轮谈判（又称"东京回合"）于 1973～1979 年在日内瓦举行。有 99 个国家和地区参加。这次谈判采取一揽子减税办法，按照一定的公式，使关税水平降低 30% 左右。在这次谈判中，非关税壁垒占有重要地位，共达成 9 项这方面的协议以及有关给予发展中国家和地区优惠待遇的"授权条款"等。

第八轮谈判（又称"乌拉圭回台"）于 1986 年 9 月 15 日在乌拉圭埃斯特角城举行，并于 1993 年 12 月 15 日结束，是举行的历次谈判中时间最长的一次。参加的国家和地区有 117 个，主要讨论货物贸易与服务贸易两部分问题，共 15 个议题。围绕市场准入的有：关税、非关税壁垒、热带产品、自然资源产品、农产品贸易、纺织品和服装贸易 6 个议题。强化《关贸总协定》多边贸易体制及作用的有：《关贸总协定》条款、保障条款、多边贸易谈判协议和安排、补贴与反补贴措施、争端解决程序、总协定体制运行 6 个议题。新议题有：与贸易有关的投资措施、知识产权和服务贸易。根据 15 个议题组成 15 个谈判小组分别进行谈判，其宗旨是进一步削减和取消关税及各种非关税壁垒，取消《多种纤维协定》，减少对农产品的补贴，制定保护知识产权和管理服务贸易的新规则以及其他有关规则，促进世界贸易自由化进一步发展，实现世界经济的稳定增长。

乌拉圭回合从 1989 年 5 月起开始进入 15 个议题的全面实质性谈判，到 1993 年 12 月 15 日宣告结束。经过艰苦的磋商，谈判的最后文本终于达成。该文本包括 45 个独立文件，涉及市场准入（关税和非关税）、服务贸易、农产品、纺织品、反倾销、知识产权、世界贸易组织等 21 项内容以及各参加方提出的产品和服务业减让单。其中达成协议的有：《世界贸易组织协议》《农产品问题协议》《原产地规则协议》《装船前检验协议》《海关估价守则》《反倾销协议》《技术标准协议》《进口许可证程序协议》《总协定条款修改协议》《关于关贸总协定争端解决的程序与规则》《关于关贸总协定体制作用的协议》《建立服务贸易多边框架协议》《知识产权协议》《与贸易有关的投资措施协议》《纺织品和服装协议》等。根据这些协议，减税产品涉及的贸易额高达 1.2 万亿美元，关税总水平削减近 40%，并在近 20 个产品部门实行了零关税。就工业品而言，发达国家和地区的关税税目约束比例由以前的 78% 扩大到 97%，加权平均税率水平由 6.4% 降到 4%；发展中国家和地区同期的税目约束比例则由 21% 增加到 65%。就农产品而言，发达国家和地区的税目约束比例由 58% 提高到 99%；发展中国家和地区则由 17% 剧增到 89%。在非关税方面，农产品的非关税措施全部予以关税化约束和削减，纺织品配额限制将在 10 年内逐步取消。

与前几次谈判相比，乌拉圭回合谈判具有以下四个明显的特点：一是涉及面非常广泛，几乎涉及国际贸易中所有的现实问题；二是非关税壁垒谈判占据相当重要的分量；三是为农产品贸易谈判打开了缺口；四是服务贸易开始进入谈判的议题。这次谈判的结果对以后的国际贸易和全球贸易体系产生了较大的影响。

5.3 世界贸易组织

世界贸易组织

5.3.1 世界贸易组织的产生

1990年年初，时任欧共体轮值主席国的意大利首先提出建立一个多边贸易组织（MTO）的倡议。后来这个倡议以欧共体12个成员方的名义正式向乌拉圭回合谈判体制职能谈判小组提出。随后，倡议得到加拿大和美国的支持；联合国贸易与发展会议也认为加强多边贸易领域的国际组织，是联合国有效地实现世界经济持续发展目标的组成部分。1990年12月，在乌拉圭回合布鲁塞尔部长会议上成员方做出正式决定，责成体制职能小组负责"多边贸易组织协议"的谈判。后经一年的紧张谈判，于1991年12月形成了一份"关于建立多边贸易组织协定草案"，后以时任关贸总协定秘书长邓克尔的名义形成了"邓克尔最后案文"。1993年12月15日乌拉圭回合结束时，根据美国的建议将"多边贸易组织"（MTO）更名为"世界贸易组织"（WTO）。

世界贸易组织协议于1994年4月15日在摩洛哥的马拉喀什部长会议上获得通过，协议连同其四个附件，加上部长会议宣言与决定共同构成了乌拉圭回合多边贸易谈判的一揽子成果，并采取"单一整体"义务和无保留接受的形式，经104个参加方政府代表（其中包括中国政府代表）签署，于1995年1月1日正式生效。根据《建立世界贸易组织的协定》，1995年1月1日世界贸易组织正式成立，并在与1947年签订的《关贸总协定》共存一年后，完全担当起全球经济贸易组织者的角色。

5.3.2 世界贸易组织的宗旨

世界贸易组织的基本宗旨是建立一个开放、完整和持久的多边贸易体制，促进世界货物和服务贸易的发展，有效合理地利用世界资源，改善生活质量、扩大就业，确保实际收益的有效需求的稳定增长。与此同时，不同成员方遵照可持续发展的目标和自身实际的经济水平与需要，保护环境并完善保护环境的手段。

5.3.3 世界贸易组织的基本原则

世界贸易组织的基本原则是在继承关贸总协定基本原则的基础上，进行必要的补充和修改形成的。其源自1994年的《关贸总协定》《服务贸易总协定》和历次多边贸易谈判所达成的一系列协议，最主要的原则如下。

（1）非歧视待遇原则。非歧视待遇原则是世界贸易组织最重要的原则，是世界贸易组织的基石。该原则规定：某一缔约方在实施某种限制或禁止措施时，不得对其他缔约方实施歧视待遇。非歧视待遇原则要求每个缔约方在任何贸易活动中，都要给予其他缔约方以平等待遇，使所有缔约方能在同样的条件下进行贸易。该原则主要是通过最惠国待遇和国民待遇条款来体现的。

最惠国待遇是指缔约一方现在和将来给予任何第三方的优惠，也给予其他所有缔约方。在国际贸易中，最惠国待遇是指签订双边或多边贸易协议的一方在贸易、关税、航运、公民法律地位等方面，给予任何第三方的减让、特权、优惠或豁免时，缔约另一方或其他缔约方也可以得到相同的待遇。

国民待遇是指在贸易条约或协议中，缔约方之间相互保证对方的自然人、法人和商船在本国境内享有与本国自然人、法人和商船同等的待遇，即把外国的商品看作本国商品对待，把外国企业看作本国企业对待。其目的是公平竞争，防止歧视性保护，实现贸易自由化。

（2）互惠原则。互惠是指两国或多国之间在贸易利益或特权方面的相互让与。互惠原则体现在关税、运输费用、非关税壁垒方面的削减和知识产权方面的相互保护等。这一原则与最惠国待遇的原则结合实施，以避免缔约方由双边互惠而导致的差别待遇。

（3）关税减让原则。关税和非关税措施是国家管制进出口贸易的两种常用的方式。与名目繁多的非关税措施相比，关税的最大优点是具有公开性和可计量性，能够清楚地反映关税对国内产业的保护程度。在WTO中，关税是唯一合法的保护方式。不断地降低关税是WTO最重要的原则之一。目前，发达国家关税的总体水平大约在4%以下，发展中国家为10%左右。

（4）取消数量限制原则。数量限制是非关税壁垒中最常用的方法，是政府惯用的手段，常被用来限制进出口数量。WTO倡导贸易自由化，主张取消任何非关税壁垒。数量限制的主要形式是：配额、进口许可、自动出口约束和禁止。在某些例外情况下，允许数量限制。这些例外包括：为了稳定农产品市场，为了改善国际收支，为了促进发展中国家经济发展。

（5）透明度原则。贸易自动化和稳定性是WTO的主要宗旨，而实现这一宗旨，有赖于增强贸易规章和政策措施的透明度。因此，WTO为各缔约方的贸易法律、规章、政策、决策和裁决规定了必须公开的透明度原则。其目的在于防止缔约方之间进行不公平的贸易。透明度原则已经成为各缔约方在货物贸易、技术贸易和服务贸易中应遵循的一项基本原则，它涉及贸易的所有领域。

（6）公平竞争原则。WTO强调开放和公平的竞争、反对不公平的贸易做法。因此，世界贸易组织要求各缔约方用市场供求价格参与国际竞争，如果出现人为地降低价格，则允许缔约方采取反倾销和反补贴等措施进行保护。

（7）发展中国家特殊待遇原则。根据东京回合达成的"授权条款"，对发展中国家的贸易与发展尽量给予关税与其他方面的特殊待遇。这具体表现为，发展中国家关税可以高于发达国家；发展中国家可继续享受普惠制待遇；过渡期长于发达国家；可利用"宽松条款"；可从世界贸易组织得到特殊援助等。

（8）地区贸易原则。地区贸易原则允许成员方组织经济贸易集团化，促进贸易自由化。

（9）磋商协调原则。它是世界贸易组织解决争端的重要原则，具体指通过争端解决机制解决贸易纠纷，不主张采取报复措施，以保持缔约方之间权利与义务的平衡。

（10）保障措施原则。同意缔约方运用"例外条款"保护自己。

5.3.4 世界贸易组织的职能

世界贸易组织作为一个专门的国际组织，有其特有的工作范围和职能。对世界贸易组织职能的规定，散见于乌拉圭回合的各项协定和决议中，其最主要的职能是：促进世界贸易组织协定和多边贸易协定的执行、管理和运作，并为其提供一个组织；为各成员方提供多边贸易谈判的场所和执行谈判结果的机构；解决各成员方间发生的贸易争端，并对程序谅解书进行管理；对各成员方的贸易政策、法规进行定期评审；通过技术援助和培训项目，帮助发展中国家制定贸易项；为达到全球经济政策的一致性，以适当的方式与国际货币基金组织及世界银行等国际组织进行合作。

5.3.5 世界贸易组织的组织机构

世界贸易组织的各项职能都是由其所属组织机构实现的，这些组织机构的设置和运作，对于促进世界贸易组织宗旨的实现和职能的履行，具有十分重要的意义。世界贸易组织的主要机构包括部长级会议、总理事会、秘书处与总干事，如图5-1所示。

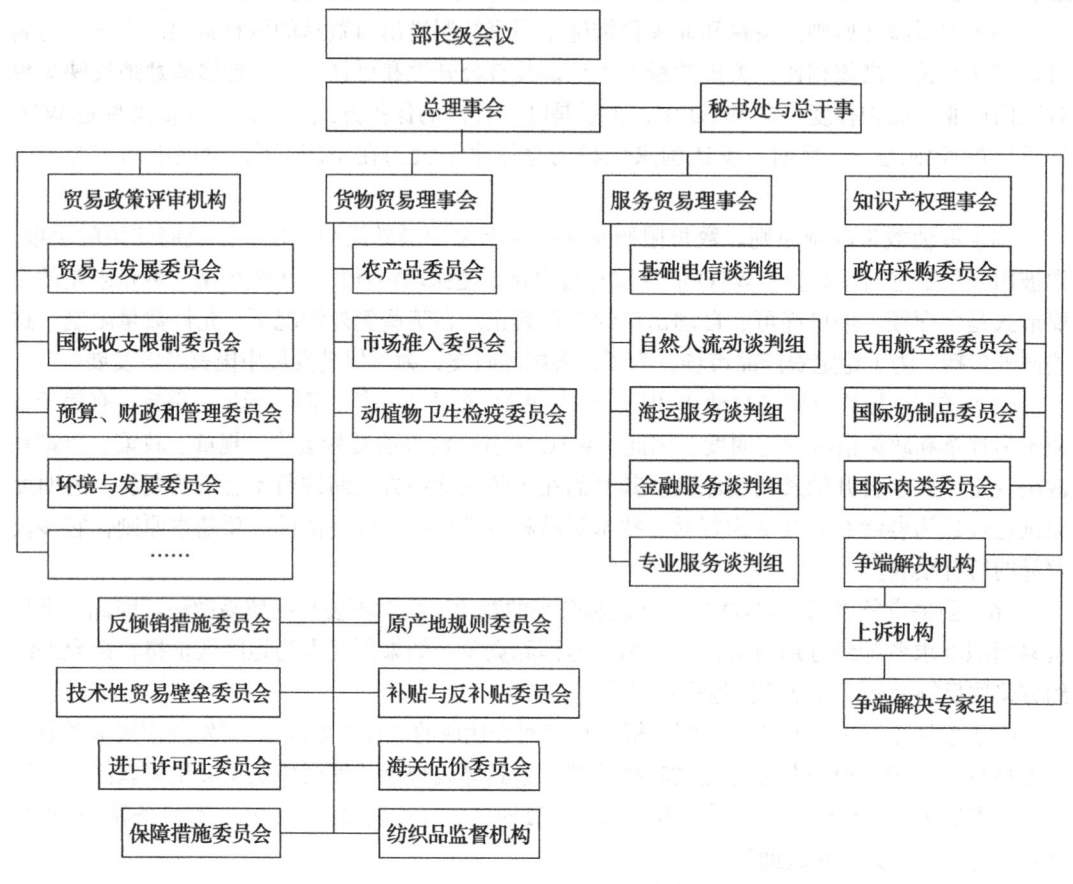

图 5-1 世界贸易组织主要机构

（1）部长级会议。由全体成员方组成，是最高权力机构，拥有对重大事务的决策权，至少每两年举行一次会议。

（2）总理事会。由成员方全体组成，在部长会议休会期间，行使部长级会议的职责。总理事会下设货物贸易、服务贸易和知识产权三个分理事会，负责监督各自领域内协议的执行情况。此外，总理事会还设立若干负责处理相关事宜的专门委员会，如监督委员会、贸易与发展委员会、与贸易有关的投资措施委员会等。三个分理事会也设立其相应的附属机构（次一级专门委员会），以处理更为具体的专门问题和监督协议的履行。总理事会、分理事会及专门委员会视具体需要，还可设立临时性工作组或专家小组。

（3）秘书处与总干事。秘书处由总理事会设立，以处理日常事务，其领导人由总理事会指派一名总干事担任。总干事的权限、任期等由总理事会决定。

5.3.6 世界贸易组织的特点及不足

1. 世界贸易组织的特点

（1）适用的领域明显扩大。WTO 所涉及的领域不仅包括工农业产品贸易，而且包括服务贸易和知识产权。不仅如此，WTO 所建立的是一项伞式条约，乌拉圭回合达成的各项协议以及修改后的东京回合的协议都是 WTO 框架下的附件，都属 WTO 管辖范围。此外，在 WTO 的前言中还将环保作为 WTO 下一个工作目标。

（2）法律地位更加明确。GATT 不是一个正式组织，只是一项临时性的契约，而 WTO 是一个具有法人地位的正式国际机构。各国采取"一揽子"参加办法，改变了过去自由选择的参加办法，促进各成员方在相互权利和义务上的平等性。

（3）建立了一套较为完善的管理机构。其中之一就是建立贸易制度的审议制度，以确保其透明度和对与多边协议有关的成员方的贸易政策进行检查、督促。

（4）解决争端机制更为完善。这有助于克服 GATT 的专家小组权限有限、争端解决时间拖长、监督行动不力等缺陷。

2. 世界贸易组织的不足

（1）协调、理顺文案本身与其庞杂的附件之间的关系是项十分艰巨的任务。

（2）虽然 WTO 力图建立对贸易政策的审查机制，但规定的内容比较空洞，缺乏实质性的监督内容，可行性差，难以对发达国家形成强硬的约束。

（3）从总体上讲，WTO 没有也不可能完全反映发展中国家的意志，它的许多制度安排并没有给发展中国家带来多大实质性的利益。

（4）各类绕过 GATT 纪律约束的"灰色区域"措施，如自限协议，并未规定取消的时间表，新多边贸易体制仍会遭到此类措施的侵蚀。

（5）农产品和纺织品长期游离于多边贸易体制管制之外的问题没有从根本上得到解决，虽然乌拉圭回合已就纺织品配额限制达成 10 年内取消的协议，但落实不到位也可能成为纸上谈兵。2005 年 1 月 1 日，全球纺织品贸易的配额制度如期取消，但从中美、中欧纺织品贸易情况来看，在不能使用传统配额限制的情况下，绿色贸易壁垒、技术性贸易壁垒、反倾销等非关税措施开始潮水般涌现，中国纺织品与农产品出口面临的形势反而变得更加复杂和严峻。

（6）WTO 继承了 GATT 许多例外规定，如反倾销、反补贴等。这种例外规定和免责条款可能严重影响新多边体制的有效运转。

（7）如何确保形形色色的区域集团组织朝着开放、公平和非排他性方向发展，并杜绝区域集团化对自身机制的干扰和破坏，还缺乏一套行之有效的措施。

5.3.7 世界贸易组织的争端解决机制

WTO 的争端解决机制

WTO 建立争端解决机构（Dispute Settlement Body，DSB）专门负责监督争端解决机制的有效运行。争议双方遇到争议后应首先进行磋商，当磋商失败后，应争端方的请求，由 DSB 成立由 3～5 名独立人员组成的专家小组（Panel），对成员方的某一违法行为进行裁决，并在规定时间内形成专家组报告，提交 DSB 会议批准。如果一方对裁决结果有异议，可以通过 DSB 建立的常设上诉机构

（Appellate Body）进行上诉，上诉机构可以就专家小组报告中有关法律问题和专家组详述的法律解释，对原定结果进行维持、修改或撤销处理，一旦上诉机构做出裁决并经过 DSB 通过，争端各方必须无条件接受。若该结果依旧未在争端双方之间达成一致，则可交付仲裁，仲裁结果是最终的，不得再进行上诉，并必须遵照执行。具体过程如下。

1. 磋商

争议一旦产生，争议双方首先要进行磋商。被投诉方应在接到磋商请求后的 10 日内做出答复，并在 30 日内开启磋商进程。完成磋商则要求在被投诉方收到磋商请求后的 60 日内。如果被投诉方在 10 日内未做出回复，或在 30 日内未进行磋商，或 60 日内未达成磋商的统一意见，投诉方可向 DSB 提出申请成立专家小组。争议双方也可不通过磋商直接要求成立专家小组，只要争端机构没有全体反对，则可宣告专家小组成立。

2. 成立专家小组

DSB 在收到成立专家小组申请后的第一次会议上，做出是否成立专家小组的决议，并在第二次会议上确定专家小组成员、工作范围等，第二次会议应在提出申请后的 15 日内进行。专家小组一般由 3 人组成，小组成员由争议双方共同选择，专家小组的工作方式与职责范围则应在 WTO 框架内由争议双方共同商议决定。专家小组成立后，根据既定的授权接管案件，并须在 6 个月内完成最终报告，最长不超过 9 个月，提交 DSB 裁决。如遇紧急情况，则应在 3 个月内完成，并在最终报告提交 DSB 后的 60 日内做出通过与否的决定。通过方式采取"方向一致"的原则。

3. 上诉

如果争端一方对专家小组报告中的裁决不服，则可以申请上诉，上诉范围仅限于专家小组所涉及的法律问题及由专家小组所做的法律解释。上诉程序由 DSB 常设的上诉机构执行，该机构一般由 7 人组成。上诉机构须在收到上诉申请后的 60 日成完成上诉复议程序（最长不超过 90 日），并将上诉审查报告提交 DSB 审核，审核结果应在报告发出后的 30 日内通过，除非经协商一致不通过。

4. 执行

DSB 通过专家小组或上诉机构的报告后，争端各方应在 30 日内做出确定执行裁决的回复并声明期限。如果争议双方未能就裁决结果达成一致，则交付仲裁。其中，执行裁决的期限一般为 90 日，最长不超过 15 个月，如在合理期限到期后 20 日内依旧未就补偿问题达成一致，则申诉方可请求 DSB 授权其对被诉方进行报复。因此，仲裁具有终审性质，无论结果如何都不得再进行上诉，必须遵照执行。这些规定不仅提高了仲裁的权威性，还增强了仲裁决议履行的有效性。

5.3.8 中国与世界贸易组织

1. 中国加入世界贸易组织的意义

从政治上说，中国是联合国安理会常任理事国，理应在一个越来越以秩序为本的多边经济体系中拥有发言权，发挥与大国地位相称的作用。加入世界贸易组织（简称"入世"），将大大增强中国在世界事务中的发言权。中国作为主权国家，如果不加入世界贸易组织，政治上就会很被动。

就经济上而言，世界经济正在经历着以知识化、信息化、生产跨国化、贸易自由化、经济全球化为标志的产业革命。中国要实现经济振兴，就不能背离这一经济发展的潮流，因此，必须通过加入世界贸易组织来抓住未来的发展机遇。

"入世"以来，中国积极履行"入世"承诺，2005年根据承诺全部取消了进口配额、进口许可证和特定招标等非关税措施；2010年进一步完成了对货物降税的承诺，关税总水平从2001年的15.3%降至9.8%，即使在农产品方面，平均税率也由23.2%降至15.2%，最高约束关税仅为65%，而美国、欧盟和日本等国家则分别为440%、408%和1 706%。积极主动融入WTO推动中国实现了近20年的高速增长，使中国成为全球第二大经济体。根据世界贸易组织的统计数据，2013年中国成为世界第一货物贸易大国。另外，2009年以来，中国就已经成为全球第一出口贸易国，并连续11年占据世界第二大进口贸易国的位置。

同时，中国加入世界贸易组织不仅发展了自己，也为世界经济发展创造了更多机会。中国积极践行新发展理念，经济由高速增长向高质量发展迈进，成为世界经济增长的主要稳定器和动力源。加入世界贸易组织后，中国重新审视外资政策，逐步转变产业导向，提高吸引外资的质量，对外资企业实施国民待遇，积极履行服务贸易领域与知识产权等方面的承诺，促进更加公平、公正、透明市场竞争环境的形成。

2. 中国加入世界贸易组织的原则立场

中国政府在加入世贸组织的基本原则上，秉承当初申请恢复关贸总协定原始缔约方地位（简称"复关"）的原则，并加以适当的改进。

中国政府对恢复关贸总协定缔约方地位确定了三项原则：①承认中国是发展中国家，应享受发展中国家的待遇；②以关税减让为承诺条件，而不承担具体进口义务；③是恢复原始缔约方席位而不是重新加入。在恢复谈判问题上，根据关贸总协定原则和有关规定，中国政府又提出三项具体要求：美国应给予中国多边无条件最惠国待遇；中国应在缔约的发达国家中享受普惠制待遇；欧共体应取消对中国的歧视限制。

在加入世界贸易组织问题上，中国政府坚持三点。①中国要求权利与义务的平衡。中国为加入世界贸易组织已经做出降低关税、削减非关税壁垒和逐步开放服务贸易领域的承诺。因此，中国应当在所有世界贸易组织成员中享有长期、稳定的最惠国待遇，反对一切贸易歧视。②中国要求以发展中国家的条件进入世界贸易组织，享有世界贸易组织规则中应当给予发展中国家的各种优惠。③加入世界贸易组织要与中国的国情相适应，如在若干幼稚产业和服务业的开放方面，应有一定的过渡期。

3. 中国"复关"与"入世"谈判的艰苦历程

中国与世界贸易组织的渊源可追溯到半个世纪前。第二次世界大战后，中国作为反法西斯同盟成员方，积极参与布雷顿森林体系的建立。1947年10月，中国作为23个原始缔约方之一签署了参加世界贸易组织的前身——关税与贸易总协定的协议。由于朝鲜战争爆发，中国人民志愿军抗美援朝出国作战，中国遭到了美国等发达国家"禁运"的制裁，一直被排斥在关贸总协定之外。直到改革开放后的1980年，中国才开始了与关贸总协定的直接接触；第二年中国派代表列席了关贸总协定纺织品委员会主持召开的第三个多种纤维协议的谈判，并参加了关贸总协定下的《多种纤维协定》。

中国于1986年7月1日正式提出"复关"申请。1986年9月，中国代表团列席在乌拉圭举行的关贸总协定缔约方部长级会议。1987年2月13日，中国政府向关贸总协定正式递交了《中国对外贸易制度备忘录》，并通过关贸总协定秘书处向各缔约方提交了这一备忘录。1987年6月，关贸总协定"中国的缔约方地位工作小组"成立，以审议中国的对外贸易制度、起草关于中国恢复地位的决定书、提供进行关税减让谈判的场所。与此同时，关贸总协定秘书处向中国提交缔约各方对中国外贸制度提出的书面问题329个。1987年11月，中国向关贸总协定正式提交了有关中国外贸制度的答疑稿，关贸总协定秘书处于当月将答疑稿分送各缔约方。1988年2～9月，关贸总协定中国问题工作组召开了由各缔约方参加的4次工作组会议，中国代表团向关贸总协定缔约方发出了关税减让谈判邀请。1989年2月、4月、12月，关贸总协定中国问题工作组召开了由各缔约方参加的第6～8次工作会议。中国代表团于1989年11月向关贸总协定提交了《关于中国外贸制度最近进展情况的说明》。1989年12月以后，由于经济体制、意识形态等多方面存在的差异以及某些缔约方的严重偏见，恢复中国缔约方席位的谈判一再受阻并被搁置。1990年1月底，关贸总协定中国问题工作组再次召开会议，审议中国恢复缔约方地位的要求并完成对中国外贸制度所进行的评估，同时，决定7月开始草拟中国重返关贸总协定《议定书》。1993年3月和5月，关贸总协定中国问题工作组又召开了第13、14次会议，在第14次会议上加速了"复关"进程。此后，该工作组又召开过多次会议。

1986年7月，中国政府以观察员身份，自始至终参加了长达8年的乌拉圭回合多边贸易谈判，签署了最后一揽子协议。但是，由于以美国为首的发达国家缔约方不断抬高要价，直到关贸总协定行将终止的1994年年底，中国仍未能恢复在关贸总协定的缔约方地位，也未能成为关贸总协定继承组织——世界贸易组织的创始成员方。1995年世界贸易组织正式成立并运行，中国成为其观察员。1995年11月，中国"复关"谈判转为加入世界贸易组织的谈判。

中国加入世界贸易组织的谈判集中在四个领域进行：首先是关税减让；其次是非关税措施问题；再次是服务贸易开放问题；最后是有关《议定书》的特殊规定问题。

共有36个世界贸易组织成员（欧盟统一代表15个成员作为一个成员方）要求与中国进行双边谈判。中国与匈牙利、新西兰、韩国、日本（货物贸易部分）、捷克、斯洛伐克、巴基斯坦、印尼、土耳其、新加坡、澳大利亚、加拿大、古巴等结束了谈判，签署了正式协议。截至1999年年底，中国与19个国家之间仍有少数问题留待在双边谈判中解决，与日本正就服务贸易加紧磋商；与欧盟的谈判已进入最后阶段；1999年以来，中国加入世界贸易组织的关键谈判——中美谈判紧锣密鼓地进行。时任国务院总理朱镕基访美把这一谈判推向了高潮。1999年4月9日，中美双方进行了通宵达旦的谈判，到美国东部时间10日早晨6点，双方就中国加入世界贸易组织一揽子协议中的重要组成部分——《中美农业合作协议》达成一致。1999年11月15日，中美双方签署了关于中国加入世界贸易组织的双边协议。

随着中美谈判的结束，中国与欧共体的谈判也于2000年5月19日达成双边协议；2001年6月28日～7月4日，对多边谈判中遗留的问题达成全面共识；2001年9月13日，中国与墨西哥达成双边协议。至此，中国为加入世界贸易组织所进行的谈判全部结束。2001年11月11日，世界贸易组织多哈部长级会议正式通过中国加入世界贸易组织的决议，12月11日中国正式签署有关法律文书，成为世界贸易组织的第143个正式成员。

本章小结

本章先介绍了经济一体化的相关概念、基本形式与主要的区域经济一体化组织。随后，本章介绍了关税与贸易总协定（GATT）的产生、宗旨、作用等基本情况，以及 GATT 的八轮多边贸易谈判。作为世界贸易组织（WTO）的前身，GATT 是第二次世界大战后形成的最重要的全球经济一体化组织，在降低各国间的贸易壁垒、促进世界经济一体化方面做出了巨大的贡献。进一步地，本章介绍了 WTO 这一国际贸易领域最大的国际经济组织。WTO 涉及当今国际贸易中的货物、服务、知识产权、投资措施等各个领域，它对世界各国的经济发展产生着非常重要的作用。WTO 是由 GATT 演化来的。本章主要介绍了 WTO 的产生、宗旨、基本原则、职能、组织机构等基本情况，以及 WTO 的争端解决机制。本章最后简要介绍了中国加入 WTO 的意义、中国加入 WTO 的原则立场以及中国"复关"与"入世"的谈判进程。

练习题

一、名词解释

1. 区域经济一体化
2. 优惠贸易安排
3. 自由贸易区
4. 关税同盟
5. 共同市场
6. 经济联盟
7. 完全经济一体化
8. 贸易创造

二、判断题

1. 关税同盟与自由贸易区的不同在于前者实施共同的对外关税。（　　）
2. 共同市场的特征是要素在各成员方之间自由流动。（　　）
3. 经济一体化的规律是由最初级的组织形式向高级组织形式逐渐演进。（　　）
4. 欧盟是目前世界上最高级别的区域经济一体化组织。（　　）
5. 关税同盟一定会提高成员方的社会福利水平。（　　）
6. 原产地规则无法消除自由贸易区的间接贸易偏转效应。（　　）
7. 一国在高关税条件下加入关税同盟比在低关税条件下加入关税同盟会获得更多的社会福利。（　　）
8. 关税同盟可以产生规模经济效应。（　　）
9. 北美自由贸易区（NAFTA）和亚太经济合作组织（APEC）都是区域经济一体化组织。（　　）
10. 经济一体化有利于国际贸易的发展。（　　）
11. 关税同盟会提高成员方福利水平的原因在于区外贸易条件好转。（　　）
12. 参加自由贸易区的国家的福利水平变化是不确定的。（　　）
13. 国民待遇原则是《关贸总协定》和《服务贸易总协定》等一系列规定的普遍义务。（　　）
14. 透明度原则要求所有的贸易政策都应该在其实施之前予以公布。（　　）
15. 当一国（或地区）申请加入世界贸易组织时，新成员可以享有所有老成员过去已达成的开放市场的优惠待遇。（　　）

三、单项选择题

1. 在自由贸易区内，各成员方之间（　　）。
   A. 商品自由流动
   B. 人员自由流动
   C. 资本自由流动
   D. 商品、人员、资本都自由流动
2. 关税同盟和自由贸易区的区别在于（　　）。
   A. 商品在区内是否可以自由流动
   B. 成员方之间是否有共同的对外关税
   C. 是否实施原产地规则

D. 是否有单一的货币

3. 下列组织形式中区域经济一体化程度最高的是（　　）。
   A. 优惠贸易安排
   B. 共同市场
   C. 自由贸易区
   D. 关税同盟

4. "东盟"成立之初属于（　　）区域经济一体化组织。
   A. 优惠贸易安排
   B. 自由贸易区
   C. 关税同盟
   D. 经济联盟

5. 北美自由贸易区的成员方有（　　）。
   A. 阿根廷
   B. 巴西
   C. 墨西哥
   D. 智利

6. 关税同盟各成员方对非成员方实行（　　）。
   A. 各自独立的对外关税
   B. 统一的对外关税
   C. 统一的对外关税，但农产品除外
   D. 统一的对外关税，但工业品除外

7. 世界贸易组织的最高决策机构是（　　）。
   A. 部长级会议
   B. 总理事会
   C. 部长理事会
   D. 成员方代表大会

8. WTO争端解决上诉机构由（　　）组成。
   A. 3人
   B. 5人
   C. 7人
   D. 9人

9. （　　）与最惠国待遇一样，都是建立在非歧视原则基础上的，它在许多方面都可视为最惠国待遇的补充与延伸。
   A. 最惠国待遇
   B. 国民待遇
   C. 互惠待遇
   D. 公平待遇

10. 如果磋商程序未能达成争端解决办法，申诉方可要求成立（　　）。
    A. 争端解决机构
    B. 专家小组
    C. 上诉机构
    D. 仲裁庭

11. 成员间出现贸易争端后，若一成员向另一成员提出磋商请求，则被请求方应在收到请求之日起不超过（　　）的期限内与请求方开始磋商。
    A. 10天
    B. 30天
    C. 60天
    D. 90天

12. 欧盟属于区域经济一体化组织形式中的（　　）。
    A. 关税同盟
    B. 共同市场
    C. 经济联盟
    D. 完全经济一体化

13. 解释区域经济一体化的大市场理论是基于（　　）。
    A. 绝对优势观点
    B. 规模经济观点
    C. 核心竞争力观点
    D. 改善贸易条件观点

14. 区域经济一体化与WTO的（　　）相违背。
    A. 国民待遇原则
    B. 最惠国待遇原则
    C. 自由贸易原则
    D. 透明度原则

四、简答题

1. 区域经济一体化的组织形式有哪些？这些组织形式之间有什么区别？
2. 为什么说欧盟是高级别的区域经济一体化

组织形式？
3. 简述关税同盟的贸易创造效应。
4. 区域经济一体化的本质是什么？
5. A 国从国际市场进口商品 X，每单位 10 美元。该商品在 A 国国内的需求曲线是 $D = 400 - 10P$，供应曲线是 $S = 50 + 5P$。
   （1）试计算自由贸易时 A 国进口商品 X 的数量。
   （2）如果 A 国对进口的商品 X 征收 50% 的进口关税，A 国国内价格和进口量各为多少？
   （3）如果 A 国与 B 国结成关税同盟，对外关税不变，B 国以每单位 12 美元的价格向 A 国出口商品 X，A 国的国内价格和进口量各为多少？贸易转移效应和贸易创造效应怎样？
6. 亚太经济合作组织与北美自由贸易区有什么不同？

下篇　国际贸易实务

第 6 章　国际贸易的商品描述
第 7 章　贸易术语与价格条款
第 8 章　货物运输
第 9 章　货款结算
第 10 章　贸易合同的磋商和订立
第 11 章　出口贸易合同的履行
第 12 章　进口贸易合同的履行

第6章 国际贸易的商品描述

::学习目标

| 掌握商品品质的表示方法及品质条款；
| 了解商品数量的表现形式、计算方法和计量单位；
| 掌握国际贸易合同中的数量条款；
| 理解各类运输包装标志，掌握"唛头"的制作；
| 掌握国际贸易合同中的包装条款。

商品的品名和品质

6.1 商品的品名和品质

6.1.1 品名和品质的含义

1. 商品品名的含义和重要性

商品名称（name of commodity）或称"品名"，是指能使某种商品区别于其他商品的一种称呼。商品的名称在一定程度上表明了商品的自然属性、用途以及主要的性能特征。

合同中确定的品名就是交易双方确定的交易标的。按照有关法律和惯例，对商品名称的描述，是构成商品**说明**（description）的一个主要组成部分，是买卖双方交接货物的一项基本依据，它关系到买卖双方的权利和义务。若卖方交付的货物不符合约定的品名或说明，买方有权提出赔偿要求，直至拒收货物或撤销合同。例如，有时因为品名使用不当，会导致报关受阻，甚至遇到罚交关税等问题。

在国际贸易中，一个明确的商品品名，对开展一系列国际贸易业务具有明确的指示作用。因为无论是备货采购、商检报关，还是运输保险、制单结汇等，都与商品的品名直接相关。

案例 6-1

【案情】

我国某公司出口苹果酒一批,进口方信用证规定品名为"APPLE WINE",某公司为了单证一致起见,所有单据上均用"APPLE WINE"。不料货到国外后遭海关扣留罚款,因该批酒的内、外包装上均写的是"CIDER"字样。结果外商要求我方赔偿其损失。

【讨论分析】

1. 请查阅字典,明确"APPLE WINE"和"CIDER"的区别。
2. 请查阅(某国,例如美国)海关税则,看看"APPLE WINE"和"CIDER"的进口关税相差多少。
3. 分析海关扣留罚款的原因。
4. 总结本案的教训。

2. 规定品名条款时应注意的问题

买卖合同中的品名条款是合同的要件,在规定时买卖双方应予以重视。具体来说应注意以下问题。

商品命名的方法

(1)必须具体明确。商品名称必须能明确反映交易标的物的特点,应避免空泛、笼统的规定,以利于合同的履行。

(2)尽可能使用国际上通用的名称。许多商品各地叫法不一,为避免误解,应尽可能使用国际上通用的称呼。若使用地方性的名称,交易双方应事先就其含义取得共识。对于某些新商品的定名及其译名,应力求准确、易懂,符合国际上的习惯,并注意它在外文中的意义。我国于 1992 年 1 月 1 日起采用《商品名称及编码协调制度》(The Harmonized Commodity Description and Coding System, H.S.),目前各国的海关统计、普惠制待遇等都按 H.S. 进行。所以,我国在采用商品名称时,应与 H.S. 规定的品名相适应。

(3)适当选择商品的不同名称。有些商品具有不同的名称,因而存在着同一商品因名称不同而导致关税税率和班轮运费率不同的现象,甚至所受的进出口限制也不同。为了减少关税支出、方便进出口和节省运费开支,在确定合同中的品名时应当选用对交易双方有利的名称。

3. 商品品质的含义

商品品质(quality of commodity)是指商品的外观形态和内在品质的综合。商品的外观形态是通过人们的感觉器官可以直接获得的商品的外形特征,如商品的大小、长短、结构、造型、款式、色泽、光彩、宽窄、轻重、软硬、光滑或粗糙,以及味觉、嗅觉的特征,等等。商品的内在品质则是指商品的物理性能、化学成分、生物特征、技术指标和要求等,一般需借助各种仪器、设备分析测试才能获得。例如,纺织品的断裂强度、伸长率、回潮率、缩水率、防雨防火性能、色牢度;化工商品的熔点、沸点、凝固点;机械类产品的精密度、光洁度、强度;肉禽类商品的各种菌类含量等。

案例 6-2

【案情】

出口合同规定的商品名称为"手工制造书写纸"（hand-made writing paper），买方收到货物后，经检验发现货物部分制造工序为机械操作，而我方提供的所有单据均表示手工制造。对方要求我方赔偿，而我方拒赔，主要理由是：①该商品的生产工序基本上采用手工操作，而且关键工序完全采用手工操作；②该交易是经买方当面看了样品才成交的，而且实际货物品质又与样品一致，因此应认为所交货物与样品一致。

【讨论分析】

1. 双方对商品品质的理解存在怎样的差异？
2. 你认为卖方的解释有道理吗？
3. 你认为应该如何解决本案纠纷？

6.1.2 商品品质的表示方法

在国际贸易中，由于商品种类纷繁复杂，而不同类型的商品有各自的特点，其中包括制造加工情况、市场交易习惯等，因此描述商品品质的方法也各不相同。表示商品品质的方法主要有两大类，即实物表示法和文字说明表示法。在实际业务中，具体采用何种方式，须视商品的种类、特性及双方的交易习惯等而定。

1. 以实物表示商品品质的方法

在国际贸易中，有些商品或者由于其本身的特点难以用文字说明表示其品质，或者出于市场习惯，因而以实物表示商品品质，其中主要包括看货买卖和凭样品买卖两种方法。

（1）**看货买卖**（sales by actual quality）。

看货买卖又称看货成交，即买方先验货物而后达成交易，卖方须按对方验看的商品交货，只要卖方所交付的商品已为买方所检验，买方就不能对品质提出异议。在国际贸易中，这种交易方式多用于寄售、拍卖、展卖等业务中。

有些特种商品，既无法用文字概括其品质，也没有品质完全相同的样品可以作为交易的品质依据，如珠宝、首饰、字画、特定工艺制品等。对于这类具有独特性质的商品，买卖双方只能看货洽商，按货物的实际状况达成交易。

（2）**凭样品买卖**（sales by sample）。

样品（sample）通常是指从一批商品中抽取出来，或者由生产、使用部门设计加工出来的足以代表整批商品品质的少量实物。凭样品买卖即以样品表示商品的品质并以此作为交货依据。这种方法主要适用于部分工艺品、服装、轻工业品和土特产品等一些难以用科学的方法表示商品品质的物品的买卖。凭样品买卖可分为凭卖方样品买卖、凭买方样品买卖。

1）**凭卖方样品买卖**（sales by seller's sample）。凭卖方样品买卖是指交易双方约定以卖方提供的样品作为交货依据，由卖方提供的样品称为**"卖方样品"**（seller's sample）。在此情况下，在买卖合同中应定明："品质以卖方样品为准"（quality as per seller's sample），卖方所交整批货物的品质必须与其提供的样品一致。

卖方所提供的能充分代表日后整批货物交货品质的少量实物，可称为**代表性样品**（representative sample）。代表性样品也就是**原样**（original sample）或称**标准样品**（type sample）。卖方在送交买方代表性样品的同时，应保留一份或数份同样的样品，即**留样**（keep sample），或称**复样**（duplicate sample）。卖方应在原样和留存的复样上编制相同的号码，注明样品提交买方的具体日期，以便日后联系及洽商交易时参考。

2）**凭买方样品买卖**（sales by buyer's sample）。买方为了使其订购的商品符合自身要求，有时也提供样品交由卖方依样承制。如卖方同意按买方提供的样品成交，就称为"凭买方样品买卖"，表明交易双方约定以买方提供的样品作为交货品质依据的买卖，习惯上又称"来样成交"或"来样制作"。凭买方样品买卖的好处是可以提高卖方产品在国外市场的适销性，有助于扩大出口。

在此情况下，在买卖合同中应定明："品质以买方样品为准"（quality as per buyer's sample）。卖方所交整批货物的品质，必须与买方样品相同。

在实际业务中，如卖方认为按买方来样供货没有切实的把握，那么卖方可根据买方来样加工仿制或从现有货物中选择品质相近的样品提交买方，这种样品称为"**对等样品**"（counter sample）或称"**回样**"（return sample）。对等样品经买方确认后，称为"**确认样**"（confirmed sample）。卖方所交整批货物的品质，必须与确认样相同。这样做，等于将"凭买方样品买卖"转变成了"凭卖方样品买卖"。

（3）凭样品买卖应该注意的问题。

1）凡凭样品买卖，卖方交货品质必须与样品完全一致（strictly same as sample）。⊖买方应有合理的机会对卖方交付的货物与样品进行比较，卖方所交货物不应存在合理检查时不易发现的不合销售的缺陷。《民法典》第六百三十六条规定：凭样品买卖的买受人不知道样品有隐蔽瑕疵的，即使交付的标的物与样品相同，出卖人交付的标的物的质量仍然应当符合同种物的通常标准。买方对与样品不符的货物，可以提出赔偿要求甚至拒收货物。

2）采取措施防止在履约过程中可能产生的品质方面的争议。凡能用客观的指标表示商品品质的，尽量避免采用凭样品买卖。对于某些需要采用凭样品买卖，而在制造、加工技术上有一定困难，难以做到与货样一致或无法保证批量生产时品质稳定的商品，则应在订立合同时规定一些弹性条款。如：品质与样品近似（quality to be nearly the same to the sample …）或品质与样品大致相同（quality be similar to the sample …）。

3）采用"凭买方样品买卖"时，要特别注意防止侵犯第三者工业产权。根据《联合国国际货物销售合同公约》⊜（以下简称《公约》）的规定：卖方所交付的货物，必须是第三方不能根据工业产权或其他知识产权主张任何权利或要求的货物，但以卖方在订立合同时已知道或不可能不知道的权利或要求为限。为了避免纠纷，最好在品质条款中对此做出明确声明。例如：

联合国国际货物销售合同公约

凡根据买方提供的式样、商标、品牌及（或）印记等生产的产品，如果因涉

⊖ 《民法典》第六百三十五条：出卖人交付的标的物应当与样品及其说明的质量相同。
⊜ 《联合国国际货物销售合同公约》，1980年在维也纳举行的外交会议上获得通过，1988年1月1日正式生效，是国际货物买卖方面一个十分重要的国际公约。我国政府已于1986年12月11日核准该公约。作为缔约国，我国有义务执行该公约的各项规定。

及第三方的工业产权或其他知识产权而引起纠纷，概由买方负责。

For any goods produced with the designed, trade marks, brands and/or stamps provided by the Buyers should there be any dispute arising from infringement upon the third party's industrial property or other intellectual property right, it is the Buyers to be held responsible for it.

但是随着国际社会对此类侵权越来越重视，许多国家纷纷从法律、法规、行政措施上加强和完善对知识产权的保护。一旦发生了侵权之诉，作为侵权商品的生产者、出售者，仅根据合同中的这一免责条款是难以逃脱其应承担的侵权责任的。因此，在接受买方样品时，一定要做细致的调查，以防在不知情的情况下侵犯了他人的知识产权。

4）结合其他描述商品品质的有效方法，完善凭样品成交方法。在国际贸易中，单纯凭样品成交的情况并不多，样品通常是用来表示商品的某个或某几个方面的品质指标。例如，在纺织品和服装交易中，"**色样**"（color sample）用来表示商品的色泽，"**款式样**"（pattern sample）则用来表示商品的造型；对这些商品其他方面的品质规定则通过文字说明来表示。

5）当凭样品买卖时，为了避免双方在履约过程中产生品质争议，必要时还可以使用"**封样**"（sealed sample），即由第三方或公证机关在一批商品中抽取同样品质的样品若干份，每份样品采用铅丸、钢卡、封条、封识章、不干胶印纸以及火漆等各种方式加封留存备案。有时，封样也可由出样人自封或买卖双方会同加封。《民法典》第六百三十五条规定，凭样品买卖的当事人应当封存样品，并可以对样品质量予以说明。

以文字说明表示品质

2. 以文字说明表示商品品质的方法

以说明表示商品品质是指用文字、图片、照片等方式来说明商品的品质。这是国际货物买卖中大多数商品表示品质的方法，称为"**凭文字说明买卖**"（sales by descriptions），具体有以下几种方式。

（1）**凭规格买卖**（sales by specifications）。

商品规格（specification of goods）是指一些足以反映商品品质的主要指标，如化学成分、含量、纯度、性能、容量、长短、粗细等。用规格表示商品品质的方法，具有简单易行、明确具体、可根据每批成交货物的具体品质状况灵活调整的特点，故在国际贸易中被广为运用。例如：

漂白布	纱支	密度（每英寸）	幅宽（英寸）
	30 支 × 36 支	72 × 69	38 英寸 × 121 码[①]
Bleached Cotton Shirting	Yarn Counts	No.of threads (per inch)	Width (inch)
	30 s × 36 s	72 × 69	38″ × 121 yds

① 1 码 = 0.914 4 米。

由于各种商品有其特定的结构，因而规格的内容也各不相同，即不同商品所采用的商品品质的指标也不同；商品用途不同，描述用途要求的品质指标也会有所不同，即同一商品，因用途不同，规格的内容也会有差异。如大豆，用来榨油时，规格中应列明含油量指标，而食用时，规格中则应列明蛋白质含量。

（2）**凭等级买卖**（sales by grade）。

商品的等级是指把同一种商品按其质地的差异，或尺寸、形状、重量、成分、构造、效能等的不同，划分为不同的级别和档次，用数码或文字表示，如特级（special grade）、一级（first grade）、二级（second grade）等。例如，我国出口的钨砂，主要根据三氧化钨和锡含量的不同，可分为特级、一级和二级三种，而每一级又规定有下列相对固定的规格：

	三氧化钨最低	锡最高	砷最高	硫最高
特级	70%	0.2%	0.2%	0.8%
一级	65%	0.2%	0.2%	0.8%
二级	50%	0.5%	0.2%	0.8%

因此，在交易双方对等级所含规格理解一致时，采用凭等级交易，无须再列明规格。

商品的等级，通常是由制造商或出口商根据其长期生产和了解该项商品的经验，在掌握其品质规律的基础上制定出来的，它有助于满足各种不同的需要，也有利于生产商根据不同需要来安排生产与加工整理。这种表示品质的方法，对简化手续、促进成交和体现按质论价等方面都有一定的作用。

案例 6-3

【案情】

某出口公司与国外成交红枣一批，合同规定是三级红枣。卖方交货时发现三级红枣缺货，卖方在没有征得买方同意的情况下，交货时用二级红枣代替三级红枣并在发票上注明"二级红枣仍按三级计价"。不料货到后，进口方却以所交货物不符合合同规定为由拒绝收货。

【讨论分析】

1. 货物的品质高于合同规定也构成"货物品质不符合合同"吗？
2. "货物品质符合合同"的要求是什么？

（3）**凭标准买卖**（sales by standard）。

商品的标准是指将商品的规格、等级标准化并以一定的文件表示出来。标准化的规格、等级所代表的品质指标即为一定规格、一定等级的指标准则，如国际标准化组织的 ISO 标准、国际电工委员会（IEC）制定的一些标准，还有世界上发达国家的先进标准，如英国的 BS、美国的 ANSI、法国的 NF 等。在国际贸易中，商品的品质标准，有的由国家政府组织规定，有的则由同业公会、贸易协会、科学技术协会、商品交易所等制定。

国家制定的标准，有的具有品质管制的性质，不符合标准的商品不准进口或出口；有的则没有约束性，只供贸易双方选择使用，买卖双方可另行约定品质的具体要求。由于科学技术的发展和人民生活水平的不断提高，某些标准需要经常修改。当规定了新的标准后，旧的标准一般都废弃不用，但有时仍然保持使用一段时期。所以标准一般有不同年份的版本，版本不同，品质标准内容也不尽相同。在合同中援引标准时，应注明采用标准的版本名称及其年份。在实际业务中，买方要求卖方交货品质符合其指定标准，并经其确认。

我国有国家标准、专业标准、地方标准和企业标准。我国外贸实践中，除使用国际标准和某些外国的标准外，也有使用我国国家标准的。例如：

生丝　　　5A 级　　20/22　　GB/T 1797—2008 [一]
Raw Silk　 5A　　　20/22　　GB/T 1797—2008

在国际贸易中，对于某些品质变化较大而难以规定统一标准的农副产品，往往用"**良好平均品质**"这一术语来表示其品质。

所谓良好平均品质（fair average quality，F.A.Q），是指一定时期内某地出口货物的平均品质水平，即指由同业公会或检验机构从一定时期或季节内，某地装船的各批货物中分别抽出少量实物加以混合拌制，并由该机构封存保管，以此实物所显示的平均品质水平，作为该季节同类商品的品质的比较标准。这种表示品质的方法非常笼统，实际并不代表固定、具体的品质规格。在我国，某些农副产品的交易中也有使用 F.A.Q 表示品质的，习惯上我们称其为"大路货"，其交货品质一般以我国产区当年生产该项农副产品的平均品质为依据而确定。采用这种方法，除在合同中注明 F.A.Q 字样和年份外，一般还会订明该商品的主要规格指标。例如：

中国花生仁 F.A.Q 2014　　　China Peanuts F.A.Q 2014
水分不超过 13%　　　　　　Moisture（Max）13%
不完善粒不超过 5%　　　　　Admixture（Max）5%
含油量最低 44%　　　　　　 Oil Content（Min）44%

国际上在买卖木材和冷冻鱼虾等水产品时，往往采用"**上好可销品质**"（good merchantable quality，G.M.Q）。所谓上好可销就是卖方要保证其交付的货物品质良好，适合商销。如果卖方所交货物无该类货物通常的使用目的，无市场交易可能，则由卖方承担责任。显然这种标准更为笼统，这种方法极少被使用。

（4）**凭牌名或商标买卖**（sales by brand or trade mark）。

商品的牌名是指厂商或销售商所生产或销售商品的牌号，简称"品牌"；商标则是牌号的图案化，是特定商品的标志。使用牌名和商标的主要目的是使之区别于其他同类商品，以利于销售。在国际交易中，凭牌名或商标买卖一般适用于品质稳定的工业制成品或半制成品。在市场上行销已久、品质稳定、信誉良好的产品，其品牌或商标本身实际上就是一种品质象征，人们在交易中可以只凭品牌或商标买卖，无须对品质提出详细要求。例如：

SH 100 大白兔清凉奶糖
SH 100 White Rabbit Mint Creamy Candy

采用商标或品牌规定商品品质时，主要有以下两种规定办法。一种是在合同中既订明商品的商标或品牌，同时又列明该商品的具体品质要求，此种规定办法要求卖方所交付的货物

[一] 根据《中华人民共和国国家标准：生丝》（GB/T 1797—2008）规定，生丝的等级分为 6A、5A、4A、3A、2A、A、级外品等 7 个标准等级。20/22 表示生丝的粗细。

必须具有合同中所指明的商标或品牌，而且货物的品质还要与合同中的具体规定一致。另一种规定办法是买卖双方在合同中仅订明商品的商标或品牌，而未列明品质要求，此种情况下，卖方所交货物必须符合该商标或品牌的商品通常所具有的品质，否则，即构成违约。

应当注意，牌名和商标属于工业产权，各国都制定了有关商标法加以保护。在凭牌名或商标买卖时，生产厂商或销售商应注意有关国家的法律规定，在销往国办理登记注册手续，以维护商标专用权。

（5）**凭产地名称买卖**（sales by name of origin，sales by geographical indication）。

在国际贸易中，有些产品，尤其是农副产品，因产区的自然条件、传统的加工工艺等因素的影响，在品质方面具有其他产区的产品所不具有的独特品质，这类产品一般可用产地名称来表示其品质。如以一个国家为标志的"法国香水"（France Perfume）、"德国啤酒"（German Beer）、"中国梅酒"（China Plum）；以某个国家的某一地区为标志的"中国东北大米"（China Northeast Rice）；以某个国家的某一地区的某一地方为标志的"四川榨菜"（Sichuan Preserved Vegetable）、"绍兴花雕酒"（Shaoxing Hua Tiao Chiew）等。这些标志不仅标注了特定商品的产地，更重要的是无形中对这些商品的特殊品质提供了一定的保障。

凭产地名称买卖，涉及地理标志，在实际使用中要确切了解其中的内涵。地理标志在《关贸总协定》乌拉圭回合最终协议文件中已被正式列入知识产权保护范畴，因此，不仅要充分了解其中的价值，而且要注意保护和避免侵权。

（6）**凭说明书和图样买卖**（sales by description and illustration）。

凭说明书和图样买卖，是指在国际贸易中以说明书并附以图样、照片、设计、图纸、分析表及各种数据来说明商品具体性能和结构特点。例如：

品质和技术数据符合本合同所附技术协议书。

Quality and technical data to be in conformity with the attached technical agreement which forms an integral part of this contract.

凭说明书和图样买卖适用于对材料和设计的要求严格，产品结构复杂，说明其性能的数据较多的机械、电器和仪表等技术密集型产品的国际贸易。以说明书和图样表示商品品质时，卖方要承担"所交货物的品质必须与说明书和图样完全相符"的责任。

目前，不少厂商为了推销自己的产品，定期或不定期地向顾客分送整本的商品目录或单张的产品介绍，用图片和文字介绍其产品造型、外观设计、内部构造、性能、使用方法、注意事项以及价格和售后服务等情况，供顾客选购。这种办法又称凭商品目录买卖。国际上有不少定型的机电产品都是用这种办法进行交易的。

对于以上表示商品品质的各种方法，我们可以单独运用，也可以根据商品的特点、市场或交易的习惯，将几种方式结合运用。但要注意，在销售某一商品时，原则上，可用文字说明表示品质的，就不再同时用样品表示；反之亦然。如果有些商品确需既用文字说明又用样品表示品质，则一旦成交，卖方必须承担交货品质既符合文字说明又符合样品的责任，否则买方有权拒收货物，并可以提出索赔要求。因此，凡能用一种方法表示品质的，一般就不宜用两种或两种以上的方法来表示。

在用文字说明表示品质时，为了使买方进一步了解商品的实际品质，增加感官认识，也可寄送一些**参考样品**（reference sample）。这与"凭样买卖"是有区别的，因为这种参考样品是作为卖方宣传介绍之用，仅供对方购买时参考，不作为交货时的品质依据。为了防止可能发生的纠纷，一般应标明"仅供参考"（for reference only）字样。同时，在对外寄送参考样品时，也必须慎重对待，力求做到日后交货的品质既符合文字说明，又与参考样品相接近。总之，卖方应根据商品的特点、市场习惯和实际需要，适当地选用适合有关商品的表示品质的方法，以利于销售，并维护自身利益。

案例 6-4

【案情】

我方某公司向德国出口农产品一批，合同规定水分含量最高为15%，杂质不得超过3%。但在成交前我方曾向买方寄送过样品，订约后，我方又电告对方所交货物与样品相似，货物装运之前，由我国商品检验检疫机构检验签发了品质规格证书。货到德国后，买方提出了货物质量指标比样品低7%的检验证明，并据此要求我方赔偿1 500英镑的损失。

【讨论分析】

1. 按照书面合同，此笔交易是凭规格买卖，还是凭样品买卖？
2. 成交前我方向买方寄送样品，对买方在交易中的决定有无影响？
3. 订约后，我方电告对方所交货物与样品相似，买方是否可以据此认为样品是货物品质依据之一？
4. 买方能否依据货物与样品的差异提出索赔？
5. 卖方应如何据理力争处理此事？

6.1.3 合同中的品名品质条款

合同中的品质条款

在国际货物买卖合同中，品名和品质条款是与合同标的有着密切关系的条款，合同条款对交易商品的名称和品质描述往往是结合在一起的，是构成商品说明的重要组成部分，是买卖双方交接货物的基本依据。

1. 品名品质条款的基本内容

合同中的品名条款通常是在"货物名称"或"品名"的标题下，具体列明双方当事人同意买卖的货物的名称。但有的合同品名条款不单独列出，而是与品质条款一起出现。合同中的品质条款在国际货物买卖合同中，是一项重要条款，它既是构成商品说明的重要组成部分，又是买卖双方交接货物时对货物的品质进行评定的主要依据。在合同的品质条款中，表示品质的方法和品质条款的繁简应视商品特性而定，表示商品品质的方法不同，合同中品名品质条款的内容也各不相同。但通常该条款应包括商品的名称、货号和表示商品品质的方法。品质条款的写法与品质的表示方法紧密关联。品质可以用样品（样1）来表示，也可以用规格（样2）、等级（样3）、标准（样4）来表示，还可以用商标或牌名（样5）、产地名称（样6）、说明书和图样（样7）来表示。

样1：样品号NT001长毛绒玩具，尺码24英寸，根据卖方于2006年10月20

日寄送的样品

Sample NT001, Plush Toy Bear, Size24″, as per the sample dispatched by the seller on 20th Oct., 2006

样2："金鱼"印花布	纱支	密度（每英寸）	幅宽（英寸）
Printed Shirting	Yarn Counts	No.of Threads（per inch）	Width（inch）
"Golden Fish"	30×36	72×69	35/36″

样3：中国绿茶
　　特珍眉特级　货号 41022
　　特珍眉一级　货号 9317
　　特珍眉二级　货号 9307
　Chinese Green Tea
　　Special Chunmee　Special Grade　Art. No. 41022
　　Special Chunmee　Grade 1　Art. No. 9317
　　Special Chunmee　Grade 2　Art. No. 9307

样4：利福平（甲哌利福霉素）《英国药典》1993年版
Rifampicin B.P. 1993[一]

样5：梅林牌辣酱油
Maling Brand Worcestershire Sauce

样6：绍兴花雕酒
Shaoxing Hua Tiao Chiew

样7：1515A型多梭箱织机，详细规格如所附文字说明与图样
Multi-shuttle Box Loom Model 1515A, detail specifications as attached description and illustrations

2. 品质公差和品质机动幅度

在国际贸易中，卖方交货品质必须严格与买卖合同规定的品质条款相符。[二]但是，某些工业制成品和初级产品由于其本身的特性和生产过程中存在自然损耗，以及受生产能力等因素的影响，难以保证交货品质与合同规定的内容完全一致。对于这些商品，如果条款规定过于死板或把品质指标绝对化，必然会给卖方的顺利交货带来困难。为了避免因交货品质与合同稍有不符而引起争议，订立合同时可在品质条款中规定一些灵活条款，如在品质条款中规定品质公差或品质机动幅度，规定卖方所交商品品质只要在灵活范围内，即可认为交货品质与合同相符，买方无权拒收。

（1）**品质公差**（quality tolerance）。

品质公差是指国际上公认的产品品质的误差，如手表每天出现若干秒误差应算行走正常。这种公认的误差，即使合同没有规定，也不能视作违约。凡在品质公差范围内的货物，买方不得拒收或要求调整价格。

[一] B.P.，即《英国药典》(*British Pharmacopoeia*) 的英文缩写。
[二] 《民法典》第六百一十五条：出卖人应当按照约定的质量要求交付标的物。出卖人提供有关标的物质量说明的，交付的标的物应当符合该说明的质量要求。

在实际操作中，对于国际同行业所公认的品质公差，可以不在合同中明确规定；但如果国际同行业对特定指标并无公认的品质公差或者买卖双方对品质公差理解不一致，又或者由于生产原因，需要扩大公差范围时，也可在合同中具体规定品质公差的内容，即买卖双方共同认可的误差。

（2）**品质机动幅度**（quality latitude）。

某些初级产品的品质不甚稳定，为了交易的顺利进行，在规定其品质指标的同时可另订一定的品质机动幅度，即允许卖方所交货物的品质在一定幅度内波动。关于品质机动幅度条款，有下列几种订立方法。

1）规定范围。这是指对某项商品的主要品质指标规定允许有一定的机动范围。例如：

色织条格布　　　　　幅宽　　　104/107cm
Yarn-dyed Gingham　　Width　　104/107cm

即布的幅宽只要在 104～107cm 的范围内，均视为合格。

2）规定极限。这是指对某些商品的品质规格规定上下极限，如最大、最高、最多、最小、最低、最少等。例如：

白籼米　　　　　　　　　White Rice, Long-shaped,
碎粒　最高 20%　　　　　Broken Grains 20% max.
杂质　最高 0.25%　　　　Ad-mixture 0.25% max.
水分　最高 15%　　　　　Moisture 15% max.

3）规定上下差异，即在规定某一具体质量指标的同时，规定必要的上下变化幅度。有时为了包装的需要，也可以订立一些灵活办法。例如：

灰鸭毛，含绒量 18%，允许上下浮动 1%。
Grey Duck's Down with 18% down content 1% more or less allowed.

卖方交货品质在品质机动幅度或品质公差允许的范围内，一般均按合同单价计价，不再按质量高低另做调整。但有些商品，也可按交货时的品质状况调整价格，这时就需要在合同中规定品质增减价格条款。例如：

中国芝麻　水分（最高）8%；杂质（最高）2%；含油量（湿态、乙醚浸出物）以 52% 为基础。如实际装运货物的含油量每增减 1%，价格应该相应增减 1%，不足整数部分，按比例计算。

China Sesame seeds Moisture（max.）8%；Admixture（max.）2%；Oil Content（wet basis ethyl ether extract）52% basis. Should the oil content of the goods actually shipped be 1% higher or lower the price will be accordingly increased or decreased by 1%, and any fraction will be proportionally calculated.

6.2　商品的数量

6.2.1　数量条款的法律意义

合同中的数量条款是合同的要件之一，卖方交货数量必须与合同规定相符，否则买方有

权提出索赔,甚至拒收货物。例如:

我国《民法典》第六百二十九条规定:出卖人多交标的物的,买受人可以接收或者拒绝接收多交的部分。买受人接收多交部分的,按照约定的价格支付价款;买受人拒绝接收多交部分的,应当及时通知出卖人。

英国《1893年货物买卖法》第30条规定:卖方交付货物的数量如果少于约定数量,买方可以拒收货物;卖方实际交货数量多于约定数量,买方可以只接受约定数量而拒收超过部分,也可以全部拒收。如果买方接受了卖方所交的全部货物,则必须按约定单价支付货款。

《公约》规定:按约定的数量交付货物是卖方的一项基本义务,如卖方交货数量大于约定的数量,买方可以拒收多交的部分,也可以收取多交部分中的一部分或全部,但应按合同价格付款。如卖方交货数量少于约定的数量,卖方应在规定的交货期届满前补交,但不得使买方遭受不合理的不便或承担不合理的开支,即使如此,买方也有保留要求损害赔偿的权利。○

商品的数量

由于交易双方约定的数量是交接货物的依据,因此,正确掌握成交数量和订好合同中的数量条件,具有十分重要的意义。正确掌握成交数量,对促成交易的达成和争取有利的价格,也具有一定的作用。

6.2.2 国际贸易中常用的度量衡制度

商品的数量是以一定度量衡表示的商品的重量、个数、长度、面积、体积、容积的量。在国际贸易中,世界各国使用的度量衡制度不同,致使计量单位上也存在差异,即同一计量单位所表示的实际数量不同。例如:重量单位吨,有公吨、长吨、短吨之分,分别等于1 000千克、1 016千克、907.2千克。所以,了解和熟悉不同的度量衡制度,关系到货物的计量单位是否符合进口国有关计量单位使用习惯和法律规定等问题。目前,国际贸易中通常使用的度量衡制度有四种:①公制(或米制)(Metric System);②美制(U.S. System);③英制(British System);④国际单位制(International System of Units)。

国际标准计量组织大会在1960年通过的,在公制基础上发展起来的国际单位制,已为越来越多的国家所采用。这有利于计量单位的统一,标志着计量制度的日趋国际化和标准化,从而对国际贸易的进一步发展起到推动作用。我国采用的是以国际单位制为基础的法定计量单位。《中华人民共和国计量法》第3条中明确规定:国家实行法定计量单位制度。国际单位制计量单位和国家选定的其他计量单位,为国家法定计量单位。在外贸业务中,出口商品,除合同规定须采用公制、英制或美制计量单位者外,也应使用法定计量单位。

此外,有些国家对某些商品还规定了自己习惯使用的或法定的计量单位。以棉花为例,许多国家都习惯于以包(bale)为计量单位,但每包的含量各国解释不一:如美国棉花规定每包净重为480磅;巴西棉花每包净重为396.8磅;埃及棉花每包为730磅。又如糖类商品,有些国家习惯采用袋装,古巴规定每袋

○ 参见《公约》第35、52、37条。

糖重133千克，巴西规定每袋糖重60千克等。由此可见，了解不同度量衡制度下各计量单位的含量及其计算方法是十分重要的。

6.2.3 计量单位和计量方法

1. 计量单位

在国际贸易中，确定买卖商品的数量时，必须明确采用什么计量单位。由于商品的种类和性质不同，所以采用的计量单位也不同。下面介绍几种常用的商品计量单位。

（1）**重量单位**（weight unit）。

适用商品：一般农副产品、矿产品，以及部分工业制成品。如谷物、油类、沙盐、药品等。

常用计量单位：千克（kilogram，kg.），吨（ton，t），公吨（metric ton，m/t），公担（quintal，q.），克（gram，gm.），磅（pound，lb.），盎司（ounce，oz.），长吨（long ton，l/t），短吨（short ton，s/t）。钻石之类的商品，则采用克拉作为计量单位。

（2）**个数单位**（number unit）。

适用商品：一般日用消费、轻工业品、机械产品以及一部分土特产品。如文具、纸张、玩具、成衣、车辆、拖拉机、活牲畜等。

常用计量单位：只（piece，pc.），件（package，pkg.），双（pair），台、套、架（set），打（dozen，doz.），罗（gross，gr.），大罗（great gross，g.gr.），令（ream，rm.），卷（roll，coil），辆（unit），头（head）。有些商品也可按箱（case）、包（bale）、桶（barrel，drum）、袋（bag）等计量。

（3）**长度单位**（length unit）。

适用商品：纺织品匹头（如丝绸、布匹）、绳索、电线电缆等。

常用计量单位：码（yard，yd），米（metre，m.），英尺（foot，ft.），厘米（centi-metre，cm.）等。

（4）**容积单位**（capacity unit）。

适用商品：谷物类，以及部分流体、气体物品。如小麦、玉米、煤油、汽油，酒精、啤酒，过氧化氢水溶液，天然瓦斯等。

常用计量单位：公升（litre，l.），加仑（gallon，gal.），蒲式耳（bushel，bu.）等。美国以蒲式耳作为各种谷物的计量单位，但每蒲式耳所代表的重量，则因谷物不同而有差异。例如，每蒲式耳亚麻籽为56磅，燕麦为32磅，大豆和小麦为60磅。公升、加仑则用于酒类、油类商品的计量。

（5）**面积单位**（area unit）。

适用商品：皮制商品、塑料制品等。如皮革、塑料篷布、地毯、铁丝网等。

常用计量单位：平方码（square yard，yd^2），平方米（square metre，m^2），平方英尺（square foot，ft^2），平方英寸（square inch）等。

（6）**体积单位**（volume unit）。

适用商品：化学气体、木材等。

常用计量单位：立方码（cubic yard，yd^3），立方米（cubic metre，m^3），立方英尺（cubic foot，ft^3），立方英寸（cubic inch）等。

案例 6-5

【案情】

大连某出口公司向日本出口大米一批，在洽谈时，谈妥 2 000 公吨，每公吨 US$280 FOB 大连口岸。但在签订合同时，在合同上只是笼统地写了 2 000 吨，我方当事人认为合同上的吨就是指公吨，而发货时日商却要求按长吨供货。

【讨论分析】

1. 1 长吨等于多少公吨？
2. 若按长吨发货，对何方有利？
3. 该合同的数量条款存在什么问题？
4. 针对外商的要求，出口方应如何处理？
5. 请问外商要求是否合理，应如何处理此项纠纷？

2. 计算重量的方法

在国际贸易中，许多商品采用按重量计量，计算重量的方法主要有以下几种。

（1）按毛重计。

毛重（gross weight）是指商品本身的重量加上包装材料的重量，也就是商品连同包装的重量，即**皮重**（tare）。有些单位价值不高的商品（例如，用麻袋包装的粮食、蚕豆等农产品）可采用按毛重计量，即以毛重作为计算价格和交付货物的计量基础。这种计重方法在国际贸易中被称为"以毛作净"（gross for net）。

由于这种计重方法直接关系到价格的计算，因此，在销售上述种类的商品时，不仅在规定数量时须明确"以毛作净"，在规定价格时也应加注此条款，例如，"每公吨 200 美元，以毛作净"（US $200 per metric ton, gross for net）。

（2）按净重计。

净重（net weight）是指商品本身的实际重量，不包括包装材料的重量，即毛重扣除皮重的重量。在国际货物买卖中，按重量计量的商品大都采用以净重计量。有包装的商品如按净重计算时，应将包装重量扣除，即用毛重减去皮重。

计算皮重的方法有以下四种。

1）**实际皮重**（real tare, actual tare）。将整批商品的包装逐一过秤，算出每一件包装的重量和总重量。

2）**平均皮重**（average tare）。从全部商品中抽取几件，称其包装的重量，除以抽取的件数，得出均值。再以平均每件的皮重乘以总件数，算出全部包装重量。

3）**习惯皮重**（customary tare）。某些商品的包装比较规格化，并已经形成一定的标准，即可按公认的标准单件包装重量乘以商品的总件数，得出全部包装重量。例如，装运粮食的机制麻袋，已被公认每只麻袋的重量为 2.5 磅。这种已被公认的皮重，即习惯皮重。

4）**约定皮重**（computed tare）。买卖双方以事先约定的单件包装重量，乘以商品的总件数，求得该批商品的总皮重。

去除皮重的方法，依交易商品的特点，以及商业习惯的不同，由买卖双方事先商定在买卖合同中做出具体规定。如在合同中未明确规定用毛重还是用净重计量、计价的，按惯例应以净重计。

(3) 其他计算重量的方法。

1) **按公量计重**（conditioned weight）。在计算货物重量时，使用科学方法，抽去商品中所含水分，再加标准水分重量，求得的重量称为公量。这种计重办法较为复杂，主要使用于少数经济价值较高而水分含量极不稳定的商品，如羊毛、生丝、棉花等。其计算公式有下列两种，见式（6-1）和式（6-2）。

$$公量 = 商品干净重 \times (1 + 公定回潮率) \qquad (6\text{-}1)$$

$$公量 = 商品净重 \times \frac{1 + 公定回潮率}{1 + 实际回潮率} \qquad (6\text{-}2)$$

式中，公定回潮率○按国际上公认的标准回潮率计。实际回潮率是指商品中所含的实际水分与剩下的干量之比。例如，1千克生丝，用科学的方法除掉水分0.2千克，剩下的干量为0.8千克，0.2与0.8的比率为25%，即实际回潮率为25%。

2) **按理论重量计重**（theoretical weight）。理论重量适用于有固定规格和固定体积的商品。规格一致、体积相同的商品，每件重量也大致相等，根据件数即可算出其总重量，如马口铁、钢板等。

3) **法定重量**（legal weight）和**净净重**（net net weight）。纯商品的重量加上直接接触商品的包装材料，如内包装等的重量，即法定重量。法定重量是海关依法征收从量税时，作为征税基础的计量方法。而扣除这部分内包装的重量及其他包含杂物（如水分、尘芥）的重量，则为净净重，净净重的计量方法主要也为海关征税时所使用。

在国际货物买卖合同中，当货物是按重量计量和计价，而未明确规定采用何种方法计算重量和价格时，根据惯例，应按净重计量和计价。

6.2.4 合同中的数量条款

1. 基本内容

合同中的数量条款，主要包括成交商品的具体数量和计量单位。有的合同还需要规定确定数量的方法。

样8：5 000箱，每箱10打（毛巾）

5 000 cartons of 10 doz. each

样9：1 000码（布）

1 000 yards

样10：2 500包，每包300磅（棉纱）

2 500 bales of 300 lbs each

2. 数量的机动幅度条款

在国际货物买卖中，有些商品是可以精确计量的，如金银、药品、生丝等，但有些商品受本身特性、生产、运输或包装条件以及计量工具的限制，不易精确计量，如散装的谷物、油类、矿砂以及一般的工业制成品等。为了便于合同顺利履行，减少争议，可以在合同中规

○ 为了消除因回潮率不同而引起的重量不同，满足纺织材料贸易和检验的需要，国家对各种纺织材料的回潮率规定了相应的标准，称为公定回潮率。各国对纺织材料公定回潮率的规定往往根据自己的实际情况而定，所以并不完全一致。羊毛、生丝、棉花的公定回潮率分别为15%～16%、11%、8.5%。

定数量机动幅度条款，允许交货数量在一定范围内灵活掌握。数量机动幅度通常采用**溢短装条款**（more or less clause）来表示。

溢短装条款，又称**数量增减条款**（plus or minus clause），就是在规定具体数量的同时，在合同中规定允许多装或少装一定百分比的数量。卖方交货数量只要在允许增减的范围内即符合合同有关交货数量的规定。一个完整的溢短装条款应包括三项内容：第一，允许溢装或短装的比率；第二，实际交货时由谁决定溢短装；第三，溢短装部分的价格计算方法。

样 11：20 000 公吨，允许溢短装 3%，由卖方选择。（白砂糖）
20 000 metric tons, 3% more or less at seller's option.

样 12：卖方可比合同规定的货物数量多装或短装 6%，溢短装部分按合同价格计算。（大米）
The seller has the option to load 6% more or less than the quantity contracted, each difference shall be settled at the contract price.

样 13：中国东北大豆：6 000 公吨，以毛作净，卖方可溢装或短装 3%。
Chinese northeast soybean: 6 000 M/T gross for net, 3% more or less at seller's option.

拟订溢短装条款时要注意以下几个方面。

（1）数量机动幅度的大小要适当。数量机动幅度的大小通常都以百分比表示，如 3% 或 5% 不等。究竟百分比多大合适，应视交易数量、商品特性、行业或贸易习惯和运输方式等因素而定。数量机动幅度可酌情做出各种不同的规定，其中一种是只对合同数量规定一个百分比的机动幅度，而对每批分运的具体幅度不做规定，在此情况下，只要卖方交货总量在规定的机动幅度范围内，就算按合同数量交了货；另一种是，除规定合同数量总的机动幅度外，还规定每批分运数量的机动幅度，在此情况下，卖方总的交货量，就得受上述总机动幅度的约束，而不能只按每批分运数量的机动幅度交货，这就要求卖方根据过去累计的交货量，计算出最后一批应交的数量。此外，有的买卖合同，除规定一个具体的机动幅度外，如 ±3%，还规定一个追加的机动幅度，如 ±2%，在此情况下，总的机动幅度应理解为 ±5%。

在实际业务中，还有以"约"量来表示交货数量的增减范围的，例如，约 5 000 码（about 5 000 yards）。常见的有"大约""近似""左右"（about, circa, approximate）。但是，以"约"量表示机动幅度，常常会引起贸易纠纷。因为在目前的国际贸易中，对于"大约""近似""左右"等用语尚缺统一的解释，有的解释为 2.5%，有的解释为 5%，有的解释为 10%，所以，在我国的对外贸易中，一般不用约量来表示机动幅度，即使采用，也要求双方当事人就这种约量做出具体规定。按国际商会第 600 号出版物《跟单信用证统一惯例》（Uniform Customs and Practice for Documentary Credit，简称 UCP 600）的规定，"约"或"大约"用于信用证金额或信用证规定的数量或单价时，应解释为允许有关金额或数量或单价有不超过 10% 的增减幅度。

（2）机动幅度选择权的规定要合理。在合同规定了机动幅度的条件下，由谁行使这种机动幅度的选择权呢？一般来说，是由履行交货的一方，也就是由卖方选择。但是，如果涉及海洋运输，交货量的多少与承载货物的船只的舱容关系非常密切，在租用船只时，就得跟船方商定。所以，在这种情况下，交货机动幅度一般是由负责安排船只的一方（如 FOB 的买方）选择，或是由船方根据舱容和装载情况做出选择。总之，机动幅度的选择权根据不同情况，可以由买方行使，也可以由卖方行使，或由船方行使。因此，为了明确起见，最好是在合同中做出明确合理的规定。

此外,当成交某些价格波动剧烈的大宗商品时,为了防止卖方或买方利用数量机动幅度条款,根据自身的利益故意增加或减少装船数量,也可在机动幅度条款中加订:"此项机动幅度只是当为了适应船舶实际装载量的需要时,才能适用。"

(3)溢短装数量的计价方法要公平合理。目前,机动幅度范围内超出或低于合同数量的多装或少装部分,一般是按合同价格结算货款,多交多收,少交少收。但是,由于数量是计算货款的基础,数量上的溢短装在一定条件下关系到买卖双方的商业利益。在按合同价格计价的条件下,就卖方而言,在市场价格下跌时,大都按照最高约定数量交货;相反,在市场价格上涨时,则尽量争取少交货物。这样一来,按合同价格计算多交或少交货款,对买方不利。而如由买方决定时,根据市场价格情况,选择上限还是下限交货,则对卖方不利。因此,为了防止有权选择多装或少装的一方当事人利用行市的变化,有意多装或少装以获取额外的好处,也可在合同中规定,多装或少装的部分不按合同价格计价,而按装船时或货到时的市价计算,以体现公平合理的原则。

(4)并不是所有的商品交货时都适合采用溢短装方式。例如,出口彩电10 000台,装运时发现仅存9 500台,那么卖方能否援引5%的增减幅度以9 500台彩电交货?对于这个问题,国际商会《跟单信用证统一惯例》有如下规定:"如凭信用证付款方式进行的买卖,除非信用证所列的货物数量不得增减,在支取金额不超过信用证金额的条件下,即使不允许分批装运,卖方交货数量也可有5%的伸缩幅度,但货物数量按包装单位或个体计算时,此项伸缩则不适用。"由于彩电是按包装单位或个体一台一台计算的,因此,对于装运时发现缺少的500台彩电不能援引溢短装条款规避责任。

商品的包装

6.3 商品的包装

国际贸易中,除少数商品难以包装、不值得包装或根本没有包装的必要,而采取裸装或散装[⊖]的方式外,其他绝大多数商品都需要有适当的包装。经过适当包装的商品,不仅便于运输、装卸、搬运、储存、保管、清点和携带,还能防止丢失或被盗,为各方面都提供了便利。

6.3.1 包装的种类

在国际货物买卖中,包装分为**销售包装**(selling packing)和**运输包装**(transport packing)。

销售包装,又称**小包装**(small packing)、**内包装**(inner packing)或**直接包**

⊖ 裸装货(nude packed):将商品稍加捆扎或以自身进行捆扎的货物,适用于自然成件、品质稳定、难以包装或不需要包装的货物,如钢管、木材、藤条、车辆、游艇等。散装货(bulk cargo):不需要包装,散装在船甲板上或船舱中的大宗货物,如煤、粮食、矿砂和石油等。这类商品的装卸需要有相应的码头装卸设备,有的还需要特殊的运输工具,如油轮。两者的区别在于,散装货一般是指大宗散货,而裸装货一般是独立成件的。

装（direct packing），是在商品制造出来以后以适当的材料或容器所进行的初次包装。销售包装除了保护商品的品质外，还能美化商品，宣传推广，便于陈列展销，吸引顾客和方便消费者识别、选购、携带和使用，从而能起到促进销售、提高商品价值的作用。

运输包装又称**大包装**（big packing）、**外包装**（outer packing），它是将货物装入特定的容器，或以特定方式成件或成箱的包装。运输包装具有保护性、单位集中性及便利性三大特性，具有保护商品、方便物流、促进销售、方便消费四大功能。

销售包装的种类和选用

运输包装的种类和选用

6.3.2 运输包装的标志

运输包装的标志是为了方便货物交接，防止错发、错运货物，方便货物的识别、运输、仓储以及方便海关等有关部门依法对货物进行查验等，而在商品的外包装上标明或刷写的标志。根据其作用的不同，包装可以分为运输标志、指示性标志、警告性标志、重量体积标志和产地标志。

商品条码

1. 运输标志

运输标志（shipping mark），俗称唛头，由一些数字、字母及简单的文字组成，通常刷印在外包装明显的部位，目的是使货物运输途中的有关人员辨认货物，核对单证，而且唛头也是唯一体现在装运单据上的包装标志。由国际标准化组织和国际货物装卸协会推荐使用的标准运输标志由以下四个要素构成。

（1）收货人或者买方的名称字首或简称。

（2）参考号码，常用合同号、信用证号、发票号码等表示。

（3）目的地，表明货物最终运抵地点，通常为港口。如需转运则标明转运地点，例如 London Via Hongkong。这里 London 是卸货港，而 Hongkong 则是转运港。

（4）件数号码，主要说明本件货物与整批货的关系。假如该批货只有一种规格，货物的件号可以是一个，如 C/NOS.1-100。但如果一批货物有 100 箱，每一箱的包装细数和规格均不相同，则采用顺序编号的方法，即在包装上用 C/NOS.1-100、C/NOS.2-100、C/NOS.3-100……来表示，以便理货清查短损。C/NOS.3-100 中的 C 表示 Carton 纸箱，3-100 中的 100 表示该批货物共计 100 件，3 则表示本件是 100 件中的第 3 件。另外，在业务往来函电中经常看到的写法"C/NO.1-UP"则表明包装件数待定，装运时按实际件数刷制。

例如：P&G
　　　206LC1132
　　　NEW YORK
　　　CTN/NOS.1-2000

上述四项内容，构成了货物运输标志，是货物安全运抵目的地交货所必需的。运输标志在国际贸易中还有其特殊作用。按《公约》规定，在商品特定化之前，风险不转移到买方。所谓"商品特定化"，是指以某种方式表明该商品属于某贸易合同项下。而商品特定化最常见的有效方式，是在商品外包装上标明运输标志。此外，国际贸易主要采用的是凭单付款的方式，而主要的出口单据如发票、提单、保险单上,都必须显示出运输标志。所以,认真刷制运输标志是非常重要的。刷制运输标志时应注意以下四个方面。

(1)运输标志上的文字和数字要简明、清晰、易于辨认,文字要符合运输部门的规定。

(2)运输标志必须刷在外包装的显著位置,并用不褪色的颜料刷写。

(3)不要加上任何广告性的宣传文字或图案。

(4)结汇用的提单、发票等单据上的运输标志应与外包装上的运输标志完全相同。

2. 指示性标志

指示性标志(indicative mark)是根据商品的特性,对一些容易破碎、残损、变质的商品在搬运装卸操作和存放保管条件方面提出的要求和注意事项,用图形或文字表示的标志。例如,"小心轻放"(handle with care)、"此面朝上"(this side up)、"请勿抛掷"(don't throw down)、"易腐物品"(perishable goods)、"请勿平放"(not to be laid flat)、"请勿用钩"(no hooks)、"避免日光直射"(keep out of the direct sun)。

为了统一各国运输包装指示性标志的图形与文字,一些国际组织,如国际标准化组织、国际航空运输协会和国际铁路货物运送公约分别制定了包装的指示性标志,并建议各个成员方采纳。我国制定了运输包装或指示性标志的国家标准,所用图形与国际上通用的基本上一致。图6-1列举的是一些常用的指示性标志。

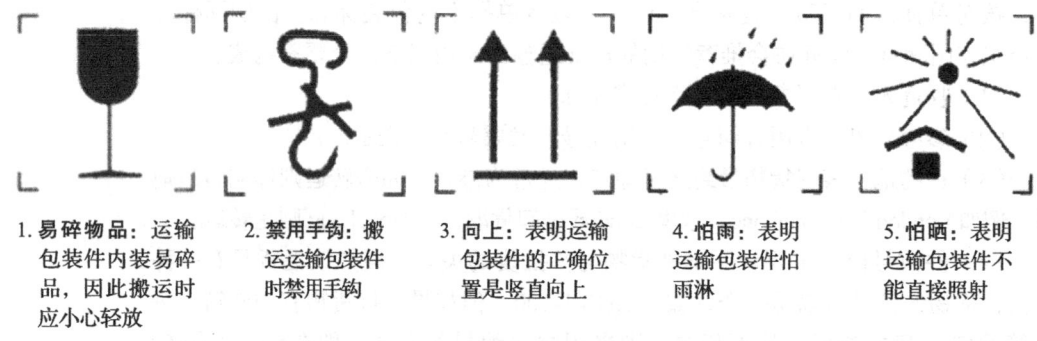

图 6-1 常用的指示性标志

3. 警告性标志

有些特殊物品,如爆炸品、易燃物品、腐蚀物品、氧化剂和放射物质等,须在外包装上用图形或文字等标志表示其危险性,以便搬运人员注意,保障货物和操作人员的安全,所以被称为**警告性标志**(warning mark)。图6-2列举的是部分警告性标志。

图 6-2 部分警告性标志

4. 其他标志

除上述包装标志外，在货物的包装上一般还需刷制每件货物的品名、货号、装箱数量及配比、毛重（gross weight）、净重（net weight）、包装容器的体积（measurement）和货物的产地（如 Made in China）等标志，其中磅、码、产地标志必须刷制。例如：

Safety Boots	安全靴
Art No.JL608TS	货号：JL608TS
QTY.12PRS	数量：12 双
G.W.27KGS	毛重：27 千克
N.W.21.6KGS	净重：21.6 千克
MST.50cm×35cm×78cm	体积：50 厘米×35 厘米×78 厘米
Made in China	中国制造

6.3.3 定牌、无牌和中性包装

在出口商品的包装上，通常标有生产国别、生产商及出口方使用的商标和牌号。但为了把生意做活，有时应进口方的要求，也可以采用定牌、无牌和中性包装等国际贸易中的习惯做法。

1. 定牌

定牌是指卖方应买方的要求在其出售的商品和包装上标明买方指定的商标牌号，或在卖方的商标和牌号上加注买方商号或代表其商号的标志。采用定牌生产，对买方（主要是大百货公司、超级市场和专业商店）来讲，是为了扩大本商店的知名度和显示该商品的身价；对卖方来讲，也可以利用买主的经营能力和对方企业的商业信誉，提高售价和扩大销路，所以卖方也愿意接受定牌生产。

我国企业采用定牌生产时应注意以下三点。

（1）要对买方提供的图案、文字内容进行审查，不接受违背我国宪法原则以及与我国精神文明标准不符的图案和文字。

（2）要求买方提供可以使用指定商标牌号、不涉及第三方知识产权的证明，以确保我方接受定牌生产不会导致侵犯第三方知识产权的后果。

（3）若买方无法提供这类证明，在合同中要明确规定，若日后因使用买方指定的商标牌号而发生工业产权纠纷或出现侵权行为，由买方承担一切责任和费用。

2. 无牌

无牌是指卖方应买方要求在其出售的商品和包装上免除任何商标牌号。这主要适用于一些原料性或半成品商品或者低价值商品。对于这类商品，客户要求无牌，是为了减少加工生产的耗费，降低成本和售价。

无论是定牌还是无牌，若无特殊说明，则一般都要标出制造国别和生产厂商。

3. 中性包装

中性包装是指在商品和包装上不注明制造国别、产地、厂商和原有的商标牌号等有可能导致识别商品来源的内容。

中性包装根据其商业秘密程度，可以分为定牌中性包装和无牌中性包装。

定牌中性包装是指卖方按照合同规定，在商品和包装上使用买方指定的商标牌号，但不注明原产地和制造厂商。

无牌中性包装是指在出口商品和包装上既不注明原产地和制造厂商，也无任何商标牌号。这类商品一般需要经买方重新包装整理后再销往最终的销售市场。

中性包装是国际贸易中的习惯做法和特定要求，其作用是有助于避开进口国家或地区的配额限制、关税壁垒和非关税壁垒等方面的一些歧视性、限制性乃至敌对性的贸易政策和贸易保护措施，从而扩大出口。尤其是对那些暂无直接外交关系、正在交战之中或正处于对方经济制裁中的国家或地区来说，中性包装成为各自向对方出口商品的一种必要手段。通常的做法是，采用中性包装将商品出口到第三国，经过重新包装和整理后，再出口到对方国家。

案例 6-6

【案情】

国内公司 A 与国外客户 B 在 2000 年 12 月下了 1×40' 集装箱产品 P1（货号为 828-12）的订单。客户在 E-mail 中要求所有包装上不能显示货号"828"，由于此次进口国海关对于"828"等几种产品征收很高的反倾销关税，所以客户有此要求。而公司 A 在给供应商下订单时仅仅注明了在货物的外箱上不能注明"828"，其他具体要求跟此客户以前的出货一致（以前订单的彩卡包装上都有"828"），所以造成彩卡包装生产下来都有"828"字样。客户在收到公司 A 寄来的货样照片时，发现彩卡上仍有"828"字样，随即提出去掉"828"。由于我方的货物已全部完成，若换彩卡会造成 5 万元的经济损失，同时交货期将推迟 20 天。A 公司告诉客户货物已全部生产完毕，若返工将造成 5 万元损失并希望客户接受有"828"的彩卡。最后客户答应愿意接受我方的货物，但是客户疏通海关需要 2000 美元的费用，我方只好同意接受了。

【讨论分析】

1. 在合同签订后，一方能够就合同履行再提出要求吗？
2. 如果一方不能接受另一方的要求，应该如何做？
3. 如果一方接受了另一方的要求，该接受视同什么？
4. 本案卖方是否接受买方的要求？在合同履行中，卖方有哪些失误？
5. 买方提出的要求合理吗？
6. 卖方就该纠纷的处理合理吗？

6.3.4 合同中的包装条款

在国际货物买卖中，包装是货物说明的重要组成部分，包装条款是买卖合同中的一项主要条款，按照某些国家的法律规定，如卖方交付的货物未按规定的条款包装，或者货物的包装与行业习惯不符，买方有权拒收货物；如果货物虽按约定的方式包装，但与其他货物混杂在一起，买方可以拒收违反约定包装的那部分货物，甚至可以拒收整批货物。根据《公约》第 35 条 1 款规定：卖方必须按照合同规定的方式装箱或包装。《民法典》第六百一十九条规定：出卖人应当按照约定的包装方式交付标的物。

如果卖方不按照合同规定的方式装箱或包装，即构成违约。另外，如果包装不良（insufficient packing），船方将在大副收据上做出批注，从而产生不清洁提单，也影响安全收汇。

包装条款通常包括包装材料、包装方式以及包装费用等。

样 14：木箱装，每箱装 30 匹，每匹 40 码。
To be packed in wooden cases, 30 pieces per case of 40 yd each.

样 15：铁桶装，每桶净重 25 千克。
In iron drum of 25kg net each.

样 16：用聚丙烯编制包装袋，每包重 50 千克，以毛重作净重，包装袋质量良好，适于海运，包装袋上用英语写上品名、重量、原产国别和包装日期。
To be packed in polypropylene woven bags, 50kg each, gross for net. The bags should be fairy good in quality and suitable for ocean transportation, on which the name of the goods, weight, country of origin and package date should be written/marked in English.

样 14、样 15 和样 16 都明确了特定标的物的具体包装要求，如在包装材料上，样 14 采用木箱包装，样 15 采用铁桶，而样 16 采用聚丙烯编制包装袋的包装材料；在包装方式上，上述条款也明确了每独立包装单位能容纳多少货物。

包装费用通常包含在价格中，一般不再另做规定，除非买方对包装有特别要求。合同履行时，如果买方对包装有特别要求，致使包装费用高于原先的成本，卖方可以另收包装费。

在实际业务中，可能对包装要求仅做笼统规定。

样 17：习惯包装
to be packed in customary packing

样 18：卖方习惯包装
seller's usual packing

样 19：适合海运包装
seaworthy packing

样 20：适合长途运输包装
packing suitable for long distance

这样的笼统规定，一般不提倡使用。因为合同履行中可能因双方对该条款的理解不同而引起争议。对于这类笼统规定，除非买卖双方事先取得一致认识，否则应避免使用。对设备的包装条件，应在合同中做出具体明确的规定，如对特别精密的设备，包装除了必须符合运输要求外，还应规定防震措施等条件。

另外，对于买卖双方来说，还须确定运输标志，但是按照国际惯例，运输标志一般由卖方设计确定。当买方要求指定运输标志时，买卖双方须在包装条款中对买方提供运输标志的时间做出规定。若买方逾期尚未指定，则卖方可以自行决定。

本章小结

国际贸易的商品说明包括品名、品质、数量和包装。品名和品质的描述往往结合在一起，是买卖双方交接货物的基本依据。货物的品质既可以用实物也可以用文字说明表示。前者包括看货买卖和凭样品买卖两种方式,后者则包括凭规格、等级、标准、商标或牌名、产地名称以及凭说明书和图样买卖。这些表示方法可以独立运用。为了使品质条款具有一定的灵活性,可在合同中规定品质公差或品质机动幅度。数量条款包括商品数量的表示方法、计量单位和溢短装条款。溢短装条款是指允许卖方交货时多交或少交一定的数量,包括货物数量机动幅度的确定、溢短装选择权的决定、溢短装数量的计价方法等内容。包装条款通常包括包装材料、包装方式以及包装费用由谁承担等内容。商品包装通常分为运输包装和销售包装。运输标志,俗称唛头,通常被刷印在外包装明显的部位,目的是使货物运输途中的有关人员辨认货物,核对单证。实际业务中,可能出现定牌、无牌、中性包装的做法。

练习题

1. 明确商品的品名有什么重要作用?
2. 什么是"对等样品"?为什么要使用对等样品?
3. 试述"品质机动幅度"和"品质公差"的含义及作用。
4. 在品质机动幅度范围内,交货品质如有差异,卖方应如何收取货款?
5. 日本某商人曾按凭样成交方式,从加拿大购进一批当饲料用的谷物。由于加拿大商人的交货品质太好,日本海关误认为是供人食用的粮食而课以重税,使日商增加了税收负担,因此,日商诉诸法院要求加拿大商人赔偿因交货品质与样品不同所造成的关税差额损失。你认为此案应如何判决?请说明理由。
6. 在合同未约定溢短装条款的情况下,能否多装或少装?
7. 在合同中规定"About 500 M/T"或"500 M/T,5% more or less at seller's option"条款,对买卖双方有无区别?为什么?在后一种规定的情况下,卖方最多可交多少公吨?最少可交多少公吨?如何计价?
8. 如卖方按每箱150美元的价格出售某商品1 000箱,合同规定"数量允许有5%增减,由卖方决定"。试问:(1)这是一个什么条款?(2)最多可装多少箱?最少可装多少箱?(3)如实际装运1 020箱,买方应付多少货款?
9. 中国某公司从国外进口某农产品,合同数量为100万公吨,允许溢短装5%,而外商装船时共装运了120万公吨,对多装的15万公吨,我方应如何处理?
10. 什么是运输标志?它由哪几个部分组成?
11. 什么是定牌包装?使用定牌时应注意什么问题?
12. 菲律宾客户与上海某自行车厂洽谈进口"燕子牌"自行车10 000辆,但要求我方改用"剑"牌商标,并在包装上不得注明"Made In China"字样。买方为何提出这种要求?我方能否接受?为什么?

第7章
CHAPTER7

贸易术语与价格条款

:: **学习目标**

| 掌握贸易术语，特别是几种常用贸易术语的含义、内容及其应用；
| 了解有关贸易术语的主要国际贸易惯例；
| 掌握佣金和折扣的表示方法及计算方法；
| 了解出口核算的意义并掌握核算的方法；
| 掌握合同中的价格条款。

7.1 有关贸易术语的国际贸易惯例

7.1.1 贸易术语的含义和作用

1. 含义

价格是货物贸易的核心条款。在实际业务中，对外报价除了考虑成本外，还必须考虑交货地点，以及卖方需要办理的手续、支付的费用和承担的风险。例如，杭州某外贸公司就某商品对外报价，交货地点是在该公司所在地、在上海港还是在美国的纽约港，业务员的报价显然是不一样的。交货地点越远，报价越高。即使是同一交货地点，例如在上海港交货，买卖双方有关手续、费用、风险划分不同，报价也不一样。任何一笔交易在报价前，卖方都必须明确交货地点及手续、费用、风险的划分。在长期的贸易实践中，某些做法逐渐被固定下来，并被赋予名称，即形成术语。

贸易术语（trade terms）又称**价格术语**（price terms），是国际贸易中定型化的买卖条件，是在长期的国际贸易实践中产生的，它用简明的语言或缩写字母来概括说明交货地点，买卖双方在责任、费用和风险上的划分。

2. 作用

（1）明确交易方式，简化交易内容，缩短磋商时间，节约费用开支。

贸易术语及
相关的国际
贸易惯例

（2）明确价格内涵，有利于交易双方进行比价和加强成本核算。

（3）明确交货地点，有利于界定合同性质、运输方式和保险事宜。

（4）明确责任、风险、费用的分担及其他权利义务关系，有利于减少贸易纠纷和妥善解决贸易争端。

贸易术语确定了买卖双方的部分合同义务，在磋商和订立合同时，采用某种贸易术语，例如 FOB 或 CIF，使该合同具有一定的特征，从而可分别称之为"FOB 合同"或"CIF 合同"。

7.1.2 国际贸易惯例的含义和作用

1. 含义

贸易术语是典型的国际贸易惯例。**国际贸易惯例**（international trade practice）或称**国际商业惯例**（international commercial practice），是指人们在长期的国际贸易实践中逐渐形成的、具有法律约束力的、成文或不成文的原则、规则、先例和习惯做法。

国际贸易惯例一般是不成文的，因此缺乏足够的明确性和稳定性，而且不同国家或地区的惯例，在内容上也有不一致的地方。对此，有关国际性民间组织（如国际商会）或学术团体（如国际法协会）或不同国家的某些组织（如美国商会、美国进出口协会）对国际惯例进行了整理和编纂，使之日益标准化、定型化，从而避免了内容上的矛盾、抵触，增进了相互协调和统一。

2. 作用

国际贸易惯例的适用是以当事人自愿、真实的意思表示为基础的。因为惯例本身不是法律，它对贸易双方不具有强制性，故买卖双方有权在合同中做出与某项惯例不符的规定。只要合同有效成立，双方均要遵照合同的规定履行。一旦发生争议，法院和仲裁机构也要维护合同的有效性。但是，国际贸易惯例对贸易实践仍具有重要的指导作用。这体现在以下两个方面。

（1）如果双方都同意采用某种惯例来约束该项交易，并在合同中做出明确规定，那么这项约定的惯例就具有了强制性。

（2）如果双方对某一问题没有做出明确规定，也未注明该合同适用某项惯例，在合同执行中发生争议时，受理该争议案的司法和仲裁机构也往往会引用某一国际贸易惯例进行判决或裁决。

所以，国际贸易惯例虽然不具有强制性，但它对国际贸易实践的指导作用却不容忽视。不少贸易惯例被广泛采纳、沿用，说明它们是行之有效的。

7.1.3 有关贸易术语的国际贸易惯例

早在 19 世纪初，贸易术语已开始在国际贸易中使用。但是，最初国际上对各种贸易术语并无统一的解释。为了消除分歧，以利于国际贸易的发展，国际上某些商业团体、学术机构试图统一对贸易术语的解释。于是，陆续出现了一些有关贸易术语的解释和规则。这些解释和规则为较多的国家或贸易团体所熟悉、承认和采用，就成为有关贸易术语的国际贸易惯例。

目前，在国际上有较大影响力的有关贸易术语的国际贸易惯例有三种，现分述如下。

1.《1932 年华沙 – 牛津规则》

该规则的前身是《1928 年华沙规则》（Warsaw Rules，1928），是国际法协会[一]于 1928 年

[一] 国际法协会（International Law Association），前身是 1873 年 10 月在布鲁塞尔成立的国际法革新和编纂协会，两年后，改名为国际法协会。其总部设在伦敦，现在包括 62 个国家（地区）分支机构和 1 个执行理事。国际法协会的宗旨是研究、诠释和促进国际公法与国际私法；研究比较法律；提出解决法律冲突的办法；统一法律并促进国际理解和善意。

在波兰华沙制定的，共有 22 条规则，旨在统一解释 CIF 买卖合同下买卖双方的权利与义务。后于 1932 年在各国商会的协助下，在英国牛津予以修订，并改称《1932 年华沙 – 牛津规则》(Warsaw-Oxford Rules，1932)。

这一规则对于 CIF 合同的性质，买卖双方所承担的风险、责任和费用的划分，以及所有权转移的方式等问题都做了比较详细的解释，至今仍有较大的权威性。其对 CIF 贸易术语确定的性质，被后来的国际商会制定的《国际贸易术语解释通则》所采用。

2.《1990 年美国对外贸易定义修正本》

该修正本的前身是美国九大商业团体于 1919 年制定的《美国出口报价及其缩写》(The U.S. Export Quotations and Abbreviations)。其后，因贸易习惯发生了很多变化，在 1940 年举行的美国第 27 届全国对外贸易会议上对其进行了修订，并于 1941 年 7 月 31 日经美国商会、美国进出口协会和美国对外贸易协会所组成的联合委员会通过，称其为《1941 年美国对外贸易定义修正本》(Revised American Foreign Trade Definitions 1941)。至 1990 年其再次被修订，改称《1990 年美国对外贸易定义修正本》(Revised American Foreign Trade Definitions 1990，以下简称《美国定义》)，其解释的贸易术语共有 6 种，不过其中 FOB 术语又分为 6 种，所以实际上其所解释的贸易术语共有 11 种之多。

《1990 年美国对外贸易定义修正本》解释的贸易术语

由于《美国定义》主要用于国际贸易报价，而《国际贸易术语解释通则》则对于买卖双方的义务有详细的规定，且为世界多数国家贸易商所采用。因此，美国贸易界已同意使用《国际贸易术语解释通则》，以实现贸易术语解释的国际性和统一化。然而，事实上，部分美国贸易商仍继续使用《美国定义》。因此，我们与美商交易时应特别注意，避免由于两大惯例文本的差异，造成不必要的误会甚至纠纷。

3.《国际贸易术语解释通则 2020》

国际商会⊖自 20 世纪 20 年代初即开始对重要的贸易术语做统一解释的研究，1936 年提出了一套解释贸易术语的具有国际性的统一规则，定名 Incoterms®⊜1936，其副标题为 International Rules for the Interpretation of Trade Terms，故译为《1936 年国际贸易术语解释通则》。以后，为了适应不同时期国际贸易发展的需要，国际商会先后于 1953 年、1967 年、1976 年、1980 年、1990 年、2000 年和 2010 进行过七次修改和补充。

2019 年 9 月，国际商会又公布了新版本《国际贸易术语解释通则 2020：国际商会国内与国际贸易术语使用规则》⊝ (Incoterms®2020：ICC Rules for the Use

---

⊖ 国际商会（International Chamber of Commerce，ICC）成立于 1919 年，总部设在巴黎，其设立目的是在自由、平等的基础上改善世界贸易和投资。国际商会目前是世界上最重要的民间商业组织，是联合国的一级咨询机构。其会员分布在 140 多个国家和地区。1994 年 11 月，国际商会正式授予中国国际商会（China Chamber of Commerce，CCIC）成员地位，并同意中国建立国际商会中国国家委员会。国际商会中国国家委员会于 1995 年 1 月 1 日正式成立。目前，国际商会在包括中国在内的 60 多个国家设立了国家委员会。

⊜ Incoterms 是 International Commerce Terms 的缩写。

⊝ 国际商会（ICC）. 国际贸易术语解释通则 2020：国际商会国内与国际贸易术语使用规则［M］. 中国国际商会组织，编译. 北京：对外经贸大学出版社，2020. 本书有关《2020 年通则》的内容均来自对该出版物的引用和编写。

of Domestic and International Trade Terms，以下简称《2020 年通则》)，成为该商会的第 723E 号出版物，并于 2020 年 1 月 1 日正式实施。

随着运输方式、通信方式的改变，商业实践也随之改变。历次《国际贸易术语解释通则》之所以修订，主要是为了使其适应当代的商业实践。《2020 年通则》考虑了货物运输中对安全问题的日益关注，根据货物的性质和运输灵活安排保险的需要，以及 FCA 规则下银行在特定货物销售融资中对已装船提单的要求，对所有规则做出更加简洁、明确的陈述，更加突出了交货和风险，更加清晰地解释了销售合同与附属合同之间的区分和联系。

为了便于阅读和理解，《2020 年通则》采用 "A 卖方义务，B 买方义务" 的方式对应编排，对买卖双方分列了 10 项义务（见表 7-1）。

Incoterms® 2020 对 Incoterms® 2010 的修改

表 7-1 《2020 年通则》列明的卖方、买方 10 项义务

A 卖方义务		B 买方义务	
A1	一般义务	B1	一般义务
A2	交货	B2	提货
A3	风险转移	B3	风险转移
A4	运输	B4	运输
A5	保险	B5	保险
A6	交货、运输单据	B6	交货证据
A7	出口、进口清关	B7	出口、进口清关
A8	查验、包装、标记	B8	查验、包装、标记
A9	费用划分	B9	费用划分
A10	通知	B10	通知

《2020 年通则》共解释了 2 组 11 种贸易术语（见表 7-2）。

表 7-2 《2020 年通则》解释的贸易术语

组别	贸易术语	英文全称	中文名称
适用于任何运输方式或多种运输方式的术语	EXW	EX Works（insert named place of delivery）	工厂交货（填入指定交货地点）
	FCA	Free Carrier（insert named place of delivery）	货交承运人（填入指定交货地点）
	CPT	Carriage Paid to（insert named place of destination）	运费付至（填入指定目的地）
	CIP	Carriage and Insurance Paid to（insert named place of destination）	运费保险费付至（填入指定目的地）
	DAP	Delivered at Place（insert named place of destination）	目的地交货（填入指定目的地）
	DPU	Delivered at Place Unloaded（insert named place of destination）	目的地卸货后交货（填入指定目的地）
	DDP	Delivered Duty Paid（insert named place of destination）	完税后交货（填入指定目的地）
适用于海运和内河水运的术语	FAS	Free alongside Ship（insert named port of shipment）	船边交货（填入指定装运港）
	FOB	Free on Board（insert named port of shipment）	船上交货（填入指定装运港）

（续）

组别	贸易术语	英文全称	中文名称
适用于海运和内河水运的术语	CFR	Cost and Freight（insert named port of destination）	成本加运费（填入指定目的港）
	CIF	Cost, Insurance and Freight（insert named port of destination）	成本、保险费加运费（填入指定目的港）

《国际贸易术语解释通则2020》中6个主要贸易术语

《2020年通则》是上述3种有关贸易术语的国际贸易惯例中影响力最大、最具权威性的贸易术语文本。以下以《2020年通则》为基础，具体介绍各个贸易术语的内容。

7.2 适用于海洋运输和内河水运的3种主要贸易术语

在国际贸易中，FOB、CFR、CIF、FCA、CPT和CIP是实践中使用较多的贸易术语。根据适用的运输方式，这6种贸易术语可分为仅适合于海洋运输和内河水运的（FOB、CFR、CIF）和适合于多种运输的（FCA、CPT和CIP）两大类。FOB、CFR、CIF术语在实际业务中产生最早、使用最广，因此熟悉并掌握这3种贸易术语的含义、买卖双方分别应承担的义务与费用，以及使用中应该注意的问题，非常重要。

7.2.1 FOB

FOB的英文全称是Free on Board（insert named port of shipment），中文译为"**船上交货**（填入指定装运港）"，俗称"**离岸价**"。在国际贸易中，FOB术语的使用有着悠久的历史。早在1812年，英国法院的判决中就提出FOB术语，距今已有200多年。FOB是最为经典的贸易术语，本书将对FOB做详尽的解释，并以FOB为基础，通过比较来学习其他贸易术语。

贸易术语 FOB

1. 基本含义及解释说明

FOB术语是指卖方以在指定装运港将货物装上买方指定的船舶或通过取得已交付至船上的货物的方式交货。货物灭失或损坏的风险在货物交到船上时转移，同时买方承担自那时起的一切费用。FOB术语后面应标明装运港，例如"FOB上海"，即交货地点就是指定装运港"上海"。

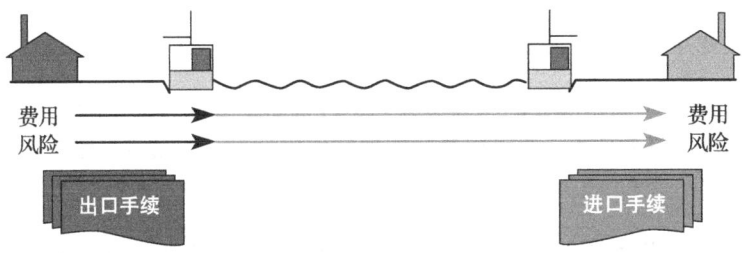

（1）交货与风险。

FOB是指卖方通过以下方式向买方完成交货：

- 将货物装上船
- 该船舶由买方指定
- 在指定装运港

或者

- 取得已经如此交付的货物

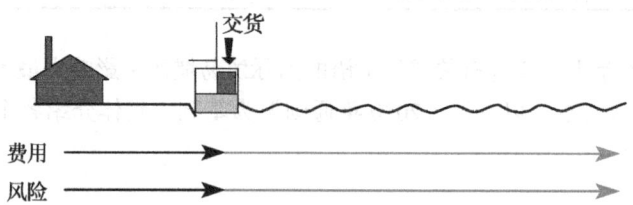

货物灭失或损坏的风险在货物交到船上时发生转移，同时，买方承担自那时起的一切费用。

（2）运输方式。

FOB 仅适用于海运或内河水运运输方式。如果货物在交到船上之前已经移交给承运人，如在集装箱终端交给承运人，双方应当考虑使用 FCA，而非 FOB。

（3）取得已经如此交付的货物。

卖方应将货物在船上交付或者取得已经如此交付的货物完成交货。此处的"取得"⊖一词适用于交易链中的多层销售（链式销售），在大宗商品贸易中尤其常见。

（4）进口、出口清关。

卖方办理货物出口清关；买方办理货物进口清关或经由第三国过境的清关，或支付任何进口关税或办理任何进口海关手续。

2.《2020 年通则》FOB 条款及解读

以下以 A 为卖方义务、B 为买方义务，并以 1～10 标明各条款，逐条引用《2020 年通则》的条款，必要时加以说明，以全面理解、掌握 FOB 术语。引用时对于重复部分做适当编辑、删除。

A1　一般义务

卖方必须提供符合销售合同约定的货物和商业发票，以及合同可能要求的其他与合同相符的证据。

B1　买方一般义务

买方必须按照销售合同约定支付货物价款。

A1～A10、B1～B10 中所指的任何单证在双方约定或符合惯例的情况下，可以是具有同等作用的电子记录或程序。

解读：交货和提供相关单据是卖方的一般义务，支付价款则是买方的一般义务，两者是对流的。单证可以是传统的纸质凭据，也可以是具有同等作用的电子记录或程序。

A2　交货

卖方必须在买方指定的装运港内的装货点（如有），以将货物置于买方指定的船上或以取

⊖ 除 EXW 术语外，包括 FOB 在内的其余 10 种贸易术语都有"或取得已经如此交付的货物"的情形，"取得"一词的解释与在 FOB 术语下的一样，以下不再重复说明。

得已经如此交付的货物的方式交货。

卖方必须按照下述要求交货：

a）在约定日期；

b）在买方按照 B10 所通知的约定期限内的交货时间；

c）如果未通知上述时间，则在约定期限届满之时；

d）按照该港口的习惯方式，如果买方未指定具体的装货点，则卖方可以在指定的装运港选择最符合其目的的装货点。

B2　收取货物

当卖方按照 A2 完成交货时，买方必须提取货物。

解读：卖方在约定日期或期限内，按照港口习惯方式完成交货㊀。其中有以下两种情况。

（1）在指定装运港的装船点，将货物置于买方指定的船上。这种情况适合于负责装运的卖方。FOB 买方负责派船（订立运输合同），卖方负责装运（在指定装运港将货物置于买方指定的船上）。买方在派船时，应通知卖方具体的装货点，若没有具体通知，卖方可在指定装运港选择装船点。

（2）**取得已在船上的货物**（procure goods shipped）。这种情况适合于**链式销售**（string sales）中处于销售链中间的卖方。在国际贸易中，货物在被运送至终端时，其间可能经过多次转卖，此即链式销售。处于销售链中间的卖方，实际上不需要装运货物，这时他可以以"取得货物"的方式完成交货义务。这种交货方式在贸易实践中早已存在，但《2010 年通则》第一次做出了解释，《2020 年通则》沿用了这一解释。这一规定使得《国际贸易术语解释通则》更符合贸易实践。

船货衔接问题

A3　风险转移

除按照 B3 的灭失或损坏情况外，卖方承担按照 A2 完成交货前货物灭失或损坏的一切风险。

B3　风险转移

买方承担按照 A2 交货时起货物灭失或损坏的一切风险。

如果：

a）买方未按照 B10 发出通知；

b）买方指定的船舶未准时到达，致使卖方未能遵循 A2 的规定、未接收货物，或早于 B10 通知的时间停止装货。

则：

（1）自约定的日期起，或在未约定的情况下；

（2）自买方根据 B10 所选择的日期起，或如未通知该日期；

（3）自任何约定期限届满之时起。

买方承担货物灭失或损坏的一切风险。

但以该货物已清楚地确定为合同项下货物为前提条件。

㊀ 交货：在贸易法律与实务中，此概念有多种含义。但在《2020 年通则》术语中，它所指的是货物灭失与损坏的风险从卖方转移至买方。

解读： 风险转移的情形有两种。

（1）货物灭失或损坏的一切风险在卖方完成交货时转移给买方。对于负责装运的卖方，其承担货物灭失或损坏的一切风险，直至在指定装运港的装船点将货物置于买方指定的船上为止。买方承担自此以后的货物灭失或损坏的一切风险。这是 FOB 风险转移的一般原则。与以前的解释相比，《2010 年通则》关于 FOB 风险转移做了很大修改。一直以来，FOB 风险转移"在装运港以船舷为界"。然而这一规定在实际业务中容易出现问题。如由于装货方式的改进，有些货物在装船时并不越过船舷，此时风险转移"以船舷为界"就失去存在的基础。又如，FOB 合同买方要求卖方提交"清洁已装船提单"，而卖方也同意提供此种运输单据凭以向买方收款，则 FOB 合同的交货点已从"船舷"延伸到了"船舱"。此时风险转移"以船舷为界"在实际中无法操作。《2010 年通则》关于 FOB 风险转移的修改是符合贸易实践的。

（2）如果由于买方的原因，使得卖方不能如期交货，则自约定的交货日期或交货期限届满之日起，由买方承担货物有关的风险，前提是货物已清楚地确定为合同项下㊀。按照这一规定，卖方虽尚未完成交货，风险照样转移至买方，这在法律上称为"提早转移风险"。由于买方的原因，致使卖方不能如期装运（完成交货），若仍规定风险以"完成交货"为界，则不够公平。因此，以"约定的交货日期或交货期限届满之日起"为风险转移的时间，有利于平衡当事人的权益。

案例 7-1

【案情】

我方与荷兰某客商以 FOB 条件达成一笔出口交易，合同规定以信用证为付款方式。卖方收到买方开来的信用证后，及时办理了装运手续，并制作好一整套结汇单据。卖方在准备到银行办理议付手续时，收到买方来电，得知载货船只在航海运输途中遭遇意外事故，大部分货物受损，据此，买方表示将等到具体货损情况确定以后，才同意银行向卖方支付货款。我方一方面回复买方，对货物在航运途中遭遇风险受损表示遗憾，一方面照常向银行办理议付手续，最终取得了货款。

【讨论分析】

1. 按 FOB 术语成交，买卖双方风险划分的界限在何处？
2. 按 FOB 术语成交，卖方何时完成交货义务？本案卖方是否已经完成交货义务？
3. 买方提出"等到具体货损情况确定以后，才同意银行向卖方支付货款"的要求合理吗？
4. 银行能否根据买方的要求拒绝付款？
5. 对于"载货船只在航海运输途中遭遇意外事故，大部分货物受损"，买方有何救济方法？
6. 卖方应该如何处理，确保取得货款？

A4 运输

卖方对买方没有订立运输合同的义务。但是，应买方要求并由其承担风险和费用，卖方必须向买方提供卖方所拥有的买方安排运输所需的任何信息，包括与运输有关的安全要求。如已约定，卖方必须按照惯常条款订立运输合同，由买方承担风险和费用。

卖方必须在完成交货之前遵守任何与运输有关的安全要求。

㊀ 货物已清楚地确定为合同项下，是指货物已正式划归合同项下，或货物已经特定化，即货物已经清楚地分置或可以辨认其为合同货物。例如，已将货物予以适当包装及标识、分类储库等。

B4　运输

买方必须自付费用订立自指定装运港起的货物运输合同，除非卖方按照 A4 的规定订立了运输合同。

解读：自指定的装运港起运货物的运输合同，一般情况下由买方订立；特定情况下，由卖方协助办理。"特定情况"是指买方有要求，且卖方接受，即双方有约。"协助办理"是指签订运输合同的风险和费用由买方负担。即使在这样的条件下，卖方也可以拒绝办理运输合同，但应立即通知买方。在实际业务中，以 FOB 术语交易的零星杂货贸易，买方有时会请求卖方安排船运。这时须明确卖方是以代理人名义还是以本人名义安排船运，同时应约定由谁作为托运人。

A5　保险

卖方对买方没有订立保险合同的义务。但是，应买方要求并由其承担风险和费用，卖方必须向买方提供卖方所拥有的买方获取保险所需的信息。

B5　保险

买方对卖方没有订立保险合同的义务。

解读：在 FOB 术语下，买方、卖方可以为自己承担的风险订立保险合同，但任何一方均无为对方所承担风险订立保险合同的义务。为了便于买方办理保险，应买方要求并由其承担风险和费用（如有的话）的情况下，卖方有义务提供办理保险所需的相关信息。

案例 7-2

【案情】

某公司以 FOB 条件出口一批农产品，合同签订后接到买方来电，称租船较为困难，委托卖方代为租船，有关费用由买方负担。为了方便合同履行，卖方接受了对方的要求，但几经努力，时间已到了装运期，卖方在规定的装运港无法租到合适的船，且买方又不同意改变装运港，因此到装运期规定的截止日，货仍未装船。买方因销售旺季即将结束，便来函以卖方未按期租船履行交货义务为由撤销合同。

FOB 案例
分析

【讨论分析】

1. FOB 贸易术语下，何方承担订立运输合同的义务？
2. FOB 贸易术语下，卖方可以接受买方的请求，代为订立运输合同吗？
3. 本案卖方接受了对方的要求，但几经努力未能订到合适的船只，卖方应该承担因此而产生的风险、费用和责任吗？
4. 卖方应该接受买方提出的撤销合同的要求吗？卖方应如何处理？
5. 本案中，当卖方在规定的装运港无法租到合适的船只时，卖方应如何与买方沟通，以使买方接受不能按期装运的事实，而不至于提出撤销合同？

A6　交货、运输单据

卖方必须自付费用向买方提供已按照 A2 交货的通常证明。

除非上述证明是运输单据，否则，应买方要求并由其承担风险和费用，卖方必须协助买方获取运输单据。

B6 交货证据

买方必须接受按照 A6 提供的交货凭证。

解读：卖方有义务提供足以证明其完成交货的凭证。在实际业务中，卖方通常按照港口习惯取得交货凭证。该凭证往往是运输凭证。由于 FOB 卖方无义务订立运输合同，因此允许其取得的是运输凭证以外的交货凭证。但应买方要求并由其承担风险和费用，卖方必须协助买方取得运输凭证。

A7 出口、进口清关

a) 出口清关

如适用，卖方必须办理出口国要求的所有出口清关手续并支付费用，例如：

出口许可证；

出口安检清关；

装运前检验；

任何其他官方授权。

b) 协助进口清关

如适用，应买方要求并由其承担风险和费用，卖方必须协助买方获取任何过境国或进口国需要的与所有过境、进口清关手续有关的任何单据及（或）信息，包括安全要求和装运前检验。

B7 出口、进口清关

a) 协助出口清关

如适用，应卖方要求并由其承担风险和费用，买方必须协助卖方获取出口国需要的与所有出口清关手续有关的任何单据及（或）信息，包括安全要求和装运前检验。

b) 进口清关

如适用，买方必须办理任何过境国和进口国要求的所有手续并支付费用，例如：

进口许可证及过境所需的任何许可；

进口及任何过境安检清关；

装运前检验；

任何其他官方授权。

解读：卖方办理出口手续，买方办理进口及过境手续。各自承担相关的风险和费用，取得需要的官方文件和许可。"如适用"表明在有些情况下，如国内贸易、在类似欧盟等的贸易同盟内贸易等，买方、卖方无须办理进口、出口、过境手续。

A8 查验、包装、标记

卖方必须支付为了按照 A2 交货所需要的查验费用（如查验品质、丈量、计重、点数的费用）。

卖方必须自付费用包装货物，除非该特定贸易运输的所售货物通常无须包装。除非双方已经约定好具体的包装或标记要求，否则，卖方必须以适合该货物运输的方式对货物进行包装和标记。

B8 查验、包装、标记

买方对卖方没有义务。

解读：卖方交货时应对货物进行查对、检验、包装并做适当标记，承担相关的费用。如果买方没有特殊要求，对需要包装的货物，卖方应提供适合运输的包装。

A9　费用划分

卖方必须支付：

a) 按照 A2 完成交货之前与货物相关的所有费用，按照 B9 应由买方支付的费用除外；

b) 按照 A6 向买方提供已经交货的通常证明的费用；

c) 如适用，按照 A7a 办理出口清关有关的关税、税款和任何其他费用；

d) 买方为按照 B7a 提供协助取得单据及信息相关的所有款项和费用。

B9　费用划分

买方必须支付：

a) 自按照 A2 交货之时起与货物相关的所有费用，按照 A9 应由卖方支付的费用除外；

b) 卖方为按照 A4、A5、A6 和 A7b 协助获取单据及信息相关的所有款项和费用；

c) 如适用，按照 B7b 办理过境或进口清关有关的关税、税款和任何其他费用；

d) 由于以下原因之一发生的任何额外费用：

（1）买方未能按照 B10 发出通知；

（2）买方按照 B10 指定的船舶未准时到达，未提取货物或早于 B10 通知的时间停止装货，但以该货物已清楚地确定为合同项下货物者为前提条件。

解读：卖方承担的费用包括：完成交货前与货物相关的一切费用；提供已经交货的通常证明（协助取得运输单据）的费用；货物出口所需海关手续费用，以及出口应交纳的一切关税、税款和其他费用。

FOB 装货费用的承担

买方承担的费用包括：卖方完成交货后与货物相关的一切费用，货物进口应交纳的一切关税、税款和其他费用，以及办理进口海关手续的费用和从他国过境运输费用；如果由于买方的原因，使得卖方不能如期交货所产生的额外费用，前提是货物已清楚地确定为合同项下。

A10　通知买方

由买方承担风险和费用，卖方必须就其已经按照 A2 交货或船舶未在约定时间内收取货物给予买方充分的通知。

B10　通知卖方

买方必须就船舶名称、装船点和其在约定期间内选择的交货时间（如需要时），向卖方发出充分的通知。

解读：买方通知卖方的义务：买方订立运输合同后，必须就船舶名称、装船点和其在约定期间内选择的交货时间（如需要时），向卖方发出充分的通知。若买方没有发出充分的通知，则可能承担"提早转移风险"（B3）和额外费用（B9），可见买方的通知义务是非常重要的。

卖方通知买方：卖方在完成交货后应给予买方充分的通知（装船通知）；若由于买方原因，卖方未能按时交货，卖方也应给予买方充分的通知。

FOB 买方负责派船，卖方负责装运，会出现"船货衔接"问题。实际业务中,买卖双方及时沟通,可以尽量避免船货不能衔接问题。B3 风险转移、B9 费用划分,规定了买方未及时给予卖方充分通知,可能承担的后果。

3.《1990 年美国对外贸易定义修正本》对 FOB 的解释

《1990 年美国对外贸易定义修正本》将 FOB 术语分为 6 种,其中只有"指定装运港船上交货"(Free On Board Vessel(named port of shipment)与《2020 年通则》解释的 FOB 术语相近。然而按《1990 年美国对外贸易定义修正本》规定,只有在买方提出请求,并由买方负担费用的情况下,FOB Vessel 的卖方才有义务协助买方取得由出口国签发的货物出口或在目的地进口所需的各种证件,并且,出口税和其他税捐费用也需由买方负担。这些规定与《2020 年通则》中 FOB 术语关于卖方须负责取得出口许可证,并负担一切出口税捐及费用的规定,有很大不同。因此,我国外贸企业在与美国和其他美洲国家出口商按 FOB 术语洽谈进口业务时,除了应在 FOB 术语后注明"Vessel"(轮船)外,还应明确提出由对方(卖方)负责取得出口许可证,并支付一切出口税捐及费用。

贸易术语
CFR

7.2.2 CFR

1. 基本含义及解释说明

CFR 的英文全称是 Cost and Freight(insert named port of destination),在《1980 年通则》及先前版本中的缩写为 C&F,中文译为"**成本加运费**(填入指定目的港)"。CFR 术语是指卖方在船上交货或以取得已经这样交付的货物的方式交货。货物灭失或损坏的风险在货物交到船上时转移。卖方必须签订合同,并支付必要的成本和运费,以将货物运至指定的目的港。CFR 术语后面应标明目的港,例如"CFR London"。该指定目的港是卖方运费付至的地点,不是卖方完成交货的地点。

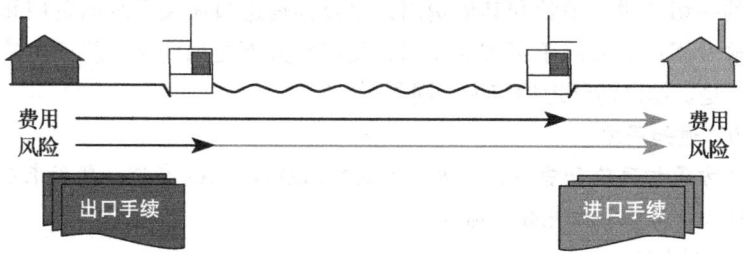

(1)交货与风险。

CFR 是指卖方通过以下方式向买方完成交货:

- 将货物装上船

或者

- 取得已经如此交付的货物

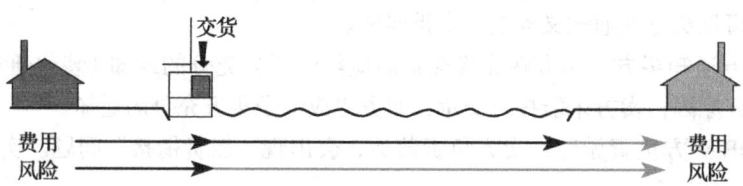

货物灭失或损坏的风险在货物交到船上时转移,这样卖方即被视为已履行了交货义务,而无论货物实际上是否以良好的状态、约定的数量交付或是否确实到达目的地。在 CFR 中,卖方对买方没有购买保险的义务。因此,特别建议买方为其自身购买一定的保险。

(2)运输方式。

CFR 仅适用于海运或内河水运运输方式。如果使用多种运输方式(常见于货物在集装箱终端被交给承运人的情形),则适合使用 CPT,而非 CFR。

(3)交货港和目的港。

在 CFR 中,两个港口很重要:货物交到船上的港口和约定为目的港的港口。当货物在装运港装上船或者以取得已经如此交付的货物的方式交付给买方时,风险即从卖方转移到买方。但是,卖方必须签订将货物从交货地运往约定目的地的运输合同。例如,货物在上海(港口)装船,运往南安普顿(港口)。货物在上海装到船上时交付,风险于此时即转移到买方;而卖方必须签订从上海到南安普敦的运输合同。

(4)指明装运港。

CFR 术语后面应标明目的港,例如"CFR London"。虽然有些合同未必会指定装运港,但装运港是风险转移给买方的地方。如果装运港对买方具有特殊意义,例如,买方也许希望借以确定货物价格中的运费构成是否合理,那么双方应在合同中尽可能清楚地指定装运港。

(5)确定卸货港的终点。

双方应尽可能精准地指定目的港的特定地点,因为卖方需承担将货物运往该地点的费用。卖方必须签订涵盖货物运输的一份或多份合同,包括从货物交付到运至指定港或销售合同中已约定的该港口范围内的地点。

(6)多个承运人。

海运的不同航段可能由不同的承运人负责,例如,货物先由承运人驾驶支线船舶从上海运到香港,再由远洋船舶从香港运到南安普顿。此时产生的问题在于,风险是在上海还是香港从卖方转移到买方的?交货发生在哪里?买卖双方很可能已在销售合同中约定,但是,如果无此约定,则默认风险在货物交付给第一个承运人时转移(此例的上海),这就延长了买方承担灭失或损坏风险的时间。如果买卖双方希望风险晚一些转移的话(此例的香港),那么他们需要在销售合同中予以明确。

(7)卸货费用。

如果卖方根据运输合同产生了在目的港内指定地点与卸货相关的费用,除非双方另有约定,卖方无权另行向买方追偿该项费用。

(8)出口、进口清关。

CFR 要求卖方办理货物出口清关。买方办理货物进口清关或经由第三国过境的清关,支付任何进口关税或办理任何进口海关手续。

2. CFR 与 FOB 比较

CFR 与 FOB 在适用的运输方式、交货地点、风险转移点以及进出口手续划分等方面是相同的。它们之间最大的不同是,CFR 卖方有义务缔结运输契约,支付将货物运至指定目的港所必需的费用和运费,并提交运输单据。由于 CFR 与 FOB 的交货点和风险转移点都是在装运港和"在装运港装上船",CFR 中的 C 可以理解为是 FOB 价,而其中的 F 指货物从装运港到目的港的运费。因此，CFR 与 FOB 在价格构成上的关系是：CFR = FOB + F。

案例 7-3

【案情】

有一份 CFR 合同，买卖一批蜡烛，货物装船时，经公证人检验合格，符合合同的规定。货到目的港，买方发现有 20% 的蜡烛有弯曲现象，因而向卖方索赔。但卖方拒绝，其理由是：货物在装船时，品质是符合合同规定的。事后又查明起因是货物交给承运人后，承运人把该批货物装在靠近机房的船舱内，由于舱内温度过高而造成的。

【讨论分析】

1. 装船时货物检验合格，说明卖方所交货物品质符合合同吗？
2. 货到目的港后买方发现货物品质不符合合同，买方可以向卖方提出索赔吗？
3. 关于货物品质问题，买方除了向卖方提出索赔外，还可以向何方提出索赔？
4. 本案卖方能否以"货物在装运港装上船后风险已经转移"为理由拒绝赔偿？
5. 本案卖方可以拒绝赔偿吗？拒赔的理由是否成立？为什么？

3. 使用中应该注意的问题

（1）卖方租船订舱的责任。

CFR 合同的卖方为按合同规定的时间装运出口，必须负责自费办理租船或订舱。如果卖方不能及时租船或订舱，因而不能按合同规定装船交货，即构成违约，从而需承担被买方要求解除合同及（或）损害赔偿的责任。CFR《2020 年通则》A4 规定："卖方必须订立或取得运输合同，将货物自交货地的约定交货地点（如有的话），运至指定目的港或该港口内的约定地点（如有）。卖方必须自付费用，按通常条件订立此运输合同，以通常用来运送该类货物的船只，并经惯常航线运送此货物。"因此，买方一般无权提出关于限制船舶的国籍、船型、船龄、船级以及指定装载某船或某班轮公司的船只等要求。但在出口业务中，如国外买方提出上述要求，在能够办到又不增加额外费用的情况下，我方也可灵活掌握考虑接受。

（2）及时发出交货通知。

按 CFR 术语订立合同，需特别注意的是交货通知（装船通知）问题。因为在 CFR 术语下，卖方负责安排在装运港将货物装上船，而买方需自行办理货物运输保险，以就货物装上船后可能遭受灭失或损坏的风险取得保障。因此，在货物装上船前，即风险转移至买方前，买方及时向保险公司办妥保险，是 CFR 合同中一个至关重要的问题。国际商会在《国际贸易术语解释通则》先前版本中均强调，CFR 卖方必须毫不迟延地（without delay）通知买方货物已装上船。《2020 年通则》CFR A5 规定："卖方对买方无订立保险合同的义务。但是，应买方要求并由其承担风险和费用，卖方必须向买方提供卖方所拥有的买方获取保险所需的信息。"所提供的信息，在内容上，应"详尽"，在时间上，应"毫不延迟"，使买方能够在货物风险转移时（或之前）办理保险。在实际业务中，卖方通常以发出装船通知的方式提供有关办理保险所需信息。虽然《2020 年通则》没有对卖方未能给予买方该项充分通知的后果做出具体规定，但是根据有关货物买卖合同的适用法律，如果卖方未向买方发出装船通知，致使买方未能及时办妥货运保险，那么，货物在海运途中的风险被视为卖方负担[一]。为此，在实际业务中，我方出口企业应事先与国外买方就如何发出装船通知商定具体做法；如果事先未曾商定，则应根据双方已经形成的习惯做法，或根据订约后、装船前买方提出的具体请求（包括在信用证中对装船通知的规定），及时用电信向买方发出装船通知。上述做法也适用于我方出口的 FOB 合同。

（3）卸货费用的负担。

关于货物在目的港的卸货费用，早期的版本没有做规定，实际业务中出现贸易术语变形，如 CFR Landed、CFR Liner terms 等，但在实际操作中存在诸多不便。《2000 年通则》对卸货费用做了明确规定，原则上该费用由买方承担，但如果卖方按照运输合同在目的港发生了卸货费用，则除非双方事先另有约定，卖方无权向买方要求补偿该项费用。《2020 年通则》基本沿用了《2000 年通则》的说明，同时在 CFR 使用说明中指出，由于卖方需承担将货物运至目的地具体地点的费用，特别建议双方应尽可能确切地在指定目的港内明确该点。

CFR 卸货费用的承担

案例 7-4

【案情】

我国一出口企业按 CFR 术语与法国一家进口商签订一批抽纱台布出口合同，货值 8 万美元，支付方式为 D/P 即期。货物于某年 3 月 1 日上午装昌盛轮完毕，当天因经办该项业务的外销员工作较忙，忘记向买方发装船通知。3 月 2 日法商收到我方装船通知向当地保险公司申请投保，不料该保险公司获悉昌盛轮已于 2 日凌晨在海上遇难而拒绝承保。于是法商立即来电称：由于你方晚发装船通知，以致我方无法投保，因货轮已遇难，该批货物损失应由你方负担并应赔偿利润及费用损失 8 000 美元。不久我方通过托收银行寄去的全部货运单证也被代收银行退回，理由是进口商拒不赎单。

【讨论分析】

1. 按照 CFR 贸易术语，何方负责订立运输合同？
2. 订立运输合同的一方应该负怎样的责任？
3. 卖方能否以工作较忙为由，延迟发出装船通知？
4. 装船通知的内容应提供怎样的信息？
5. 本案进口商的做法合理吗？

7.2.3 CIF

1. 基本含义及解释说明

CIF 的英文全称是 Cost, Insurance and Freight（insert named port of destination），中文译名为"**成本保险费加运费**（填入指定目的港）"，俗称"到岸价"。CIF 术语是指卖方在船上交货或以取得已经这样交付的货物的方式交货。货物灭失或

贸易术语 CIF

[一] 英国《1893 年货物买卖法》（1979 年修订）。

损坏的风险在货物交到船上时转移。卖方必须签订合同，并支付必要的成本和运费，以将货物运至指定的目的港。然而，在 CIF 术语中卖方还必须为货物在运输中灭失或损坏的买方风险取得海上保险。因此，卖方须订立保险合同，并支付保险费。

与 CFR 一样，CIF 术语后面应标明目的港，例如"CIF New York"。该指定目的港是卖方运费付至的地点，不是卖方完成交货的地点。

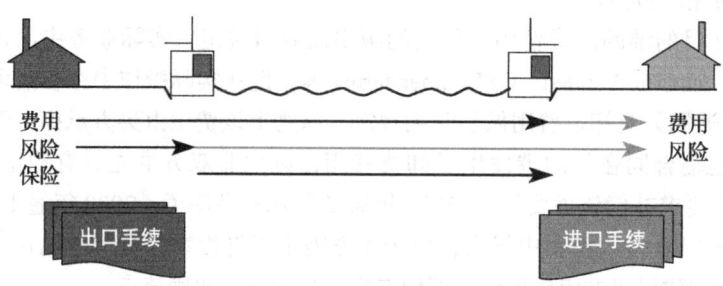

（1）交货与风险。

CIF 是指卖方通过以下方式向买方完成交货：

- 将货物装上船

或者

- 取得已经如此交付的货物

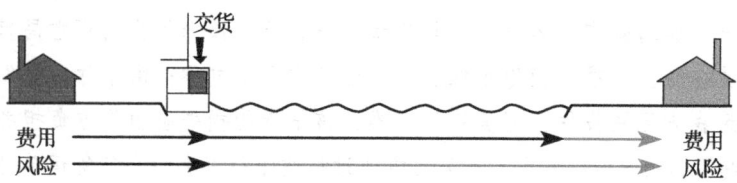

货物灭失或损坏的风险在货物交到船上时发生转移，这样卖方即被视为已履行了交货义务，而无论货物实际上是否以良好的状态、约定的数量交付或是否确实到达目的地。

（2）运输方式。

CIF 仅适用于海运或内河水运运输方式。如果使用多种运输方式（常见于货物在集装箱终端交给承运人的情形），则适合使用 CIP，而非 CIF。

（3）交货港与目的港。

在 CIF 中，有两个港口很重要：货物交到船上的港口和约定为目的港的港口。当货物在装运港装上船或者以取得已经如此交付的货物的方式交付给买方时，风险即从卖方转移到买方。但是，卖方必须签订将货物从交货地运送往约定目的地的运输合同。因此，例如，货物在上海（港口）装船、运往伦敦（港口）。货物在上海装到船上时交付，风险于此时即转移给买方，而卖方必须签订从上海到伦敦的运输合同。

（4）指定装运港。

CIF 术语后面应标明目的港，例如"CIF London"。虽然有些合同未必会指定装运港，但装运港是风险转移给买方的地方。如果装运港对买方具有特殊意义，例如，买方也许希望借以确定货物价格中的运费构成是否合理，那么双方应在合同中尽可能清楚地指定装运港。

（5）确定卸货港的终点。

双方应尽可能精准地指定目的港的特定地点，因为卖方需承担将货物运往该地点的费用。卖方必须签订涵盖货物运输的一份或多份合同，包括从货物交付到运至指定港或销售合同中已约定的该港口范围内的地点。

（6）多个承运人。

海运的不同航段可能由不同的承运人负责，例如，货物先由承运人驾驶支线船舶从上海运到香港，再由远洋船舶从香港运到南安普顿。此时产生的问题在于，风险是在上海还是香港从卖方转移到买方的？交货发生在哪里？买卖双方很可能已在销售合同中约定。但是，如果无此约定，则默认风险在货物交付给第一个承运人时转移（此例的上海），这就延长了买方承担灭失或损坏风险的时间。如果买卖双方希望风险晚一些转移的话（此例的香港），他们就需要在销售合同中予以明确。

（7）保险合同。

卖方还必须签订保险合同，以对由买方承担的从装运港至少到目的港的过程中货物灭失或损坏的风险投保。如目的地国家要求在本地购买保险，则可能会造成困难，在此种情况下，双方应考虑使用CFR。买方应注意，在《2020年通则》CIF规则下，卖方需要投保符合《伦敦保险协会货物保险条款》（C）款或其他类似条款下的有限的险别，而不是《伦敦保险协会货物保险条款》（A）款下的较高险别。但是，双方仍然可以约定较高的险别。

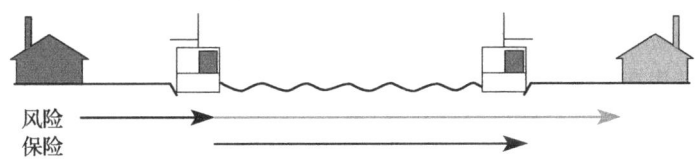

（8）卸货费用。

如果卖方根据运输合同产生了在目的港内指定地点与卸货相关的费用，除非双方另有约定，卖方无权另行向买方追偿该项费用。

（9）出口、进口清关。

CIF要求卖方办理货物出口清关。买方办理货物进口清关或经由第三国过境的清关，支付任何进口税或办理任何进口海关手续。

2. CIF 与 CFR 的不同

CIF与CFR相比，卖方增加的义务是：订立保险合同，支付保险费，以及提交保险单。由于CIF、CFR与FOB的交货点和风险转移点都是在装运港和"在装运港装上船"，CIF中的C可以理解为是FOB价，而其中的F指货物从装运港到目的港的运费，I是指保险费。因此，CIF与CFR、FOB在价格构成上的关系是：CIF = CFR + I = FOB + F + I。

3. 使用中应该注意的问题

（1）卖方办理保险的责任。

在CIF合同中，卖方是为了买方的利益办理货运保险的，因为此项保险主要是为了保障货物装船后在运输途中的风险。《2020年通则》关于CIF术语卖方的保险责任规定：卖方应办理保险合同，并支付保险费，提交保险单据。该保险应采用合同货币按合同价110%投保最低险别,如 ICC 条款(C)、CIC 平安险等。保险期间应自交货点起,至少到指定目的港止。卖方应与信誉良好的承保人或保险公司订立保险合同,并使买方或其他对货物有可保利益者有权直接向保险人索赔。当买方要求且能够提供卖方所需的信息时,卖方应帮助买方办理任何附加险别,保险费由买方承担。如果买方准备自己办理任何附加险别,买方可要求卖方提供办理保险所需信息,但相关的风险和费用(如有的话)由买方承担。

在实际业务中,CIF 合同通常订有保险条款,内容包括保险金额、险别、承保人、保险条款等,以明确卖方办理保险的义务;卖方根据保险条款核算保险费,计入 CIF 价格。而目前中国保险条款和国际上使用较多的伦敦保险业协会货物险条款均列有保险公司的保险责任的起讫期限。如果合同没有订立保险条款,则按照《2020 年通则》的规定履行。

(2)象征性交货。

CIF 是最典型的**象征性交货**(symbolic delivery)贸易术语。象征性交货又称**凭单据交货**(documentary delivery),指卖方以表明货物所有权的单据交付买方或其代理人,以代替货物实际交付的交货方法。按照象征性交付的贸易术语交易时,卖方在装运货物后,将货运单据交给买方(大多数情况下都是通过银行交单)就算完成交货义务,并有权要求买方支付货款。也就是说,不论货物是否运抵目的港(地),卖方都可凭交付货运单据而非凭交付货物本身向买方收取货款。

《2020 年通则》CIF A6 规定:"卖方必须自付费用,向买方提供载明约定目的港的通常运输单据。此运输单据必须涵盖合同货物,且载明约定装船期间内的日期,以便使买方能在目的港向承运人提取货物,并且除非另有约定,使买方能够以向下一位买方转让单据或以通知承运人的方式,转售在运输途中的货物。如果此运输单据是以可转让的形式并有数份正本签发,则必须向买方提交全套正本。"

如前所述,CIF 合同属"装运合同"性质,卖方按合同规定在装运港将货物装上船,但卖方不保证货物必然到达和在何时到达目的港,也不对货物装上船后的任何进一步的风险承担责任。因此,即使在卖方提交单据时,货物已经灭失或损坏,买方仍必须凭单据付款,但买方可凭提单向船方或凭保险单向保险公司要求赔偿。在此有必要指出,如果在采用 CIF 术语订立合同时,卖方被要求保证货物的到达或以何时到货作为收取价款的条件,则该合同将成为一份有名无实的 CIF 合同。

另外,在 CFR 术语中讨论过的"卖方租船订舱的责任""卸货费用的负担"等注意点同样适用于 CIF。

案例 7-5

【案情】

某年,我国某外贸公司出售一批核桃给数家英国客户,采用 CIF 术语,凭不可撤销即期信用证付款。由于核桃的销售季节性很强,到货的迟早会直接影响货物的价格,因此,在合同中对到货时间做了以下规定:"2021 年 10 月自中国装运港装运,卖方保证载货轮船于 12 月 2 日抵达英国目的港。如载货轮船迟于 12 月 2 日抵达目的港,在买方要求下,卖方必须同意取消合同,如货款已经收妥,则须退还买方。"合同订立后,我国外贸公司于 10 月中旬将货物装船出口,凭信用证规定的装运单据(发票、提单、保险单)向银行收妥货款。不料,轮船在航行途中,主要机件损坏,无法继续航行。为保证如期到达目的港,我国外贸公司以重金租用大马力拖轮拖带该轮继续前进。但途中又遇大风浪,致使该轮抵达目的港的时间,较合同限定的最后日期晚了数小时。适遇核桃市价下跌,除个别客户提货外,多数客户要求取消合同。我国外贸公司最终因这笔交易遭受重大经济损失。

【讨论分析】

1. CIF 是"装运合同"还是"到达合同"?
2. 何谓"象征性交货"?
3. 本案实际上是按照"装运合同"还是"到达合同"处理的?
4. 本案实际上是按照"象征性交货"还是"实际交货"处理的?
5. 为什么会出现这样的后果,合同中哪些条款改变了合同性质?

7.3 适用于各种运输方式的 3 种常用贸易术语

7.3.1 FCA

FCA 最早出现于国际商会的《1980 年通则》(缩写为 FRC)。《1990 年通则》出现了 FCA、CPT 和 CIP 这 3 种术语,并规定其不仅适用于铁路、公路、海洋、内河、航空运输的单一方式的运输,也适用于两种或两种以上运输方式相结合的多式运输。《2000 年通则》对这 3 个术语中关于装货和卸货的义务做了改变。《2020 年通则》主要修改有:FCA 术语增加了卖方提交已装船提单的选择机制和买方自己运输货物的选择;CIP 术语提高了卖方保险的投保险别;FCA、CPT、CIP 三种术语都可适用于链式销售。

贸易术语
FCA

1. 基本含义及解释说明

FCA 的英文全称是 Free Carrier (insert named place of delivery),中文译为"**货交承运人**(填入指定交货地点)",是指卖方在卖方所在地或其他指定地点将货物交给买方指定的承运人或其他人。

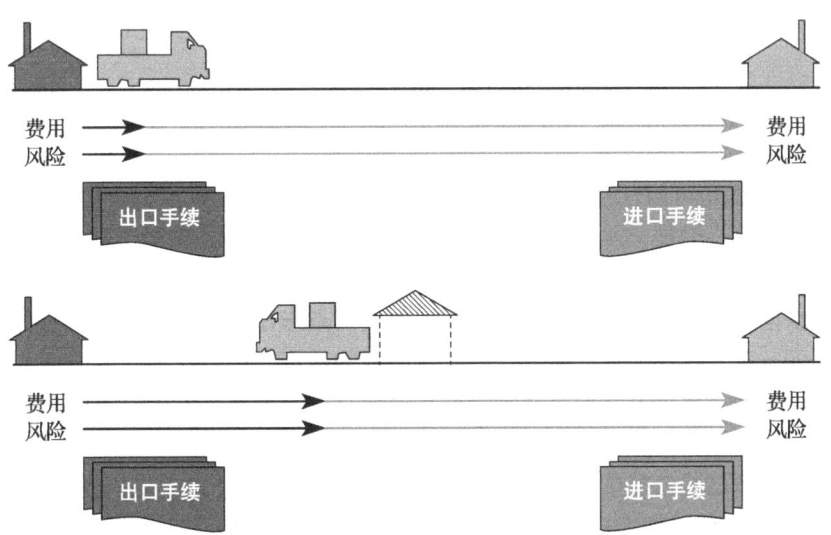

（1）交货与风险。

FCA 是指卖方通过以下两种方式之一向买方完成交货。

第一，如指定地点是卖方所在地，则货物完成交付是：

- 当货物装上了买方的运输工具之时

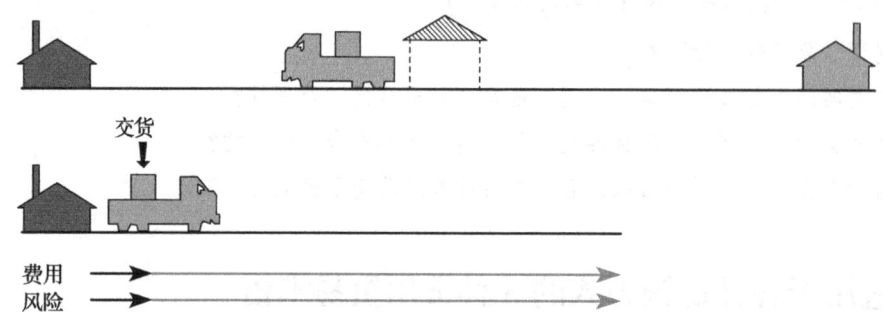

第二，如指定地点是另一地点，则货物完成交付是：

- 当货物已装上了卖方的运输工具
- 货物已抵达指定的另一地点
- 已做好从卖方的运输工具上卸载的准备
- 交由买方指定的承运人或其他人处置之时

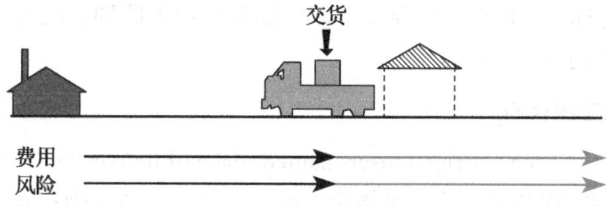

无论选择了二者之中的哪一个地点作为交货地点，该地点即是确定风险转移给买方且买方开始承担费用的地点。

（2）运输方式。

FCA 可适用于所选择的任何运输方式，也可适用于使用多种运输方式的情形。

（3）交货地或交货点。

以 FCA 进行的货物销售可以仅指定交货地在卖方所在地或其他地方，而不具体说明在该指定地点内的详细交货点。但是，双方还是应当尽可能清楚地指明指定地方范围内的详细交货点。详细的交货点会让双方均可清楚货物交付的时间和风险转移至买方的时间；该详细交货点还标志着买方承担费用的地点。然而，如果详细的交货点未予以指明，则可能给卖方造成问题。在此情况下，卖方有权选择"最适合卖方目的"的地点，该地点即成为交货点，风险和费用从该地点开始转移至买方。如果货物恰好在该交货点之前发生了灭失或损坏，就可能使买方承担风险。因此，买方最好选择将要交货地范围内的详细交货点。

（4）FCA 销售方式下已装船提单。

FCA 适用于单一或多种运输方式。如果货物是在杭州由买方的公路运输车接载，那么期待由承运人出具在杭州装运的已装船提单相当不常见，因为杭州不是港口，船舶无法抵达该地装运货物。但是，卖方用"FCA 杭州"销售货物时，有时确实会出现需要含有已装船提单的情况（通常是由于银行托收或信用证的要求），尽管该提单有必要说明货物在上海已装船同时说明货物在杭州收妥待运。为满足卖方用 FCA 术语销售时对已装船提单的可能需求，《2020 年通则》FCA 首次提供了以下可选机制。

如果双方在合同中如此约定，则买方必须指示承运人出具已装船提单给卖方。当然，承运人可能同意或不同意买方的请求，鉴于一旦货物在上海装船，承运人才有义务并且有权出具该提单。

但是，如果在买方承担费用与风险的情况下，承运人已经向卖方出具了提单，卖方必须将该单据提供给买方，以便买方用该提单从承运人处提取货物。

当然，如果双方已约定卖方将提交给买方一份声明仅表明货物已收妥待运而非已装船提单，则不需要选择该方案。

此外，应强调的是，即使采用该可选机制，卖方对买方也不承担运输合同条款下的义务。

最后，如采用该可选机制，内陆交货及装船的日期将可能不同，这将可能对信用证下的卖方造成困难。

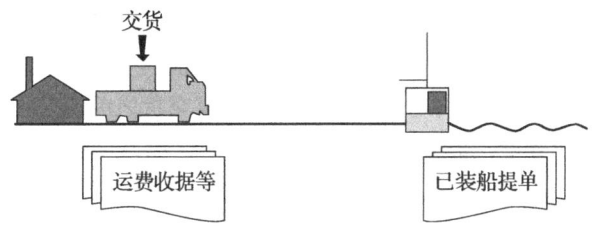

（5）出口、进口清关。

如适用，FCA 要求卖方办理货物出口清关。买方办理货物进口清关或经由第三国过境的清关，支付任何进口关税或办理任何进口海关手续。

2. FCA 与 FOB 的关系及其选用标准

FCA 是从 FOB 术语发展出来的，其目的主要是适应集装箱运输、混装船运输及多式联运的需要，可应用于包括多式联运在内的任何运输方式承运货物的交易。在实务中，常将 FCA 术语称为"多式联运的 FOB"，而将仅适用于海上交易的 FOB 术语称为"海上 FOB"。但当 FCA 术语适用于铁路或公路运输方式的交易时，可称其为"陆上 FOB"（取代《1980 年通则》中的 FOR，Free on Rail；FOT，Free on Truck）；适用于空运方式的交易时，则可称其为"航空 FOB"（取代《1980 年通则》中的 FOA、FOB Airport）。

FCA 与 FOB 基本原则相同。例如，由买方缔结运输契约并承担运费；卖方在指定地点交货；卖方完成交货后风险转移；卖方办理出口手续，买方办理进口手续，等等。FCA 与 FOB 的主要区别为以下三点

（1）交货责任不同。

在 FOB 术语下，卖方必须在合同规定的装运港，将货物交到买方指定的船舶上时，卖方的交货责任才终了；但在 FCA 术语下，在合同规定地点，将货物交给买方指定的承运人时，卖方即完成交货义务。

（2）货物风险转移时间、地点不同。

在 FCA 术语下，货物灭失或损坏的风险在货物交给承运人时，即由卖方转移至买方，而不像 FOB 那样是在装运港将货物装上船后才转移。

（3）适用的运输方式不同。

FOB 只能适用于海运或内河航运，以其他运输方式运送货物的交易均不能使用 FOB 术语；但 FCA 术语则可使用于包括多式联运在内的任何运输方式。因此，凡通过铁路运输、公路运输、海运、空运、内河航运运输以及结合这些运输方式的多式联运方式运送货物的交易均可使用 FCA 术语。

因此，实际业务中是选用 FOB 还是 FCA，主要取决于运输方式。即使在海运或内河航运的情况下，如果在船舶抵达装运港以前，必须把货物交给承运人或代表承运人的集散场地经营人（terminal operator），则宜采用 FCA。因为如果使用 FOB，则意味着货物还没有装上船以前，放在集散场地的风险与费用仍由卖方承担。

3. 运输契约的缔结

《2020 年通则》FCAB4："买方必须自付费用订立运输合同或使用自己的运输工具安排从指定交货地开始的货物运输。"A5："卖方对买方并无订立运输合同的义务。然而，如在买方请求并由买方承担风险和费用的情况下，卖方必须向买方提供卖方所拥有的买方安排运输所需的任何信息，包括与运输有关的安全要求。如已约定，卖方必须按照惯常条款订立运输合同，由买方承担风险和费用。卖方必须在完成交货之前遵守任何与运输有关的安全要求。"由此，在实际业务中，需要卖方提供协助的话，卖方可代为安排运输，但有关费用和风险由买方负担。假如，买方有可能较卖方取得较低的运价，或按其本国政府规定必须由买方自行订立运输合同，则买方应在订立买卖合同时明确告知卖方，以免双方重复订立运输合同而引起问题和发生额外费用。反之，如卖方不愿按照买方的请求或商业惯例协助买方订立运输合同，也必须及时通知买方，否则如果遗漏安排运输，也将引起额外费用和风险。

4. 货物集合化的费用负担

按照《2020 年通则》，每种贸易术语的交货点既决定风险转移，也关系到买卖双方费用负担的划分。与 FOB 术语一样，FCA 卖方在完成交货义务之前所发生的一切费用，都须由卖方负担，而在其后所发生的费用，则由买方负担。鉴于在采用 FCA 术语时，货物大都做了集合化或成组化（cargo unitization），例如装入集装箱或装上托盘（pallets），因此，卖方应考虑将货物集合化所需的费用也计算在价格之内。

案例 7-6

【案情】

我国 A 商按 FCA Shanghai Airport 术语向印度 B 商出口手表，货价 5 万美元，规定交货期为 2021 年 8 月。自上海运往孟买；支付条件：B 商凭由孟买某银行转交的航空公司空运到货通知即期全额电汇付款。A 商于 8 月 31 日将该批手表运到上海虹桥机场交由航空公司收货并出具航空运单，随即向 B 商发出装运通知。航空公司于 9 月 2 日将该批手表空运至孟买，并将到货通知连同有关发票和航空运单交孟买某银行。该银行立即通知 B 商收取单据并电汇付款。此时,国际手表价格下跌,B 商以 A 商交货延期为由,拒绝付款、提货。A 商坚持对方必须立即付款、提货。

【讨论分析】

1. 按照 FCA 术语,卖方交货地点在哪里?何时完成交货?
2. 本案中,卖方有无完成交货?
3. 买方拒绝付款的理由成立吗?
4. A 商的坚持是否正确?

7.3.2 CPT

1. 基本含义及解释说明

贸易术语
CPT

CPT 术语的英文全称为 Carriage Paid to (insert named place of destination),中文译为"**运费付至**(填入指定目的地)",是指卖方将货物在双方约定地点(如果双方已经约定了地点)交给卖方指定的承运人或其他人。卖方必须签订运输合同并支付将货物运至指定目的地所需费用。

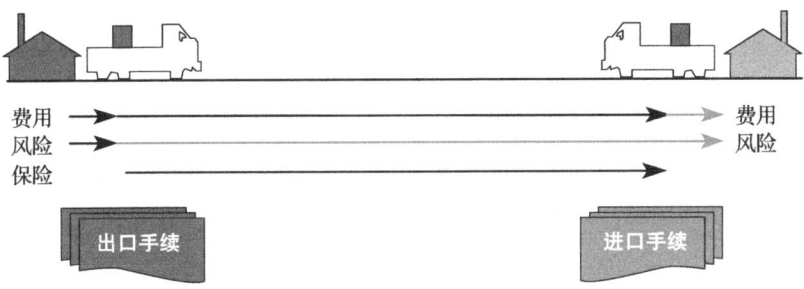

(1)交货与风险。

CPT 是指卖方通过以下方式向买方完成交货及风险转移:

- 将货物交付给承运人
- 该承运人已与卖方签约

或者

- 取得已经如此交付的货物
- 卖方为此可根据所使用的运输工具的合适方式和地方让承运人实际占有货物

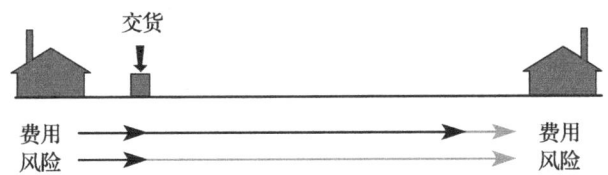

一旦货物以此种方式交付给买方,卖方并不保证货物将以良好的状态、约定的数量交付或确实到达目的地。这是因为在将货物移交给承运人完成对买方

的交货时，风险即从卖方转移到了买方，尽管如此，卖方必须签订从交货地运往约定目的地的货物运输合同。例如，货物在杭州（不是港口）被移交给承运人运输至西雅图（港口）或者达拉斯（不是港口）。在这种情况下，将风险转移给买方的货物交付发生在杭州，而卖方必须签订运往西雅图或者达拉斯的运输合同。

（2）运输方式。

CPT 适用于所选择的任何运输方式，也可适用于使用多种运输方式。

（3）交货地（或交货点）和目的地（或目的点）。

在 CPT 规则中，有两个地点很重要：货物的交货地或交货点（如有）（用于确定风险转移），以及约定为货物终点的目的地或目的点（作为卖方承诺签订运输合同运至的地点）。

（4）精准确定交货地或交货点。

双方应在销售合同中尽可能精准地确定交货地和目的地，或交货地和目的地内的具体地点。对于多个承运人各自负责自交货地到目的地之间不同运输路程的常见情形，尽可能精准地确定交货地或交货点（如有）对于满足上述情形的需要尤为重要。在这种情形下，若双方没有约定具体的交货地或交货点，则默认当卖方在某个完全由其选择且买方不能控制的地点将货物交付给第一个承运人时，风险即发生转移。如双方希望风险的转移发生在稍晚阶段（例如，在某海港、河港或者机场），或者甚至发生在稍早阶段（例如，在某个与海港或河港有一段距离的内陆地点），则需要在销售合同中明确约定，并谨慎考虑在货物灭失或损坏时如此做法的后果。

（5）尽可能精准确定目的地。

同样，双方应在销售合同中尽可能精准地确定约定目的地内的具体地点，因为该地点是卖方必须签订运输合同运至的地点，并且是卖方承担运费直到该地点为止的地点。

（6）目的地卸货费用。

如果卖方在其运输合同项下承担了在指定目的地的相关卸货费用，除非双方另有约定，卖方无权另行向买方追偿该费用。

（7）出口、进口清关。

CPT 要求卖方办理货物出口清关。买方办理货物进口清关或经由第三国过境的清关，支付任何进口关税或办理任何进口海关手续。

2. CPT 与 FCA 的比较

CPT 与 FCA "承运人" 的含义相同。所不同的是，FCA 的 "承运人" 由买方指定，买方缔结运输契约并支付运费；CPT 的 "承运人" 由卖方指定，卖方缔结运输契约并支付运费。这是 CPT 与 FCA 最大的不同。如果说 FCA 是在 FOB 的基础上发展起来的，那么 CPT 就是在 CFR 的基础上发展起来的。因此，前述关于 FCA 的选用标准同样适用于 CPT。

CPT 术语后应标明目的地，该指定目的地是卖方运费付至的地点，不是卖方完成交货的地点。CPT 的交货地点在卖方所在地或承运人所在地。CPT 的交货点与风险转移与 FCA 完全相同。CPT 与 FCA 在价格上的构成关系是：CPT=FCA+运费。

3. 交货通知和提供买方购买保险所需的信息

在 CPT 合同中，卖方负责安排运输，而买方负责货物运输保险。为了避免两者脱节，导致货物装运（货交承运人接受监管）后失去必要的保险保障，卖方应及时向买方发出交货通知。在实务中，该通知通常包括买方购买保险所需的信息。关于这一问题的重要性及其处理方法，前文对 CFR 所做的说明，也同样适用于按照 CPT 术语达成的交易。

案例 7-7

【案情】

我国江苏某食品进口公司在某年 3 月与越南金兰市某出口公司签订了购买 2 350 吨咖啡豆的合同，交货条件是 CPT 苏州每吨 870 美元，约定提货地为卖方所在地。合同中规定，买方在签约后的 20 天内预付货款金额的 25% 作为定金，而剩余款项则由买方在收到货物之后汇付给卖方。合同签订后两个星期内，买方如约支付了定金。当年 5 月 7 日，买方指派越南的一家货代公司到卖方所在地提货，此时，卖方已装箱完毕并将货物放置在其临时敞篷仓库中，买方要求卖方帮助装货，卖方认为货物已交买方照管，拒绝帮助装货。两日后买方再次到卖方所在地提货，但因遇上湿热台风天气，致使堆放货物的仓库进水，300 吨咖啡豆受水浸泡损坏。由于货物部分受损，买方以未收到全部约定的货物为由，仅同意支付 40% 的货款，拒绝汇付剩余 35% 的货款。于是，买卖双方产生争议。

【讨论分析】

1. 当 CPT 约定交货地点为卖方所在地时，卖方何时完成交货？
2. 本案中卖方有无义务帮助装货？
3. 本案中"因遇上湿热台风天气，致使堆放货物的仓库进水"这一风险应该由何方承担？
4. 因风险而带来的损失应该由何方承担？
5. 买方可以拒绝汇付剩余 35% 的货款吗？

7.3.3 CIP

1. 基本含义及解释说明

CIP 术语的英文全称为 Carriage and Insurance Paid to (insert named place of destination)，中文译为"**运费和保险费付至（填入指定目的地）**"，是指卖方将货物在双方约定地点（如果双方已经约定了地点）交给其指定的承运人或其他人。卖方必须签订运输合同并支付将货物运至指定目的地所需费用。

贸易术语
CIP

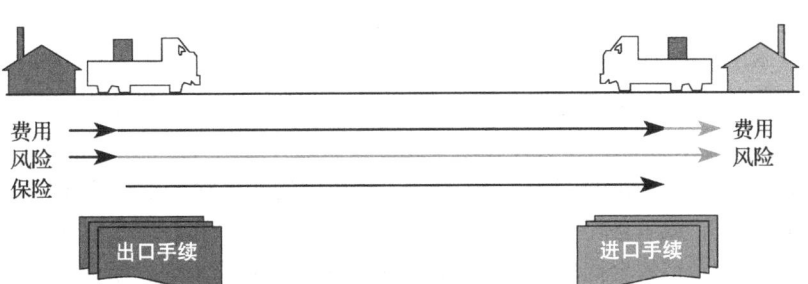

（1）交货与风险。

CIP 是指卖方通过以下方式向买方完成交货及风险转移：

- 将货物交付给承运人
- 该承运人已与卖方签约

或者

- 取得已经如此交付的货物
- 卖方为此可根据所采用的运输工具的合适方式和地方让承运人实际占有货物。

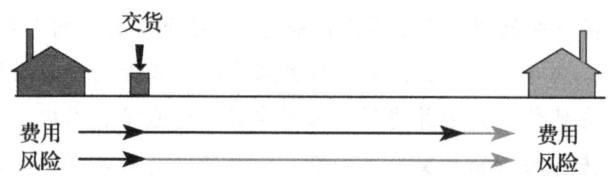

一旦货物以此种方式交付给买方，卖方并不保证货物将以良好的状态、约定的数量交付或确实到达目的地。这是因为在货物移交给承运人完成对买方的交货时，风险即从卖方转移到了买方，尽管如此，卖方必须签订从交货地运往约定目的地的货物运输合同。例如，货物在拉斯维加斯（不是港口）被移交给承运人运输至南汉普顿（港口）或者温切斯特（不是港口）。在这种情况下，将风险转移给买方的货物交付发生在拉斯维加斯，而卖方必须签订运往南汉普顿或者温切斯特的运输合同。

（2）运输方式。

CIP 可适用于所选择的任何运输方式，也可适用于使用多种运输方式。

（3）交货地（或交货点）和目的地（或目的点）。

在 CIP 规则中，有两个地点很重要：货物的交货地或交货点（如有）(用于确定风险转移)，以及约定为货物终点的目的地或目的点（作为卖方承诺签订运输合同运至的地点）。

（4）保险。

卖方还必须为买方签订从交货点起至少到目的点的过程中买方的货物灭失或损坏的保险合同。如目的地国家要求在本地购买保险，则可能会造成困难，在此种情况下，双方应考虑使用 CPT。买方还应注意，在《2020 年通则》CIP 规则下，卖方需要投保符合《伦敦保险协会货物保险条款》（A）款或其他类似条款下的范围广泛的险别，而不是符合《伦敦保险协会货物保险条款》（C）款下的范围较为有限的险别。但是，双方仍然可以自行约定更低的险别。

（5）精准确定交货地或交货点。

双方应在销售合同中尽可能精准地确定交货地和目的地，或交货地和目的地内的具体地点。对于多个承运人各自负责交货地到目的地之间不同运输路程的常见情形，尽可能精准地确定交货地或交货点（如有）对于满足上述情形的需要尤为重要。在这种情形下，若双方没有约定具体的交货地或交货点，则默认当卖方在某个完全由其选择且买方不能控制的地点将货物交付给第一个承运人时，风险即发生转移。如双方希望风险的转移发生在稍晚阶段（例如，在某海港、河港或者机场），或者甚至发生在稍早阶段（例如，在某个与海港或河港有一段距离的内陆地点），则需要在其销售合同中明确约定，并谨慎考虑在货物灭失或损坏时这种做法的后果。

(6) 尽可能精准标明目的地。

同样,双方应在销售合同中尽可能精准地确定约定目的地内的地点,因为该地点是卖方必须签订运输合同运至的目的地点及签订保险合同投保覆盖的地点,也是卖方承担运费和保险费直到该地点为止的地点。

(7) 目的地卸货费用。

如果卖方在其运输合同项下承担了在指定目的地的相关卸货费用,除非双方另有约定,卖方无权另行向买方追偿该费用。

(8) 出口、进口清关。

CIP 要求卖方办理货物出口清关。买方办理货物进口清关或经由第三国过境的清关,支付任何进口关税或办理任何进口海关手续。

2. CIP 与 CPT 的比较

CIP 合同的卖方除缔结运输契约支付运费外,还要订立保险合同并支付保险费。这是 CIP 与 CPT 最大的不同。CIP 的交货点与风险转移和 CPT、FCA 完全相同。CIP 与 CPT、FCA 在价格上的构成关系是:CIP = CPT + 保险费;CIP = FCA + 运费 + 保险费。

CIP 术语后应标明目的地,该指定目的地是卖方运费付至的地点,不是卖方完成交货的地点。CPT、CIP、CFR 或 CIF 风险转移和费用转移的地点不同,这些术语分别有两个关键点。在使用 CPT、CIP、CFR 或 CIF 术语时,当卖方将货物交付给承运人时,即完成交货,而不是当货物到达目的地时,才完成交货。

3. FOB、CFR、CIF 和 FCA、CPT、CIP 的比较

至此,我们应该认识到,FCA、CPT、CIP 这 3 种术语是分别由 FOB、CFR、CIF 这 3 种传统术语发展起来的,其责任划分的基本原则是相同的,所不同的是适用的运输方式、交货地点和风险转移点。这两类术语的比较如表 7-3 所示。

表 7-3 FOB、CFR、CIF 和 FCA、CPT、CIP 的比较

比较项目	FOB、CFR、CIF	FCA、CPT、CIP
合同性质	装运合同	装运合同
适用的运输方式	海运及内河运输	任何运输方式、多种运输方式
出口手续的办理	卖方	卖方
进口手续的办理	买方	买方
交货地点	装运港	出口国内地或港口指定地点
风险转移点	货物在装运港装到船上时	货物交承运人处置时
运输单据	海运单据或内河运单	视运输方式而定

可以认为,FCA、CPT 和 CIP 这三种术语事实上涵盖了 FOB、CFR 和 CIF 这三种术语,随着运输技术的革新,适合于多种运输方式的 FCA、CPT 和 CIP 这三种术语将得到广泛应用。同时应该注意到,FCA、CPT 和 CIP 这三种术语的交货点和风险转移点通常比 FOB、CFR 和 CIF 这三种术语的要早。如果能够熟练运用 FCA、CPT 和 CIP 这三种术语,就能够更好地促进对外贸易。

案例 7-8

【案情】

2011年5月,美国某贸易公司(以下简称买方)与我国江西某进出口公司(以下简称卖方)签订合同,购买一批日用瓷具,价格条件为 CIF Los Angeles,支付条件为不可撤销跟单信用证,信用证要求提供已装船提单等有效单证。卖方随后与宁波某运输公司(以下简称承运人)签订运输合同。8月初卖方将货物备妥,装上承运人派来的货车。途中由于驾驶员的过失发生了车祸,耽误了时间,错过了信用证规定的装船期限。得到发生车祸的通知后,卖方即刻与买方洽商要求将信用证的有效期和装船期延展半个月,并本着诚信原则告知买方两箱瓷具可能受损。美国买方回电称,同意延期,但要求货价降5%。卖方回电据理力争,同意受震荡的两箱瓷具降价1%,但认为其余货物并未损坏,不能降价。买方坚持要求全部降价。最终卖方还是做出让步,受震荡的两箱降价2.5%,其余降价1.5%,为此受到货价、利息等有关损失共计达15万美元。

事后,卖方作为托运人向承运人就有关损失提出索赔。对此,承运人同意承担有关仓储费用和两箱震荡货物的损失;利息损失只赔50%,理由是自己只承担一部分责任,主要是卖方修改单证耽误了时间;但对于货价损失不予理赔,认为这是由于卖方单方面与买方的协定所致,与己无关。卖方却认为货物降价及利息损失的根本原因都在于承运人的过失,坚持要求其全部赔偿。经多方协商,3个月后,承运人最终赔偿各方面损失共计5.5万美元。卖方实际损失9.5万美元。

【讨论分析】

1. 本案中,如果卖方采用 CIP 合同,结果将有怎样的不同?
2. 贸易术语 CIF 与 CIP 的风险转移点和卖方的交货责任有何不同?分别是什么?
3. 贸易术语 CIF 与 CIP 要求提交的单据有何不同?
4. 贸易术语 CIF 与 CIP 的交货地点有何不同?对卖方的运输成本有何影响?
5. 对于地处内陆,更多采用陆海联运或陆路出口的贸易,贸易术语 CIF 与 CIP,采用哪个更合适?

资料来源:蔡晓春,《阿里巴巴"以商会友"》(经改写)。

7.4 其他 5 种贸易术语

在《2020年通则》中,除了上述6种常用的贸易术语外,还有其他5种贸易术语,现简要分述于下。

7.4.1 EXW

EXW 术语的英文全称为 EX Works(insert named place of delivery),中文译为"**工厂交货(填入指定地点)**",是指当卖方在其所在地或其他指定地点(如工厂、车间或仓库等)将货物交由买方处置时,即完成交货。

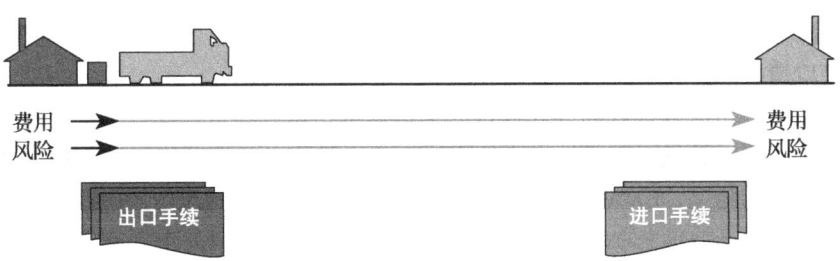

（1）交货与风险。

EXW 是指卖方通过以下方式向买方完成交货：

- 在指定地点（如工厂或仓库）将货物交由买方处置时
- 该指定地点可以是卖方所在地，也可以不是卖方所在地

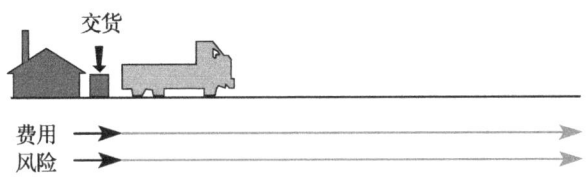

为完成交货，卖方不需将货物装上任何前来接收货物的运输工具，需要清关时，卖方也无须办理出口清关手续。

（2）运输方式。

EXW 可适用于所选择的任一或多种运输方式（如有）。

（3）交货地或精准的交货点。

买卖双方仅需指定交货地。但是，双方还是应当尽可能清楚地指明交货地范围内的精确交货点。精确交货点会让双方均可清楚货物交付的时间和风险转移至买方的时间；该精确交货点还标志着买方承担费用的地点。如果双方不指定交货地，则视为留待由卖方选择"最适合卖方目的"的交货点。这意味着，卖方可能会选择某个点作为交货点，如果货物恰好在该点之前发生了灭失或损坏，就可能使买方承担风险。因此，买方最好选择交货地范围内的精确地点。

（4）对买方的提示。

在《国际贸易术语解释通则》中，EXW 对卖方规定的义务最少。因此，从买方的角度而言，应谨慎使用该规则。

（5）装载风险。

当货物置于交货地、尚未装载、由买方处置时，交货已完成，且风险随之转移。但是，货物装载很可能是由卖方操作的，而装载操作中发生的货物灭失或损坏的风险却很可能由没有实际参与货物装载的买方承担。考虑到这种可能性，建议在由卖方装载货物时，双方预先约定由哪方承担货物在装载中发生的灭失或损坏的风险。这种情形颇为常见，因为卖方更有可能在其场所拥有必要的装载设备，或由于相关的安全规则禁止未经授权人员进入卖方场所。如买方希望规避在卖方场所转载货物期间的风险，则应当考虑选择 FCA 规则（在 FCA 规则下，如货物系在卖方场所交付，则卖方对买方负有装载货物的义务并承担货物在由卖方实施

装载作业过程中发生灭失或损坏的风险)。

(6)出口清关。

当以将货物交由买方处置的方式进行的交货发生在卖方场所,或另一典型的卖方所在国司法管辖区,或同一关税同盟区的指定地点时,卖方没有义务办理出口清关或货物经由第三国过境的清关。实际上,EXW 可能更适合于完全无意出口货物的国内贸易。在出口清关中,卖方的参与内容限于协助获取诸如买方要求的用于办理货物出口的单据或信息。如买方希望出口货物而又预计办理出口清关会有困难,建议买方最好选择 FCA 规则。在 FCA 规则下,办理出口清关的义务和费用由卖方承担。

7.4.2 FAS

FAS 术语的英文全称为 Free alongside Ship(insert named port of shipment),中文译为"**船边交货**(填入指定装运港)",是指当卖方在指定的装运港将货物交到买方指定的船边(例如,置于码头或驳船上)时,即为交货。货物灭失或损坏的风险在货物交到船边时发生转移,同时买方承担自那时起的一切费用。

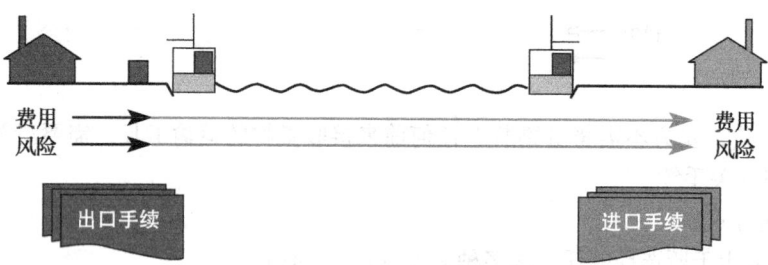

(1)交货与风险。

FAS 是指卖方通过以下方式向买方完成交货:

- 当货物被交到船边(例如,置于码头或驳船上)时
- 该船舶由买方指定
- 在指定的装运港

或者

- 卖方取得已经如此交付的货物

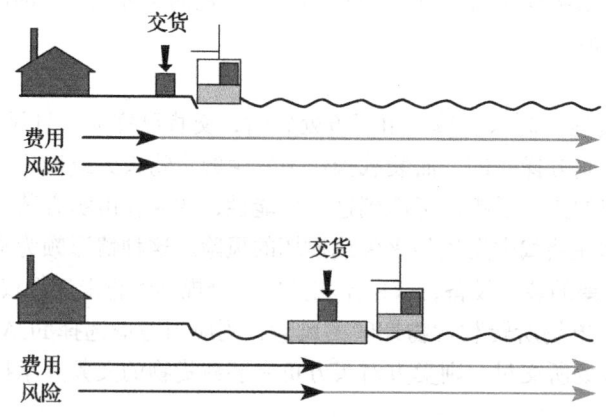

货物灭失或损坏的风险在货物交到船边时发生转移，同时，买方承担自那时起的一切费用。

（2）运输方式。

FAS 仅适用于海运或内河水运运输方式下买卖双方意在将货物交到船边即完成交货的情形。因此，FAS 不适合于货物在交到船边之前已经移交给承运人的情形，如货物在集装箱终端交给承运人。在此种情况下，双方应当考虑使用 FCA，而非 FAS。

（3）精准确定装货点。

由于卖方承担在特定地点交货前的费用和风险，而且这些费用和相关作业费可能因各港口惯例的不同而发生变化，因此买卖双方应尽可能清楚地约定指定装运港内的装货点，货物将在此装货点从码头或驳船装上船舶。

（4）出口、进口清关。

FAS 要求卖方办理货物出口清关；买方办理货物进口清关或经由第三国过境的清关，支付任何进口关税或办理任何进口海关手续。

7.4.3　DAP

DAP 的英文全称为 Delivered at Place（insert named place of destination），中文译为"**目的地交货**（填入指定目的地）"，是指当卖方在指定目的地的约定地点（如有），将装在抵达的运输工具上并已做好卸载准备的货物交由买方处置，或取得已经如此交付的货物时，即履行了交货。卖方承担将货物运送到指定地点的一切风险和费用。

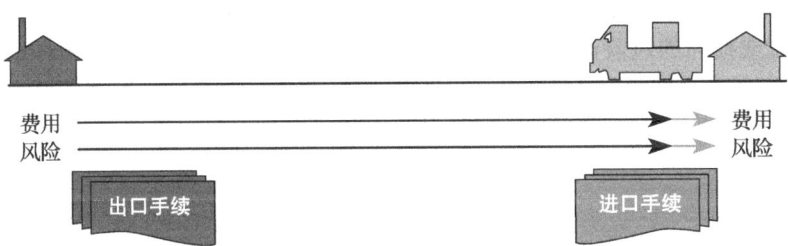

（1）交货与风险。

DAP 是指卖方通过以下方式向买方完成交货及风险转移：

- 当货物已交由买方处置时
- 处于抵达的运输工具上已做好卸载准备
- 在指定目的地，或者在该指定目的地内的约定交货点，如已约定该交货点

或者

- 取得已经如此交付的货物

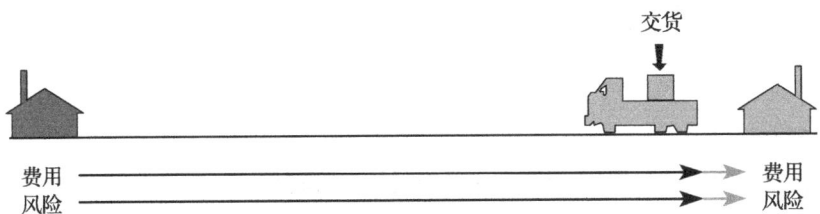

卖方承担将货物运送到指定目的地或该指定目的地内的约定交货点的一切风险。因此，对于 DAP，交货和到货的目的地是相同的。

（2）运输方式。

DAP 可适用于所选择的任何运输方式，也可适用于使用多种运输方式的情形。

（3）精准确定交货地或交货点、目的地或目的点。

双方应尽可能清楚地约定目的地或目的点。这基于几个原因：第一，货物灭失或损坏的风险在交货点或目的点转移至买方，因此买卖双方应清楚地知晓该关键转移发生的地点；第二，该交货地或交货点或目的地或目的点之前的费用由卖方承担，该地方或地点之后的费用则由买方承担；第三，卖方必须签订运输合同或安排货物运输到约定的交货地或交货点、目的地或目的点。如果卖方未履行此义务，卖方即违反了 DAP 规则中的义务，并将对买方任何随之产生的损失承担责任。例如，卖方将负责承担承运人因额外的续运而向买方收取的任何额外费用。

（4）卸货费用。

卖方不需要将货物从抵达的运输工具上卸载。但是，如果卖方按照运输合同在交货地、目的地发生了卸货相关的费用，除非双方另有约定，卖方无权另行向买方追偿该费用。

（5）出口、进口清关。

DAP 要求卖方办理出口清关，买方办理进口清关或交货后经由第三国过境的清关，支付任何进口关税或办理任何进口海关手续。因此，如果买方没有安排进口清关，货物将被滞留在目的地国家的港口或内陆运输终端。那么谁来承担货物被滞留在目的地国家的入境港时可能发生损失的风险？答案是买方，因为交付还没完成，在货物重新起运至指定内陆地点之前，货物灭失或损坏的风险由买方承担。如果想要避免此种情况，双方希望卖方办理货物进口清关、支付任何进口关税或税款，并办理任何进口海关手续，那么双方可以考虑使用 DDP。

7.4.4　DPU

DPU 的英文全称为 Delivered at Place Unloaded（insert named place of destination），中文译为"**目的地卸货后交货**（填入指定目的地）"，是指当卖方在指定目的地的约定地点（如有）将货物从抵达的运输工具上卸下，交由买方处置，或取得已经如此交付的货物时，即完成交货。卖方承担将货物运送至指定目的地的约定地点（如有）并卸下的一切风险和费用。

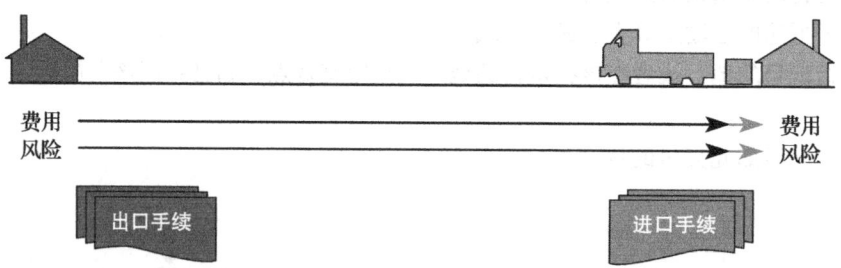

（1）交货与风险。

DPU 是指卖方通过以下方式向买方完成交货及风险转移：

- 当货物已从抵达的运输工具上卸载时
- 已交由买方处置
- 在指定目的地，或者在该指定目的地内的约定交货点，如已约定该交货点

或者

- 取得已经如此交付的货物

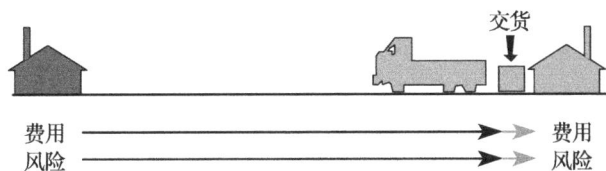

卖方承担将货物运送到指定目的地以及卸载货物的一切风险。因此对于 DPU，交货和到达的目的地是相同的。在《国际贸易术语解释通则》中，DPU 是唯一要求卖方在目的地卸货的规则。因此，卖方应当确保其可以在指定地组织卸货。如果双方不希望卖方承担卸货的风险和费用，则不应使用 DPU 规则，而应使用 DAP 规则。

（2）运输方式。

DPU 可适用于所选择的任何运输方式，也可适用于使用多种运输方式的情形。

（3）精准确定交货地或交货点、目的地或目的点。

双方应尽可能清楚地约定目的地或目的点。这基于几个原因：第一，货物灭失或损坏的风险在交货点、目的点转移至买方，因此买卖双方应清楚地知晓该关键转移发生的地点；第二，该交货地或交货点、目的地或目的点之前的费用由卖方承担，该地方或地点之后的费用则由买方承担；第三，卖方必须签订运输合同或安排货物运输到约定交货地或交货点、目的地或目的点。如果卖方未履行此义务，卖方即违反了其在本规则下的义务，并将对买方随之产生的任何损失承担责任。例如，卖方将负责承担承运人因额外的续运而向买方收取的任何额外费用。

（4）出口、进口清关。

DPU 要求卖方办理出口清关，买方办理进口清关或交货后经由第三国过境的清关，支付任何进口关税或办理任何进口海关手续。因此，如果买方没有安排进口清关，货物将被滞留在目的地国家的港口或内陆运输终端。那么谁来承担货物被滞留在目的地国家的入境港时可能发生的损失的风险？答案是买方，因为交付还没完成，在货物重新起运至指定内陆地点之前，货物损坏灭失的风险由买方承担。如果想要避免此种情况，双方希望卖方办理货物进口清关、支付任何进口关税或税款并办理任何进口海关手续，那么双方可以考虑使用 DDP。

DPU 是《2020 年通则》新增的术语，取代了《2010 年通则》新出现的术语 DAT。

7.4.5 DDP

DDP 的英文全称为 Delivered Duty Paid（insert named place of destination），中文译为"**完税后交货**（填入指定目的地）"，是指当卖方在指定目的地的约定地点（如有），将仍处于抵达的运输工具上，但已完成进口清关，且已做好卸载准备的货物交由买方处置，或取得已经如此交付的货物时，即完成交货。

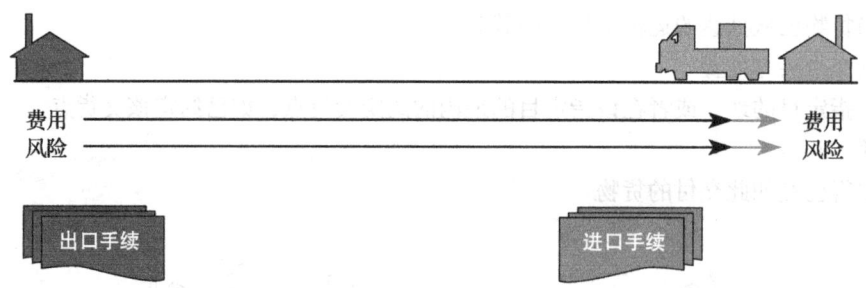

（1）交货与风险。

DDP 是指卖方通过以下方式向买方完成交货：

- 当货物已交由买方处置时
- 已办理进口清关
- 处于抵达的运输工具上
- 已做好卸载准备
- 在指定目的地或该指定目的地内的约定交货点，如已约定该交货点

或者

- 取得已经如此交付的货物

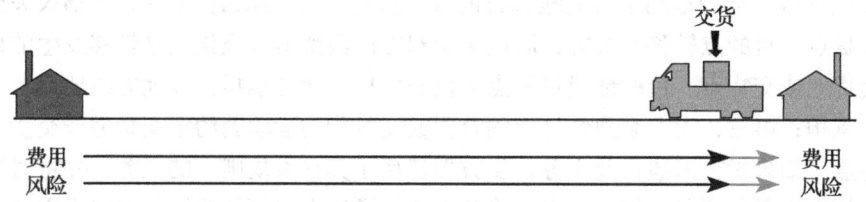

卖方承担将货物运送到指定目的地或指定目的地内约定交货点的一切风险。对于 DDP，交货和到货目的地是相同的。

（2）运输方式。

DDP 可适用于所选择的任何运输方式，也可适用于使用多种运输方式的情形。

（3）对卖方的提示：最大责任。

在《国际贸易术语解释通则》中，DDP 是全部 11 个术语中加诸卖方最大义务的术语。在 DDP 下，交货发生在目的地并且卖方负责支付进口关税和其他应纳的税款。因此，从卖方角度而言，应谨慎使用 DDP。

（4）精准确定交货地或交货点、目的地或目的点。

双方应尽可能清楚地约定目的地或目的点。这基于几个原因：第一，货物灭失或损坏的风险在交货点、目的点转移至买方，因此买卖双方最好清楚该关键转移发生的地点；第二，该交货地或交货点、目的点之前的费用（包括进口清关费用）由卖方承担，该地方或地点之后的费用（进口以外的费用）则由买方承担；第三，卖方必须签订货物运输合同或安排货物运输到约定的交货地或交货点、目的地或目的点。如果卖方未履行此义务，卖方即违反了其在《国际贸易术语解释通则》中 DDP 下的义务，并将对买方随之产生的任何损失承担责任。例

如，卖方将负责承担承运人因额外的续运而向买方收取的任何额外费用。

（5）卸货费用。

如果卖方按照运输合同在交货地或目的地发生了卸货相关的费用，除非双方另有约定，卖方无权单独向买方追偿该项费用。

（6）出口、进口清关。

DDP 要求卖方办理货物的出口清关以及进口清关，并支付任何进口关税或办理任何海关手续。因此，如果卖方无法办理进口清关，而是更希望将这些事项交由进口国的买方负责，那么，卖方应考虑选择 DAP 或 DPU。在 DAP 或 DPU 规则下，交货仍发生在目的地，但进口清关则留给买方负责。这里可能有税收的影响，并且此种税款可能无法向买方追偿。

7.5　11 种贸易术语的关键点及选用

7.5.1　贸易术语的关键点

学习完《2020 年通则》11 种贸易术语后，我们应该明白，每个贸易术语都有其特定的"关键点"（critical points）。明确关键点，是掌握某个贸易术语的起点。

贸易术语关键点有"风险划分点"（point for division of risk）和"费用划分点"（point for division of costs）之分，其中"风险划分点"也就是"交货点"（point of delivery）。例如 FOB 术语，其关键点是"装运港船上"，对该术语来说，这个关键点既是风险划分点（交货点），也是费用划分点；CIF 术语有两个关键点，一个是风险划分点（交货点），即"装运港船上"，另一个是费用划分点，即目的港。CFR、CPT、CIP 等术语也有两个关键点。

图 7-1、图 7-2 是《2020 年通则》中规定的 11 种贸易术语风险划分点和费用划分点示意图。

《2020 年通则》中 11 种贸易术语总结

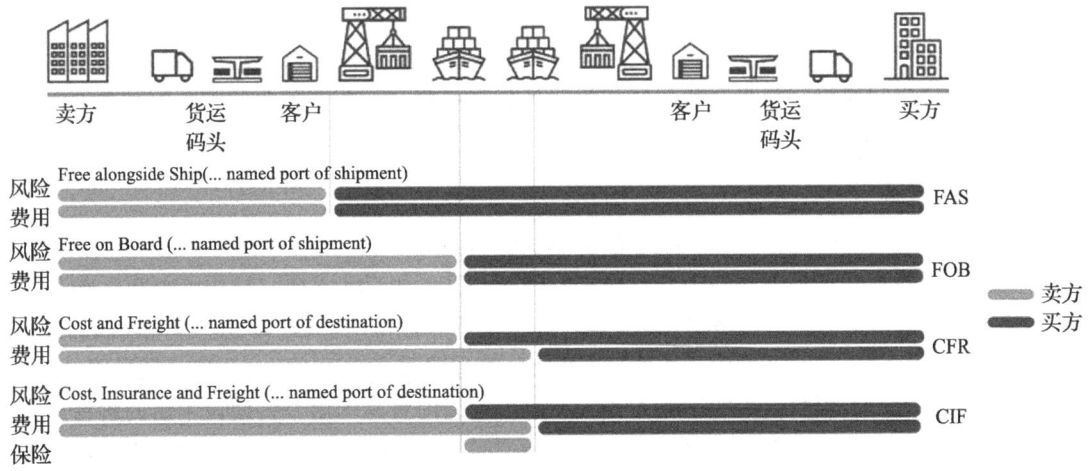

图 7-1　适用于海洋运输和内河水运的贸易术语风险和费用划分点

资料来源：http://www.kn-portal.com/incoterms 2020.

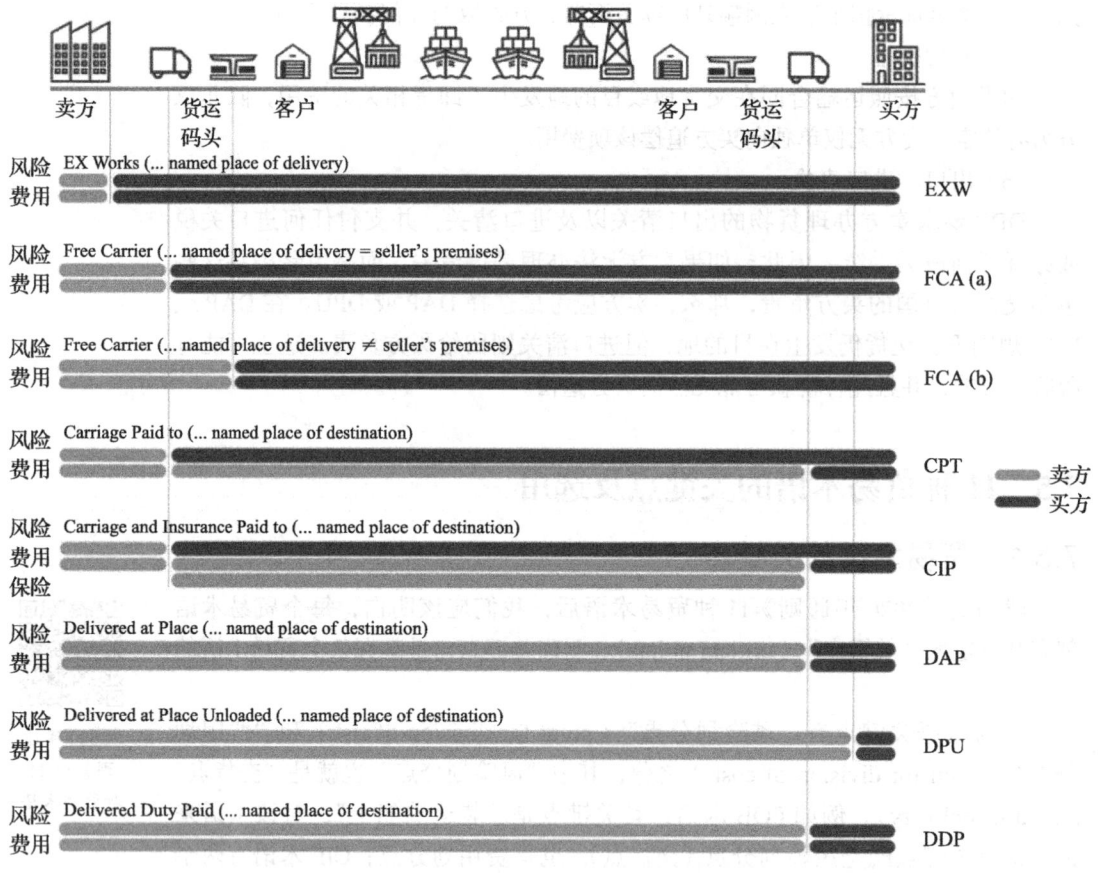

图 7-2 适合于各种运输方式的贸易术语风险和费用划分点

资料来源：https://www.kn-portal.com/incoterms_2020/.

7.5.2 贸易术语的选用

《2020 年通则》对 11 种贸易术语做了解释，其中 6 种（FOB、CFR、CIF、FCA、CPT、CIP）在实际业务中应用得较多，其他 5 种（EXW、FAS、DAP、DPU、DDP）在实际业务中应用得较少。贸易术语是确定合同性质、决定交货条件的重要因素，选定适当的贸易术语对促进合同的订立和履行、提高企业的经济效益具有重要意义。在实际业务中，贸易术语的选用主要应考虑以下因素。

1. 运输方式

买卖双方采用何种贸易术语，首先应考虑货物的运输方式。按照《2020 年通则》的解释，每种贸易术语各有其适用的运输方式。例如，FOB、CFR 和 CIF 术语只适用于海洋运输和内河运输，而不适用于空运、铁路和公路运输。如买卖双方拟使用空运、铁路或公路运送货物，则应选用 FCA、CPT 或 CIP 术语。另外，采用集装箱运输或多式运输时，也应尽量采用 FCA、CPT 或 CIP 术语。不顾所使用的运输方式，不适当地选用贸易术语，将使该术语的解释产生困难。一旦买卖双方在交接货物时发生纠纷，有关当事人将陷入困境，并可能遭受损失。

2. 运输条件

卖方在报价时应考虑是否有能力安排运输。在本身有足够运输能力或安排运输无困难，而且经济上又合算的情况下,可争取按照由自身安排运输的贸易术语成交(如按 FCA、FAS 或 FOB 进口,按 CIP、CIF 或 CPT、CFR 出口);否则,则应酌情争取按照由对方安排运输的条件成交(如按 FCA、FAS 或 FOB 出口,按 CIP、CIF 或 CPT、CFR 进口)。

3. 货源情况

国际贸易中货物品种很多,不同类别的货物具有不同的特点,它们在运输方面各有不同要求,故安排运输的难易程度不同,运费开支大小也有差异。这是选用贸易术语时应考虑的因素。此外,成交量的大小,也直接涉及安排运输是否有困难和经济上是否合算的问题。成交量太小,又无班轮通航的情况下,负责安排运输的一方势必会增加运输成本,故选用贸易术语时也应予以考虑。

4. 运费因素

运费是货价构成因素之一,在选用贸易术语时,应考虑货物经由路线的运费收取情况和运价变动趋势。一般来说,当运价看涨时,为了避免承担运价上涨的风险,可以选用由对方安排运输的贸易术语成交,如按 FCA、FAS 或 FOB 出口,按 CFR、CPT 或 CIF、CIP 进口。在运价看涨的情况下,如因某种原因不得不按由自身安排运输的条件成交,则应将运价上涨的风险考虑到货价中去,以免遭受运价变动的损失。

5. 运输途中的风险

在国际贸易中,交易的商品一般需要通过长途运输,货物在运输过程中可能遇到各种自然灾害、意外事故等风险,特别是在发生战争或正常的国际贸易遭到人为障碍与破坏的时期和地区,运输途中的风险更大。因此,买卖双方洽商交易时,必须根据不同时期、不同地区、不同运输路线和运输方式的风险情况,并结合购销意图来选用适当的贸易术语。

6. 进出口货物结关手续

在国际贸易中,关于进出口货物的结关手续,有些国家规定只能由结关所在国的当事人安排或代为办理,有些国家则无此项限制。因此,若某出口国政府规定,买方不能直接或间接办理出口结关手续,则不宜按 EXW 条件成交,而应选用 FCA 条件成交;若进口国当局规定,卖方不能直接或间接办理进口结关手续,此时则不宜采用 DDP,而应选其他术语成交。

7.6 佣金和折扣

7.6.1 佣金

佣金(commission)是卖方或买方付给中间商的因其对货物的销售或购买提供中介服务而需支付的酬金。上述中间商通常为**经纪人**(middleman;broker)或**代理人**(agent)。但在实际业务中,凡是为招揽生意、促成交易提供服务的企业或个人,都可能成为佣金的受者。

在我国的外贸实践中,正确和灵活运用佣金,可调动中间商或代理人推销我方出口货物的积极性,增强有关货物在国外市场的竞争力,从而扩大销售。正确使用佣金,有时还可提高售价。在实际业务中,佣金的名目很多,如**销售佣金**(selling commission)、**累计佣金**[⊖]

⊖ 累计佣金或称累进佣金,是指按中间商实际销售数量(或金额)给付不同比率的佣金,销售数量(或金额)越多,佣金率越高,从而能更好地促进中间商推销的积极性。

（accumulative commission）等。

1. 佣金的表示方法

佣金和折扣

凡价格中包含佣金的，称为"**含佣价**"（price including commission）。"含佣价"可用文字表示，例如：

每公吨 120 美元 CIF 纽约包含佣金 2%
US$120 per metric ton CIF New York including 2%commission

也可在贸易术语后面加注"佣金"的英文缩写字母"C"并注明佣金的百分比来表示，例如：

每公吨 120 美元 CIFC2% 纽约
US$120 per metric ton CIFC2%New York

还可以用绝对数表示。例如：

每公吨佣金 50 美元
USD50 commission per metric ton

2. 佣金的计算方法

按国际贸易习惯，佣金一般是以交易额（即发票金额）为基础进行计算的。

$$佣金 = 发票金额 \times 佣金率$$

例如：CIF 发票金额为 10 000 美元，佣金率为 2%，则应付佣金为 200 美元；或 CFR 发票金额为 9 900 美元，佣金率为 2%，应付佣金为 198 美元。

另一种更为精确的方法是，用 FOB 或 FCA 价值作为计算佣金的基础。

$$佣金 = FOB（或 FCA）发票金额 \times 佣金率$$

这时，如按 CIF 或 CIP 术语成交，计算佣金时要先扣除运费和保险费；或如按 CFR 或 CPT 术语成交，应先扣除运费，然后按 FOB 或 FCA 价值计算佣金。

是以交易额（发票金额）为基础计算佣金，还是按 FOB 或 FCA 价值（FOB 或 FCA 发票金额）计算佣金，并无定则，主要由双方协商决定。有人认为，从理论上讲，以按 FOB 或 FCA 价值计算较为合理，否则，似乎卖方除对货物本身价值支付佣金外，还要对运费和保险费部分甚至对佣金本身支付佣金。其实，不管按何种价值，它只是作为给中间商多少酬金的计算基础。而按交易额计算佣金，在操作上也比较简便，所以，在实践中使用较多。假如双方事先约定一切交易按 FOB 或 FCA 价值计算佣金，那么，就应同时商定，是按实际运费、保险费扣除，还是按商定的估计运费、保险费扣除，以求得 FOB 或 FCA 价值后计算佣金。按实际运费、保费计算较为复杂，而按商定的估计运费、保费（如运费按交易额的 10% 估计；保险费按交易额的 1% 估计）计算较为方便。

用含佣价计算净价，比较简单，只需扣除佣金（即含佣价 × 佣金率）即可。

$$净价 = 含佣价 - 单位佣金$$
$$净价 = 含佣价（1 - 含佣率）$$

如果已知净价，要在不降低净收入的基础上给予一定百分率的佣金，则：

$$含佣价 = 净价 \div (1- 含佣率)$$

3. 佣金的支付方法

在我出口业务中，佣金通常由出口企业于收到全部货款后再支付给中间商或代理商。因为，中间商的服务不仅在于促成交易，还应负责联系、督促实际买户履约，协助解决履约过程中可能发生的问题，以使合同得以圆满地履行。但是，为了防止误解，对佣金于货款全部收妥后才予支付的做法，应由我出口企业与中间商在双方建立业务关系之初即予以明确，并达成书面协议；否则，有的中间商可能于交易达成后，即要求我方支付佣金，而日后有关合同是否能得到切实履行、货款能否顺利收到，却并无绝对保证。

佣金可于合同履行后逐笔支付，也可按月、按季、按半年甚至一年汇总计付，通常由双方事先就此达成书面协议，以凭执行。

7.6.2 折扣

折扣（discount）是指卖方按照原价给买方以一定的减让。常见的折扣有**数量折扣**（quantity discount）、**特别折扣**（special discount）、**季节性折扣**（seasonal discount）等。

1. 折扣的表示方法

如价格中允许给予折扣，一般应用文字表示，例如：

每公吨 200 美元 FOB 上海减折扣 2%
US$200 per metric ton FOB Shanghai less 2% discount

一般说来，含佣金或给予折扣的价格，应用文字或简略的方法明白表示出来。除非双方事先另有约定，如果有关价格对含佣金或给予折扣未做表示，通常应理解为不含佣或不给折扣的价格。不包含佣金或不给折扣的价格称为 "**净价**"（net price），即卖方可照价全数收款，不另支付佣金或扣除折扣。有时为了明确起见，特地加列 "净价"（net）字样。例如：

每公吨 200 美元 FOB 上海净价
US$200 per metric ton FOB Shanghai net

2. 折扣的计算方法

$$折扣金额 = 发票金额 \times 折扣百分率$$
$$净值 = 发票金额 - 折扣金额$$
$$净值 = 发票金额（1- 折扣百分率）$$

折扣一般由买方在支付货款时扣除。

以上所述是指在合同中明确表示的佣金和折扣，也称为 "明佣" 和 "明扣"。在实际业务中，有时出于某种特殊需要，会出现实际中有佣金和折扣但不在合同中表明的情况。这种佣金和折扣则称为 "暗佣" 和 "暗扣"。

7.7 出口成本核算

为了控制亏损、增加盈利，出口商在对外报价或磋商交易前，都必须对拟出口的商品进

出口成本核算

行成本核算。出口成本核算，涉及以下概念和计算问题。

1. 出口成本

在出口业务中，出口成本包括出口商品总成本和出口商品成本价格两个概念。

出口商品总成本是指，出口企业为出口商品所支付的国内总成本，该项总成本包括购货成本（或生产成本）和出口前国内的一切费用及税款，但应扣除出口退税款：

出口商品总成本（退税后）＝出口商品购进价格（含增值税①）＋定额费用－出口退税②款

定额费用＝出口商品购进价格 × 费用定额率③

退税款＝出口商品购进价（含增值税）÷（1＋增值税率）× 退税率

出口商品成本价格是指，以出口商品总成本为基础计算的单位成本价格，但不涉及任何国外费用。

2. 出口收入

出口收入包括出口外汇净收入和出口本币（人民币）净收入两部分。

出口外汇净收入也叫 FOB 出口外汇净收入，是指出口外汇总收入扣除国外运费、保险费、佣金等非贸易性外汇支出后的外汇收入，即以 FOB 报价所得的外汇收入。因此，若以 CFR 或 CIF 条件成交，对外报价中扣除国外运费及（或）保险费之后，所得收入为外汇净收入；若对外报价中含有佣金，则扣除佣金后的收入为外汇净收入。

出口人民币净收入是指，出口外汇净收入按当时的外汇汇率折算的人民币收入额。

出口人民币净收入 ＝ FOB 出口外汇净收入 × 银行外汇买入价

3. 出口盈亏计算指标

在出口业务中，出口企业的盈亏情况可以通过出口换汇成本、出口盈亏率、出口创汇率等指标加以衡量。

（1）出口换汇成本。出口换汇成本又称为换汇率，是指出口商品净收入1单位外汇所需的本币成本。在我国通常是指商品出口后净收入1美元所付出的人民币成本，即用多少人民币换回1美元。其计算公式表示为：

出口换汇成本 ＝ 出口商品总成本（人民币）÷ FOB 出口外汇净收入（美元）

出口换汇成本（换汇率）是衡量出口企业出口盈亏的一个重要指标，若换汇率高于银行外汇牌价，则表示出口为亏损，即人民币亏损；若换汇率低于银行外汇牌价，则表示出口为盈利，即人民币盈利。因此，计算换汇率对出口商具有重要意义，出口商可以：比较不同商品的出口换汇成本，以便调整出口商品

---

① 增值税是以商品生产流通和劳务服务各个环节的增值额为课税对象征收的一种流转税。

② 为了避免双重征税，很多国家和地区对出口商品已征收的增值税实行退税。我国于1985年开始全面实行出口退税办法。

③ 定额费用一般包括银行利息、工资支出、邮电通信费用、交通费用、仓储费用、码头费用以及其他的管理费用。定额费率为 5% ～ 10% 不等，由各外贸公司按不同出口商品的实际经验和情况自行核定。

结构；比较同类商品出口到不同国家或地区的换汇率，以作为选择市场的依据之一；比较同类商品不同时期换汇率的变化，以利于改善经营管理，采取扭亏为盈的有效措施。

（2）出口盈亏率。出口盈亏率是指出口盈亏额与出口商品总成本之比，一般用百分比表示。

$$出口盈亏率 = 出口盈亏额 \div 出口商品总成本 \times 100\%$$

其中，出口盈亏额是指出口人民币净收入扣除出口商品总成本之后的数额：

$$出口盈亏额 = 出口人民币净收入 - 出口商品总成本（退税后）$$

出口盈亏率是衡量出口企业盈亏程度的重要指标，出口商可据此调整经营管理方案，制定积极有效的营销策略。

（3）出口创汇率。出口创汇率又称外汇增值率，是指成品出口后的外汇净收入与原料外汇成本之比。用公式表示为：

$$出口创汇率 = [（成品出口外汇净收入 - 原料外汇成本）\div 原料外汇成本] \times 100\%$$

出口创汇率也是衡量出口企业盈亏状况的主要指标之一。

在进行外汇增值率计算时，进口原料不论使用何种贸易术语成交，一律折合为CIF价格计算；成品出口时，不论使用何种贸易术语成交，一律按FOB价格计算成品出口外汇净收入；若成品全部使用国产或部分使用国产的原辅料，其外汇成本按出口该原料的FOB价格计算。

例 7-1

出口健身椅 1 000 只，出口价：每只 17.3 美元 CIF 纽约，CIF 总价 17 300 美元，其中运费 2 160 美元，保险费 112 美元。进价每只人民币 117 元，共计人民币 117 000 元（含增值税 13%），定额费率 10%，出口退税率 9%。当时银行的美元买入价为 8.28 元人民币。请计算出口换汇成本和出口盈亏率。

解答

出口商品总成本（退税后）= 出口商品购进价格（含增值税）+ 定额费用 - 出口退税款
$$= 117\,000 + 117\,000 \times 10\% - [117\,000 \div (1 + 13\%) \times 9\%]$$
$$= 119\,381.42（元人民币）$$

FOB 出口外汇净收入 $= 17\,300 - 2\,160 - 112 = 15\,028$（美元）

出口换汇成本 $= [出口商品总成本（元人民币）] \div [FOB 出口外汇净收入（美元）]$
$$= 119\,381.42 \div 15\,028 = 7.944$$

出口盈亏额 = 出口销售人民币净收入 - 出口商品总成本（退税后）
$$= 15\,028 \times 8.28 - 119\,381.42 = 5\,050.42（元人民币）$$

出口盈亏率 = 出口盈亏额 ÷ 出口商品总成本 × 100%
$$= 5\,050.42 \div 119\,381.42 \times 100\% = 4.23\%$$

若人民币升值，银行的美元买入价为 7.28 元，则：

出口盈亏额 $= 15\,028 \times 7.28 - 119\,381.42 = -9\,977.58$（元人民币）

出口盈亏率 $= -9\,977.58 \div 119\,381.42 \times 100\% = -8.36\%$

上例计算表明，当换汇成本低于银行的美元买入价（汇率）时，出口商品收入折算为人民币是有盈利的；当换汇成本高于银行的美元买入价（汇率）时，出口商品收入折算为人民币则存在亏损。因此，核算换汇率是反映出口盈亏的一种形式。

应用到实际报价业务中，在已知出口总成本的条件下，可以利用换汇成本公式计算人民币盈亏相抵的美元报价（底价）：

FOB 底价（美元）= 出口商品总成本（人民币）÷ 当天银行的美元买入价

例如 2007 年 1 月 5 日中国银行美元买入价是 7.794 1，则上述健身椅的 FOB 美元底价为：

$$FOB 底价 = 119.381\ 4 \div 7.794\ 1 = 15.32（美元）$$

也就是说，该健身椅按当天汇率，对外报价最低不能低于每只 15.32 美元，不然企业出口后，折算为人民币就会亏损。

又如 2020 年 11 月 28 日中国银行美元买入价是 6.563 6，则上述健身椅的 FOB 美元底价为：

$$FOB 底价 = 119.381\ 4 \div 6.563\ 6 = 18.19（美元）$$

健身椅前后两个 FOB 美元底价对比表明，对于出口成本不变的商品来讲，当人民币升值（银行美元买入价下降）时，出口的美元报价必须提高，否则出口企业将面临亏损，而出口商品价格提高，将使该商品在国际市场的价格竞争力下降；反之，当人民币贬值（银行美元买入价上升）时，出口的美元报价可以下调，这将使该商品在国际市场的价格竞争力提高。这就证实了"本币币值上升不利于出口，本币币值下降有利于出口"。

如果说人民币有看涨的趋势，即中国银行的美元买入价可能进一步下降，考虑到企业结汇是在将来某一天，企业面临外汇风险，出口企业的报价就需要做相应调整（提高报价），或者进行规避和管理业务，这是国际金融实务类课程的内容，在此不展开叙述。

合同中的价格条款

7.8 合同中的价格条款

商品价格是国际货物买卖的主要交易条件。价格条款是买卖合同中必不可少的条款。价格条款的确定不仅直接关系到买卖双方的利益，而且与合同中的其他条款也有密切联系。合同中的价格条款通常包括单价、金额、总值，其中单价（商品的单位价格，unit price）是核心内容。

7.8.1 单价条款

国际货物买卖的作价方法，一般均采用固定作价，即在磋商交易中，把价格确定下来，事后不论发生什么情况，均按确定的价格结算货款。但在实际业务中，有时也采用暂不固定价格、暂定价格和滑动价格等作价方法。

1. 固定作价

国际贸易的单价条款，通常由计量单位、单位价格金额、计价货币、贸易术语等四个部分组成。例如：

每公吨	100	美元	FOB 上海
计量单位	单位价格金额	计价货币	贸易术语

计量单位一般与合同数量条款采用的计量单位一致。单位价格金额是双方讨价还价的结果。计价货币在国内贸易中一般采用本国货币,在国际贸易中一般需要采用双方都能接受的可兑换的货币,同时需要考虑汇率风险问题。贸易术语说明买卖双方的交货地点、有关的手续、费用和风险的划分,是单价条款重要的组成部分。基于不同的贸易术语和交货地点以及佣金、折扣等条件,不同的合同中可以有各种单价条款。例如:

样 1:每公吨 100 美元 FOB 上海
US$100 per M/T FOB Shanghai

样 2:每盎司 20 美元 FCA 北京首都机场
US$20 per oz FCA Capital Airport, Beijing

样 3:每打 10 英镑 CFR 伦敦含 5% 佣金
£Stg10 per dozen CFR London including 5% Commission

样 4:每打 10 英镑 CFRC5% 伦敦
£Stg10 per dozen CFRC5% London

样 5:每加仑 3.5 德国马克 CIF 鹿特丹减 2% 折扣
DM3.5 per gallon CIF Rotterdam less 2% discount

2. 非固定作价

非固定作价主要用于市场行情变动频繁、交货期较长的商品,目的是避免价格风险。

样 6:以 3 月 30 日东京谷物商品期货交易所当日生丝期货收盘价为准
The price will be determined by Raw Silk Futures closing price in Tokyo Grain Exchange on Mar. 30th.

样 6 没有规定具体价格,只规定了作价的时间和作价的方法。当采用这种方法时,作价时间和作价方法规定得越具体,定价依据越明确,日后双方对价格的不一致越少,合同的履行越有保障。

样 7:每磅 152 港元 CIP 香港
备注:上列价格为暂定价,于装运月份前 15 天由买卖双方另行协商确定价格。
HK$152 per lb CIP Hongkong
Remarks: The above is a provisional price, which shall be determined through negotiation between the buyer and the seller 15 days before the month of shipment.

样 7 暂定了一个价格,但没有规定日后作价的时间和方法,缺乏明确的定价依据。双方在商定最后价格时可能因各持己见而不能取得协议,而导致合同的无效。在实际业务中,采用这种做法,应以关系密切、信誉可靠的客户为限。

样 8:每台 3 000 美元 CPT 横滨

以上基础价格将按下列公式根据×××（机构）公布的×年×月的工资指数和物价指数予以调整。

US$3000 per set CPT Yokohama

The above basic price will be adjusted according to the following formula based on the wage and price indexes published by the ...（organization）as of ...（month）...（year）.

调整公式（adjustment formula）：

$$P_1 = P_0(a + b \times M_1/M_0 + c \times W_1/W_0)$$

式中 P_1——调整后的价格（final price after adjustment）；

P_0——订约时的基础价格（basic price）；

a、b、c——权重（$a+b+c=1$）；

M_1、M_0——分别为交货时、订约时的物价指数（price indexes at the time of delivery and conclusion of contract）；

W_1、W_0——分别为交货时、订约时的工资指数（wage indexes at the time of delivery and conclusion of contract）。

样8主要用于成套设备、大型机械的交易，利用订约时和交货时的价格指数、工资指数抵消通货膨胀带来的影响。谈判中，除了基础价格P_0是焦点外，a、b、c这三个权重系数也是重要内容。

7.8.2 金额和总值

金额＝数量×单价。对合同中的每个商品项目，都应该计算并写明金额。

总值等于各项金额之和再加上其他费用（如特殊包装费等）、减去折扣等。如果某合同只有一个商品项目，并且没有其他费用或折扣，则总值等于金额。合同中，总值通常需要大写。

本章小结

价格条款是贸易合同的核心条款，通常包括单价、金额和总值。单价是价格条款的关键部分，通常说的价格即单价。国际商品贸易的价格通常由计量单位、单位价格金额、计价货币、贸易术语等4个部分组成。其中贸易术语是重要的国际贸易惯例，而我国国内贸易没有使用贸易术语的传统，因此是本章的重点内容。FOB、CFR、CIF、FCA、CPT和CIP是最常用的6种贸易术语。佣金和折扣有时需要在价格条款中表达出来，这时需要掌握其写法和计算方法。出口成本核算的主要指标有出口商品的换汇成本、出口盈亏额和出口盈亏率，其中最重要的是出口换汇成本的核算。利用出口换汇成本核算公式，还可以计算出口最低报价。

练习题

1. 解释下列名词：贸易术语；国际贸易惯例；CIF；象征性交货；FCA。
2. 试写出国际贸易中使用较多的6种贸易术语的中英文全称和英文缩写。
3. 试简述FOB、CFR、CIF与FCA、CPT、CIP的主要区别。
4. 我方某公司出口商品每千克100美元CFRC 2%纽约。试计算：CFR净价和佣金各为多少？如对方要求将佣金增加到5%，我方可同意，但出口净收入不能减少。试问：CFRC5%应报何价？

5. 外贸公司出售一批货物至日本，出口总价为10万美元CIF横滨，其中从中国口岸至横滨的运费和保险费占12%。这批货物的国内购进价为人民币702 000元（含增值税13%），该外贸公司的费用定额率为5%，退税率为9%。结汇时银行外汇买入价为1美元折合人民币7.79元。试计算：这笔出口交易的换汇成本、盈亏额和盈亏率各为多少？

6. 某公司从美国进口瓷制品5 000件，外商报价为每件10美元FOB Vessel New York，我方如期将金额为50 000美元的不可撤销即期信用证开抵卖方，但美商要求将信用证金额增加至50 800美元，否则，有关的出口关税及签证费用将由我方另行电汇。试问：美商的要求是否合理？为什么？

7. 我方以CFR贸易术语与B国的H公司履行一批消毒碗柜的出口合同，合同规定装运时间为4月15日前。我方备妥货物，并于4月8日装船完毕，由于遇上星期日休息，我方公司的业务员未及时向买方发出装运通知，导致买方未能及时办理投保手续，而货物在4月8日晚因发生了火灾而被烧毁。试问：货物损失责任由谁承担？为什么？

8. 我方以FCA贸易术语从意大利进口布料一批，双方约定最迟的装运期为4月12日，由于我方业务员的疏忽，意大利出口商在4月15日才将货物交给我方指定的承运人。当我方收到货物后，发现部分货物有水渍，据查是因为货交承运人前两天大雨淋湿所致。据此，我方向意大利出口商提出索赔，但遭到拒绝。试问：我方的索赔是否合理？为什么？

9. 我方某进出口公司向新加坡某贸易有限公司出口香料15公吨，对外报价为每公吨2 500美元FOB湛江，装运期为10月，集装箱装运。我方10月16日收到买方的装运通知，为及时装船，公司业务员于10月17日将货物存于湛江码头仓库，不料货物因当夜仓库发生火灾而全部灭失，以致货物损失由我方承担。试问：在该笔业务中，我方若采用FCA术语成交，是否需要承担案中的损失？为什么？

10. 2019年1月我国某一进口商与东南亚某国以CIF条件签订合同进口香米，由于考虑到海上运输距离较近，且运输时间段海上一般风平浪静，于是卖方在没有办理海上货运保险的情况下将货物运至我国某一目的港口，适逢国内香米价格下跌，我国进口商便以出口方没有办理货运保险、卖方提交的单据不全为由，拒收货物和拒付货款。试问：我方的要求是否合理？此案应如何处理？

11. 我方某出口公司就钢材出口对外发盘，每吨2 500美元FOB广州黄埔，现外商要求我方改为CIF伦敦。试问：（1）我方出口公司对价格应如何调整？（2）如果最终按CIF伦敦条件签订合同，买卖双方在所承担的责任、费用和风险方面有何不同？

第8章

货物运输

:: **学习目标**

| 掌握国际海洋货物运输中班轮运费的计算;
| 掌握海运提单的性质、作用和种类;
| 掌握合同中的装运条款。

8.1 海洋运输

海洋运输(sea transport; ocean transport)是国际贸易最传统、最重要的运输方式。它具有以下几个基本优势:一是运量大,海运船舶的运载能力远远大于铁路和公路运输车辆的运载能力,世界大型油船达到 50 万吨级;二是运费低,因为运量大、航程远,分摊于每吨货物的运输成本就少,因此运价相对低廉;三是对货物的适应性强,远洋运输的船舶可适应多种运输的需要。现在许多船舶是专门根据货物需要设计的,如多用途船舶、专用化船舶的产生,为不同货物的运输提供了条件。但它也有其基本劣势:一是易受自然条件和气候等因素影响,风险较大;二是普通商船的航运速度相对较慢,因而,对不能经受长时间长途运输的货物和易受气候条件影响以及急需的货物,一般不宜采用海运。海运业务根据船舶经营方式可以分为**班轮运输**(liner transport)和**租船运输**(charter transport)两种。

班轮运输

8.1.1 班轮运输

班轮是指按照预定的航行时间表,沿着固定的航线,按照既定的港口顺序,收取相对固定的运费(即"四定"),经常从事航线上各港口之间运输的船舶。

1. 班轮运输的特点

①有"四固定"的基本特点;②船方负责配载装卸,装卸费包括在运费中,

货方不再另付装卸费，船货双方也不计算滞期费和速遣费；③船货双方的权利、义务与责任豁免，以船方签发的提单条款为依据；④班轮承运货物的品种、数量比较灵活，货运质量较有保证，且一般采取在码头仓库交接货物的方式，故为货主提供了较便利的条件。

2. 班轮运费

班轮运费包括基本运费和附加费两部分。前者是指货物从装运港到卸货港所应收取的基本运费，它是构成全程运费的主要部分；后者是指对一些需要特殊处理的货物，或者由于突然事件的发生或客观情况变化等原因而需另外加收的费用。有的是在基本运费的基础上，加收一定百分比；有的是按每运费吨加收一个绝对数计算。常见附加运费有以下10种：①燃油附加费；②港口附加费；③港口拥挤附加费；④转船附加费；⑤绕航附加费；⑥超重、超长附加费；⑦货币贬值附加费；⑧变更卸货港附加费；⑨直航附加费；⑩选港附加费。

（1）基本运费的计收方法和标准。根据货物的不同，班轮运费的计收方法和标准主要有以下几种。

1) 按货物重量（weight）计算，以"W"表示。如1公吨（1 000千克）、1长吨（1 016千克）或1短吨（907.2千克）为一个计算单位，也称重量吨。

2) 按货物尺码或体积（measurement）计算，以"M"表示。如1立方米（约合35.314 7立方英尺）或40立方英尺为一个计算单位，也称尺码吨或容积吨。

以上两种计算运费的方式（重量吨和尺码吨）统称为**运费吨**（freight ton）。

3) 按货物重量或尺码，选择其中收取运费较高者计算运费，以"W/M"表示。按惯例凡1重量吨货物的体积超过1立方米或40立方英尺者即按体积收费；1重量吨货物其体积不足1立方米或40立方英尺者，按毛重计收。

4) 按货物FOB价收取一定的百分比作为运费，称从价运费，以"AD VALOREM"或"ad.val."表示。这原是拉丁文，英文是"按照价值"的意思（即according to value），一般适用于高价值货物。

5) 按货物重量或尺码或价值，选择其中一种收费较高者计算运费，以"W/M or ad.val."表示。

6) 按货物重量或尺码，选择其高者，再加上从价运费计算，以"W/M plus ad.val."表示。

7) 按货物的件数计收。对包装固定，包装内的数量、重量、体积也固定的货物，以及对那些用其他方法难以计收的商品，如汽车、活牲畜等，按件数计收。例如，活牲畜按"每头"（per head）计收；车辆按"每辆"（per unit）计收；起码运费按"每提单"（per B/L）计收。

8) 按临时议定的价格（open rate）计收运费。按照承运人、托运人双方临时议定的价格收取运费。一般多用于大宗低价货物，如粮食、煤炭、矿砂等。

9) 按起码费率计收，是指当按每一提单上所列的重量或体积所计算出的运费，尚未达到运价表中规定的最低运费额时，则按最低运费计收。

（2）班轮运价表。根据费率结构，可以将班轮运价表分为**等级费率运价表**（class rate freight tariff）和**单项商品费率运价表**。等级费率运价表是将货物分成若干等级，每一等级规定一个基本费率，商品被归为几级就采用该级的费率计征运费。一般将货物分为20个等级，第1级费率最低，第20级费率最高。单项商品费率运价表是将每项商品及对应的基本费率逐个开列，为每项商品规定单独的费率。

等级费率运价表包含**货物分级表**（classification of commodities）和**航线等级费率表**（scale of class rate）。前者将不同货物按字母顺序排列，并分别标明特定货物所属等级和相应的计费标准，如表 8-1 所示；后者按不同的航线和货物分级规定基本费率，如表 8-2 所示。

表 8-1　货物分级表

货名	计算标准	等级
棉布及棉织品	M	10
小五金及工具	W/M	10
玩具	M	20

表 8-2　中国－东非航线等级费率表

等级	费率/港元
1	243
4	280
10	443
20	1 120
从价费	290

根据一般费率表规定：不同的商品如混装在一个包装内（集装箱除外），则全部货物按其中收费高的商品计收运费；同一种货物因包装不同而计费标准不同，但托运时如未申明具体包装形式，则全部货物均要按运价高的包装计收运费；同一提单内有两种以上不同计价标准的货物，托运时如未分列货名和数量，则计价标准和运价全部要按高者计算。这是在包装和托运时应该注意的。此外，对无商业价值的样品，凡体积不超过 0.2 米^3，重量不超过 50 千克者，可要求船方免费运送。班轮费率表中还有起码运费的规定：每张提单的最低运费，根据不同地区、是否转船等情况决定。

（3）班轮运费的具体计算步骤。

首先要明确，班轮运费＝基本运费＋附加运费＝基本运费×（1+附加费率），其计算步骤如下：

第一步，根据货物的英文名称从货物分级表中查出有关货物的计费等级和计算标准；

第二步，从航线费率表中查出有关货物的基本费率；

第三步，加上各项需支付的附加费率，得出有关货物的单位运费；

第四步，将计算出的单位运费乘以计费重量吨或尺码吨，即得到该批货物的运费总额。

☞ **例 8-1**

某企业出口柴油机一批，共 15 箱，总毛重为 5.65 公吨，总体积为 10.676 米^3，由青岛装中国远洋运输公司轮船，经我国香港地区转船至苏丹港，试计算该企业应付船公司的总运费为多少？

【解答】

1）按柴油机的英文名称 diesel engine，查阅货物分级表，柴油机属于 10 级，计算标准为 W/M；

2）在内地—香港航线费率表中查出 10 级货从青岛运至香港的费率，为每运费吨 22 美元，香港中转费为每运费吨 13 美元；

3）从香港—红海航线费率表中出查出 10 级货的费率，为每运费吨 95 美元；

4）查附加费率表，了解到苏丹港要收港口拥挤附加费，费率为基本运费的 10%。

因此，该批货物每 1 运费吨的运费应为：

$$22 + 13 + 95 + 95 \times 10\% = 139.5 \text{（美元）}$$

由于该批货物的尺码吨（10.676 运费吨）较重量吨（5.65 运费吨）更高，而其计费标准为 W/M，故应按尺码吨计。

$$\text{共需支付总运费} = 10.676 \times 139.5 = 1\,489.302 \text{（美元）}$$

答：应付总运费 1 489.302 美元。

8.1.2 租船运输

租船运输又称不定期船运输。在租船运输业务中，没有预定的船期表，船舶经由航线和停靠的港口也不固定，须按租船双方签订的租船合同来安排；有关船舶的航线和停靠的港口、运输货物的种类以及航行时间、运费或租金等也由双方根据租船市场价格在租船合同中加以约定。

租船运输按租船性质可以分为：**定程租船**（voyage charter；trip charter）、**定期租船**（time charter）、**光船租船**（bare boat charter）、**光船租购**（bare boat charter and purchase）、**包运租船**（Contract of Affreightment）等五种。其中定程租船与国际货物贸易合同有时有直接关系。

租船运输种类

1. 定程租船的含义及特点

定程租船又称航次租船，是指由船舶所有人负责提供船舶，在指定港口之间进行一个航次或数个航次，承运指定货物的租船运输。在此方式下，船方、租方均以定程租船合同为准。租方据此提交货物并支付运费，船方据此将全部或部分舱位出租，并负责货物运输。除装卸费用等少数几项费用由船租双方协议分担外，航行、管理和其他费用均由船方承担。

定程租船就其租赁方式的不同分为：①单程租船（single trip charter），又称单航次租船；②来回航次租船（return trip charter）；③连续航次租船（consecutive trip charter）；④包运合同租船（contract of affreightment）。

定程租船的特点：①船舶的营运调度由船舶所有人负责，船舶的燃料费、物料费、修理费、港口费、淡水费等营运费用也由船舶所有人负担；②船舶所有人负责配备船员，负担船员的工资、伙食费；③航次租船的租金通常称为运费，运费按货物的数量及双方商定的费率计收；④在租船合同中需要订明货物的装卸费用的承担人。

定程租船是租船市场上最活跃，且对运费水平的波动最为敏感的一种租船方式。在国际现货市场上成交的绝大多数货物（主要包括液体散货和干散货两大类）都是通过定程租船方式运输的。在签订租船合同时，承租双方需约定船舶的装卸速度以及装卸时间的计算办法，并相应地规定延滞费和速遣费率的标准和计算方法。

2. 定程租船费用

（1）受载期（费用的计算期）。

受载期是指租方可接受的船舶的最早装货日期（受载日）至租方可接受的最晚装货日期（解约日）。有可能出现"受载日未到船先到"或"解约日已到船未到"等情况。

（2）运费的支付方式。

定程租船运费是指货物从装运港至目的港的海上运费。其计算方法主要有两种：一种是根据运费率（rate of freight），规定按装船时的货物数量（intaken quantity）还是按卸船时的货物数量（delivered quantity）来计算总运费；另一种是整船包价（lump-sum freight），即规定一笔整船运费，船东保证船舶能提供的载货重量和容积，不管租方实际装货多少，一律按照整船包价支付。

定程租船运费率的高低取决于诸多因素：租船市场运费水平、承运的货物价值、装卸货物所需设备和劳动力、运费的支付时间、装卸费的负担方法、港口费用高低及船舶经纪人的佣金高低等。

定程租船运费有预付和到付之分。预付有全部预付的，也有部分预付的；到付有船到目的港开始卸货前付的、边卸货边付的，也有货物卸完后支付的。

（3）装卸费用的划分。

关于定程租船的装卸费，具体做法是：①船方负担装货费和卸货费，又称为"班轮条件"（liner terms）；②船方管装不管卸（Free Out，FO）；③船方管卸不管装（Free In，FI）；④船方不管装和卸（Free In and Out，FIO）；⑤船方不管装卸、理舱和平舱（Free In and Out, Stowed and Trimmed，FIOST）。

（4）许可装卸时间。

许可装卸时间是指因船方不能直接控制装卸时间，故在合同中订明租方应在多长时间完成装卸，简称"许可时间"。在确定装卸数量后，装卸率可以折算为装卸时间。许可时间的表示方法有以下几种。

连续日：连续装卸24小时（如3个连续日），不扣除风雪日（坏天气）、周末、法定节假日等实际不应装卸的时间。

工作日：按装卸港口习惯可进行正常工作的时间，扣除周末和法定节假日，但不扣除风雪日。

累计8小时工作日：累计工作时间达8小时为一个工作日，扣除周末和节假日。

累计24小时工作日，累计工作时间达24小时为一个工作日，扣除周末和节假日。这种规定最有利于租船人，因为其不用担心滞期。

晴天工作日：扣除周末、节假日和风雪日的（8小时）正常工作日。

连续24小时晴天工作日：扣除周末、节假日和风雪日后，连续工作24小时正常工作日。

关于许可时间的扣除，要注意以下几点：工作日已表明"周末和节假日例外"，但最好还是注明"Weekends and Holidays Excepted"；周末为"周五或周六12:00至周一8:00"；在除外时间里若有实际作业，执行"不用不算，用了即算"，即周末节假日例外，除非使用（Weekends and Holidays Excepted Unless Used）；或"不用不算，用也不算"，即周末节假日例外，即使使用（Weekends and Holidays Excepted Even Used）；许可时间计算以前，实际已经作业的时间，是否记入，应明确在合同中订明。

（5）**滞期费**（demurrage）和**速遣费**（dispatch money）。

定程租船合同中，当船舶装货或卸货延期超过装卸货时间时，由租方向船方支付滞期费。在英国，滞期费被认为是约定性损害赔偿（liquidated damages），而在美国，滞期费被认为是延期运费（extended freight）。滞期费率通常在租船合同中约定。有些合同规定，超过一定的滞期时间后则必须支付额外滞期费或者船期损失。大部分合同会规定，只要滞期费发生，船舶就处于滞期状态（on demurrage）。一旦船舶处于滞期状态，在计算滞期费时就不再减去周末这样的除外时间，所以有这样的说法：一旦滞期，永远滞期（once on demurrage, always on demurrage）。

定程租船合同中，承租人实际使用的装卸时间比合同约定允许使用的装卸时间短，因而缩短了船舶为装卸作业而停留在港口或泊位的时间，使得船舶产生速遣。船方因船舶产生速遣而需要向租方支付速遣费。在定程租船实务中，速遣费率通常规定为滞期费率的一半。速遣费实际上是船方用来鼓励租方尽快完成装卸作业、缩短船舶滞港时间以提高船舶营运效率的一种奖励。

8.2 海洋运输单据

8.2.1 海运提单

海运提单的性质和作用

海运提单（bill of lading，B/L）简称提单，是指证明海上运输合同和货物由承运人接管或装船，以及承运人据以保证交付货物的凭证。

1. 海运提单的性质和作用

（1）货物收据（receipt for the goods）。提单是承运人应托运人的要求所签发的货物收据，表明承运人已按提单所列内容收到货物。

（2）物权凭证（document of title）。提单是货物所有权的凭证。货物抵达目的港后，提单的合法持有人可以凭提单要求承运人交付货物，而承运人也必须按照提单所载内容向提单的合法持有人交付货物。提单的合法持有人亦可凭提单向银行办理抵押贷款或叙做押汇。至于记名提单，由于不能转让和流通，故不能视作物权凭证。

（3）运输契约的证明（evidence of the contract of carriage）。提单条款明确规定了承运人与托运人或提单持有人各方之间的权利与义务、责任与豁免，是处理他们之间有关海洋运输方面争议的依据。

2. 海运提单的格式和内容⊖

一般包括提单正面记载事项和提单背面印就的运输条款。

（1）提单正面内容：托运人、收货人、被通知人、收货地或装运港、目的地或卸货港、船名及航次、唛头及件号、货名及件数、重量和体积、运费预付或运费到付、正本提单的份数、船公司或其代理人的签章、签发提单的地点及日期。

（2）提单背面的条款。各船公司签发的提单，其背面条款规定不一。为了统一提单背面条款的内容，国际上先后签署并生效了下列三个国际公约。

1）1924年8月2日在布鲁塞尔签署的《关于统一提单的若干法律规则的国际公约》，简称《海牙规则》。《海牙规则》在99个国家生效。

2）1968年2月23日在布鲁塞尔签署的《修改统一提单的若干法律规则的国际公约》，简称《海牙－维斯比规则》。《海牙－维斯比规则》在32个国家和

⊖ 见本书附录样单。

地区生效。

3）1978年3月在汉堡签署的《联合国海上货物运输公约》，简称《汉堡规则》。《汉堡规则》有34个缔约方，于1992年生效。

上述三个公约签署的时代背景不同，内容有差别，加之参加公约的国家不一，因此各国船公司签发的提单背面条款的内容也就有差异。但以《海牙规则》的内容为依据的居多。

为了适应国际海运技术和运营方式的最新发展，提高货物运送效率，降低交易成本，联合国国际贸易法委员会于2009年9月23日颁布了《联合国全程或部分海上国际货物运输合同公约》，在鹿特丹举行了签字仪式，被称为《鹿特丹规则》。目前该公约签字国达到24个，但尚未正式生效。《鹿特丹规则》的目标是取代《海牙规则》《海牙－维斯比规则》和《汉堡规则》，统一国际海上货物运输法律制度。

3. 海运提单的种类

海运提单的种类

（1）根据货物是否已经装船，分为已装船提单和备运提单。

已装船提单（shipped B/L；on board B/L）是指承运人在已将货物装上指定船只后签发的提单。该提单的特点是提单上面有载货船舶名称和装货日期，同时还应由船长或其代理人签字。提单签发日期即为装船日期。

备运提单（received for shipment B/L）是指承运人在收到托运的货物后准备装船期间签发给托运人的提单。这种提单上面没有装船日期，也无载货的具体船名，将来货物能否装运、何时装运、都很难预料，因此，买方一般都不愿意接受这种提单。在国际贸易中，一般都必须是已装船提单。《跟单信用证统一惯例》规定，在信用证无特殊规定的情况下，卖方必须提供已装船提单，银行一般不接受备运提单。

（2）根据提单上对货物外表状况有无不良批注，分为清洁提单和不清洁提单。

清洁提单（clean B/L）是指货物装船时，表面状况良好，承运人在签发提单时未加任何货损、包装不良或其他有碍结汇批注的提单。

不清洁提单（unclean B/L）是指承运人收到货物之后，在提单上加注货物外表状况不良，或货物存在缺陷和包装破损等批注的提单。例如，"3箱有水渍""2箱破损"等。

（3）根据提单抬头人不同，分为记名提单、不记名提单和指示提单。

记名提单（straight B/L），又称收货人抬头提单，它是指在提单的收货人栏内，具体写明收货人的名称。这种提单的收货人已经确定，不得进行转让。

不记名提单（open B/L；blank B/L）是指在提单的收货人栏内，不填明具体的收货人或指示人的名称，而写"来人"（bearer）。这种提单可以转让，而且不需要任何背书手续，仅凭提单交付即可，提单持有人凭提单提货。由于这种提单不凭人，只凭单，谁持有提单，谁就可以提货，因此，采用这种提单风险大，实际较少应用。

指示提单（order B/L）是指在收货人栏内，只填写"凭指示"（to order）或者"凭某人指示"（to order of ...）字样的提单。这种提单通过指示人的背书，可以转让，所以又称为可转让提单。

在使用过程中，指示提单背书方式又有"记名背书"和"不记名背书"之分。记名背书是指背书人除在提单背面签名外，还需列明被背书人名称。不记名背书又称空白背书，背书人在提单背面签名，而不注明被背书人名称。目前在实际业务中使用最多的是"凭指示"（to order）并经空白背书的提单，习惯上称为"空白抬头、空白背书"提单。

（4）根据运输方式不同，分为直达提单、转船提单和联运提单。

直达提单（direct B/L）是指轮船装货后，中途不经过转船而直接驶往目的港所签发的提单。这种提单不能出现"在某地转船"的字样。在国际贸易中，如果信用证规定不准转船，托运人就必须取得直达提单，方能结汇。

转船提单（transhipment B/L）是指货物在装运港装船后，需在中途其他港口换装另一船只运往目的港，有的甚至换船不止一次。第一承运人在装运港签发包括全程的提单。这种提单一般注明"在某港转船"的字样。

联运提单（through B/L）是指海陆、海空、海河等联运货物，由第一承运人或其代理人收取全程运费并负责代办下程运输手续，在装运港签发的全程提单。转运提单和联运提单的区别在于前者仅限于转船，后者可在中途转换其他运输工具。

（5）根据船舶营运方式不同，分为班轮提单和租船提单。

班轮提单（liner B/L）是指由班轮公司承运货物后签发给托运人的提单。

租船提单（charter party B/L）是指承运人根据租船合同签发的提单。提单上通常注明"一切条件、条款和免责事项按照某某租船合同"字样。这种提单受租船合同条款的约束，因此银行或买方在接受这种提单时，有时要求卖方提供租船合同副本。

（6）根据提单内容的繁简，分为全式提单和简式提单。

全式提单（long form B/L）是指在大多数情况下使用的既有正面内容又有背面提单条款的提单。背面提单条款规定了承运人与托运人的权利与义务。

简式提单又称略式提单（short form B/L），是指省略了背面提单条款的提单。简式提单的背面无条款，只在提单正面列出必须记载的事项。

（7）根据提单使用效力，可分为正本提单和副本提单。

正本提单（orignal B/L）是指提单上有承运人、船长或其代理人签字盖章，并注明签发日期的提单。这种提单在法律上和商业上都是公认有效的单证。提单上必须标有"正本"（orignal）字样，以示与副本提单有别。

副本提单（copy B/L）是指提单上没有承运人、船长或其代理人签字盖章，仅供工作上参考使用的提单。提单上一般注明"副本"（copy）或"不可转让"（non-negotiable）字样。

（8）其他提单。

舱面提单（on deck B/L）是指承运货物装在船舶甲板上所签发的提单，故又称为甲板货提单。由于货物装在甲板上风险较大，故托运人一般都向保险公司加保甲板险。承运人在签发提单时加批"货装甲板"字样。

过期提单（stale B/L）是指由于航线较短或银行转递提单较慢或卖方延迟交货，以致船舶到达目的港时，收货人尚未收到的提单。按照《跟单信用证统一惯例》第14条的规定："受益人或其代表在不迟于本惯例所指的发运日之后的21个日历日内交单，但是任何情况下都不得迟于信用证的截止日。"一般理解为，迟于提单签发日后21天提交的单据，视为过期提单。过期提单对买方不利，影响收货人及时提货、转售，甚至可能造成费用损失。因此，除非信用证另有规定，银行不接受过期提单。

集装箱提单（container B/L）是指以集装箱装运货物所签发的提单。集装箱提单有两种形式：一种是在普通的海运提单上加注"用集装箱装运"字样；另一种是使用"多式联运提单"，这种提单的内容增加了集装箱号码和封号。

预借提单（advanced B/L）。信用证规定的最迟装运期已届临，而此时货物因故尚未装船，为了取得与信用证规定相符的提单，托运人要求承运人在货物装船前先行签发已装船提单，这种提单称为预借提单。预借提单是一种违法的提单。

倒签提单（anti-dated B/L）。货物实际装船的日期晚于信用证规定的最迟装运日期，但仍在信用证的有效期内，若按实际装船日期签发提单，会造成单、证不符，托运人无法结汇。为了使提单日期与信用证规定相符，承运人根据托运人的请求，按信用证规定的装运期签发提单，这种提单称为倒签提单。它是一种违法的提单。

8.2.2 其他运输单据

1. 海上货运单

海上货运单（sea waybill，S/W）又称**海运单**（ocean waybill），是证明海上货物运输合同和货物由承运人接管或装船，以及承运人保证据以将货物交给单证所载明的收货人的一种不可流通的单证，因此又称**"不可转让海运单"**（non-negotiable sea waybill）。海运单的形式与作用同海运提单相似，其主要特点在于收货人已明确指定。收货人不凭海运单提货，而仅需证明自己是海运单载明的收货人即可提取货物。承运人也不凭海运单而凭海运单载明的收货人提货凭条交付货物，只要该凭条能证明其为运单上指明的收货人即可。因此，海运单实质上不是物权凭证。

目前，欧洲、北美和某些远东、中东地区的贸易越来越倾向于使用不可转让海运单，主要是因为海运单方便买方及时提货，能简化手续、节省费用，还可以在一定程度上减少以假单据进行诈骗的现象。另外，由于电子信息技术在国际贸易中的广泛使用，不可转让海运单更适宜于这种新技术，因此在我国的对外贸易运输业务中，也有使用。

2. 订舱单

订舱单（booking note，B/N）是承运人或其代理人在接受发货人或货物托运人的订舱时，根据发货人口头或书面申请的货物托运的情况，来安排集装箱货物运输而制订的单证。该单证一经承运人确认，便作为承托双方订舱的凭证。

3. 装货单

装货单（shipping order，S/O）是接受了托运人提出装运申请的船公司，签发给托运人的用以命令船长将承运的货物装船的单据。它既能用作装船的依据，又是货主用以向海关办理出口货物申报手续的主要单据之一，所以又叫关单。对于托运人来讲，它是办妥货物托运的证明；对船公司或其代理人来讲，是通知船方接受装运该批货物的指示文件。装货单场站收据是集装箱运输专用的出口单证，不同的港口、货运站使用的也不一样。

4. 收货单

收货单（mates receipt，M/R）又称大副收据，是船舶收到货物的收据及货物已经装船的凭证。收货单内容和格式同装货单，只是最后有大副签字一栏。当单上的货物已由船方收到，并已装到船上时，即由船上大副签署，作为船方收到货物的凭证。托运人收到经大副签署的收货单后，即可凭此向船方或其代理人换取已装船提单。

5. 舱单

舱单（manifest）的全称是"国际航行船舶出口载货清单"（Export Manifest，E/M），内容有船名、航次、船长、起运和到达港、开航日期、提单号、发货人、收货人、标记唛头、货物件数、包装式样、货名、毛重、净重、尺码等项目。它是海关对海上货运进出境进行监管的单证之一，是全船所载货物的证明，目的港代理人可以据以事前做好卸货准备。

6. 货物溢（短）单和货物残损单

在卸货过程中，如发现货物溢装、短装或货物残损，则由理货人员开列**货物溢（短）单和货物残损单**（overlanded/shortlanded cargo list, broken & damaged cargo list），请船方签署，作为今后处理溢装、短装和残损时的证明文件。

其他运输方式

案例 8-1

【案情】

某年3月，A公司与美国B公司签订一份买卖合同，约定B公司向A公司购买一批塑料文具。A公司委托承运人C将这批塑料文具运往纽约。6月，货物装船，船长代理承运人签发了一式三份正本记名提单。货到目的港后，B公司始终未付款，A公司拟将货物运回。在与承运人C交涉的过程中，A于同年12月得知货物已被B凭借汇丰银行出具的保函提走。A公司遂要求承运人C承担无单放货的责任，而承运人C认为应由买方B公司自己承担责任。双方协商不成，A公司遂提起诉讼。

【讨论分析】

1. 承运人C签发了记名提单，收货人是B公司，在B未付货款的情况下，A公司可以主张提单的物权吗？

2. 如果承运人C签发的是凭指示提单，在B未付货款的情况下，A公司可以主张提单的物权吗？

3. 提单作为物权凭证，其作用主要有哪些？

4. A公司可以向承运人C索赔吗？

5. 承运人C应该承担无单放货的责任吗？

8.3 合同中的装运条款

合同中的装运条款

在国际贸易中，存在着"交货"（delivery）和"装运"（shipment）两种不同的用语，因此，也就有"交货时间"（time of delivery）和"装运时间"（time of shipment）两种不同的提法。但是，在使用FOB、CIF、CFR以及FCA、CIP、CPT等6种装运术语达成的交易中，卖方在装运港或装运地将经出口清关的货物装到船上或者交付给承运人以运交买方，就算完成了交货义务。因此，在采用上述 6 种术语订立合同的情况下，"交货"和"装运"在一定意义上是一致的，在实际业务中，人们往往把它们当作同义词来使用。

国际商会《跟单信用证统一惯例》的历次版本都对"装运日期"（date for shipment）做出具体规定，例如该惯例的最新版本国际商会第 600 号出版物（UCP600）第 19 条 Ⅱ 款规定："运输单据的签发日期将被视为发运（dispatch）、接受监管（taking in charge）或装船（shipped on board）日期，以及装运日期（date of shipment）。然而如单据以印戳或批注的方式表明了发运、接受监管或装船日期，该日期将被视为装运日期。"该惯例在第 20 至 25 条中对各种运输方式如何在运输单据上表明装运日期又分别做了具体规定。

以上规定虽是针对信用证条款中关于装运日期的"装运"一词的解释，但在采用凭单交货条件的国际货物买卖合同中，有关"装运日期"一般也可按此解释。在《国际贸易术语通则》中，"交货"一词是用于表示，货物灭失或损坏的风险自卖方转移至买方的时间和地点。因此在实际业务中，在采用 FOB、CFR、CIF、FCA、CPT 和 CIP 术语订立的买卖合同中规定卖方应于何时、何地交货时，使用"装运时间""装运地点"较为相宜。至于 DPU、DAP 和 DDP，这些术语属于"到货合同"，卖方必须于目的地实际交货，因此，"装运"和"交货"的概念完全不同，不能相互替代使用。

合同中的装运条款通常包括装运时间、装运港和目的港，以及是否允许分批、转船等内容。

8.3.1　装运时间

装运时间又称装运期或交货时间、交货期，是指卖方履行交货的时间，它是合同中的一项重要条款。在合同签订后，卖方能否按规定的装运时间交货，直接关系到买方能否及时取得货物，以满足其生产、消费或转售的需要。因此，卖方必须按合同规定的时间交货。有些西方国家法律规定，如果卖方未按合同规定的时间交货，即构成卖方的违约行为，买方有权撤销合同，并要求卖方赔偿其损失。⊖

1. 装运时间的规定方法

国际贸易合同中，对装运期的规定方法一般有以下两种。

（1）明确规定具体装运时间。这种规定的方法可以是在合同中订明某年某月装或某年跨月装，或某年某季度装，或跨年跨月装等。但装运时间一般不确定在某一个日期，而只是确定在某一段时间内。这种规定方法期限具体、含义明确，双方不至于在交货时间的理解和解释上产生分歧，因此，在合同中采用较普遍。例如：

样 1：2021 年 3 月装
Shipment during March 2021

样 2：2022 年 2/3 月装
Shipment during Feb./Mar. 2022

样 3：2020 年 7 月底或以前装运
Shipment at or before⊖ the end of July 2020

⊖ 根据《公约》第 33 条规定。
⊖ 这里需注意，按《跟单信用证统一惯例》第 3 条的解释，"在……之前"（before）及"在……之后"（after）不包含提及的日期。

样 4：不晚于 2021 年 7 月底装运
Shipment not later than the end of July 2021

（2）规定在收到信用证后若干天或若干月内装运，同时规定信用证开抵卖方的时间。在一些外汇管制较严的国家或地区，或实行进口许可证或进口配额的国家，合同签订后，买方因申请不到进口许可证或其国家不批准外汇，迟迟不开信用证。卖方为避免因买方不开证、迟开证带来的损失，即可采用这种方法来约束买方。例如：

样 5：收到信用证后 30 天内装运，买方必须最迟于 6 月 15 日之前将有关信用证开抵卖方
Shipment within 30days after receipt of L/C . The Buyer must open the relative L/C to reach the Seller before June 15th.

对于装运时间，有时也采用笼统规定，如迅速装运（prompt shipment）、立即装运（immediate shipment）、尽快装运（shipment as soon as possible）。对于这些笼统规定，在各国、各地区、各行业中并无统一的解释，按国际商会《跟单信用证统一惯例》第 3 条的规定，如信用证采用这类术语，"银行将不予置理"。因此，为避免因误解而引起纠纷，除买卖双方对这类术语有一致的理解外，在合同中尽量避免使用这类术语。

2. 规定装运时间应注意的问题

（1）应该考虑货源和船源的实际情况，使船货衔接。如对货源心中无数，盲目成交，就有可能到时交不了货，形成有船无货的情况，无法按时履约。在按 CIF 和 CFR 条件出口和按 FOB 条件进口时，还应考虑船源的情况。如船源无把握而盲目成交，或没留出安排舱位的合理时间，规定在成交的当月交货或装运，则可能因到时租不到船或订不到舱位而出现有货无船的情况。或因经过多次转船，造成多付运费，甚至倒贴运费的情况。

（2）对装运期限的规定应适度。应视不同商品租船订舱的实际情况而定，装运期过短，势必给船货安排带来困难；过长也不合适，特别是采用收到信用证后若干天内装运的条件下，会造成买方挤压资金，影响资金周转，从而反过来影响卖方的售价。

（3）要根据不同货物和不同市场需求，规定交货期。如无妥善装载工具和设备，易腐烂、易受潮、易熔化货物一般不宜在夏季、雨季装运。

8.3.2 装运港和目的港

装运港（port of shipment）又称装货港，是指货物起始装运的港口。**目的港**（port of destination）又称卸货港，是指货物最终卸下的港口。

1. 装运港和目的港的规定方法

（1）在一般情况下，装运港和目的港分别规定各为一个。

样 6：装运港：大连　　　Port of Shipment：Dalian
　　　目的港：鹿特丹　　　Port of Destination：Rotterdam

（2）有时按实际业务的需要，也可分别规定两个或两个以上的装运港或目的港。

样 7：装运港：大连 / 天津 / 上海
Port of Shipment：Dalian/Tianjin/Shanghai

目的港：伦敦 / 利物浦 / 曼彻斯特
Port of Destination：London/Liverpool/Manchester

（3）笼统规定某一航区为装运港或目的港。

样 8：目的港：欧洲主要港口
Port of Destination：European Main Port，E.M.P

样 9：目的港：非洲主要港口
Port of Destination：African Main Port，A.M.P

在磋商交易时，如明确规定装运港或目的港有困难，可以采用规定选择港的办法。

样 10：CIF 伦敦 / 汉堡 / 鹿特丹
CIF London/Hamburg/Rotterdam

（4）采用**选择港**（optional ports）。有的客商在磋商时，尚未找到合适的买主，未能确定最后的卸货地，为了取得更多的选择时间，或为了便于进行"路货"（cargo afloat）交易，有时候要求采用选择港。即允许收货人在预先提出的两个或两个以上的卸货港中，在货轮驶抵第一个备选港口前，按船公司规定的时间，将最后确定的卸货港通知船公司或其代理人，船方负责按通知的卸货港卸货。

样 11：CIF 伦敦 / 汉堡 / 鹿特丹，任选
CIF London/Hamburg/Rotterdam optional

样 12：CIF 伦敦，任选汉堡 / 鹿特丹，选港附加费由买方负担
CIF London，optional Hamburg/Rotterdam. Optional additionals for buyer's account

按一般航运惯例，如果货方未在规定时间将选定的卸货港通知船方，船方有权在任何一个备选港口卸货。我方在接受国外客户的选择港要求时，需要注意买卖合同中规定"选择港"的数目一般不超过三个；备选港口必须在同一条班轮航线上，而且是班轮公司的船只都停靠的港口；在核定价格和计算运费时，应按备选港口中最高的费率加上选港附加费计算。

案例 8-2

【案情】

我方某出口公司按 CFR 条件向日本出口红豆 250 吨，合同规定卸货港为日本口岸。发货时正好有一船驶往大阪，我方公司打算租用该船，同时我方主动去电询问在哪个口岸卸货。时值货价下跌，日方故意让我方在日本东北部的一个小港卸货。我方坚持要在神户、大阪卸货。双方争执不下，日方就此撤销合同。

【讨论分析】

1. 合同规定卸货港为日本口岸，这样规定可以吗？
2. 这样规定下目的港通常是怎样的口岸？最终目的港由谁决定？
3. 本案中出口方去电询问是否必要？日方的要求是否合理？
4. 本案中日方撤销合同的理由是否充分？

2. 确定国外装运港（地）和目的港（地）的注意事项

（1）要根据我国对外政策的需要进行考虑，不应选择我政府不允许往来的港口为装卸港。

（2）对国外装卸港的规定应力求具体明确。在磋商交易时，对外商笼统地提出以"欧洲主要港口"或"非洲主要港口"为装运或目的港时，不宜轻易接受。因为国际上对此无统一解释，且各港距离远近不一，条件各异，基本运费和附加运费相差很大。

（3）不能接受内陆城市为装卸港。因为接受这一条件，我方要承担从港口到内陆城市的运费和风险。

（4）必须注意装卸港口的具体条件，如有无直达班轮、港口装卸条件及运费和附加费水平等。①如租船运输时，还应进一步考虑码头泊位的深度，有无冰封期、冰封具体时间以及对船舶国籍有无限制等港口制度。

（5）应注意国外港口有无重名。世界各国港口重名的有很多，例如，维多利亚港在世界上有12个之多，波特兰、波士顿、的黎波里等也有数个。为防止出现差错和引起纠纷，应在合同中订明港口所在的国家或地区。

3. 确定国内装运港和目的港时应注意的问题

（1）在出口业务中，规定装运港时，一般以接近货源地的港口为宜，以方便运输和节省运费。对统一对外成交而分口岸交货的某些货物，由于在成交时还不能最后确定装运港，可以规定为"中国口岸"或规定两个以上具体港口为装运港，这样较灵活主动。按FOB术语成交的合同，应考虑对方来船大小与我港口水深，以免船进不了港，引起争议。

（2）在进口业务中，规定目的港时，一般选择接近用货单位或消费地区的港口为好。但根据我国目前港口条件，为避免港口到船集中造成卸货困难，目的港有时也可规定为"中国口岸"并规定"买方应在装运期前××天内将港口名称通知卖方"。

8.3.3 分批装运和转运

1. 分批装运

分批装运（partial shipment），又称**分期装运**（shipment by installments），是指一个合同项下的货物分若干批或若干期装运。在大宗货物或成交数量较大的交易中，买卖双方根据交货数量、运输条件和市场销售等因素，可在合同中规定分批装运条款。例如：

样13：分批装运：□允许/□不允许
Partial Shipment：□ allowed/ □ not allowed

合同中若规定允许，则托运人有最大任意权，可选择不分批，也可选择分若干批次装运。合同中若规定不允许，则托运人只能不分批，只能一次装运。例如：

样14：1/2/3月分三批每月平均装运
during Jan/Feb/Mar in three equal monthly shipments

对每批次装运的时间、数量做了严格规定，托运人必须按照合同规定履行装运义务。

---

① 这里是指装卸港必须是基本港，即各主要班轮公司在运价表中规定要定期挂靠的港口。需要注意的是，各班轮公司规定的基本港并不完全一致。

一个合同能否分批装运，应视合同中是否规定允许分批装运而定。如合同中未明确规定允许分批，按外国合同法，不等于允许分批。但有的国际惯例，例如国际商会制定的《跟单信用证统一惯例》（UCP 600）规定，"分批支款或分批装运均被允许"①。按此规定，在信用证业务中，除非信用证另有规定，银行将接受分批装运的单据。有鉴于此，为防止误解，避免不必要的争议，在我国外贸实践中，如需要分期分批装运的，应明确在出口合同中订入"允许分批装运"。

《跟单信用证统一惯例》对定期、定量分批装运规定："信用证规定在指定时期内分期支款及（或）装运，其中任何一期未按期支款及（或）装运，除非信用证另有规定，则信用证对该期及以后各期均告失效。"②

关于分批，该惯例还规定："运输单据表面上注明货物是使用同一运输工具装运并经同一路线运输的，即使每套运输单据注明的装运日期不同及（或）装运港、接受监管地不同，只要运输单据注明的目的地相同，也不视为分批装运。"③

案例 8-3

【案情】

A 公司以 CIF 条件与国外 B 公司达成交易，向其出售一批棉籽油。对方开来的信用证条款规定："840 公吨棉籽油，装运港：广州，允许分二批装运；460 公吨于 9 月 15 日前至伦敦，380 公吨于 10 月 15 日前至利物浦。"A 公司于 8 月 3 日在黄埔港装 305 公吨运至伦敦，计划在月末再装 155 公吨运至伦敦，9 月末再装 380 公吨运至利物浦。第一批 305 公吨装完后即备单办理议付，但单据寄到国外后，遭开证行拒付，认为单证不符。

【讨论分析】

1. 对于第一批货物，出口方在装运时在时间和数量上是否符合信用证？
2. 开证行可否以单证不符为由拒付？
3. 该笔货款的拒付，对第二批货物是否有影响？
4. 若出口方 9 月末再装一批货物，出口方能在信用证下得到付款吗？

2. 转运

转运（transhipment）是指从装运港或装运地至卸货港或卸货地的货运过程中进行转装或重装，包括从一运输工具移至同类方式的运输工具或船只，或由一种运输方式转为另一种运输方式的行为。

样 15：装运：□允许 / □不允许
Transhipment：□ allowed/ □ not allowed

一般来说，转运对卖方而言，更能让其占据主动权，但要增加费用开支。《跟单信用证统一惯例》（UCP 600）规定，除非信用证另有规定，银行将接受转运的单据。为了明确责任和便

---

① 参见《跟单信用证统一惯例》第 31 条 a 款。
② 参见《跟单信用证统一惯例》第 32 条。
③ 参见《跟单信用证统一惯例》第 31 条 b、c 款。

于安排装运，买卖双方是否同意转运以及有关转运的办法和转运费的负担等问题，应在买卖合同中订明。

8.3.4 装运通知

装运通知（declaration of shipment）是装运条款的一项重要内容。买卖双方按 CFR 或 CPT 条件成交时，卖方交货后，及时向买方发出装运通知，具有极为重要的意义。

在实际业务中，装运通知可以是一张没有基本格式的普通通知函，也可以是一张具有范式的通知函。无论是哪种装船通知，都可以作为进口方用来在预约保险格式中投保的保险通知函（insurance declaration），保险公司收到该通知后即对该批进口货物自动承保。

本章小结

海洋运输是国际贸易货物运输的主要方式，分为班轮运输和租船运输，其中班轮运输更为常见。班轮运费的计算可以通过查阅货物等级表、港区运价表确定运费率，然后计算运费。海洋运输单据中，最常见的是海运提单。海运提单具备交货凭证、物权凭证、运输契约证明的作用。最常用于结算的是已装船的、空白抬头空白背书、清洁提单。装运条款主要包括装运期、装运港与目的港、分批装运与转运、滞期和速遣等内容。

练习题

1. 如果有 500 包衣服要从锦州运往德国汉堡，你选择采取哪种国际运输方式？为什么？
2. 如果目的港规定为"中国口岸"，你认为是否正确，为什么？
3. 规定装运期应注意些什么问题？
4. 什么是过期提单？过期提单的效力如何？
5. 我方出口商品共 100 箱，每箱的体积为 30cm×60cm×50cm，毛重为 40kg，查运费表得知该货为 9 级，计费标准为 W/M，基本运费为每运费吨 109 港元，另收燃油附加费 20%，港口拥挤费 20%，货币贬值附加费 10%。试计算：该批货物的运费是多少港元？

第9章

CHAPTER9

货款结算

::学习目标

| 掌握汇票的含义、基本内容及使用方法；
| 掌握汇付的种类及业务程序；
| 掌握托收的含义、当事人、种类及业务程序；
| 掌握信用证的含义、特点、种类及业务程序。

9.1 汇票

汇票的含义及内容

汇票是票据的一种。票据是指以支付金钱为目的的有价证券，是指由出票人依法签发，由自己或委托他人于见票时（或指定日期）向收款人（或持票人）无条件支付一定金额的流通证券，包括汇票、本票和支票等。

票据具有流通性、无因性、文义性和要式性等基本特性，以保证其顺利流通。票据的转让可凭交付或经背书后交付给受让人，即可合法地完成转让手续，而无须通知票据上的债务人，债务人也不能以未接到通知为理由拒绝向票据权利人清偿债务，此即票据的流通性。

无因性是指票据当事人的权利与义务不受票据产生或转让原因的影响，对于票据受让人来说，他无须调查这些原因，只要票据的记载是合格的，并且是依法取得的，即使该票据有原因上的缺陷，他也享有票据权利，票据债务人必须对持票人支付票款。

文义性是指票据当事人的责任和权利，完全按照票据上记载的文义来解释。票据的债权人可依票据文义行使权利，票据的债务人也仅对票据文义负责。

要式性则是指票据的形式和内容必须符合规定，必要的项目必须齐全，对票据的处理，包括出票、提示、承兑、背书、保证、追索等行为都必须符合一定的要求。

在国际贸易结算中，多数情况下使用汇票，有时也会使用本票和支票。

9.1.1 汇票的含义和内容

汇票（bill of exchange，简称为 draft 或 bill）最能反映票据的性质、特征和规律，也最集中地体现了票据所具有的信用、支付和融资等功能，是票据的典型代表。

1. 汇票的含义

1882年《英国票据法》第3条给汇票下的定义是：汇票是一个人签发给另一个人的，要求即期、定期或在将来可以确定的某一时间，对特定的人或其指定的人或来人支付一定金额的无条件的书面支付命令。（A bill of exchange is an unconditional order of writing, addressed by one person to another, signed by the person giving it, requiring the person to whom it is addressed to pay on demand or at a fixed or determinable future time a sum certain in money to the order or specified person or to bearer.）

我国《票据法》第19条对汇票定义为："汇票是出票人签发的，委托付款人在见票时或在指定日期无条件支付确定金额给收款人或持票人的票据。"

2. 汇票的必备内容

汇票是一种要式证券，法律对汇票所记载的必要项目做了明确的规定。我国《票据法》第22条规定汇票必须记载下列事项：①表明"汇票"字样；②无条件支付的委托；③确定的金额；④付款人名称；⑤收款人名称；⑥出票日期；⑦出票人签章。汇票上未记载上述规定事项之一，汇票无效。

《日内瓦统一票据法》还把付款日期、出票地点和付款地点也作为汇票必要项目。但我国《票据法》第23条则规定，汇票上未记载付款日期的，为见票即付；汇票上未记载付款地点的，以付款人的营业场所、住所或者经常居住地为付款地；汇票上未记载出票地的，以出票人的营业场所、住所或者经常居住地为出票地。

汇票上还可记载一些法律上允许的其他事项，如利息和利率、付一不付二、免作退票通知、免作拒绝证书、出票条款等。

9.1.2 汇票的使用

汇票的使用也称票据行为，是以行为人在汇票上进行必备事项的记载，完成签名并交付为要件，以发生或转移票据权利、负担、票据债务为目的的法律行为。

汇票的使用与种类

1. 出票

我国《票据法》第20条规定："出票是指出票人签发票据并将其交付给收款人的票据行为。"此规定不仅适用于汇票，也适用于本票和支票。

出票（draw/issue）行为包括两个动作：一是出票人在汇票上填写付款人、付款金额、付款日期、付款地点以及收款人等项目（做成汇票）；二是出票人签字后交给收款人（交付汇票）。这一行为是创设票据法律关系的行为，是票据流通过程的起始。

汇票上收款人的填写可视交易需要的不同，在3种写法中选择其一作为汇票的抬头^㊀（我国《票据法》和《日内瓦统一票据法》都不允许汇票做成来人抬头）。

（1）限制性抬头。例如，"仅付 A 公司"（pay A Co. only），"付 A 公司不准转让"（pay A Co. not transferable）。这种抬头的汇票不能流通转让，由记名收款人收取款项。

（2）指示性抬头。例如，"付 A 公司或其指定人"（pay A Co. or order；pay to the order of A Co.）。这样抬头的汇票经过背书并交付，可以转让给第三者。

（3）持票人或来人抬头。例如，"付给来人"（pay to bearer 或 pay to A Co. or bearer）或付持票人（pay to holder）。这种抬头的汇票无须持票人背书，仅凭交付即可转让。

出票行为之后，出票人须负担保承兑和付款的责任，即当汇票不获承兑或付款时，出票人应负偿还责任；对收款人而言，获得以自己的名义受领票款的权限，即取得付款请求权。付款人还可取得追索权和将汇票转让出去的权利（转让权视汇票收款人的记载方式而定）；对付款人而言则并不会因此而成为票据债务人。

2. 背书

汇票可以通过转让而流通，其转让方式有两种：一是背书转让；二是单纯交付转让。单纯交付转让仅适用于无记名汇票和空白背书汇票。但由于我国《票据法》不承认这两种汇票，因此在我国汇票只能以背书方式转让。

背书（endorsement）是指持票人以转让票据权利或者将一定的票据权利授予他人行使为目的，在票据的背面或粘单上记载有关事项并签章，将票据交付给他人的一种附属票据行为。对于受让人来说，所有在他以前的背书人和原出票人都是他的"前手"（prior party），而对于出让人来说，所有在他以后的受让人都是他的"后手"（sequent party），"前手"对"后手"负有保证汇票必然会被承兑或付款的担保责任。

背书方式有限制性背书、空白背书和特别背书三种。

（1）**限制性背书**（restrictive endorsement）即不可转让背书，是指背书中包含有限制性的词语，如"仅付 A 公司"（pay A Co. only）、"付 A 公司不准转让"（pay A Co. not transferable）。此类汇票只能由指定的被背书人凭票取款，而不能另行转让。

（2）**空白背书**（blank endorsement）又称略式背书或不记名背书，是指背书人只在票据背面签字，不指定被背书人。这种汇票可与来人抬头的汇票一样，仅凭交付即可转让。

（3）**特别背书**（special endorsement）又称为记名背书，是指除背书人在票据背面签名外，还写明被背书人的名称或其指定人，如"付给某银行或其指定人"（pay ... bank or order；pay to the order of ... bank）。这种背书可进一步凭背书交付进行转让。

3. 提示

提示（presentation）是指持票人（holder）将汇票提交付款人，要求承兑或付款的行为。付款人看到汇票叫"见票"（sight）。如果是即期汇票，付款人见票后立即付款；若是远期汇票，付款人见票后办理承兑手续，到期才付款。

远期汇票的提示承兑和即期汇票的提示付款均应在法定期限内进行。我国《票据法》规定，定日付款或者出票后定期付款的汇票，持票人应当在汇票到期日前向付款人提示承兑；

㊀ 在习惯上，将票据的收款人也称为票据的"抬头"。

见票后定期付款的汇票，持票人应当自出票日起一个月内向付款人提示承兑；见票即付的汇票，自出票日起一个月内向付款人提示付款；定日付款、出票后定期付款或者见票后定期付款的汇票，自到期日起十日内向承兑人提示付款。⊖

4. 承兑

我国《票据法》第38条规定："承兑是指汇票付款人承诺在汇票到期日支付汇票金额的票据行为。"**承兑**（acceptance）手续一般由承兑人（付款人）在汇票正面写上"承兑"（accepted）字样，注明承兑日期并签名。

汇票一经承兑，就不可撤销。我国《票据法》第44条规定："付款人承兑汇票后，应当承担到期付款的责任。"因此，汇票承兑后，付款人就成为汇票的承兑人，并成为汇票的主债务人，承兑人事后不得以诸如"出票人的签字是伪造的"等理由来否认承兑汇票的效力，而汇票一经付款人承兑，出票人便成为汇票的从债务人（或称为次债务人）。

5. 付款

付款（payment）是指付款人或承兑人向持票人清偿汇票金额的行为。即期汇票在付款人见票时即付；远期汇票于到期日在持票人提示付款时由付款人付款。该行为与出票、背书、承兑不同的是，行为人不必以在票据上做一定的意思表示为行为要素，所以它并不是一种票据行为。付款人付足全部票款后，票据上的一切债权债务即告结束，因而它是一种法律行为。

6. 拒付与追索

拒付（dishonor）也称退票，是指汇票在提示付款或提示承兑时遭到拒绝。值得注意的是，汇票的拒付行为不局限于付款人正式表示不付款或不承兑，在付款人或承兑人拒不见票、死亡、宣告破产或因违法被责令停止业务活动等情况下，使得付款在事实上已不可能，也构成拒付。

追索（recourse）是指汇票遭到拒付时，对持票人立即产生追索权，他有权向背书人或出票人追索票款。正当持票人可不依背书次序，越过其前手，对债务人（出票人、背书人）中的任何一人追索。被追索者付讫票款后，即取得了持票人的权利，再向其他债务人行使追索权，直到出票人为止。⊖

如果汇票已经经过承兑人承兑，则出票人还可以向法院起诉，要求付款。持票人行使追索权时，应将拒付事实书面通知"前手"，即发出退票通知。国际汇票一般应请求拒付地的法定公证人或其他有权做拒付证书的机构做出拒付证书（letter of protest）。汇票的出票人或背书人为避免承担被追索的责任，可在背书时加注"不受追索"（without recourse）字样。但带有这种批注的汇票在市场上很难流通转让。

9.1.3 汇票的种类

汇票按其内容和特征可以分为以下几种类型。

（1）按出票时有无附属单据，可分为**光票**（clean bill）和**跟单汇票**（documentary bill）。

光票又称净票或白票，是指出具的汇票不附任何货运单据；反之，如出具的汇票附有货运单据，则称为跟单汇票或押汇汇票。国际货物贸易中大多使用跟单汇票作为结算工具。

（2）按付款时间不同，可分为**即期汇票**（sight bill/demand draft）和**远期汇票**（time draft/

⊖ 参见《中华人民共和国票据法》第39、40、53条。
⊖ 参见《中华人民共和国票据法》第68条。

usance draft）。

凡汇票上规定付款人见票后应立即付款的称为即期汇票；凡汇票上规定付款人在未来特定日期付款的称为远期汇票。远期汇票的规定办法有四种：①见票后若干天付款（at...days after sight），如见票后30天、60天、90天等；②出票后若干天付款（at...days after date）；③规定一个特定的日期，即定日付款，如on 1 July, 2018...fixed pay（this bill）to... 或者 At 30 days after 15th Nov.pay to... ；④运输单据所示日期后若干天（at...days after date of transport document），其中较多用"提单日后若干天"(at...days after date of bill of lading)。

（3）按出票人不同，可分为**银行汇票**（banker draft）和**商业汇票**（commercial draft）。

银行汇票是指汇票的出票人和付款人（受票人）都是银行。银行汇票一般是光票，不随附货运单据。如果汇票的出票人是外贸公司、外商投资企业或个人，付款人可以是工商企业或个人，也可以是银行，则称为商业汇票。商业汇票大都附有货运单据。在国际贸易结算中，使用商业汇票居多，商业汇票通常由出口商开立，向国外进口商或银行收取货款时使用。

（4）按承兑人不同，可分为**商业承兑汇票**（commercial acceptance bill）和**银行承兑汇票**（banker acceptance bill）。

以工商企业为付款人的远期汇票，经付款人承兑后，称为商业承兑汇票，它建立在商业信用的基础上；工商企业出票但以银行为付款人的远期汇票，经付款银行承兑后，成为银行承兑汇票，它建立在银行信用的基础上，易于在金融市场进行流通。

一张汇票往往可以同时具备几个特征，如一张商业汇票可以同时是远期的跟单汇票。

案例 9-1

【案情】

2015年8月，我国某市的A公司与新加坡的B公司签订了一份进口胶合板的贸易合同。合同列明：总金额700万美元，托收项下付款交单，允许分批装运。随后，第一批价值60万美元的胶合板在交货期前准时到货，A公司对此批货物的质量非常满意，双方的合作也很愉快。

在第二批货物的交货期前，B公司提议，A公司可以银行已承兑见票后一年付款的700万美元的远期汇票付款，B公司保证会如期交付第二批货物，以帮助A公司缓解资金周转的压力。经认真思考，A公司认为只需出具远期汇票，并请银行承兑，遂可将货物在国内市场销售，销售所得货款还可进行投资，逐答应B公司的提议，并开出远期汇票，请某国有银行某市分行对此汇票承兑后交付B公司。

但始料不及的是，B公司将银行已承兑远期汇票在新加坡美国银行贴现了600万美元后就消失了，更谈不上交付货物。一年后，新加坡美国银行将这张远期汇票向某国有银行某市分行提示付款，该行最终报请上级批准，支付给美国银行600万美元而结案。

【讨论分析】

1.在本案例中，A公司、B公司、某市商业银行、新加坡美国银行分别是远期汇票中的什么当事人？

2.什么是票据行为？在本案例中，发生了哪些票据行为？这些票据行为有怎样的法律效力？

3. 为什么 B 公司没有履行其交货义务，承兑银行仍需支付新加坡美国银行 600 万美元？

汇付

9.2 汇付

汇付（remittance）又称汇款，是指付款人委托所在国的银行，将款项以某种方式付给收款人，这是最简单的国际货款结算方式。在汇款业务中结算工具（委托通知、票据）的传递方向与资金的流向相同，属顺汇的性质。

汇付的当事人有四个。

（1）**汇款人**（remitter），即付款人，在国际贸易结算中，通常是进口方、买卖合同的买方或其他经贸往来中的债务人。

（2）**收款人**（payee/beneficiary），通常是出口方、买卖合同的卖方或其他经贸往来中的债权人。

（3）**汇出行**（remitting bank），即受汇款人委托将资金汇出的银行，通常是付款人所在地银行。

（4）**汇入行**（receiving bank），又称**解付行**（paying bank），即接受汇出行委托解付款项的银行，通常是收款人所在地银行。

9.2.1 汇付方式的种类及其业务程序

汇付的一般业务程序为汇款人向汇出行递交"汇出汇款申请书"一式两联，其中一联为申请书，另一联为汇款回执，有时还需填写汇款资金支取凭证或外汇额度支出凭证，汇出行按照申请书的指示，使用某种结算工具（如电报、电传、信汇委托书、汇票等）通知汇入行，汇入行则按双方银行事先订立的代理合约规定，向收款人解付汇款（见图 9-1）。

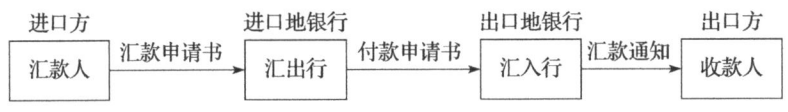

图 9-1　汇款方式的一般业务程序

按照使用的支付工具不同，汇付可分为电汇、信汇、票汇三种方式。

1. 电汇

电汇（telegraphic transfer，T/T）是汇款人委托汇出行以电报（cable）、电传（telex）、环球银行间金融电信网络（SWIFT①）等手段（现在银行常用电传或

---

① SWIFT（Society for Worldwide Interbank Financial Telecommunications）即环球同业银行金融电讯协会，是一个国际银行间非营利的国际合作组织，1973 年 5 月成立于比利时，总部设在布鲁塞尔。目前，该网络已遍布全球 200 多个国家和地区的 11 000 多家金融机构，提供金融行业安全报文传输服务与相关接口软件。1980 年 SWIFT 联接到我国香港地区。中国银行于 1983 年加入 SWIFT，是 SWIFT 的第 1 034 家成员行，并于 1985 年 5 月正式开通使用。目前，我国所有可以办理国际银行业务的银行大多加入 SWIFT。

SWIFT 文件等电信方式，电报方式因费用高、易发生错漏等原因而逐渐被淘汰），指示收款人所在地的汇入行，解付一定金额给收款人的汇款方式（见图 9-2）。电汇是最快捷安全且普遍适用的汇付方式。

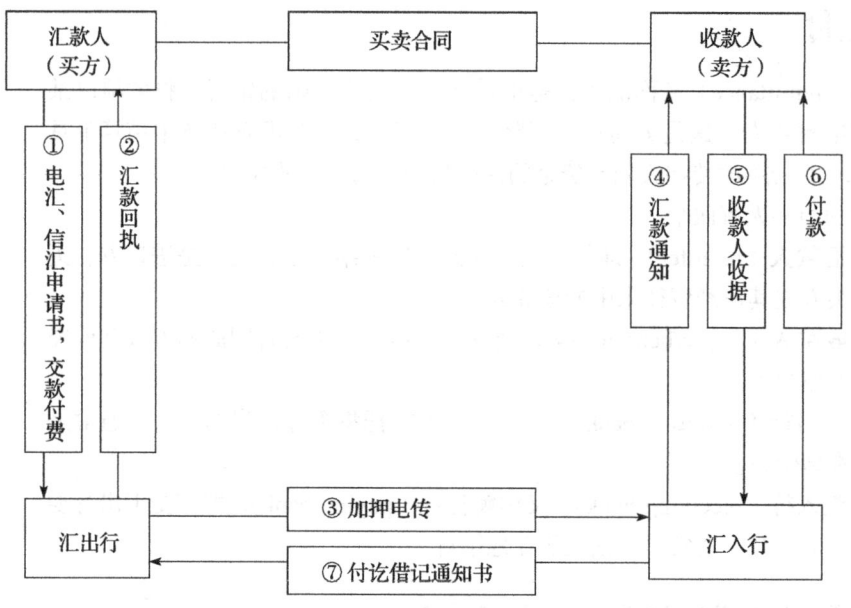

图 9-2　电汇业务的基本程序

图 9-2 说明：
①汇款人填写汇款申请书，交款付费给汇出行，申请书中说明使用电汇方式。
②汇款人取得电汇回执。
③汇出行发出加押电报、电传或 SWIFT 电文给汇入行，委托汇入行解付汇款给收款人。
④汇入行收到电报或电传，核对密押无误后，缮制电汇通知书，通知收款人。
⑤收款人收到通知书后在收据联上盖章，交汇入行。
⑥汇入行借记汇出行账户，取出头寸，解付汇款给收款人。
⑦汇入行将付讫借记通知书寄给汇出行，通知它汇款解付完毕，一笔电汇汇款业务结束。

2. 信汇

信汇（mail transfer，M/T）方式与电汇相似，是汇出行应汇款人申请，将信汇委托书（M/T advice）或支付委托书（payment order）邮寄给汇入行，授权其解付一定金额给收款人的汇款方式（见图 9-3）。

信汇方式的操作程序与电汇方式相同。区别在于，信汇方式是将信汇委托书通过邮局以航寄方式寄给汇入行，而电汇采用的是电讯方式。信汇委托书不必加注密押，但必须有汇出行有权签字人员的签名或印鉴，汇入行经核对证实无误后，解付汇款。信汇费用较为低廉，但收款人收到款项的时间较晚，因而现在已很少使用了。

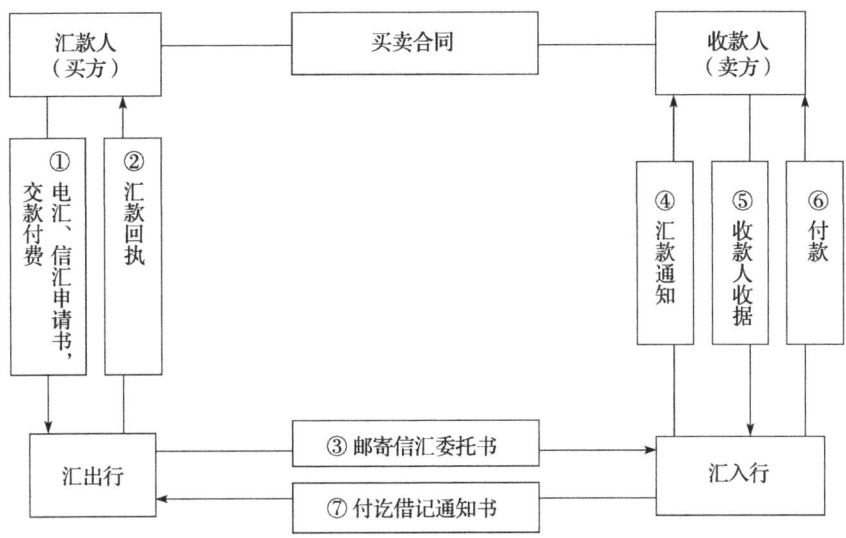

图 9-3　信汇业务的基本程序

图 9-3 说明：

①汇款人填写汇款申请书，交款付费给汇出行，申请书中说明使用信汇方式。

②汇款人取得信汇回执。

③汇出行根据申请书制作信汇委托书或支付委托书，邮寄汇入行。

④汇入行收到信汇或电汇委托书，核对签字无误后，将信汇委托书的第二联信汇通知书及第三、第四联收据正副本一并通知给收款人。

⑤收款人凭收据收款。

⑥汇入行借记汇出行账户，取出头寸，解付汇款给收款人。

⑦汇入行将付讫借记通知书寄给汇出行，通知它汇款解付完毕，一笔信汇汇款业务结束。

3. 票汇

票汇（demand draft，D/D）是指汇出行应汇款人申请，代汇款人开立以其分行或代理行为解付行的银行即期汇票，支付一定金额给收款人的一种汇款方式（见图 9-4）。

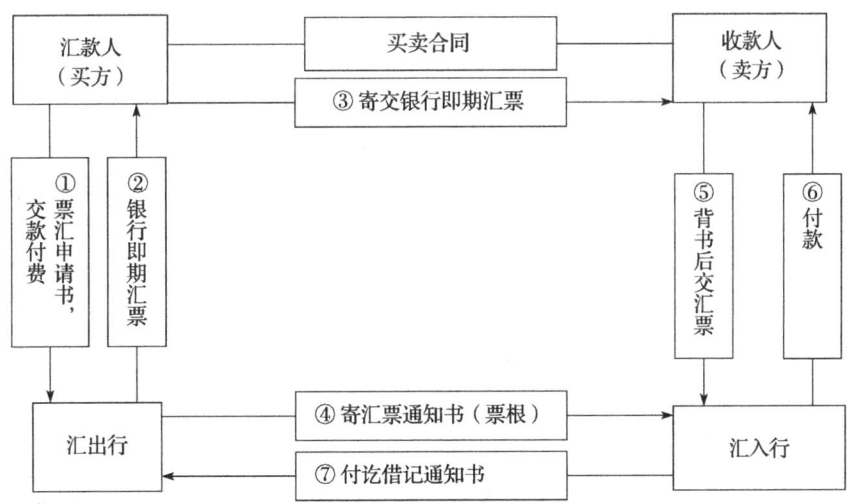

图 9-4　票汇业务的基本程序

图 9-4 说明：

①汇款人填写汇款申请书，交款付费给汇出行，申请书中说明使用票汇方式。

②汇出行作为出票行，开立银行即期汇票交给汇款人。

③汇款人将汇票寄收款人。

④汇出行将汇票通知书，又称票根，即汇票一式五联中的第二联寄汇入行，凭此将与收款人提交汇票正本核对。近年来，银行为了简化手续，汇出行已不寄出汇票通知书了，汇票也从一式五联改为一式四联，取消了汇票通知书联。

⑤收款人提示银行即期汇票给汇入行要求付款。

⑥汇入行借记汇出行账户，取出头寸，凭票解付汇款给收款人。

⑦汇入行将付讫借记通知书寄给汇出行，通知它汇款解付完毕，一笔票汇汇款业务结束。

票汇与电汇、信汇的不同之处在于两点。第一，在票汇方式下，结算工具——汇票的传递不通过银行，汇入行即汇票的付款行无须通知收款人取款，而由收款人自行持票向汇入行提示，请求解付票款；电汇、信汇的汇入行在收到汇出行的委托或支付通知后，必须通知收款人取款。第二，只要汇票的抬头允许，票汇的收款人可以通过背书转让汇票，到银行领取汇款时，很可能不是汇票上的收款人本人或其委托代收的往来银行，而是其他人，因此，票汇方式可能涉及较多的当事人；电汇、信汇的收款人不能将收款权转让，因此，涉及的当事人较少。

采用票汇方式时，银行利用汇款资金的平均时间较电汇、信汇长，因为汇票在到达付款行手中时，可能经过了许多人的转让。

9.2.2 汇付在国际贸易中应用

汇付是一种简便、快速的支付方式。在汇付方式下，卖方在收到货款后是否交货，买方在收到货物后是否付款，完全靠买卖双方的信用，因此属于商业信用。在这种支付方式下，总存在着一方要冒占压资金、损失利益甚至货款两空的风险。因此在国际贸易中，这种方式主要用于预付货款、支付定金、分期付款、延期付款、小额交易的支付货款、待付货款的尾款支付、费用差额的支付以及佣金的支付等。

大宗交易使用分期付款或延期付款办法，其货款支付也常采用汇付方式。**分期付款**（progression payment）是指买方预交部分定金，其余货款根据所定购商品的制造进度或交货进度分若干期支付，在货物交付完毕时付清或基本付清；**延期付款**（deferred payment）是指买方在预付一部分定金后，大部分的货款在交货后一段相当长的时间内分期摊付。

汇付的案例

💡 **案例 9-2**

【案情】

某年某月某日，上海 A 银行某支行有一笔美元汇出汇款通过其分行汇款部办理汇款，分行经办人员在审查时，发现汇款申请书中收款银行一栏只填写了"Hong Kong and Shanghai Banking Corp.Ltd."（汇丰银行），而没有具体的城市名和国家名，由于汇丰在世界各地有众多的分支机构，汇出行的境外账户行收到这个汇款指令时肯定无法执行。为此，分行经办人员即以电话询问该支行的经办人员，后者答称当然是香港汇丰银行，城市名称应该是香港。分行经办人员即以汇丰，银行香港分行作为收款人向境外账户行发出了付款指令。事隔多日，上海汇款人到支行查询，称收款人告知迄今尚未收到该笔款项，请查阅于何日汇出。分行汇款部当即再一次致电境外账户行，告知收款人称尚未收到汇款，请复电告知划付日期。账户行回电称，该笔汇款已由收款银行退回，理由是无法解付。这时，汇出行再仔细查询了汇款申请书，看到收款人的地址是新加坡，那么收款银行理应是新加坡的汇丰银行而不是我国香港地区的汇丰银行，在征得汇款人的同意后，重新通知其账户行将该笔汇款的收款银行更改为"Hong Kong and Shanghai Banking Corp.Ltd.，Singapore"，才最终完成了这笔汇款业务。

【讨论分析】

1. 在此案例中，汇款未能顺利解付的原因是什么？
2. 我们从该案例中应吸取怎样的经验与教训？

9.3 托收

9.3.1 托收的含义及其当事人

1. 托收的含义

托收的含义及交单条件

托收（collection）是委托收款的简称，是出口方委托银行向进口方收取货款的一种支付方式。国际商会《跟单托收统一规则》（Uniform Rules for Collection No.522，简称 URC 522）对托收所下的定义如下。

（1）托收是指银行依据所收到的指示，对下述（2）项中定义的单据进行处理，以求：

1）获得付款和（或）承兑；
2）凭付款和（或）承兑交单；
3）凭其他条件交单。

（2）单据是指金融单据和（或）商业单据：

1）金融单据是指汇票、本票、支票或其他用来获得现金付款的类似凭证；
2）商业单据是指发票、运输单据、所有权单据或其他类似单据，或其他任何不附金融单据的单据。

（3）光票托收是指不附商业单据的金融单据的托收。

（4）跟单托收是指对下列单据的托收：

1）附有商业单据的金融单据；

2）不附有金融单据的商业单据。

托收可分为光票托收和跟单托收。光票托收是仅把金融单据委托银行代为收款，可用于货款尾款、小额货款、贸易从属费用和索赔款的收取；跟单托收是指金融单据附带有商业单据或不用金融单据的商业单据的托收。

在国际货物贸易中，大多数采用的都是跟单托收，其基本做法为出口方先行发货，然后备妥包括运输单据在内的有关商业单据，并开出汇票（或不开汇票），之后把全套单据交出口地银行，委托其通过进口地的分行或代理行，向进口方收取货款，最后凭进口方的付款或承兑向进口方交付全套单据。在这种方式中，票据或单据是从出口方开向进口方，资金是从进口方流向出口方，方向相反，属于逆汇的性质。

2. 托收当事人

托收当事人主要有以下几个。

（1）**委托人**（principal），是委托银行办理托收业务的客户，通常是出口方、出票人及托运人。

（2）**托收行**（remitting bank），是接受委托人的委托，办理托收业务的银行，通常是出口地银行。

（3）**代收行**（collecting bank），是接受托收行的委托，在取得国外付款人的付款或承兑后向其交单，并最终得到付款的银行，通常是进口地银行，并且大多数是托收行在进口地的分行或代理行。

（4）**付款人**（payer），通常是进口方，是汇票的受票人（drawee）。

（5）**提示行**（presenting bank），是向汇票付款人做出提示的代收行。如果托收行不指定一家特定提示行，多数情况下提示行就是代收行，但有时提示行与代收行是分离的两家银行。

（6）**需要时的代理**（representation in case of need），是委托人指定的在付款地的代理人，其作用为在付款人拒绝付款、拒收货物时，代表委托人接受单据并处理货物。按《跟单托收统一规则》规定，委托人如需指定需要时的代理人，应对授予该代理人的具体权限在托收申请书和托收委托书（统称托收指示书（collection order））中做出明确和充分的指示，否则，银行对需要时的代理人的任何指示可以不予受理。

9.3.2 跟单托收的种类及业务程序

在跟单托收情况下，根据交单条件的不同，可分为付款交单和承兑交单两种。

1. 付款交单

付款交单（documents against payment，D/P）是指出口方的交单以进口方的付款为条件，即出口方发货后，取得装运单据，委托银行办理托收，并在托收书中指示银行，只有在进口方付清货款后，才能把装运单据交给进口方。按付款时间的不同，付款交单又可分为即期付款交单和远期付款交单两种。

（1）**即期付款交单**（documents against payment at sight，D/P at sight）是指出口方发货后开具即期汇票连同货运单据（或仅有货运单据），通过银行向进口方提示，进口方见票（或见单）后立即付款，进口方在付清货款后向银行领取货运单据（见图9-5）。

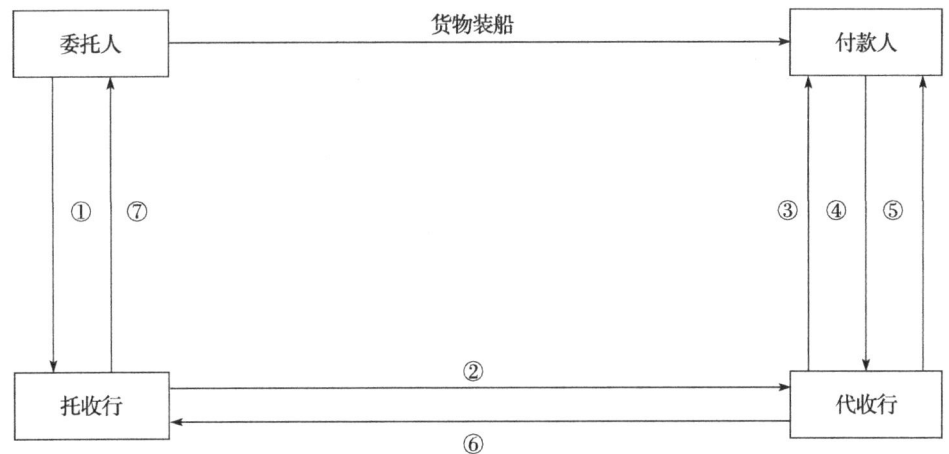

图 9-5 即期付款交单的一般业务程序

图 9-5 说明：

①出口方按买卖合同规定装货后填写托收申请书，开立即期汇票，连同货运单据（或不开立汇票，仅将货运单据）交托收行委托代收货款。

②托收行根据托收申请书缮制托收指示，连同汇票（或没有汇票）、货运单据交进口地的代收银行委托代收。

③代收行按照委托书的指示向进口方提示汇票与单据（或仅提示单据）。

④进口方审单无误后付款。

⑤代收行交单。

⑥代收行办理转账并通知托收行已收妥。

⑦托收行向出口方交款。

（2）**远期付款交单**（documents against payment after sight，D/P after sight）是指出口方发货后开具远期汇票连同货运单据，通过银行向进口方提示，进口方审核无误后即在汇票上进行承兑，于汇票到期日付清货款后再领取货运单据（见图 9-6）。

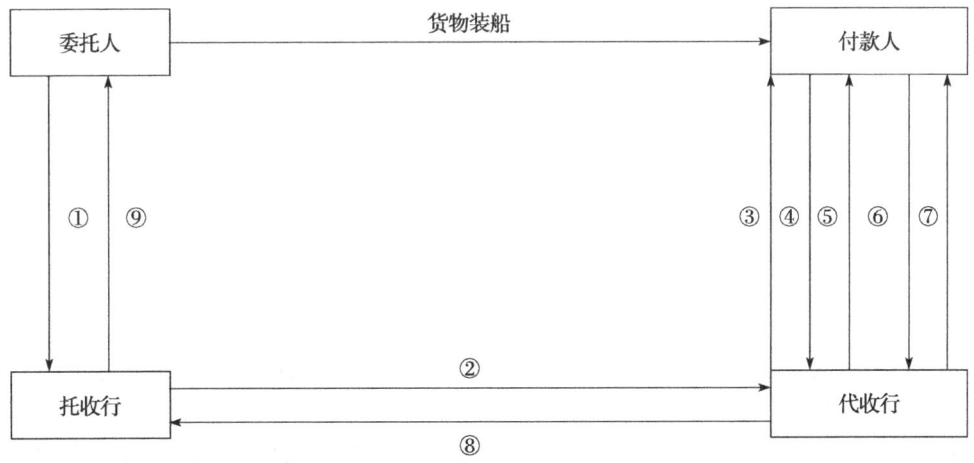

图 9-6 远期付款交单的一般业务程序

图 9-6 说明：
①出口方按买卖合同规定装货后填写托收申请书，开立远期汇票，连同货运单据交托收行，委托代收货款。
②托收行根据托收申请书缮制托收指示，连同汇票、货运单据寄交代收行委托代收。
③代收行按照委托书的指示向进口方提示汇票和单据。
④进口方经审核无误在汇票上承兑后，代收行收回汇票和单据。
⑤代收行到期向付款人提示汇票请求付款。
⑥进口方到期付款。
⑦代收行交单。
⑧代收行办理转账，并通知托收行。
⑨托收行向出口方交款。

2. 承兑交单

承兑交单（documents against acceptance，D/A）是指出口方的交单以进口方在汇票上承兑为条件，即出口方在装运货物后开具远期汇票，连同货运单据，通过银行向进口方提示，进口方承兑汇票后，代收银行即将货运单据交给进口方，汇票到期时，方履行付款义务（见图 9-7）。承兑交单方式只适用于远期汇票的托收。

承兑交单是进口方只要在汇票上承兑之后，即可取得货运单据，凭以提取货物。也就是说，出口方已交出了物权凭证，其收款的保障依赖进口方的信用，一旦进口方到期不付款，出口方便会遭到货款两空的损失。因此，出口方对接受这种方式，一般采取很慎重的态度。

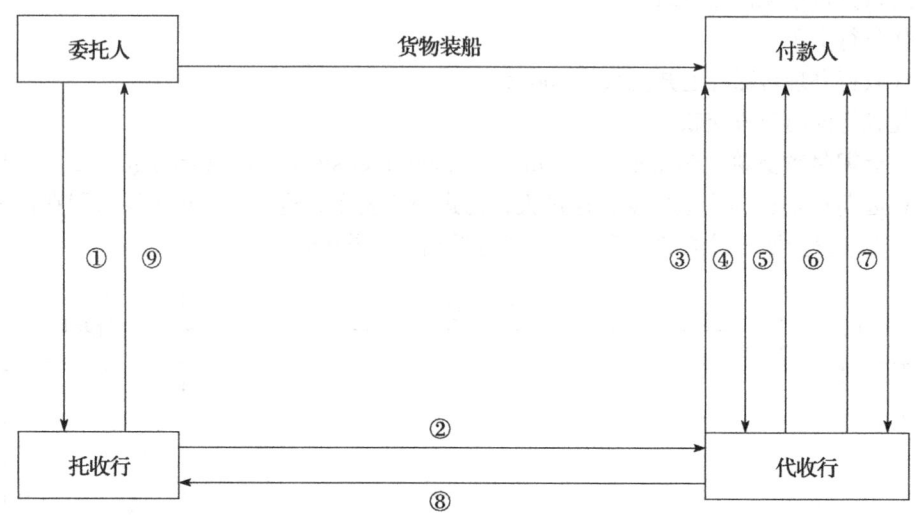

图 9-7 承兑交单的一般业务程序

图 9-7 说明：
①出口方按买卖合同规定装货后填写托收申请书，开立远期汇票，连同货运单据交托收行，委托代收货款。
②托收行根据托收申请书缮制托收指示，连同汇票、货运单据寄交代收行委托代收。
③代收行按照委托书的指示向进口方提示汇票和单据。
④进口方经审核无误在汇票上承兑。

⑤代收行在收回汇票的同时，将货运单据交给进口方。
⑥代收行到期日向付款人提示请求付款。
⑦进口方到期付款。
⑧代收行办理转账，并通知托收行。
⑨托收行向出口方交款。

《跟单托收统一规则》第 7 款"商业单据的交单"规定：①附有商业单据必须在付款时交出的托收指示，不应包含远期付款的汇票；②如果托收中包含有远期付款的汇票，托收指示应列明商业单据是凭承兑不是凭付款交给付款人，如果未有说明，商业单据只能是付款交单，而代收行对由于交付单据的任何延误所产生的任何后果将不承担责任；③如果托收包含有远期付款的汇票而且托收指示列明应凭付款交出商业单据，则单据只能凭该项付款交单，而代收行对由于交单的任何延误所产生的任何结果将不承担责任。由此可以看出，惯例的相关规定并不鼓励远期付款交单的方式。

9.3.3 跟单托收下的资金融通

在托收业务中，银行只是作为代理人办事，不提供信用保障，但是在适当的条件下，银行也可以为进出口商提供融资便利。

1. 托收押汇

托收押汇（collection bill purchased，B/P）是由托收银行以买入出口方向进口方开立的跟单汇票的办法向出口方融通资金的一种办法。具体做法为，出口方在按照合同规定发运货物后，由托收银行买入跟单汇票及其所附单据，按照汇票金额扣除从付款日（即买入汇票日）至预计收到票款日的利息和手续费，将款项先行付给出口方，此时，托收银行即作为汇票的善意持票人，将汇票和单据寄至代收银行并通过代收银行向进口方提示，票款收到后，即归还托收银行的垫款。

由于在押汇中，银行仅凭一张出口方开立的汇票和提交的货运单据垫款，缺乏第三者，特别是没有其他银行对进口方的付款做出信用保证，因此，为了防止遭受进口方拒付的风险，避免陷入追索出口方甚至被迫变卖货物的被动局面，托收行在做出口押汇时通常比较慎重。除非托收银行对这笔业务的出口方特别是进口方的资信非常信任，有关出口商品的种类、价值合适，该商品的市场行情和进口地区的政治经济情况良好，否则大部分银行不愿或很少叙做。在承做时，银行大都也只根据托收的交单条件（大多仅限于付款交单）酌情发放一部分汇票金额的贷款，如按汇票金额贷放一半或70%、80%不等，很少像信用证项下出口押汇那样发放全额贷款。因此，托收押汇并不是一种常见的融资方式。

2. 信托收据

信托收据（trust receipt，T/R），又称进口押汇，是代收银行给予进口方凭信托收据提货便利的一种向进口方融通资金的方式。具体做法为由进口方在承兑汇票后出具信托收据，凭以向代收银行借取货运单据，并提取货物。信托收据是进口方在借单时提供的一种书面信用担保文件，用以表示出具人愿意以代收银行的受托人身份代为提货、报关、存仓、保险、出售，同时承认货物的所有权仍属银行，货物售出后所得的货款在汇票到期日偿还代收银行，收回信托收据。这种做法是代收银行向进口方提供的信用便利，与出口方和托收行无关，如果在借出货运单据后，发生汇票到期不能收到货款的情况，代收银行应对出口方和托收行负全部责任。如果凭信托收据借单提货的做法，是由出口方主动通过托收银行授权办理的，称为"见票后若干天付款交单，以信托收据换取单据"（D/P at ··· days after sight to issue trust receipt in exchange for documents，D/P·T/R），则由出口方承担一切风险，而与银行无关。

9.3.4 托收的风险及防范

托收的性质为商业信用。银行办理托收业务时，只是按委托人的指示办事，并无承担付款人必然付款的义务。因此，若进口商由于某种原因，不按合同履行付款义务，出口商就将蒙受损失。出口商在跟单托收中可能承担下列风险：①发货后进口地的货价下跌，进口商不愿付款赎单或承兑取单，就借口货物规格不符或包装不良等原因要求减价；②因政治或经济原因，进口国改变进口政策，进口商没有领到进口许可证，或者申请不到进口所需的外汇，以致货物抵达进口地而无法进口或不能付款；③进口商因破产或倒闭而无力支付货款等。

跟单托收对出口商来说虽有一定的风险，但对进口商却很有利，它不但可免去申请开立信用证的手续，不必预付银行押金，减少费用支出，而且有利于资金融通和周转。由于托收对进口商有利，所以在出口业务中采用托收，有利于调动进口商采购货物的积极性，从而有利于促进成交和扩大出口，故许多出口商都把采用托收作为推销库存商品和加强对外竞销的手段。

在采用托收业务时，为了避免风险，成交之前应该做好调查工作，调查内容如进口商的资信情况、经营作风、进口地的市场销售情况、进口国的贸易和外汇管制法令、海关的规定，以及进口商是否已领到该批货物的进口许可证，或者是否已申请到外汇等。并且出口商最好在国外有自己的机构，或是在当地找好代理人，以便在出口货物遭到拒付时，有自己在国外的机构或代理人代办货物的存仓、保险、转售或运回等手续。

托收的案例

案例 9-3

【案情】

×月×日，我国A公司同南美客商B公司签订合同，由A公司向B公司出口货物一批，双方商定采用跟单托收结算方式。

我方的托收行是甲银行，南美代收行是乙银行，具体付款方式是D/P 90天。但是到了规定的付款日，对方毫无付款的动静。更有甚者，全部单据已由B公司承兑汇票后，由当地代收行乙银行放单给B公司。

于是A公司在甲银行的配合下，聘请了当地较有声望的律师，对代收行乙银行因其将D/P远期作为D/A方式承兑放单的责任，向法院提出起诉。当地法院以惯例为依据，主动请求我方撤诉，以调解方式解决该案例。经过双方多次谈判，该案终以双方互相让步而得以妥善解决。

【讨论分析】

1. 出口商在D/P 90天的付款方式下如何较好地规避可能的风险？
2. URC 522中对托收交单方式的规定是什么？

9.4 信用证

9.4.1 信用证概述

1. 信用证的含义

信用证（letter of credit）又称为信用状，是出证人以自身名义开立的一种信用文件。在国际贸易中使用的信用证都是由银行开立的，是指开证银行应申请人的要求并按其指示，向第三者开具的载有一定金额、在一定期限内凭符合规定的单据付款的书面保证文件。

信用证的含义及基本当事人

《跟单信用证统一惯例》（UCP 600）第 2 条中规定：信用证是一项不可撤销的安排，无论其名称或描述如何，该项安排构成开证行对相符交单予以承付的确定承诺。

所谓**承付**（honour）即指"如果信用证为即期付款信用证，则即期付款；如果信用证为延期付款信用证，则承诺延期付款并在到期日付款；如果信用证为承兑信用证，则承兑受益人开出的汇票并在汇票到期日付款"。

2. 信用证的性质

（1）开证行承担第一性的付款责任，即由开证行出面对出口商承担付款责任。根据这一特点，出口商发货后，不是向与其签订买卖合同的进口商收款，而是向开证行或其授权的银行收款，因此信用证是一种银行信用。但如出现开证行破产倒闭等无力付款的情况，出口商仍有权根据买卖合同（而非信用证）向进口商索取货款。

（2）信用证是一项独立的、自足的文件。UCP 600 第 4 条 a 款规定："就其性质而言，信用证与可能作为其开立基础的销售合同或其他合同是相互独立的交易，即使信用证含有对此类合同的任何援引，银行也与该合同无关，且不受其约束。"根据这一特点，出口商在收到开证行发来的信用证时，应审慎地审核该证，如有与合同规定不相符合之处，出口商有权要求修改信用证。

（3）信用证交易是单据交易。UCP 600 第 5 条规定："银行处理的是单据，而不是单据可能涉及的货物、服务或履约行为。"因此，信用证交易的标的是单据，受益人只要提供了符合信用证规定的单据，开证行就必须履行其付款承诺。因此，受益人发货后向银行索款时，如果单据完全正确而货物有毛病，开证行仍须照付货款，但进口商收货后可根据买卖合同或有关单据向出口商或其他有关单位索赔。反之，如果单据与信用证有不符之处，则即使货物完全正确，开证行仍有权拒付货款，出口商只能找进口商协商解决或通过法律途径解决有关纠纷。

综上所述，在信用证业务项下，开证行正是以自己的银行信用充当了贸易双方的"放心中介"，并在业务操作中向进出口商提供各种资金融通的便利条件，这些都极大地推动了国际贸易的发展。但信用证方式也存在一些风险，如买方不按时开证、不按合同规定条件开证或故意设下陷阱使卖方无法履行合同，或履行交货、交单后因不符信用证规定被拒付而使出口方遭受损失。再者，由于信用证处理的是单据，因而受益人可能会伪造单据而获得付款。另外，信用证方式的业务手续较汇付和托收烦琐，费用多，成本高。因此，在进出口贸易中应根据实际情况选择合适的结算方式。

9.4.2 信用证当事人及其权利与义务

信用证的基本当事人有三个：开证申请人、开证行和受益人。其他当事人主要有：通知行、议付行、付款行、保兑行、偿付行、转让行（如果有）等。

1. 开证申请人

开证申请人（applicant; opener），又称为开证人，是向银行申请开立信用证之人，一般为买卖合同的买方（进口商），但在少数情况下，也可能是另外一家商人，如合同的买方为中间商，签约后由真正的买方申请开证或者买方已将合同转让另一进口商，由最后买主申请开证。在 UCP 600 中，还允许开证行以自己的名义开证，这主要是针对备用信用证。

作为开证申请人的进口商受到两个合同的约束：贸易合同和开证申请书。因此，进口商应承担下列权利和义务。

（1）按照合同规定及时申请开立信用证。

进口商向银行申请开证时，必须将买卖合同的主要内容填入开证申请书，开证行以此为依据开出信用证。进口商应在买卖合同规定的期限内及时申请开证，并确保出口商有充分时间备货出运；若买卖合同规定了装运期的起止时间，进口商必须保证使出口商在装运期开始时收到信用证；若买卖合同规定了最后装运期，则进口商也应在合理时间内使出口商收到信用证，保证出口商有合理时间备货出运。若进口商没有按时申请开证，导致出口商延误装运期，则进口商应承担违约责任。

（2）信用证项下，进口商的权利和义务。

信用证开立后，开证行若向受益人履行了付款义务，则进口商的义务是向开证行付款赎单。但进口商有权依据信用证条款审核单据，只有单证相符、单单相符及单内相符时，才向开证行偿还货款，取得单据提货；若单据不符合信用证规定，进口商有权拒绝接受，不偿还货款，也有权收回押金等。但进口商赎单提货后，发现货物不符合信用证或买卖合同规定时，只能依据买卖合同向出口商提出索赔。若开证行没有过错，则不能追究开证行的责任或要求其退还货款。若开证行向出口商付款时丧失支付能力，进口商还应向出口商履行付款责任。

2. 开证行

开证行（issuing/establishing bank）是指接受开证人委托，以自身的银行信用开立信用证的银行，一般为进口地的银行。开证行是信用证业务中最重要的一方，开证行的信誉、业务经验是其他当事人是否参与信用证业务的主要考虑因素。

开证行受三方面的约束：第一是与开证申请人的契约关系，即开证申请书；第二是对受益人的付款承诺；第三是与通知行、议付行、付款行、保兑行等的委托代理关系。信用证一经开出，按信用证规定的条款，开证行需承担第一性付款责任。因此，只要单证相符，无论是受益人直接寄来，还是由信用证指定的银行交来，开证行都必须付款，即使申请人倒闭或无力支付，或有欺诈行为，开证行仍有不可推卸的付款责任。[1]

开证行向受益人的付款为终局性付款，一经付出不得追索，即使付款后发现单证不符，或进口商拒不赎单，也不能向出口商追索。开证行仅凭议付行索汇电报所做的付款，或代付行、偿付行凭汇票和议付行索汇证明书所做的付款，当开证行接到单据，发现不符时，有权向议付行追索票款。开证行的其他权利和义务如下所述。

---

[1] 参见《跟单信用证统一惯例》第 7 条开证行责任。

（1）开证行对开证申请人的权利和义务。开证行应根据开证行申请书及时、准确地开立信用证。开证行必须按照开证申请人的指示并依据 UCP 600 处理业务，同时必须对自己的过失承担相应的责任。

（2）开证行审单的权利和义务。开证行履行付款责任后，如进口商无力付款赎单，开证行有权处理单据和货物。开证行可以出售货物以抵偿货款，若货物售出款不足以弥补货款，开证行仍有权利向进口商追索不足部分。开证行在接到单据的 5 个营业日内进行单据审核，若发现不符点，则可以拒付。㊀

3. 受益人

受益人（beneficiary）是指信用证中所指定的有权使用该证的人，是信用证金额的合法享受人，一般为出口商，如果是中间交易，也可能是中间商。在信用证业务中受益人可能与偿付行以外的任何其他当事人发生业务关系。

（1）收到信用证后的权利和义务。

受益人在收到信用证后，应仔细审核信用证。若信用证条款与合同不符，或某些条款无法履行时，受益人有权要求进口商指示开证行修改信用证，或拒绝接受信用证。如受益人经审核接受信用证，应按信用证条款履行其义务，在规定的装运期内发货，并在信用证有效期内提交规定的单据，收取货款。

（2）收取货款的权利。

受益人按信用证要求发货并提交相符的单据后，有权向开证行取得货款。此时，开证行不能以进口商与出口商之间的业务纠纷为理由而推卸其付款的责任，也不能因本身工作差错导致信用证条款与开证申请书不符而以开证申请书为依据，或以开证申请人拒收单据为理由拒绝履行偿付义务，更不能借口开证申请人缴付押金或其他担保不足，以开证申请人已丧失清偿能力或有欺诈行为等为由而拒绝承担付款义务。若开证行倒闭，受益人有权向进口商提出付款要求，进口商仍应承担合同项下的付款责任。

4. 通知行

通知行（advising/notifying bank）是指受开证行委托，将信用证通知（或转递）给受益人的银行，通常是出口地银行，而且一般是与开证行订有往来协议或代理协议的代理行。

信用证的其他当事人及内容

通知行在收到信用证后，如决定通知信用证，则须合理谨慎地核验所通知信用证的表面真实性，确定真实无误后，根据开证行的要求，缮制通知书，及时、正确地通知受益人。开证行通过出口地银行通知信用证，就是利用银行之间核对信用证真实性的手段，保证受益人能收到真实的信用证，以保护受益人的利益。如不能确定信用证表面真实性，必须毫不迟延地通知开证行有关情况，及时澄清疑点。如仍决定通知信用证，则须告知受益人，说明未能确定信用证的表面真实性。㊁

5. 议付行

根据 UCP 600 第 2 条的解释，议付是指"指定银行在相符交单下，在其应

㊀ 参见《跟单信用证统一惯例》第 14 条单据审核标准。
㊁ 参见《跟单信用证统一惯例》第 9 条信用证及其修改的通知。

获偿付的银行工作日当天或之前向受益人预付或者同意预付款项,从而购买汇票(其付款人为指定银行以外的其他银行)"⊖。该指定银行即为**议付行**(negotiating bank),其权利和义务如下。

(1)议付行有义务严格审单,并在信用证的有效期内决定接受或拒绝受益人提交的单据。开证行的付款承诺是议付行议付的前提,而开证行的付款承诺是有条件的,所以议付行进行议付时也应满足同样的条件,即单证、单单的表面相符,这样才能在垫付货款后,从开证行收回垫款。

(2)背批信用证。议付行在议付信用证时,应该把每次议付的情况如议付的日期、金额、发票号码等记录在信用证的背面。这样可以使受益人及银行知道信用证的金额,以防超支或重复支付。

(3)议付后,议付行取得正当持票人的权利。在开证行无力支付或倒闭或拒付时,议付行立即产生对受益人的追索权。至于追索的标准,各国银行标准不一,有的认为只有在单证相符且开证行无力支付时,议付行才能行使追索权,而不是在任何拒付的情况下都产生追索权。但当保兑行作为议付行时,则是无追索权的付款。

6. 付款行

付款行(paying bank/drawee bank)是开证行授权进行信用证项下付款或承兑并对受益人出具的汇票进行支付的银行。开证行一般兼为付款行,有时也可以是接受开证行委托代为付款的另一家银行。例如,以出口地货币开证时,付款行通常是出口地银行;以第三国货币开立时,付款行通常为第三国银行。

付款行只是代开证行付款。在代付合约下,它应该对受益人所提交的与信用证条款相符的单据付款。付款行验单并付款后,即为终局性付款,再无权向受益人或议付行行使追索权。这点与开证行的责任是相同的。

7. 保兑行

保兑行(confirming bank)是指开证行以外的银行接受开证行的委托,以本行的名义承保开证行已开出的信用证,通常是出口地通知行或其他银行。

根据 UCP 600 第 8 条"保兑行责任"规定,"保兑行自对信用证加具保兑之时起即不可撤销地承担承付或议付的责任",因此保兑行的责任与开证行是一致的,有下列权利和义务。

(1)有权不加保兑。银行在接到开证行的保兑邀请后,往往要对开证行的资信状况以及信用证条款进行研究后才决定是否加具保兑,除非两个银行之间的代理合同有明确规定。但是如果该行决定不接受开证行授权或要求加具保兑,必须立即通知开证行,不得延误。

(2)保兑行对信用证独立负责。保兑行在信用证上加具保兑后,即对信用证独立负责。加具保兑后,受益人有权在开证行和保兑行之间选择,要求保兑行履行承付或议付承诺。保兑行付款后只能向开证行索偿,如开证行倒闭或无理拒付,保兑行也无权向受益人或其他前手银行追索票款。若信用证规定由保兑行议付,则应无追索权地议付。⊖

8. 偿付行

偿付行(reimbursing bank)是指信用证指定的代开证行向议付行、承兑行或付款行清偿垫款的银行。如信用证货币不是开证行所在国家货币,为了便于资金调拨,即可授权第三国货

⊖ 在 UCP 600 中没有了"议付信用证"和"议付行"的定义,本书沿用 UCP 500 的提法,将被授权议付的银行称为"议付行"。

⊖ 参见《跟单信用证统一惯例》第 8 条保兑行责任。

币清算中心的一家代理行或联行作为偿付行；如信用证货币就是开证行所在国家的货币，开证行可以自行偿付，不必指定另外一家银行作为偿付行。

（1）向出口地银行付款。根据 UCP 600 第 13 条"银行之间的偿付安排"规定，"如果信用证没有规定偿付遵守 ICC 银行间的偿付规则，则开证行必须给予偿付行有关偿付的授权"，因此信用证中如规定有关银行向指定银行索偿时，开证行应在开出信用证的同时，向偿付银行发出偿付授权书，通知其授权偿付的金额、有权索偿的银行等内容。议付行议付后，一方面将单据寄给开证行，另一方面向偿付行发出索偿书，偿付行收到索偿书后，如已授权且索偿金额在授权金额以内，即办理付款。

（2）不负单证不符之责。"索偿行不应被要求提供偿付行一份证实单据与信用证条款相符的证书"⊖，因此偿付行并无审单义务。偿付行只是代开证行付款，本身没有对受益人必须付款的义务。偿付行在接到索偿要求未能进行偿付时，开证行不能解除其自行偿付的义务。如偿付行延迟付款，开证行应负责赔偿索偿行的利息损失。偿付行的付款是代开证行转账的单纯付款，并非终局，付款后，其偿付责任即告结束，开证行收到单据后，如果发现单证不符，只能向议付行、代付行追索已付货款。⊖

9. 转让行

在有中间商参与的国际贸易活动中，为了方便资金的结算，中间商往往要求申请人开立可转让信用证。在此信用证项下，中间商可以向其所在地的一家银行提出申请，由该银行办理信用证的转让，即将原始信用证转让给第二受益人（实际供货商），该银行就成为**转让行**（transferring bank）。值得注意的是，转让信用证的行为是开证申请人与开证行都预先知道和了解的，但转让行的地位与开证行却是不同的，其不承担确定的付款责任。

9.4.3 信用证的内容

目前，信用证尚无统一格式，但基本大致相同，主要包括以下几个方面。

（1）信用证本身的说明：说明信用证可否转让；是否经另一家银行保兑；偿付方式等。

（2）信用证的当事人：必须记载的当事人有申请人、开证行、受益人、通知行；可能记载的当事人有承兑行、指定议付行、付款行、偿付行等。

（3）信用证的金额和汇票：包括信用证金额的大小写、单价和总值、币别代号等，以及汇票的金额、到期日、出票人、付款人（如信用证不需要汇票则可无此内容）。

（4）货物条款：包括货物名称、规格、数量、包装、单价以及合约号码等。

（5）运输条款：包括运输方式、装运地和目的地、最迟装运日期、可否分批装运或转运。

（6）单据条款：说明须提交单据的种类、份数、内容要求等。

（7）其他规定：包括对交单期的说明，对银行费用的说明，对议付行寄单方式、议付背批和索偿方式的指示等。

（8）责任文句：开证行的承付责任、所依据的国际惯例。

（9）有权签字人的签名或电传密押：签署和密押应与代理行控制文件一致，以便证实。

9.4.4 信用证的国际惯例

信用证的起源可追溯至古罗马法，该法对商品于生产中的物权与流通中的债权做了规定，

⊖⊖ 参见《跟单信用证统一惯例》第 13 条银行间的偿付安排。

明确了商品与货币交换过程中可采用文字书写的信用证件以示交换双方的商业信誉。但在国际贸易中采用信用证支付方式，还是近一百年的事。银行作为中间人的银行信用比买卖双方直接交易的商业信用好得多，但各国银行对于信用证条款，往往从维护自身的利益出发进行解释，因此出台调解信用证当事人之间的纠纷和矛盾，统一信用证的法律，迫在眉睫。1920年在美国纽约召开了银行、金融界会议，讨论草拟了信用证条款，但未能取得一致意见，亦未否认使用信用证有关范围和继续使用信用证的价值及其生命力。同年在巴黎成立了国际商会，着手解决信用证业务中存在的问题。国际商会的成立对统一各国对信用证条款的解释起了重大的作用。

1927年国际商会在荷兰首都阿姆斯特丹起草了有关信用证的各项条款及规定，并向国际商会成员方分送，以求统一。1933年5月在奥地利首都维也纳举行了第七届会议，通过了《商业跟单信用证统一惯例》，即国际商会第82号出版物。随着国际贸易实践的发展，该惯例分别于1951年、1962年、1974年、1983年、1993年、2006年进行了多次修订。

UCP 600

最新版本是2006年第六次修订的《跟单信用证统一惯例》（UCP 600），于2007年7月1日正式实施。

9.4.5 信用证实务

在国际贸易结算中使用的跟单信用证有不同的类型，其业务程序也各有特点。大体来说要经过申请开证、开证、通知、交单、付款、赎单等几个环节（见图9-8）。这些业务程序是环环相扣的，顺利进行结算必须把控好每一环节。

信用证的业务程序及案例

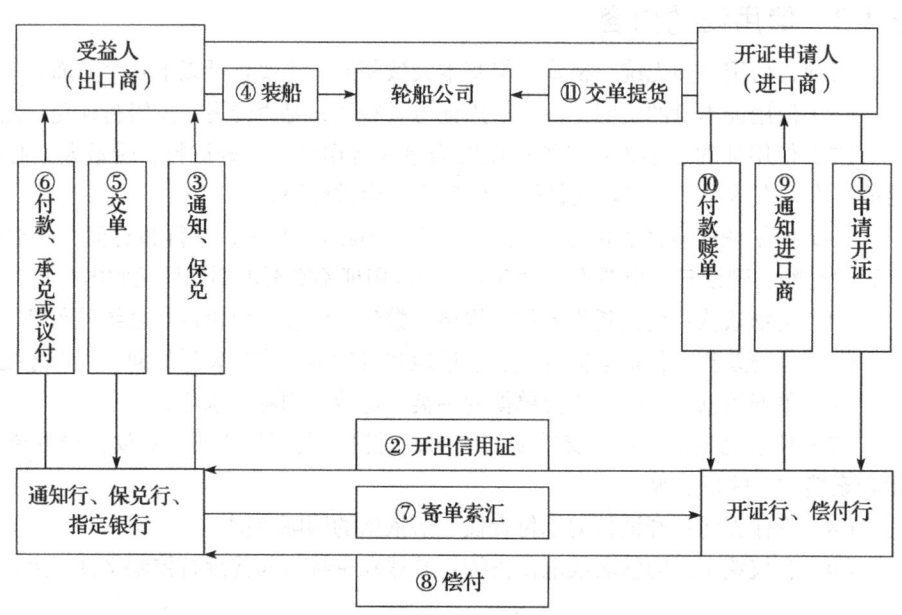

图9-8 跟单信用证的一般业务程序

图9-8说明：
①进口商向所在地银行申请开立信用证。

②开证行开出信用证。
③通知行将信用证通知给受益人（出口商）。
④出口商接受信用证后，将货物交与承运人，取得相关单据。
⑤出口商备齐信用证规定的单据和汇票向指定银行交单支款。
⑥指定银行付款、承兑或议付。
⑦指定银行将单据和汇票寄往开证行索汇。
⑧开证行或偿付行提供偿付。
⑨开证行通知开证申请人付款赎单。
⑩进口商审核单证相符后，付清所欠款项（申请开证时已交保证金），赎回单据。
⑪开证申请人凭单向承运人提货。

1. 开证申请

如果进出口双方在国际货物买卖合同中约定以跟单信用证的方式进行货款结算，则进口商必须在合同规定的时间或在装船期以前及时向银行提出开证申请，这一环节是整个信用证业务处理程序的开端。

（1）申请开立信用证应符合的条件。首先应符合国家有关对外贸易管理的规定，在国家批准的进口计划或进口许可证的范围之内；其次应符合国家外汇管理的规定，有足够的现汇资金或有经批准的外汇用汇计划。因此，在申请开证时，进口商往往被要求提供进口许可证、外汇额度证明以及合同文本等相关文件。

（2）选择开证银行。如果进出口合同中对开证行没有具体规定，那么，开证行的选择一般可由进口方自行确定；如合同中指定某行开证，则进口方必须按规定向有关银行申请开证。

在由进口方自行选择开证行的情况下，通常应选择与进口方有关系的往来银行或是进口方的开户银行。由于开证行的资信关系到出口方的收款保障，出口方为保证安全收汇，一般常在合同中对开证行的资信地位做出规定，如规定"信用证通过一家为卖方所接受的银行开立"（issue through a bank acceptable to the seller）。当出口商指定某银行开证，而进口方又与该指定银行无往来关系时，则往往请与其有关系的往来银行代其向指定银行申请开证。

（3）填制开证申请书。申请开证时，申请人应填写并向银行递交**开证申请书**（documentary credit application），其格式由开证行提供。它是开证申请人对开证行的付款指示，也是开证申请人与开证行之间的一种书面契约，规定了开证申请人和开证行的责任和义务。

开证申请书的内容包括两个方面：一是指示银行开立信用证的具体内容，该内容应与合同条款相一致，是开证行凭以向受益人或议付行付款的依据；二是关于信用证业务中申请人和开证行之间权利和义务关系的声明，一般称为偿付协议。开证申请书应尽量简洁、明确、完整，避免加注过多细节以及内容前后矛盾。

（4）开证抵押。在信用证业务中银行承担第一性的付款责任，因此其必须采取一定的措施保证自身的资金安全。通常有以下几种形式。

1）收取押金或其他担保品。开立信用证时，是否收取以及收取多少押金，取决于客户的资信状况和业务表现，以及开证行的习惯做法和有关当局的规定，通常为信用证金额的百分之几到几十不等。一般来说，对于资信良好的客户或拥有开证行授信额度的申请人，可以免收或少收押金。

2）以出口信用证为抵押品。如果申请人同时也是另一份信用证的受益人，则可以要求用出口信用证项下的权益代替押金。但应注意的是，出口信用证的金额应大于需支付的进口金额，且收款时间即信用证的有效期也必须早于付款时间。

3）凭其他银行保函。如果申请人提供其他银行的有效保函，保证承担因开证引起的各项义务，则开证行也可以免除押金的要求。

2. 开证行开出信用证

开证行接受申请人的开证申请后，应严格按照开证申请书的指示拟定信用证条款，有时草拟完信用证后，还应送交开证申请人确认。

（1）信用证的开立。信用证的开证方式有信开（open by airmail）和电开（open by telecommunication）两种。前者以信函方式开立，通常缮制正本一份、副本若干份，其中正副本各一份寄通知行，由通知行转交受益人，开证行和申请人各得副本存档。后者以电报、电传以及 SWIFT 系统开立，又可分为全电本和简电本。目前银行大多以全电方式开立信用证。

（2）信用证的通知途径。开证行将信用证发送给出口地的联行或代理行即通知行，请其通知信用证，通知行通过核对印鉴或密押，验证信用证的真伪。

3. 信用证的受理与通知

（1）信用证的受理。UCP 600 第 9 条规定通知行的责任如下。

1）信用证及其任何修改可以经由通知行通知给受益人。非保兑行的通知行通知信用证及其修改时不承担承付或议付的责任。

2）通知行通知信用证或修改的行为，表示其已确认信用证或修改的表面真实性，而且其通知准确反映了其收到的信用证或修改的条款。

3）如一银行被要求通知信用证或修改，但其不能确信信用证、修改或通知的表面真实性，则应毫不延误地通知从其处收到指示的银行。如果通知行或第二通知行决定仍然通知信用证或修改，则应告知受益人或第二通知行其不能确信信用证、修改或通知的表面真实性。

（2）信用证的通知。通知行受理国外来证后，应在 1～2 个工作日对信用证审核完毕并通知出口商，不得随便延误，以利于出口商提前备货，在信用证有效期内完成规定工作。如是信开本信用证，通知行一般以正本通知受益人，副本存档；如是电开本信用证，则由通知行核对密押无误后，以信用证通知书的形式转告受益人。

（3）信用证的保兑。通常在受益人对开证行的资信不满意时，或在开证行主动要求之下，开证行会指示另一家银行对信用证加具保兑。一旦做出保兑，保兑行就无追索权地承担与开证行相同的首要付款责任。

4. 受益人审证并装船出运，取得相应单据

（1）信用证的审核及修改。受益人收到信用证后，应立即进行审核。审核的目的，一是要判断开证行的资信状况，以决定是否要求其他银行加以保兑；二是审核信用证中有无内容与买卖合同不相符合，或者与有关国际惯例（例如《2020 年通则》、UCP 600 等）的规定不相符合，以及是否存在软条款和无法办到的条款。如有上述情况，应决定是否通知申请人要求修改。

根据 UCP 600 第 10 条 a 款规定：除第 38 条的规定外，信用证未经开证银行、保兑银行（若有）及受益人的同意，既不得被修改也不得被撤销。由此可见，信用证如需修改或撤销必

须征得当事人的同意。

（2）对开证行的效力。UCP 600 第 10 条 b 款规定：开证银行从其开出修改书时起，不可撤销地受该修改的约束。

（3）对保兑行的效力。UCP 600 第 10 条 b 款规定：保兑银行可以将其保兑扩展至修改，并在通知修改时其将不可撤销地受其约束。但是，保兑银行可以选择通知修改但不扩展其保兑责任，此时，它必须毫不迟延地通知开证银行并在其通知中告知受益人。

（4）对受益人的效力。依据 UCP 600 第 10 条 c 款的规定[⊖]，对信用证的修改，受益人可以不做明确表示接受与否，而修改的生效时间也被放宽到受益人提交单据为止，即截至交单日。若受益人提交的单据包括了修改书的内容，则表明接受了该修改；若提交的单据与原信用证条款相一致，则表明拒绝该修改，原信用证的条款对受益人仍然有效。并且惯例中还规定："修改中关于除非受益人在某一时间内拒绝修改，否则修改生效的规定应不被理会。" UCP 600 对于改证的规定更有利于受益人保护自己的权益。但受益人对于同一份修改书中的多项修改应全部接受或全部拒绝，不能部分接受、部分拒绝，否则当属无效。

办理信用证的修改时，应由开证申请人向原信用证的开证行提交信用证修改申请书，提出改证申请，在开证行审核同意后向信用证原通知行发出修改通知书，通知行在验明修改通知书的表面真实性后将其传递给受益人，受益人审核后决定接受与否。由于信用证是受益人获得付款的保证，因此在未收到合格的信用证以及未将信用证修改到满意之前，暂不能发货，否则会丧失主动权。

（5）单据的缮制和取得。在受益人接受信用证后，则应严格按照信用证的指示办事，包括租船定舱、货物出运、商检、投保等事宜，并取得符合信用证规定的合格单据。另外，受益人还需自行缮制诸如发票、装箱单、汇票等必要单据，为下一步的交单结汇做好准备。

5. 受益人交单支款

受益人备妥全部单据后，应立即到银行交单，并要保证所提交单据与信用证一致。交单应在合理时间内，合理时间的截止日期为信用证到期日与最迟交单日中先到的日期，如果该日期恰好为银行的非营业日，则可顺延至下一个营业日，但接受单据提示的银行应证明这一顺延。但是，如果交单银行因不可抗力使营业中断，而营业恢复后已超过最迟交单日或信用证的有效期，则银行没有义务再接受单据的提示或再承担付款责任，除非申请人授权银行这样做。

除自由议付信用证外，受益人必须到信用证指定的银行交单，也可到保兑行或直接到开证行柜台交单，但此时开证行或保兑行应采取措施防止第二套相同的单据向指定银行提示，避免发生重复付款、承兑或议付。

6. 指定银行付款、承兑或议付

指定银行或保兑行在收到受益人或其委托银行交来的单据后，应及时地以合理、谨慎的态度审核信用证所要求的单据。

⊖ 在受益人将其对修改的接受告知通知该修改的银行之前，原信用证（或包含先前已被接受的修改的信用证）的条款和条件对受益人仍然有效。受益人应该做出接受或拒绝修改的通知。若受益人未做出这样的通知，符合信用证的单据提示以及任何未被接受的修改的单据提示将被视为受益人接受该修改的通知，信用证于此时起被修改。

（1）出口单据的审核。出口单据的审核应以信用证为依据，做到"单证一致"和"单单一致"。"单证一致"是指受益人提交的信用证项下的单据必须与信用证规定的内容完全一致；"单单一致"是指受益人提交的信用证项下的单据与单据之间相同或相关内容必须完全一致。UCP 600 第 14 条对审单做了如下规定。

1）指定银行、保兑行（如有的话）及开证行须审核交单，并仅基于单据本身确定其是否在表面上构成相符交单。

2）指定银行、保兑行（如有的话）及开证行各有从交单次日起的至多 5 个银行工作日以确定交单是否相符。这一期限不因在交单日当天或之后信用证截止日或最迟交单日届至而缩短或受到影响。

3）如果单据中包含一份或多份正本运输单据，则须由受益人或其代表在不迟于发运日后的 21 个日历日内交单，但在任何情况下都不得迟于信用证的截止日。

4）提交的非信用证所要求的单据将不被理会，并可被退还给交单人。

5）如果信用证中含有一项条件，但未规定用以表明该条件得到满足的单据，银行将视为未做规定并不予理会。

如经审核为合格单据，则银行应根据信用证规定做出即期付款、延期付款、承兑或议付；如果单据不合格，则银行有权拒收单据，拒绝安排付款。

（2）出口单据的议付。议付时银行应遵循一定的程序。

1）出口方交单。由出口方（受益人）向银行提交全套单据、正本信用证及《出口议付申请书》，议付行接单后认真清点单据的正、副本份数，并在《出口议付申请书》上签字之后进行业务编号和登记。

2）银行审核单据。在审核时，有关人员先将出口方提交的信用证正本与银行留存的副本相核对，以保证正副本一致，修改书、面函、附件齐全，然后再按事先列好的审单次序，依据单证一致、单单一致的原则，认真、仔细地进行审核工作。

3）计算费用。经办人员按照银行的费率表计算出应向开证行收取的费用，以便一并向外收取。

4）缮制议付通知书。银行审单计算完毕，经办人员须缮制议付通知书，议付通知书一般已印就一定的格式，填制时逐项填入有关内容即可。

5）复核、付款买单。经过上述程序，审单工作基本完成，但仍须对单据进行一次复核审查，并对议付通知书和电稿进行复核，以避免一切可能的错漏，保证安全及时地收汇。如复核无误，即可从汇票或发票金额中扣除有关费用，向受益人付款买单。

7. 指定银行向开证行寄单索偿

指定银行在向受益人"付款买单"后，即可根据信用证的规定将单据寄往国外开证行或偿付行，要求偿付并收取有关费用。索汇工作的高质量与高效率是保证安全及时收汇的关键。信用证项下的寄单路线一般包括两种情况。

（1）汇票寄偿付行，其余单据寄开证行。国外开证行在信用证中授权另一家银行作为信用证的偿付行时，往往要求将汇票寄往该偿付行。寄单索偿的时候，应根据信用证要求将汇票寄往偿付行，其余单据寄往开证行。

（2）全部单据寄往开证行。如果信用证规定将全部议付单据寄往开证行，则应根据规定照办无误。

8. 开证行或偿付行提供偿付

开证行接到议付行寄来的单据后,应立即审核单据,并于 5 个工作日中付款或提出拒付。UCP 600 第 16 条"不符单据、放弃及通知"有如下规定。

1)指定银行、保兑行(如有的话)或者开证行确定交单不符时,可以拒绝承付或议付。

2)在开证行确定交单不符时,可以自行决定联系申请人放弃不符点,但不能超过 5 个工作日。

3)银行决定承付或议付时,必须给予交单人一份单独的拒付通知。该通知必须声明:

i 银行拒绝承付或议付;

ii 银行拒绝承付或议付所依据的每一个不符点;

iii:

a)银行留存单据听候交单人的进一步指示;

b)开证行留存单据直到从申请人处接到放弃不符点的通知并同意接受该放弃;或者其同意接受对不符点的放弃之前从交单人处收到其进一步指示;

c)银行将退回单据;

d)银行将按之前从交单人处获得的指示处理。

4)拒付通知必须毫不延迟地以电信或其他快捷方式发出。

9. 开证行通知申请人赎单

开证行对议付行付款之后,马上通知申请人赎单,开证行的赎单通知称为 AB 单(accepted bill)。

10. 进口商审核单证相符后,付清所欠款项,赎回单据

申请人在接到开证行的赎单通知后,必须立即到开证行付款赎单,当然在赎单之前要审查单据,如果发现不符点,也可以提出拒付,但拒付理由一定是单单之间或单证之间的问题。

在实务中,有时尽管存在不符点,申请人也愿接受单据,但只要接受单据,就不能是有条件的,而且必须在合理时间内付款。

11. 申请人提货

申请人赎单后就可以安排提货、验货、仓储、运输、索赔等事宜。一笔以信用证为结算方式的交易即告终了。

案例 9-4

【案情】

某市 A 公司与国外 T 公司达成协议,以 CFR 贸易术语、海运及信用证支付方式进口原料若干公吨,价值十余万美元。双方签订合同后,A 公司根据合同内容,通过当地银行向 T 公司开出即期、不可撤销信用证一份,由于货物的品质规格比较复杂,所以证内规定:"品质按照××年签订的第××号购货确认书为准。"合同内对货物品质要求的关键部分是水分含量不能过高,标准水分含量为 5%,最高不能超过 8%,当水分含量超过 5% 时,则每超过 1 个百分点单价应相应下调 1%。

T 公司收到开出的信用证后,按时将货物装出,并将信用证规定的全套单据送交当地银

行索偿，后者按照有关规定，将单据寄至我国开证银行求偿。开证行因证内关于货物的品质规格涉及合同，所以就通知 A 公司检查全套单据是否符合要求。A 公司仔细检查单据后，发现 T 公司提交的单据存在以下问题：商业发票上关于货物的水分含量注明是 5%，而在品质检验证书内，关于货物的水分含量却注明是 8%。根据以上情况，A 公司一方面通知开证行暂时停止付汇，并请银行将暂停付汇的原因通过对方银行转告 T 公司，同时，也与 T 公司直接联系，说明根据合同规定，由于货物的实际水分含量已经超过标准水分含量 3 个百分点，所以应相应降价 3%。数天后，开证行收到国外银行转来 T 公司的反驳意见，称信用证与合同相互独立，单据内容并未违反信用证规定。同时，A 公司也收到国外 T 公司措辞强硬的传真，内容是要求 A 公司立即按照原价支付货款，对于降价问题，则置之不理。

本案最终以双方的协商一致结案。被申请人 T 公司虽然坚持认为按照国际惯例，信用证与可能作为其依据的销售合同或其他合同，是相互独立的交易，但由于提交的单据内容有相互矛盾的地方，有被拒付的危险，最终不得不同意降低货价 3%。最后本案以 A 公司按原合同价的 97% 支付货款而结案。

【讨论分析】

1. 试结合案例分析信用证与基础合同的关系是什么。
2. 信用证中引用合同内容是否影响信用证的独立性？
3. 申请人得以减价 3% 顺利结案的原因是什么？

9.4.6 信用证的种类

信用证的种类

1. 跟单信用证和光票信用证

根据信用证项下的汇票是否随附货运单据，可以分为跟单信用证和光票信用证。

（1）**光票信用证**（clean L/C）又称为**无跟单信用证**（non-documentary L/C），是指开证行仅凭不附单据的汇票（clean draft）付款的信用证。有时信用证也要求提供发票、垫款清单等非货运性质的票据，此也属光票信用证。贸易结算中的预支信用证和非贸易结算中的旅行信用证都属光票信用证。

（2）**跟单信用证**（documentary L/C）是指凭跟单汇票或仅凭规定单据付款的信用证。国际贸易结算中使用的信用证绝大部分是跟单信用证。

"跟单"中的单据按照国际商会的解释，泛指任何依照信用证规定所提供的、用以记录或证明某一事实的书面文件，通常是如运输单据、商业发票、保险单、商检证书、产地证明书、装箱单等单据，汇票则是可有可无的。目前出于避免缴纳流通票据印花税的考虑，跟单信用证不要求汇票的情况已经相当普遍。

2. 保兑信用证和不保兑信用证

按是否有另一家银行的付款保证，可以分为保兑信用证和不保兑信用证。

（1）**保兑信用证**（confirmed L/C）。保兑信用证是指开证行开立的信用证，由另一家银行保证对符合信用证规定的单据履行承付义务,即该信用证除了有开证行确定的承付保证外,还有保兑银行确定的承付保证。信用证一经保兑,保兑行对信用证所承担的责任就与开证行所承担的责任相同,或者说保兑行对受益人的确定承诺是独立于开证行责任之外的责任。

尽管保兑信用证对受益人的付款具有双重保障作用,但这并不意味着在任何情况下都可以选择保兑信用证,受益人一般根据以下具体情况决定是否选择保兑信用证。

1)开证行的信誉。这是选择使用保兑信用证时应考虑的一个重要因素。如开证行信誉卓著,受益人就有充分的信心和把握收回货款;若开证行信誉不佳,或出口商对开证行的信誉缺乏认识,对货款能否顺利收回有所顾虑时,出口商可要求进口商交付经过国际上享有信誉的银行所保兑的信用证,以确保货款能够收回。

2)交易规模。若货款数额巨大,则出口商必须考虑,以开证行的资信,信用证是否提供了足够的保障。若对开证行的能力有所怀疑,则选择另一家银行加具保兑也是合理的。

(2)**不保兑信用证**(Unconfirmed L/C)。不保兑信用证指开证行开立的信用证没有另一家银行加具保兑。

3. 即期付款、延期付款、承兑及议付信用证

根据 UCP 600 第 6 条规定:"信用证必须规定可在其处兑用的银行,或是否可在任一银行兑用。信用证必须规定其是以即期付款、延期付款、承兑还是议付的方式兑用。"

(1)**即期付款信用证**(sight credit),是注明"即期付款兑现"(available payment at sight)的信用证。在该信用证项下,开证行、保兑行或被指定付款行在收到符合信用证条款的汇票和/或单据时,应立即履行付款义务。

即期付款信用证的付款银行可以是开证行自己,也可以是出口地通知行兼任或指定的第三国银行。多数情况下是指定出口地通知行作为付款行,此时,信用证的有效期也在出口国受益人所在地到期,且付款行一经付款,对受益人就无追索权,受益人可以放心地使用该资金,因而对其十分有利。若付款行为开证行自己或第三国银行,则交单到期地点一般规定在付款行所在地,受益人将承担单据在邮寄过程中遗失或延误的风险。但被指定的付款行有权拒绝受理相符的单据,因为开证行的指定并不构成付款行对即期付款的承诺,但开证行不能推卸其付款责任。

(2)**延期付款信用证**(deferred payment credit),又称为迟期付款信用证,是注明"延期付款兑现"(available by deferred payment)的信用证。

在此信用证项下,受益人交单后,要等到付款的到期日才能取得付款。使用这种信用证对受益人来说风险较大。因为如果最终的付款行是开证行或保兑行,那么到期日银行必须付款,受益人不承担风险;但是如果执行付款的银行是一家非保兑行的出口地银行,那么该银行对受益人并不承担付款责任。一旦发生意外,如开证行破产、进口国实行外汇管制等,受益人就无法正常收汇,而此时,受益人已不掌握单据,很可能遭受钱货两空的损失或者是延迟收汇。因此,在使用这种信用证时,受益人应要求自己所在地的付款行对信用证加具保兑,以保证日后安全收汇。

(3)**承兑信用证**(acceptance L/C),是注明"承兑兑现"(available by acceptance)的信用证。它是一种要求出具汇票的远期付款信用证。在该信用证项下,开证行或付款行在收到符合信用证条款的单据及远期汇票时予以承兑,凭汇票到期时再行付款。

承兑信用证需要受益人开立远期汇票，依据 UCP 600 的规定，汇票的付款人应是信用证中指定的银行。承兑行可以是开证行，也可以是开证行指定的其他银行，但多由出口地银行（如通知行）担任。开证行为承兑银行时，开证行负有根据合格单据承兑汇票的责任；若被指定银行承兑了汇票，但到期日不能付款，开证行仍有义务付款。

承兑信用证的有效地点是指定的承兑行所在地，其有效到期日则以向该指定行提交单据和汇票要求承兑的日期为准。若承兑行经审核认为受益人提交的单据符合信用证条款，决定接受单据（如承兑行为开证行或保兑行，它必须接受合格单据，没有选择的余地），则承兑受益人提交的远期汇票。受益人交出单据，取得该经过承兑的汇票，到期取款就有了票据法上的保证。受益人取得承兑汇票后，可办理贴现，取得扣除利息后的票款，也可向承兑行要求贴现，也可持有承兑汇票等待到期收款。

在实际业务中，承兑信用证可能出现所谓的买方远期信用证（buyer's usance L/C）。买卖合同中规定即期付款，但若进口商需要融通资金，那么可要求银行开立承兑信用证，在取得银行承兑后，将汇票贴现，由进口商承担贴现费用。这种安排，使得受益人可以及时足额取得信用证款项，但进口商可以远期付款，代价是承担贴现费用。因而其被称为买方远期信用证，又称"假远期信用证"。

在即期交易中，进口商提出采用假远期信用证，主要有两方面的原因。一是摆脱进口国家外汇管制的限制。有些国家由于外汇短缺，因此在外汇管制法令中规定，所有进口交易一律远期付款。这样，银行只能开出远期信用证。于是，当该国的进口商同外国的出口商达成即期付款交易时，只能采用远期信用证，同时安排保证出口商即期收汇的假远期做法。二是进口商借助这种信用证可以利用银行的资金或贴现市场的资金，解决资金周转的困难。利用假远期信用证融资比从银行贷款便利，而且贴现利息较低，融资成本低。因此，假远期信用证可以满足进口的需要，并缓解进口国开立即期信用证存在的法律上的障碍与出口商即期收汇之间的矛盾。

（4）**议付信用证**（negotiation credit）。任何一种信用证，无论是即期还是远期，根据开证行的意愿，都可以是允许或不允许议付的。

开证行通常在信用证中表明议付的方式。例如，该信用证可以议付（This Credit is available by negotiation）。

根据信用证议付的范围不同，议付信用证分为限制议付信用证和自由议付信用证。

1）**限制议付信用证**（restricted negotiation credit），又称授权议付信用证，即开证行开立信用证时，预先指定出口地的一家或几家银行承办议付买单的业务，受益人应向指定的银行提示单据。这种信用证一般注明："仅限某银行议付（negotiation restricted to ×× bank）。"开立限制议付信用证是因为开证行想将此项业务控制在本银行或其代理行系统内，但这对受益人不利，有时可能会出现提示单据不方便的情况。

2）**自由议付信用证**（freely negotiation credit），又称公开议付信用证，即开证行开立信用证时，授权出口地的任意银行议付买单，受益人可以随意选择。此类信用证一般注明："任一银行可议付（available with any bank by negotiation）。"

4. 预支信用证

预支信用证（anticipatory credit）即允许出口商在装货交单前支取部分货款的信用证。由于预支款是出口商收购及包装货物所用，所以预支信用证又叫**打包放款信用证**（packing credit)。另外,由于该类信用证中的预支条款在过去多采用红色打印,因而也称为**红条款信用证**(red clause L/C)。

预支信用证实际上是由进口商要求开证行在开立的信用证上加列条款,授权出口地银行(通知行、保兑行等)在收单以前,向出口商预支垫付全部或部分贷款,出口商凭预支款组织货物,装船发运。发货后,受益人交单,预支行审单无误后议付或付款,并扣除贷款本息,向开证行寄单索偿。由于预支信用证项下可能出现受益人预支了货款却不发货或不交单的情况,因此一般进口商只有在对出口商充分信任的情况下才开立预支信用证。

5. 可转让信用证

可转让信用证(transferable L/C)是指信用证的受益人(第一受益人)可以要求转让银行,将信用证的全部或部分转让给一个或几个第三者(第二受益人)使用的信用证。第二受益人可根据被转让的信用证,以自己的名义装运或提交单据请求付款。因此,这种转让是第一受益人将信用证项下的权利和义务一起转让,即受让人在信用证中接替了让与人的地位,得到预先保证:只要信用证的条款和条件得到遵守,就有权请求银行付款。

UCP 600 第 38 条对可转让信用证的规定是:"可转让信用证是指特别注明'可转让'字样的信用证。可转让信用证可应受益人(第一受益人)要求转为全部或部分由另一受益人(第二受益人)兑用。"因此,在可转让信用证中,银行通常在标题注明"可转让"(Transferable)字样,以表明该信用证是可转让的。

可转让信用证的第一受益人通常是中间商,其利用国际交往关系向国外进口商出售商品,自己并非实际供货人。中间商与国外进口商成交后,将信用证转让给实际供货人办理装运交货,以便从中赚取差价利润。但是,信用证的此类转让并不等于销售合同的转让,倘若信用证的受让人(即第二受益人)不能按时发货,或提交的单据有不符点,第一受益人(即合同的卖方)仍应对销售合同中规定的卖方义务负连带责任。

可转让信用证只能转让一次(原证注明可无限制转让的除外),即允许第一受益人将信用证转让给第二受益人,而第二受益人则不能再转让。在货物允许分批装运时,受益人可以把信用证分成几部分转让给数人,也可以只转让其中的一部分,其余的由中间商自己使用,但货物禁止分批装运时,信用证只能做一次性的全额转让。

转让后的信用证与原证大部分内容是相同的,可以有以下区别。

(1)开证申请人可以不同于原证,即第一受益人可以将自己作为新证的申请人。由此,可以避免第二受益人知道真正的买主(原证申请人),这是中间商基于保守商业秘密的考虑,即阻止第二受益人直接与实际买主进行交易。但若原证要求办理信用证转让时原证申请人不得更改的,则新证中的申请人必须与原证相符,且原证申请人的名称还必须出现于发票以外的其他单据上。

(2)信用证金额、任何单价、到期日、交单最后日期及装运期可以减少或缩短,或保险加成比例可以增加。这样第一受益人(中间商)可以赚取利润;可以有足够的时间替换发票或汇票,保证不超过原证规定的时间;新证的投保加成比例高于原证,这样才能使保险单的保险金额达到原证的规定,以保证收货人的利益不受损失。

6. 背对背信用证

背对背信用证(back-to-back credit)是指信用证的受益人以自己为申请人,以该证作为保证,要求一家银行以开证行身份开立的以实际供货人为受益人的信用证。

背对背信用证的产生，同样是基于中间商的需要。当中间商向国外进口商售出某种商品时，进口商向银行申请开立以中间商为受益人的不可转让信用证。由于中间商不是实际供货人，信用证又不可转让，因此，中间商请求该证通知行或其他银行以原证作为基础和保证，另开一张以实际供货人为受益人的新证，这张新证就是背对背信用证。这样，进口商与实际供货人是相互隔绝的，从而使中间商保守住了商业秘密。

背对背信用证与可转让信用证的应用场景类似，所不同的是，背对背信用证是两个独立的信用证，而可转让信用证是一个信用证项下的转让。

7. 对开信用证

对开信用证（reciprocal credit）是用在易货交易、补偿交易和来料加工中的一种结算方式。在易货贸易时，要求进出口基本平衡，一方用其出口收入来支付从对方的进口，在双方互不了解或互不信任的情况下，采取相互开立信用证的做法，可以把出口和进口联系起来。甲开出以乙为受益人的信用证，同时乙开出以甲为受益人的信用证，后开的信用证（第二张信用证）称为回头证。

对开信用证的生效办法，可以是两证同时生效，即第一证先开但暂不生效，待对方开来回头证，经受益人接受后，通知对方银行，两证同时生效；或者两证先后开立，分别生效，即第一证开出后立即生效，第一证受益人在交单议付时，附一担保书，保证在约定时间内开出以第一证开证申请人为受益人的回头证。一般来说，对开信用证应以同时生效为妥。

8. 循环信用证

循环信用证（revolving credit）是在信用证的部分金额或全部金额被使用之后能恢复原金额再被使用的信用证。与一般信用证相比，它多了个循环条款，用以说明循环方法、次数及总金额。它适用于大额的、长期的分批交货。

循环信用证在信用证上必须明确注明"revolving"字样。具体做法有以下几种。

（1）自动式循环使用。出口商按规定时期装运货物交单支取信用证的金额后，不需要等待开证行的通知，信用证就自动恢复到原金额，可再次使用。

（2）非自动式循环使用。出口商每次装货交单后，必须等待开证行的通知，才能使信用证恢复至原金额。

（3）半自动式循环使用。出口商每次装货交单后，在若干天内开证行未提出中止循环的通知，信用证即自动恢复至原金额。

（4）可积累循环信用证。它是指受益人在上一循环期未用完的信用证金额可以转到下一循环期使用。在国际贸易中，这种信用证的使用，通常是在信用证原规定的期限内应出运货物因故未能装运，或不能保证每次恰好支取规定的金额的情况下，下期补交货物，而补货款也在下一期支款时一起支取。若信用证未明确允许可以积累使用，则不能积累使用。

（5）不可累积循环信用证。它是指受益人在规定的循环期内可以使用的金额未用完时，信用证的余额不能转入其后一期合并使用，即余额失效。因此，各期金额是独立使用的，互不产生影响。

9. 备用信用证

备用信用证（standby L/C），又称商业票据信用证、履约信用证、担保信用证或保证信用证，是一种特殊形式的信用证，意即由银行应申请人的请求或以自身的名义向受益人出具的，承担一定条件下付款、退款或赔款责任的书面凭证。

备用信用证是在有些国家禁止银行开立保证书的情况下，为适应对外经济往来的实际业务需要而产生的，所以它的用途与保证书相似，既可用于成套设备、大型机械、运输工具的分期付款、进出口交易和一般国际货物买卖的延期付款的履约保证，又可应用于国际投标保证、加工装配、补偿贸易、技术贸易的履约保证，也适用于带有融资性质的还款保证。备用信用证可以说是具有信用证形式和内容的银行保证书。当开证申请人未能按时履行投标诺言、合同义务、交付货物、偿付货款或贷款时，受益人即可凭备用信用证出具关于开证申请人违约或未履行承诺的声明书，向开证银行索偿，银行在收到汇票及信用证规定的凭证时承担付款责任。

9.5 各种支付方式的选择与运用

在国际贸易业务中，一笔交易的货款结算，可以只使用一种结算方式（通常如此），也可根据需要（例如不同的交易商品、不同的交易对象、不同的交易做法），将两种以上的结算方式结合使用，目的或有利于促成交易，或有利于安全及时收汇，或有利于妥善处理付汇。常见的不同结算方式结合使用的形式有：信用证与汇付结合、信用证与托收结合、汇付与银行保函或信用证结合。

合同中的支付条款与支付方式的选择

1. 信用证与汇付结合

（1）部分货款采用信用证方式付款，余额用汇付方式结算，即进口商首先开信用证支付发票金额的若干成，余额部分待货物到达目的地后，根据检验结果计算出确切金额，另以汇付的方式支付。采用这种方法时，应明确规定使用何种信用证和何种汇付方式，以及采用信用证付款的比例，以防出现争议和纠纷。

（2）先汇付部分货款，余额部分在出口商发货时由进口商开立信用证支付。这主要用于须先付预订金的交易（如成套设备的交易），进口商成交时须交纳的订金以汇付方式支付，余额部分以信用证支付。

2. 信用证与托收结合

这种方式是部分货款以信用证支付，余额部分以托收方式支付。采用这种做法时，发票和其他单据并不分开，仍按全部货款金额填制，只是出口方须签发两张汇票，分别用于信用证项下和托收项下。为降低风险，一般信用证项下部分的货款为光票支付，托收采用跟单托收方式。此外，还可在信用证中规定，只有在进口商付讫了托收项下的汇票后，开证行方可交单。这种做法既减少了进口商的开证费用，又使出口商的收汇有一定的安全保障，故受到进出口双方的欢迎。

3. 汇付与银行保函或信用证结合

汇付与银行保函或信用证结合使用的形式常用于成套设备、大型机械和大型交通运输工具（飞机、船舶等）等货款的结算。这类产品交易金额大、生产周期长，往往要求买方以汇付方式预付部分货款或定金，其余大部分货款则由买方按信用证规定或开具保函分期付款或迟期付款。

此外，还有汇付与托收结合、托收与备用信用证或银行保函结合等形式。我们在开展对外经济贸易业务时，究竟选择哪一种结合形式，可酌情而定。

9.6 合同中的支付条款

国际货物买卖合同中有关货款收付的规定通常以"支付条款"（terms of payment）出现。由于支付条款关系到贸易双方的切身利益，因此在制定该条款时应在确保安全收汇、利于扩大贸易和资金周转的前提下，根据不同的客户、商品、市场、结合价格和汇率风险等因素，进行综合考虑，选择适宜的结算方式。具体的支付条款，视不同的交易，特别是所选用的结算方式不同而有所不同，主要有付款时间、地点、金额及条件等。

9.6.1 合同中的汇付条款

使用汇付方式结算货款的交易，在买卖合同中应明确规定汇付的时间、具体的汇付方法和金额等。如样1中说明汇付时间为 × 年 × 月 × 日，汇付金额为50%的货款，汇付方式为电汇（信汇或票汇）。

样1：买方应不迟于 × 年 × 月 × 日将50%的货款用电汇（信汇或票汇）方式预付给卖方。

The Buyers shall pay 50% of the sales proceeds to the Sellers in advance by T/T (M/T or D/D) not later than ...

样2：买方应不迟于 × 年 × 月 × 日将全部货款用电汇预付交至卖方。

The Buyers shall pay the total value in advance by T/T to reach the Sellers not later than ...

样3：买方同意在本合同签字之日起，1个月内将本合同总金额的60%的预付款，以电汇方式汇交卖方。

60% of the total contract value as advance payment shall be remitted by the Buyers to the Sellers through telegraphic transfer within one month after signing this contract.

样4：买方收到本合同所列单据后，应于 ×× 天内电汇付款。

Payment by T/T: Payment to be effected by the Buyers shall not be later than ...days after receipt of the documents listed in the contract.

9.6.2 合同中的托收条款

以托收方式结算货款的交易，在买卖合同的支付条款中，必须明确规定交单条件和付款、承兑责任以及付款期限等内容。样5为即期付款交单，样6、样7、样8为远期付款交单，样9为承兑交单。对于买卖双方经过长期交往，对跟单托收已确立习惯做法的交易，买卖合同中的支付条款，也可适当从略，使合同文字简化，如即期付款交单方式的支付条款可简写为"D/P 即期"（D/P at sight）；远期付款交单简写为"D/P 见票后 ×× 天"（D/P at ...days sight 或 D/P at ...days after sight）；承兑交单可以简写为"D/A 见票后 ×× 天"（D/A at ...days sight 或 D/A at ...days after sight）。但需注意的是，除非贸易双方对各种跟单托收方式表述的含义和具体做法已有共识，否则在贸易合同中仍应做具体详尽的规定，以明确责任，防止被动损失。

样5：买方应凭卖方出具的即期跟单汇票于见票时立即付款，付款后交单。

Upon first presentation the Buyers shall pay against documentary draft drawn by the Sellers at sight. The shipping documents are to be delivered against payment only.

样6：买方对卖方开具的见票后××天付款的跟单汇票，于提示时应即予承兑，并应于汇票到期日即予付款，付款后交单。

The Buyers shall duly accept the documentary draft drawn by the Sellers at ... days sight upon first presentation and make payment on its maturity. The shipping documents are to be delivered against payment only.

样7：买方应凭卖方出具的跟单汇票，于提单日后××天付款，付款后交单。

The Buyers shall pay against documentary draft drawn by the Sellers at ... days after date of B/L. The shipping documents are to be delivered against payment only.

样8：买方应凭卖方出具的跟单汇票，于汇票出票后30天付款，付款后交单。

The Buyers shall pay against documentary draft drawn by the Sellers at ... days after date of draft. The shipping documents are to be delivered against payment only.

样9：买方对卖方出具的见票后××天付款的跟单汇票，于提示时应即予承兑，并应在汇票到期日即予付款，承兑后交单。

The Buyers shall duly accept the documentary draft drawn by the Sellers at...days sight upon first presentation and make payment on its maturity. The shipping documents are to be delivered against acceptance.

9.6.3 合同中的信用证条款

以信用证结算货款的交易，在买卖合同的支付条款中，应明确规定开证时间，开证银行，信用证的受益人、种类、金额、到期日和到期地点等。

1. 开证时间

按国际贸易惯例和法律规则，在信用证支付条件下，按合同规定的时间开立信用证，是买方在货物买卖合同中的主要义务。如在买卖合同中未规定开证时间，按一般的惯例和法律规定，买方应在"一个合理的时间"内开立，这个合理时间应从合同规定的装运期的第一天往回推算。如买方不按时开证并送达卖方，即构成买方的违约，卖方有权撤销合同并要求损害赔偿。但鉴于目前为止，各国法律均未对开证的"合理时间"做出具体解释，为了防止可能由于对此理解不同而引起纠纷，同时也为了明确卖方的开证责任，最好的办法就是在买卖合同特别是出口合同中，具体规定开证时间，订法一般有以下几种。

在装运月份前××天开到卖方。

To be opened to reach the Sellers ...days before the month of shipment.

不迟于×月×日开到卖方。

To be opened to reach the sellers not later than ... (month) ... (day).

接卖方货已备齐的通知后××天内开证。

To be opened within...days after receipt of the Seller's advice that the goods are ready for shipment.

前两种是常用订法，第三种只是在特殊需要时才使用。

2. 开证银行

为了确保收汇，在买卖合同特别是出口合同中，一般还应对开证银行的资信地位做出必要的规定，但比较笼统，如"通过卖方可以接受的银行"（through a bank acceptable to the Sellers）、"第一流的银行"（first class bank）。

3. 受益人

在一般情况下，可规定"以卖方为受益人"（in favor of the Sellers）。但如在异地装运或代理其他企业达成的交易，也可规定装运地的企业或被代理的企业为受益人。

4. 信用证的种类

信用证种类繁多，因此在买卖合同中应明确订立信用证的类型。按付款期限，信用证有即期和远期之分。

见票后××天付款（at ...days after sight）
提单日后××天付款（at ...days after the date of B/L）
出票日后××天付款（at ...days after the date of draft）

此外，是否需要除开证银行以外的其他银行加具保兑，是否需要加注"可转让"（transferable），是否需要预支或部分预支等，也应根据不同交易的需要做出具体规定。

5. 信用证金额

信用证金额是开证银行承担付款责任的最高金额，在实务中通常规定为发票价值的100%，但如果涉及额外费用需在信用证金额外支付，则必须在合同中明确有关信用证应做出相关规定，以免影响收汇。此外，如在出口合同中对装运数量订有"约数"或"溢短装条款"的，则应要求买方在信用证内规定装运数量多交或少交的百分率或注明"约数"。同时，对信用证金额做相应的增加或在金额前注明"约数"（about）字样，以利于货物溢装时收足货款。

6. 到期日和到期地点

信用证的到期日（expiry date）也称为信用证的有效期（validity），是开证银行承担即期付款、延期付款、承兑或议付责任的期限。到期地点是指被交付单据并要求付款、承兑或议付的银行的所在地，即在信用证有效期内应向何地的指定银行交单为准。

为了便于掌握时间及时向银行交单议付，在出口合同中一般都规定信用证到期地点在我国或在我国某地（出口或议付地点），如"在上海议付有效期至……"（valid for negotiation in Shanghai until...）。

样10：买方应通过卖方所接受的银行于装运月份前××天开立并送达卖方的不可撤销即期信用证，有效期至装运后15天在中国议付。

The Buyers shall open through a bank acceptable to the Sellers an Irrevocable Sight Letter of Credit to reach the Sellers××days before the month of shipment, valid for negotiation in China until

15th day after shipment.

样 11：买方应通过卖方所接受的银行于装运月份前××天开立并送达卖方不可撤销见票后 30 天付款的信用证，有效期至装运后 15 天在中国议付。

The Buyers shall open through a bank acceptable to the Sellers an Irrevocable Letter of Credit at 30 days after sight to reach the Sellers××days before the month of shipment, valid for negotiation in China until 15th day after shipment.

样 12：买方须于 × 年 × 月 × 日将保兑的、不可撤销的、可转让的即期信用证开到卖方。信用证议付有效期延至装运期后 15 天在中国到期，该信用证中必须注明允许分运及转运。

By Confirmed, Irrevocable, Transferable L/C to be available by sight draft to reach the Sellers before... and to remain valid for negotiation in China until 15 days after the time of shipment. The L/C must specify the transshipment and partial shipment are allowed.

9.6.4 多种结算方式结合使用的合同条款

在国际贸易中，一笔交易通常只选择一种结算方式，但由于不同结算方式各有利弊，买卖双方承担的风险和资金占用的时间各有不同，因此，为了取长补短，做到既能加快资金周转，又能避免收付外汇的风险，以利于达成和扩大交易，在同一交易中将两种或两种以上的结算方式结合起来使用是比较有效的方法，如信用证和跟单托收相结合（如样 13），具体做法为一笔交易的货款部分以信用证付款，其余部分以托收方式结算，又称为"部分信用证，部分托收"；信用证和汇付结合（如样 14）；备用信用证与跟单托收相结合（如样 15），其目的为在跟单托收项下的货款一旦被拒付，可凭备用信用证利用开证行的保证追回货款。

样 13：××% 发票金额凭即期光票支付，其余 ××% 即期付款交单。100% 发票金额的全套货运单据随附于托收项下，于申请人付清发票全部金额后交单。若进口方不付清全部金额，货运单据由开证银行（或付款银行）掌握，凭出口方指示处理。

…% of the invoice value is available against clean draft at sight while the remaining ...% of documents be held against payment at sight under this credit. The full set of the shipping documents of 100% invoice value shall accompany the collection item and shall only be released after full payment of the invoice value. If the importer fails to pay full invoice value, the shipping documents shall be held by the Issuing Bank (or Paying Bank) at the exporter's disposal.

样 14：装运货物以电汇向买方提交 ×× 预付款为前提，其余部分采用托收凭即期付款交单。

Shipment to be made subject to an advance payment or down payment amounting...to be remitted in favor of sellers by T/T and remaining part on collecting basis, documents will be released against payment at sight.

样 15：即期付款交单，并以卖方为受益人的总金额为 ×× 的备用信用证担保。备用信用证应载有责任条款：如 ×× 号合同项下跟单托收的汇票付款人未能在预定日期付款，受益人有权在本信用证项下凭汇票连同一份列明 ×× 号合同款项被拒付的声明书支款。

Payment available by D/P at sight with a Standby L/C in favor of sellers for the amount of... as undertaking. The Standby L/C should bear the clause: In case the drawee of the documentary collection under S/C No. …fails to honour the payment upon due date, the Beneficiary has the right to draw under this L/C by their draft with a statement stating the payment on S/C No. …was not honoured.

本章小结

汇票是票据的典型代表，具有流通性、无因性、文义性和要式性等基本特性。常见的国际货款结算方式有汇付、托收和信用证。汇付是指付款人委托汇出行，将款项通过汇入行支付给收款人，有电汇、信汇和票汇三种。托收是出口方委托银行向进口方收取货款的一种支付方式，常见的有即期付款交单、远期付款交单和承兑交单。汇付和托收属于商业信用。信用证是银行开出的在一定期限内凭符合规定的单据付款的书面保证文件，由开证行（保兑行）承担第一性付款责任，属于银行信用。支付条款是贸易合同的重要条款。根据支付方式的不同，支付条款包含的内容也有所不同，主要有付款时间、地点、金额及条件等。

练习题

1. 解释下列名词：汇票；汇付；托收；信用证。
2. 请简述托收的含义，并分析采用托收方式时出口商应注意些什么。
3. 请简述托收有几种交单方式，并分析 D/P at 30 days after sight 与 D/A at 30 days after sight 两者有何区别。
4. 请简述信用证与买卖合同的关系。
5. 请简述国际贸易结算中信用证方式有哪些特点。
6. 简述信用证业务的一般收付程序。
7. 某公司接到一份经 B 银行保兑的不可撤销信用证。当该公司按信用证规定办完装运手续后，向 B 银行提交符合信用证各项要求的单据要求付款时，B 银行却声称：该公司应先要求开证行付款，如果开证行无力偿付时，则由其保证付款。请问：B 银行的要求合理吗？为什么？
8. 某外贸公司受国内用户委托，以本公司名义与国外一公司签订一项进口某商品的合同，支付条件为"即期付款交单"。在履行合同时，卖方未经该公司同意，就直接将货物连同单据都交给了国内用户，但该国内用户在收到货物后由于财务困难，无力支付货款。在这种情况下，国外卖方认为，我方外贸公司作为合同的买方，根据买卖合同的支付条款，要求我方公司支付货款。请问：我方外贸公司是否有义务支付货款？
9. 中国某公司以 CIF 条件向美国出口一批货物，信用证付款。合同签订后，由美国花旗银行开来即期议付信用证，并规定装运期为 9 月，偿付银行为相关的汇丰银行。8 月初，中国出口商获悉美国进口商经营不佳，传闻有可能倒闭。试分析出口商可否按期发货。
10. 中国某企业从瑞典进口一批木材，分两批装运，即期信用证付款，每批分别由中国 B 银行开立一份信用证。第一批货物装运后，卖方向银行议付了货款，B 银行向议付银行偿付了货款。中国进口企业收到第一批货物后，发现品质与合同规定不符，于是要求银行对第二份信用证项下的单据拒付，但遭到 B 银行的拒绝。试分析 B 银行的做法是否合理。

第10章

贸易合同的磋商和订立

::学习目标

| 了解出口交易磋商的形式、内容和一般程序；
| 了解询盘和还盘的含义、特点及注意事项；
| 掌握发盘的含义及其构成条件，发盘的有效期、撤回和撤销；
| 掌握接受的含义及其构成条件，接受的生效、撤回。

10.1 交易磋商的形式和内容

交易磋商（business negotiation），又称贸易谈判，它是指交易双方就买卖商品的有关各项条件进行沟通和协商，以期达成交易的过程。在国际贸易中，交易磋商占有十分重要的地位，是国际贸易业务活动中最重要的环节之一，交易磋商的好坏将直接影响交易的成败及双方的经济利益。交易磋商是国际贸易合同的基础和根据，合同是磋商的目的和结果。交易磋商是一项政策性、策略性和技术性都很强的工作，它比国内贸易中的洽谈交易复杂得多，因为交易双方分属不同的国家或地区，彼此有着不同的社会制度、政治制度、法律体系、经济体制和贸易习惯，有着不同的文化价值观、思维方式、行为方式、信仰、语言和民风民俗；而且由于国际商务谈判的结果会导致资产的跨国转移，因而要涉及国际贸易、国际结算、国际保险、国际运输等一系列问题，因此，在交易磋商中要以国际商法为准则，以国际惯例为基础，它要求从事此项工作的人员具有良好的政治素质、较高的政策水平和丰富的对外经贸专业知识。

交易磋商的
一般程序

10.1.1 交易磋商的形式

交易磋商的基本形式可分为口头和书面两种。不论是哪种形式的磋商，所遵循的国际贸易基本规则和国际惯例都是相同的。

1. 口头磋商

口头磋商是指当事各方直接用口头语言进行沟通，包括面对面的谈判和电话谈判。在口头磋商特别是面对面的谈判中，谈判者进行直接的接触和交流，各方均可对各自提出的交易条件和其他建议，做出必要且详尽的说明，以减少误会，提高谈判效率；交易各方对具体背景的了解，也有助于多种建设性方案的提出，并可能引发谈判者之间新的合作机会；面对面的接触，也有助于谈判者全面地了解谈判对手的谈判风格、性格、思维方式、兴趣爱好、个人需求等情况，便于有针对性地运用谈判策略和技巧，便于长期合作。

口头磋商的特点和在磋商中要加以注意的问题如下所述。

（1）口头磋商的时限压力比较大，从而可能对决策的科学性和谈判技能的发挥带来一定的影响。口头磋商一般要求在谈判期限内做出成交与否的决定，没有充分的考虑时间，从而要求谈判人员有较高的决策水平。一旦决策失误，会使企业蒙受损失或失去交易机会。

（2）为进行面对面会晤所必须花费的差旅费、通信费、交际费等，使口头磋商的成本较高，在没有结果的情况下，磋商时间越长，谈判费用就越高，给谈判人员带来的压力也就越大。

（3）在面对面的谈判中，谈判人选的安排，通常要考虑谈判者的级别对等的问题，从而使得某些情况下谈判人选的安排出现困难。

由于口头磋商中的面对面谈判有上述特点，所以它比较适用于首次交易、大宗交易或高价值标的物的谈判。

2. 书面磋商

书面形式是合同书、信件、电报、电传、传真等可以有形地表现所载内容的形式。以电子数据交换、电子邮件等方式能够有形地表现所载内容，并可以随时调取查用的数据电文，视为书面形式。[一]日常的交易一般以书面的洽谈方式为主。随着现代通信技术的发展，书面磋商越来越简便易行，而且费用与口头磋商相比要低廉很多，因此成为现代国际贸易中的通常做法。

与口头磋商相比，书面磋商的优势主要表现在以下几方面。

（1）磋商的时限压力小。在运用商业函电进行磋商时，为确保交易的时效性，交易者通常被要求在一个较短的时间里，对对方的询问做出答复，如对方的发盘中可能有"发盘限××日复到""发盘有效××天"等语句。在此情况下，虽然对有效回复对方的发盘规定了明确的时限，有时从收到对方发盘到发盘最后期限的时间很短，但由于谈判者不需要对对方的询问当面作答，而且收到对方发盘后，还可与企业内其他人员特别是决策人员商讨回复意见，避免直接磋商时谈判人员独自承担重大责任，因此，谈判者所感到的时限压力要小得多。

（2）在利用函电进行磋商时，谈判人选的安排不成问题，因为可以用企业任何高层领导的名义进行书面回复和磋商。

（3）单纯的书面磋商只需支付函电费用，谈判的货币成本相对较低。

书面磋商要注意以下问题。

（1）由于双方不见面，无法通过观察对方的语态、表情、情绪等来判断对方的心理活动，因此谈判技巧的运用受到多方面的限制，如对对方的了解不深、信息传递方式比较单一等。

（2）受谈判各方交流方式的限制，难以对交易条件及相关背景知识做充分的解释，从而较难出现创造性的谈判结果。

（3）传递给对方的书面文件，可以作为谈判的证据。如果缺乏深思熟虑或表达不当，就

[一]《民法典》第四百六十九条。

可能会造成重大损失。

由于书面磋商的上述特点，这一谈判方式比较适用于正式谈判前的试探性接触，或有长期贸易关系的谈判，或空间距离较远、交易规模较小的谈判。口头磋商和书面磋商各有利弊，谈判者应根据具体项目的性质、要求、特点和条件，选择合适的磋商形式。事实上，在现代谈判中，结合两种方式的特点，加以灵活运用，更能提高磋商的效率。

近年来，随着互联网和跨境电子商务的发展，网络谈判成为非常重要的书面磋商形式。这种新的商务谈判方式，关键不仅在于更好地提供信息，而且在于建立起与客户、合作伙伴之间新的沟通方式，通过无所不在的网络连接，使得相互间的联系、交往以及商务活动在网上进行，降低磋商成本，提高灵活度，缩短磋商时间，从而提高了工作效率。

10.1.2 交易磋商的内容

在任何一笔具体交易的洽商中，我们都要同国外客户就买卖的商品及各项交易条件进行协商。只有双方就各项交易条件取得一致意见后，交易才可达成，合同才能签订。因此，有关买卖商品的各项交易条件就成为买卖双方交易磋商的重要内容。从理论上讲，只有就合同条款逐一达成一致的意见，才能充分体现"契约自由"的原则。买卖双方交易磋商的内容一般分为以下两部分。

1. 主要交易条件

主要交易条件（main terms and conditions）指商品的品名、品质、数量、包装、价格、交货和支付等条件。这些交易条件因货物、数量、交货时间等不同，每笔交易也不尽相同，需要在每笔交易中进行具体磋商。

2. 一般交易条件

一般交易条件（general terms and conditions）的内容，虽各有不同，但就我方出口企业所拟订的一般交易条件而言，通常包括以下几方面。

（1）有关主要交易条件的补充说明，如品质机动幅度、数量机动幅度，允许分批或转运，保险金额、险别和适用的保险条款，信用证开立的时间和到期日、到期地点的规定；

（2）有关预防和处理争议的条件，如关于货物检验、索赔、不可抗力和仲裁的规定；

（3）个别的主要交易条件，如通常采用的包装方法、凭不可撤销即期信用证支付的规定等。这些交易条件相对固定，在长期的贸易交往中已形成一种习惯做法，或贸易双方已订有长期的贸易协议，一旦交易达成，这些条件就成为不可分割的一部分。

在实际业务中，买卖双方在初次接触时要互相或单方面介绍一般交易条件，经双方共同确认后，作为将来交易的基础，一般使用固定格式印在由进口商或出口商自行设计和印制的销售合同或购货合同的背面或正面的下部，只要对方没有异议，就无须在每笔交易中对所有条款一一重新协商，这样可以缩短磋商的时间和节约费用开支。因此，一般交易条件也称格式条款。一般交易条件应按所经营的商品大类（如轻工业品、粮油食品、机械等）或按商品品种（如棉布、呢绒、真丝织物、人造丝织物等）分别予以拟订。因此，有的外贸企业由于其所经营的商品范围较广，而有必要按不同大类或品种拟订数套一般交易条件。

一般交易条件只有在实际交易前，事先得到对方对由我方提出的一般交易条件的确认，才能对双方日后订立的合同具有约束力。如果事先不取得对方的同意，在具体交易达成后，再向对方提出我方所拟订的一般交易条件，将有可能被对方以我方提出新的、额外的交易条件为由而加以拒绝，甚至否定已成立合同的有效性，并由此而引起争议甚至造成经济损失。

一般交易条件虽然适用于所有的合同，但这并不是说，在日后的具体交易中，不得对一般交易条件中的任何规定做任何变更。与此相反，在磋商具体交易时，买卖双方完全可以根据交易的实际需要，提出与一般交易条件不同的条件，其效力将超越一般交易条件中所规定的条件。这是由于根据法律原则：事后协议可改变或否定事先协议；合同的书写条款可改变或否定印刷条款。对格式条款的理解发生争议的，应当按照通常理解予以解释。对格式条款有两种以上解释的，应当做出不利于提供格式条款一方的解释。格式条款和非格式条款不一致的，应当采用非格式条款。⊖

10.2 交易磋商的一般程序

在进出口业务中，交易磋商的基本环节一般可归纳为询盘、发盘、还盘和接受四个环节。

10.2.1 询盘

询盘（enquiry）是指交易的一方向另一方询问是否买进或卖出某商品以及要求什么样的交易条件的口头或书面表示，主要是为了试探对方对交易的诚意和了解其对交易条件的意见。询盘的内容可涉及价格、品名、品质、数量、包装、交货期，以及索取商品目录、价目单、样本或样品等。询盘可由买方发出，也可由卖方发出；可采用口头方式，也可采用书面方式。书面方式包括书信、电报、传真、电子邮件等，时常还采用**询价单**（enquiry sheet）形式进行询盘。随着信息网络技术的发展，目前业务中利用电子邮件和商务网络询盘已成趋势。例如：

买方询盘：请报 500 公吨 L-苹果酸成本加运费加保险至新加坡的最低价，12 月装运，尽速电告。

Please quote lowest price CIF Singapore for 500 M/T L-Malic Acid December shipment Cable Promptly.

卖方询盘：可供纯度 99% 以上的 L-苹果酸 500 公吨，12 月装运，如有兴趣请电告。
Supply 500M/T L-Malic Acid 99PCT Min December shipment please cable if interested.

1. 询盘的特点

（1）询盘的内容可以涉及某些成交条件，多数是询问成交价格，因此，在实际业务中，也有人把询盘称作询价。如果发出询盘的一方，只是想探询价格，并希望对方开出估价单，则对方根据询价要求所开出的估价单只是参考价格，并不是正式报价，因而也不具备发盘的要件。

（2）询盘是交易磋商的常见步骤，但不是每笔交易的必经程序。如交易双方彼此都了解情况，不需要向对方探询成交条件或交易的可能性，则不必使用询盘，可直接向对方做出发盘。

（3）询盘是一种内容不明确、不肯定、不全面或附有保留条件的建议，这种建议具有邀约性质，因此，对于双方均没有法律约束力。

2. 询盘时应注意的事项

询盘往往是一笔交易的起点，作为被询盘的一方，应对接到的询盘给予重视，并做出及时和适当的处理。作为询盘的一方，既不宜在同一地区多头询盘，影响市场价格，也不宜只局限于个别客户而无法进行比较、选择。对数量较大的进口或出口，应适当安排采购或销售

⊖ 《民法典》第四百九十八条。

进度，以免对方抬价或压价，造成不必要的浪费。在询盘中要注意策略，一般不宜过早透露真实意图，以免处于不利地位。

询盘一般不直接使用"询盘"一词，而常用"请报价"（please quote）、"请告"（please advise）、"请发盘"（please offer）、"对××有兴趣"（interested in...please）、"可供"（can supply）等词句。

10.2.2 发盘

发盘（offer）又称为报盘、报价和发价，是指交易的一方（发盘人）向另一方（受盘人）提出购买或出售某种商品的各项交易条件，并表示愿意按这些条件与对方达成交易，订立合同的行为。我国法律中称之为"要约"。

一项发盘涉及的当事人是**发盘人**（offerer）和**受盘人**（offeree）。发盘既是商业行为又是法律行为，在合同法中称之为要约。发盘可以是应对方的询盘做出答复，也可以是在没有询盘的情况下直接发出。发盘一般由卖方发出，也可由买方发出。发盘由卖方发出的称**售货发盘**（selling offer），若由买方发出，则称**购货发盘**（buying offer）或**递盘**（bid）。一项有效的发盘一经对方接受，发盘人就有义务按发盘中所规定的条件与对方订立合同；受盘人有权利在发盘的有效期内要求对方按发盘中所规定的条件与之签订合同。

发盘一般采用下列术语和语句：发盘（offer）、发实盘（offer firm；firm offer）[⊖]、报价（quote）、供应（supply）、可供应（can supply）、订购（book；booking）、订货（order；ordering）、可订（can book）、递盘（bid；bidding）、递实盘（bid firm；firm bid）。

10.2.3 还盘

还盘（counter-offer），又称还价，是指受盘人收到发盘后，对发盘的内容不同意或不完全同意，为进一步协商而提出修改建议或新的限制性条件的表示。还盘可以用口头方式或者书面方式表达出来，一般与发盘采用的方式相符。例如：

贵方 2014 年 12 月 8 日电收到，我们遗憾地告诉你，贵方所报价格太高。还盘价格 970 美元/公吨，装运期 2015 年 3 月 15 日前，其他条件不变。

Thank you for your offer of 8 December 2014. We are disappointed to tell you that the price is too high. We can offer at USD970 per metric ton, for shipment before 15 March, 2015. We can accept what else you say.

贵方 12 月 19 日电收悉，还盘每只 10 美元 CIF 纽约。

Your E-mail December 19th counter offer USD10 Per piece CIF New York.

根据《公约》的规定，受盘人对货物的价格、付款、品质、数量、交货时间与地点，以及一方当事人对另一方当事人的赔偿责任范围或解决争端的办法等条件提出添加或更改，均作为实质性变更发盘条件。所以，还盘不一定是还价，对付款方式、装运期等主要交易条件提出不同的建议，也都属于还盘的性质。在还盘时，对双方都同意的条件一般无须重复列出。

一笔交易，通常要经过多次的发盘、还盘、再还盘才能敲定。值得注意的是，还盘实际上是对原发盘的拒绝表示，原发盘便告失效。此时，还盘遂成为一项新发盘，原受盘人与原

[⊖] "firm offer" 始见于美国《统一商法典》，原意是不可撤销的发盘。我国译作"实盘"。

发盘人的位置发生互换，前者变为新发盘的发盘人，后者变为新发盘的受盘人。后者可以对前者的新发盘（还盘）的内容表示接受，也可表示拒绝，还可再还盘。如果是再还盘，两者的位置将再一次互换，产生新的关系。因此，交易的一方在收到对方的还盘或再还盘后，要将还盘或再还盘同原发盘或原还盘的内容认真进行核对，找出其异同。如果在主要交易条件或一般交易条件上差距不大，根据市场行情和购销意图，可以表示接受。如果在上述条件，尤其是主要交易条件上，两者差距较大，则可表示拒绝。如果再经洽商，仍有相当大的差距，而交易的一方或双方又不愿放弃进一步洽商的努力，也可继续进行洽商，但不宜急于求成。

10.2.4　接受

接受（acceptance）是指受盘人接到对方的发盘或还盘后，同意对方提出的条件，愿意与对方达成交易，并及时以声明或行为表示出来。其在法律上称作"承诺"。接受如同发盘一样，既属于商业行为，也属于法律行为。接受产生的法律后果是交易达成，合同成立。

可见，接受的实质是对发盘表示同意。根据《公约》的规定，受盘人对发盘表示接受，既可以向发盘人以发表声明的方式表示接受，也可以通过其他实际行动来表示接受。用声明表示接受，包括口头和书面两种形式。表示接受有时是将全部条件复述一遍，也有时无须复述，只是简单地用"接受"（accept）、"同意"（agree）、"确认"（confirm）等表示。当双方还盘次数少，交易条件变化不多，情况简单时，在接受时可不必复述全部条件；如果还盘次数多，交易条件变化多，情况复杂，则在接受时最好复述全部条件，以避免双方在条件解释上的不一致。例如：

你方 12 月 25 日电子邮件我方接受。

Yours December 25th E-mail we accept.

你方 3 月 15 日电子邮件我方接受，纯度 99% 的 L-苹果酸 500 吨每千克 10 美元 CIF 纽约 12 月装运不可撤销即期信用证。

Yours March 15th E-mail we accept 500M/T L-Malic Acid 99PCT at USD10.0/kg CIF New York December shipment irrevocable sight credit.

10.3　贸易合同的成立

合同的成立（conclusion of contract），即**合同的订立**（formation of contract），是双方当事人意思表示一致的结果。它包括两个法律程序，一是要约，二是承诺。要约和承诺是我国法律上的用词，在业务上分别称为发盘（或发价，offer）和接受（acceptance）。我国《民法典》规定：当事人订立合同，可以采取要约、承诺方式或者其他方式。㊀要约一经承诺，即双方取得意思一致，达成协议，合同即告成立。《公约》规定，合同于按照本公约规定对发价的接受生效时订立。㊁可见我国《民法典》与《公约》关于合同订立的原则是一致的。鉴于我国已经获准加入《公约》以及获准加入《公约》的国家和地区越来越多的事实，我国企业在进行国际贸易磋商、订立合同时，可以参照《公约》的规定行事。本章将参照《公约》、我国《民法典》和某些国家的法律规定，并联系我国外贸实际，进一步介绍关于发盘和接受的法律规则，及其在实际业务中的应用。

㊀《民法典》第四百七十一条。
㊁《公约》第 23 条。

10.3.1 发盘

1. 发盘的定义和构成发盘的必要条件

构成发盘的条件

《公约》第14条（1）款将"发盘"定义为："向一个或一个以上特定的人提出的订立合同的建议，如果十分确定并且表明发盘人在得到接受时承受约束的意旨，即构成发盘。一个建议如果写明货物并且明示或暗示地规定数量和价格或规定如何确定数量和价格，即为十分确定。"我国《民法典》第四百七十二条规定，要约是希望与他人订立合同的意思表示，该意思表示应当符合下列条件：（一）内容具体确定；（二）表明经受要约人承诺，要约人即受该意思表示约束。同时《公约》第15条（1）款规定，发盘于送达被发盘人时生效。我国《民法典》也有类似规定。⊖据此，构成一项法律上有效的发盘必须具备以下四个条件。

（1）向一个或一个以上特定的人提出。

发盘中的主体对象必须是该发盘的指定受盘人，可以是一个，也可以是一个以上。只有他或他们才能作为受盘人对该发盘的有关交易条件表示接受而订立合同。所谓"特定的人"，是指在发盘中指明个人姓名或企业名称的受盘人。非向指定受盘人提出的发盘仅应视为邀请发盘。⊜

但有些国家如英美的判例则认为，商业广告原则上不是发盘，但如果广告的内容十分明确、肯定，在某些情况下也可视为发盘。我国《民法典》规定，商业广告和宣传的内容符合要约条件的，构成要约。⊜对此，《公约》为了消除可能产生的歧义，明确规定发盘时必须指出特定的对象。《公约》第14条（2）款规定："非向一个或一个以上特定人提出的建议，仅应视为邀请做出发盘，除非提出建议的人明确地表示相反的意向。"根据此项规定，一般的商业广告或向很多客户散发的价目单不是向一个特定人做出的，只能被看作一项发盘的邀请。㉃

但是，如果广告或价目单的内容十分具体、明确和肯定，也可能成为一项发盘，一旦见到广告的人做出接受行为，即须按广告中所提出的条件，履行其承诺。所以，谨慎的出口商往往在广告宣传品上注明"所列价格仅供参考"（the prices stated are for reference only）、"价格须经确认为准"（the prices shall be subject to confirmation）等字句，以免引起纠纷。

（2）表明发盘人订约意图。

作为一项发盘，必须十分确定地表明发盘人有订约意图（contractual intent），即当其发盘被受盘人接受时，发盘人将承受约束的意旨，承担按发盘条件与受盘人订立合同的法律责任，而不得反悔或更改发盘条件。表明承受约束的意

⊖ 《民法典》第四百七十四条、第一百三十七条。
⊜ 例如，出口商为招揽订货单而向一些国外客户寄发的商品目录（catalogue）、报价单（quotation）、价目表（price list），或刊登的商品广告等，都不是发盘，而只是发盘邀请，客户据此提出订货单才是发盘。
⊜ 《民法典》第四百七十三条。
㉃ 鉴于《公约》对发盘的上述规定原则具体，并且有一定的灵活性，加上世界各国对发盘又有不同的理解，因此，在实际应用时应当特别谨慎。我方在对外寄发商品价目单时，最好在其中注明"可随时调整，恕不通知"或"须经我方最后确认"等字样，避免使对方误解我方有"一经接受，即受约束"的意思表示。

旨，可以是明示的，也可以是暗示的。明示的表示，发盘人可在发盘时明白说明或写明"发盘""发实盘"，或明确规定发盘有效期等。暗示的表示，则应与其他有关情况结合起来考虑，包括双方已确立的习惯做法、双方磋商的情况、惯例和当事人随后的行为。

如果一方当事人在他所提出的销售建议中未表明承受约束的意旨，或者附有保留条款，如"以认可样品为准"（subject to approval of sample）、"以领得许可证为准"（subject to licence obtainable）等，则该项建议不能构成发盘，仅视为发盘邀请。

（3）内容必须十分确定。

一项发盘必须包括十分确定的内容，该内容应该是完整的、明确的和终局的（complete, clear and final）。⊖但在实际业务中，一项发盘往往不以上述主要交易条件的完整形式出现，表面上显得不完整，但实际上是完整的。例如，业务双方在事先订有"一般交易条件"的协议中包含了某些主要交易条件，发盘的内容可以简化；又如，业务双方在以往的业务交易中已形成某些习惯做法，彼此都熟悉、了解，在发盘中即便不列入某些主要交易条件，也不影响发盘的完整性，等等。

关于一项发盘究竟应包括哪些内容，各国的法律规定不尽相同。有些国家的法律要求对合同的主要条件，如品名、品质、数量、包装、价格、交货时间与地点以及支付办法等，都要有完整、明确、肯定的规定，并不得附有任何保留条件，以便受盘人一旦接受即可签订一项对买卖双方均有约束力的合同。《公约》有关发盘的内容规定："一个建议如果写明货物并且明示或暗示地规定数量和价格或规定如何确定数量和价格，即为十分确定。"这个规定只是构成发盘的起码要求。在实际业务中，如发盘所提出的交易条件太少或过于简单，就会给合同的履行带来困难，甚至容易引起争议。因此，在对外发盘时，最好将品名、品质、数量、包装、价格、交货时间与地点以及支付办法等主要交易条件具体列明。

（4）送达受盘人。

发盘于送达受盘人时生效。这里的"送达受盘人"，指的是将发盘的内容通知到受盘人本人，或其营业地或其通信地址，或其惯常居住地。只有这时，发盘才能生效。如果发盘在传递途中遗失，则该发盘不生效，对发盘人不再有约束力。如果受盘人在收到发盘之前，由其他途径获悉该发盘的内容，未收到发盘就主动表示接受，这样做合同是不成立的，而只能被看作双方的**交叉发盘**（cross offer）。

发盘的这四项必要条件是一个有机整体，不可分割。

2. 实盘、虚盘及邀请发盘

鉴于当前各国对发盘的约束力存在较大的分歧，为了避免在这个问题上产生误解，引起不必要的纠纷，我国各进出口公司根据外贸业务的经验，把发盘分为实盘和虚盘。

（1）实盘。

实盘（firm offer, offer with engagement），又称有约束力的发盘。实盘是表示发盘人有肯定订立合同的意图，受盘人一旦承诺，合同即告成立。实盘的特征有三个：第一，发盘内容明确，发盘中无任何含糊其词的字句；第二，发盘内容完整，发盘中各项主要交易条件齐全；第三，发盘无保留条件。例如：

⊖ "完整的"，指货物的品名、品质、数量、包装、价格、交货和支付等主要交易条件要完备；"明确的"，指主要交易条件不能用含糊不清、模棱两可的词句；"终局的"，指发盘人只能按发盘条件与受盘人订立合同，而无其他保留或限制性条件。

可供 L-苹果酸 500 公吨，纯度不低于 99%，50 千克纸板箱装，12 月装运，每千克 5 美元 CIF 纽约，不可撤销即期信用证付款。

Can supply 500M/T L-Malic Acid at USD5.0/kg CIF New York, 99PCTMin, packed in 50kgs cartons, December shipment, irrevocable L/C at sight.

这是一个内容明确、完整无保留条件的实盘。实盘就是法律中的"要约"，必须满足构成发盘的条件。发实盘必然要承担相应的法律责任。运用实盘进行交易磋商时应注意三点：第一，实盘的含义不在于是否注明"实盘"字样，而在于是否具备上述必要条件；第二，应根据磋商交易的全部过程来判定实盘；第三，实盘的内容在有效期内，发盘人不得任意撤销或修改，并要受其约束。

需注意，按照我国习惯，实盘必须具备品名、品质、数量、包装、价格、交货期、支付方式等七项内容才算交易条件完整，而《公约》第 14 条（1）款规定：发盘"如果写明货物并且明示或暗示地规定数量和价格或规定如何确定数量和价格，即为十分确定"。

（2）虚盘。

虚盘（non-firm offer, offer without engagement）是发盘人有保留地按一定条件达成交易的一种不肯定的表示。它通常具有没有肯定订约的表示、交易条件不完整、附有保留条件等特征。如发盘中写有"参考价"（reference price），"以我方确认为准"（subject to our Final confirmation）、"以获得出口许可证为准"（subject to export license being approved）、"价格不经事先通知予以变动"（the prices may be altered without prior notice）等。发虚盘的意图在于：试探对方交易态度、吸引对方递盘、使自己保留对交易的最后决定权。虚盘对发盘人没有约束力，发盘人可以随时撤销或修改发盘内容。

从法律角度来看，虚盘不是一项要约，而是一项要约邀请或邀请发盘。

（3）要约邀请、邀请发盘。

要约邀请是希望他人向自己发出要约的表示。拍卖公告、招标公告、招股说明书、债券募集办法、基金招募说明书、商业广告和宣传、寄送的价目表等为要约邀请。㊀《公约》中**"邀请发盘"**（invitation to offer）这一概念，是指交易的一方打算购买或出售某种商品，向对方提出内容不肯定或附有保留条件的建议。这种建议对于发盘人没有约束力，它只起到邀请对方发盘的作用。在业务中往往是卖方货源尚未落实，提出的条件带有不确定性，或者为争取较好的价格，就同一批货向两个或两个以上的客户邀请发盘，以便择优成交。也有的是为了探询市场情况并且便于比较价格，一方通过新闻媒体，如报刊、广播、电视等向公众发出发盘的邀请。这类邀请发盘从形式上看，有的内容不明确，如在提出价格时使用参考价或意向价格（price indication）；有的主要交易条件不完备，即使对方表示接受，仍需要商定其他主要交易条件，除非双方事先已有约定或习惯做法；还有的附有保留条件，如在提出交易条件之后，注明"以我方最后确认为准"，或者"有权先售"（subject to prior sale）等。这样即使提出的交易条件明确、完备，仍不能算是有效的发盘，而属于邀请发盘。

案例 10-1

【案情】

贵方 2 月 25 日函收悉，获知你方将购买 5 000 件男夹克，运往法国巴黎。现报价如下，

㊀ 《民法典》第四百七十三条。

以你方答复于北京时间 3 月 20 日到达为限：

"5 000 件男式夹克，法国巴黎到岸价包括 2% 佣金，每件 15 美元，4 月底装运，以保兑的、不可撤销的即期信用证支付，其他条款按惯例。"

期限待你方早日答复。

【讨论分析】

1. 该发盘包含了哪些交易条件？有无不明确的条件？有无保留条件？
2. 该发盘是否满足《公约》所要求的发盘条件？
3. 该发盘是《公约》所定义的发盘吗？或者是实务中所谓的实盘吗？

发盘的有效期、生效和失效

3. 发盘的有效期

在发盘中通常都规定**有效期**（term of validity），作为发盘人受约束的期限和受盘人表示接受的有效期限。如果发盘中没有明确规定有效期，受盘人应在"合理时间内"（within a reasonable time）接受，否则无效。

在实际业务中，发盘有效期通常有以下三种规定方法。

（1）规定接受的最后日期。发盘人在发盘中明确规定受盘人表示接受的最迟期限。例如"发盘限 12 月 10 日复到我处"（offer subject reply reaching here December Tenth）；"发盘有效至我方时间星期二"（offer valid until Tuesday our time）。

（2）规定接受的天数或一段接受的期间。例如"发盘限 3 天内复到有效"（offer subject reply here in three days）；"发盘有效 3 天"（offer valid three days）。

采用这种规定方法，存在一个如何计算"一段接受期间"的起讫问题。根据《公约》第 20 条规定：发盘人在电报或信件中订定的一段接受期间，从电报交发时刻或信上载明的发信日期起算。如信上未载明发信日期，则从信封上所载日期起算。发盘人以电话、传真或其他可立即传达到对方的通信方法订定的一段接受期间，从发盘到达受盘人时起算。在计算一段接受期间时，这段时间内的正式假日或非营业日应计算在内。但是，如果接受通知在接受期间的最后一天未能送达发盘人的地址，因为那天在发盘人的营业所在地是正式假日或非营业日，则这段时间应顺延至下一个营业日。

（3）不做明确的规定或仅规定答复传递的方式。例如"发盘……电复"（offer...cable reply）、"即复"（reply promptly）、"速复"（reply immediately）、"急复"（reply urgently）、"尽快答复"（reply as soon as possible）等。

对于不明确规定有效期的发盘，其有效期界定在"合理时间内"受盘人接受有效，即该"合理时间"为有效期。至于该"合理时间"究竟多长，国际上并无明确的规定或一致的解释，有些国家的法律虽有规定，但彼此之间有很大差异，有的为有效期 2 天，有的为 2 周。美国《统一商法典》第 2205 条则规定：一个商人的发盘有效期的合理时间不超过 3 个月。所以"合理时间"容易引起业务纠纷，应少用或不用。

口头发盘的有效期，《公约》第 18 条（2）款规定："对口头发盘必须立即接受，但情况有别者不在此限。"所谓"立即接受"，可理解为：在双方口头磋商时当场有效，受盘人不在磋商当场表示接受，发盘随即失效。对"情况有别者",则可理解为:发盘人在口头发盘时,明确规定了有效期,例如"有效5天",则该发盘不在"立即接受"之列。

4. 发盘的生效和撤回

(1)发盘的生效。

对于发盘何时生效的问题,《公约》第15条规定,发盘于送达受盘人时生效。不论是书面的还是口头的发盘,只有传达至受盘人时才能对发盘人产生约束力。如果发盘人用信件或电报向对方发盘,该信件或电报遗失或送错,对方没有收到,则该项发盘无效。另外,发盘的生效也是受盘人做出接受行为的起始时间,受盘人只有在收到发盘后,也就是在发盘生效后,才能做出接受,否则,不具有法律效力。

我国《民法典》第一百三十七条规定:以对话方式做出的意思表示,相对人知道其内容时生效。以非对话方式做出的意思表示,到达相对人时生效。以非对话方式做出的采用数据电文形式的意思表示,相对人指定特定系统接收数据电文的,该数据电文进入该特定系统时生效;未指定特定系统的,相对人知道或者应当知道该数据电文进入其系统时生效。当事人对采用数据电文形式的意思表示的生效时间另有约定的,按照其约定。

(2)发盘的撤回。

发盘的撤回(withdraw)是指在发盘送达受盘人之前,即在发盘尚未生效时,发盘人阻止该项发盘生效。《公约》第15条(2)款规定:"一项发盘,即使是不可撤销的,也可以撤回,如果撤回通知于发盘送达被发盘人之前或同时,送达被发盘人。"我国《民法典》第一百四十一条规定:"行为人可以撤回意思表示。撤回意思表示的通知应当在意思表示到达相对人前或者与意思表示同时到达相对人。"根据上述规定,如果撤回发盘的通知先于发盘或与发盘同时送达受盘人,则该项发盘可以被撤回。换言之,任何发盘,包括不可撤销的发盘,在其送达受盘人之前,即在其生效之前,一律允许撤回。但如果发盘的通知已送达受盘人,发盘人若想修改或废除发盘,那就不是撤回的问题了,而是发盘的撤销问题。

在实际业务中,发盘的撤回只有在使用信件或电报向国外发盘时,方可使用,因为信件或电报送达收件人有一段时间间隔,如想撤回发盘,可采用快速方法(如电话、电子邮件),在发盘送达前撤回发盘。但如果发盘是使用电话、传真或电子邮件做出的,因这些信息随发随到,就不存在撤回发盘的可能性。

5. 发盘的撤销

发盘的撤销(revocation)是指发盘送达受盘人,即已生效后,发盘人再取消该发盘,解除其效力的行为。因此,发盘的撤销不同于发盘的撤回。对于发盘生效后能否再撤销的问题,各国合同法的规定有较大分歧。英美等国的普通法(common law)认为,发盘在原则上对发盘人没有约束力,在接受做出之前,发盘人可以随时撤销发盘或变更其内容。例外的情况是,受盘人给予了"对价"(consideration);或者发盘人以签字蜡封的特殊形式发盘。大陆法系(civil law)中的德国法律认为,发盘原则上对发盘人有约束力,除非他在发盘中已表明不受其约束。法国法律虽然允许发盘人在有效期内撤销其发盘,但判例表明,他须承担损害赔偿的责任。

《公约》第16条规定,发盘可以撤销,其条件是撤销通知要在受盘人发出接受通知之前送达受盘人。同时规定,凡有以下情形的,发盘人不得撤销其发盘。

其一,发盘中已写明了接受发盘的期限,或以其他方式表示发盘是不可撤销的。这就是说,规定了有效期的发盘在有效期内是不可撤销的。例如,发盘规定:在12月31日以前接受生效。这项发盘 12 月 31 日之前就不得撤销。在这个期限内，发盘人承担了等待对方接受的义务，也给予了对方在此期间考虑接受与否的权利。"以其他方式表示发盘是不可撤销的"，这是指没有规定接受期限，但以某种方式承担了义务，使得该项发盘是不可撤销的。例如，在发盘中使用了"实盘"（firm offer）、"不可撤销的发盘"（irrevocable offer）这样的字眼，那么在合理的时间内发盘也不得撤销。又如，买方在发盘中说明：能否供货，请尽快答复，未获贵方答复前，我将不再另询价格。这项发盘虽然没有规定接受期限，但仍承担了等待答复的义务，因此就是一项不可撤销的发盘。

其二，受盘人有理由相信该项发盘是不可撤销的，并已经本着对该项发盘的信赖行事。这是指受盘人从主观上相信该发盘是不可撤销的，并且在客观上采取了与交易有关的行动。在这种情况下，发盘也不能撤销，因为发盘的撤销会造成严重的后果。例如，某工程承包商打算去参加一个工程项目的投标，在投标之前，他需要估算工程的造价，因此向原材料供应商发出询盘，了解有关建筑材料的价格。原材料供应商向该承包商做出了发盘，承包商在此发盘的基础上，拟订了自己的标价，并进行了投标。由于他的报价较低，符合招标人的条件，因此中了标。但此时，原材料供应商却提出要撤销自己的发盘。按照《公约》的解释，这时发盘人已不能撤销其发盘了。

我国《民法典》对不得撤销要约的情形也做了具体规定。○

6. 发盘的失效

一项发盘发出后，有多种原因或情况导致发盘要么受阻不能生效，要么在生效期间失效，要么因过期失效。发盘失效主要有以下几种情况。

（1）生效前被阻止未能生效。典型的是发盘的撤回，即发盘（即使是不可撤销的发盘）在尚未被送达受盘人之前，在法律上是无效的，发盘人可以采取行动阻止其生效，因而撤回只是个手续问题，不存在发盘人是否承担责任的问题。

（2）有效期间的失效。发盘在被送达受盘人时开始生效的有效期间，在未被受盘人接受之前，凡遇下列情况之一者，发盘立即失效，发盘人不再受该发盘约束：

其一，拒绝。按《公约》第 17 条规定，一项发盘，即使是不可撤销的，于拒绝通知送达发盘人时立即失效。其二，还盘。当受盘人对发盘做出某些更改的还盘表示时，便构成对原发盘的实质上的拒绝，原发盘随之失效。其三，法律实施。如当发盘人或受盘人丧失行为能力（如死亡、精神失常等），或标的物灭失时，发盘便告失效；又如，有些国家的政府颁布命令禁止发盘中的货物进口或出口，也会造成发盘失效。其四，撤销。按照法律，发盘被有效地撤销，也使发盘失效。

（3）有效期满的失效。一项发盘，不论是明确规定了有效期的，还是未明确规定有效期的，若有效期已过，仍未被接受，随即失效。

我国《民法典》对要约失效的情形也做了具体规定。○

○ 《民法典》第四百七十六条规定，要约可以撤销，但是有下列情形之一的除外：（一）要约人以确定承诺期限或者其他形式明示要约不可撤销；（二）受要约人有理由认为要约是不可撤销的，并已经为履行合同做了合理准备工作。

○ 《民法典》第四百七十八条规定，有下列情形之一的，要约失效：（一）要约被拒绝；（二）要约被依法撤销；（三）承诺期限届满，受要约人未做出承诺；（四）受要约人对要约的内容做出实质性变更。

案例 10-2

【案情】

我方 A 公司向国外 B 公司发盘,报谷物 300 公吨,每公吨 250 美元,发盘有效期为 10 天。3 天后,B 公司复电称,对该批货物感兴趣,但要进一步考虑。2 天后,B 公司两次来电,要求将货物数量增至 600 公吨,价格降至 230 美元/公吨。3 天后我方公司将这批谷物卖给另一外商,并在第 10 天复电 B 公司,通知货已售出。但外商坚持要我方交货,否则以我方擅自撤约为由,要求赔偿。

【讨论分析】

1. 针对 A 公司的发盘,B 公司复电称,对该批货物感兴趣,但要进一步考虑。这是否构成还盘?

2. 针对 A 公司的发盘,B 公司两次来电,要求将货物数量增至 600 公吨,价格降至 230 美元/公吨。这是否构成还盘?

3. 此时双方的交易是否达成?

4. A 公司是否可以将这批谷物卖给另一外商,并在第 10 天复电 B 公司,通知货已售出?

5. B 公司能否以 A 公司擅自撤约为由,要求赔偿?

10.3.2 接受

1. 构成接受的条件

《公约》第 18 条(1)款将"接受"定义为:被发盘人声明或做出其他行为表示同意一项发盘,即是接受,缄默或不行动本身不等于接受。我国《民法典》第四百七十九条、第四百八十条规定:承诺是受要约人同意要约的意思表示。承诺应当以通知的方式做出;但是,根据交易习惯或者要约表明可以通过行为做出承诺的除外。按照前述规定,构成一项有效的接受,要具备以下条件。

构成接受的条件

(1)接受必须由特定受盘人做出,而不能是第三者。这一条件与构成发盘的第一项条件是对称的。发盘必须向特定的人发出,即表示发盘人愿意按发盘中提出的条件与对方订立合同,但这并不表示他愿意按这些条件与任何人订立合同。因此,接受只能由受盘人做出,才具有效力,其他人即使了解发盘内容并表示完全接受,也不能构成有效的接受。当然,这并不是说发盘人不能同原定受盘人之外的第三方进行交易,只是说,第三方做出的接受不具有法律效力,它对发盘人没有约束力。如果发盘人愿意按照原定的条件与第三方进行交易,他也必须向对方表示同意才能订立合同,因为,受盘人之外的第三方做出的所谓"接受"只是一种"发盘"的性质,并不能表示合同成立。

(2)接受的内容必须与发盘完全相符。如果受盘人在答复对方发盘时虽使用了"接受"的字眼,但同时又对发盘的内容做出了某些更改,这就构成有条件的接受(conditional acceptance),而不是有效的接受。应当注意的是,并不是说受盘人在表示接受时,不能对发盘的内容做出丝毫的变更,关键问题是看这种变更是否属于实质性的。

实质性变更（material alteration）是对发盘的拒绝，构成还盘。《公约》第 19 条（1）款规定："对发盘表示接受但载有添加、限制或其他更改的答复，即为拒绝该项发价，并构成还盘。"《公约》第 19 条（3）款规定："有关货物价格、付款、货物质量和数量、交货地点和时间、一方当事人对另一方当事人的赔偿责任范围或解决争端等的添加或不同条件，均视为在实质上变更发盘的条件。"我国《民法典》第四百八十八条规定："承诺的内容应当与要约的内容一致。受要约人对要约的内容做出实质性变更的，为新要约。有关合同标的、数量、质量、价款或者报酬、履行期限、履行地点和方式、违约责任和解决争议方法等的变更，是对要约内容的实质性变更。"

非实质性变更（nonmaterial alteration），能否构成有效的接受，要取决于发盘人是否反对。如果发盘人不表示反对，合同的条件就包含了发盘的内容以及接受通知中所做的变更。《公约》第 19 条（2）款规定："但是，对发盘表示接受但载有添加或不同条件的答复，如所载的添加或不同条件在实质上并不变更该项发盘的条件，除发盘人在不过分迟延的期间内以口头或书面通知反对其间的差异外，仍构成接受。如果发盘人不做出这种反对，合同的条件就以该项发盘的条件以及接受通知内所载的更改为准。"我国《民法典》第四百八十九条："承诺对要约的内容做出非实质性变更的，除要约人及时表示反对或者要约表明承诺不得对要约的内容做出任何变更外，该承诺有效，合同的内容以承诺的内容为准。"

在实际业务中，有时很难区分这两种变更。一般的做法是，如果对方对发盘内容做了变更，只要是发盘人不能同意的，就应及时提出反对，阻止合同成立，以免延误时机，造成被动。在实际业务中，有时还需要判定一项接受是"有条件的接受"，还是在接受的前提下的某种希望和建议。"有条件的接受"属于还盘，但如果受盘人在表示接受的同时提出某种希望，而这种希望又不构成实质性修改发盘条件，应被看作一项有效接受，而不是还盘。

（3）接受的时间必须在发盘有效期内。发盘中通常都规定有效期，这一方面是约束发盘人，使发盘人在有效期内不能任意撤销或修改发盘的内容；另一方面是约束受盘人，只有在有效期内做出接受，才有法律效力。如果发盘中未规定有效期，则应在合理时间内接受方为有效。

英美法系的国家采用"**投邮生效**"原则（dispatch theory），即接受必须传达到发盘人才生效，但是，如以信件或电报传达时，则例外地承认，当信件投邮或电报交发，接受即告生效。按此例外规则，即使接受的函电在邮递途中延误或遗失，发盘人未能在有效期内收到，甚至根本没有收到，也不影响合同成立。但如果发盘人在发盘中规定，接受必须有效期内传达到发盘人，则接受的函电传达到发盘人时，接受方能生效。

大陆法系的国家则采用"**到达生效**"原则（receipt theory），即表示接受的函电必须在发盘有效期内到达发盘人，接受才生效。如果表示接受的函电在邮递过程中延误或遗失，则合同不能成立。

《公约》采用"到达生效"原则，它在第 18 条（2）款中规定：接受于到达发盘人时生效。如果接受在发盘的有效期内（或者，如发盘未规定有效期，在合理时间内）未到达发盘人，接受即为无效。对口头接受必须立即接受。

我国《民法典》第四百八十一条规定：承诺应当在要约确定的期限内到达要约人。要约没有确定承诺期限的，承诺应当依照下列规定到达：（一）要约以对话方式做出的，应当即时做出承诺；（二）要约以非对话方式做出的，承诺应当在合理期限内到达。《民法典》第四百八十二条规定：要约以信件或者电报做出的，承诺期限自信件载明的日期或者电报交发之日开始计算。信件未载明日期的，自投寄该信件的邮戳日期开始计算。要约以电话、传真、电子邮件等快速通信方式做出的,承诺期限自要约到达受要约人时开始计算。

(4)接受必须明确表示出来。《公约》第18条(1)款规定:"受盘人声明或做出其他行为表示同意一项发盘,即为接受,沉默或不行动本身不等于接受。"根据这一规定,接受必须用声明或行为表示出来,声明包括口头和书面两种方式。一般来说,发盘以口头表示,则接受也以口头表示;发盘人如果以书面形式发盘,受盘人也以书面形式来表示接受。所谓用做出其他行为表示接受,通常是指卖方以发运货物,买方以开立信用证、支付货款等实际行动表示接受,即为用行为表示接受。

沉默或不行为本身并不等于接受。如果受盘人收到发盘后,对发盘不采取任何行动,而只是保持缄默,则不能认为是对发盘表示接受。这是因为,从法律责任来看,受盘人一般并不承担对发盘必须进行答复的义务。我国《民法典》对此类情形也做了具体规定。⊖

案例10-3

【案情】

中国甲公司于2016年9月2日致函英国乙公司,提出以每公吨1 800美元CIF纽约的条件向乙公司出售100公吨咖啡豆,发盘规定的有效期为9月15日。9月14日,甲公司获悉国际市场上咖啡豆价格上涨了30%,同日甲公司收到乙公司发来的表示接受的电传,乙公司表示其已做好履行合同的准备。15日,甲公司向乙公司提出将咖啡豆的售价由原来的每公吨1 800美元增加至每公吨2 300美元,乙公司未同意。后甲公司将该批咖啡豆以每公吨2 300美元的价格销售给了另一家公司。乙公司遂向中国某法院提起诉讼,要求甲公司赔偿其所遭受的损失。甲公司则辩称,其与乙公司间并不存在任何合同关系,乙公司的索赔主张缺乏依据。

【讨论分析】

1. 乙公司9月14日接受甲公司的发盘,表示其已做好履行合同的准备。该接受是否有效?
2. 甲乙之间的交易是否已经达成?
3. 9月15日,甲公司向乙公司提出将咖啡豆的售价由原来的每公吨1 800美元增加至每公吨2 300美元,乙公司未同意。至此甲乙之间的交易是否已经达成?价格条件是什么?
4. 甲公司将该批咖啡豆以每公吨2 300美元的价格销售给了另一家公司。甲公司的做法是否违约?
5. 甲乙之间是否存在合同关系?乙公司的索赔主张有无依据?

2. 逾期接受

在国际贸易中,由于各种原因,受盘人的接受通知有时晚于发盘人规定的有效期送达,这在法律上称为"逾期接受"或"迟到的接受"(late acceptance)。根据各国合同法的规定,逾期接受不是一项有效的接受,它必须经过原发盘人的确认后,合同才能成立,因此,发盘人不受其约束,不具有法律效力。我国《民法典》第四百八十六条规定:"受要约人超过承诺期限发出承诺,或者在承诺期限内发出承诺,按照通常情形不能及时到达要约人的,为新要约;但是,要约人及时通知受要约人该承诺有效的除外。"《公约》第21条(1)款规定:"逾期接受仍

⊖ 《民法典》第一百四十条规定,行为人可以明示或者默示做出意思表示。沉默只有在有法律规定、当事人约定或者符合当事人之间的交易习惯时,才可以视为意思表示。

有接受的效力，如果发盘人毫不迟延地用口头或书面将此种意见通知被发盘人。"

但是法律规定也给出了例外。如果逾期不是由于受盘人的主观原因，而是由于其他原因造成的，则该接受有效，除非发盘人及时发出通知表明该接受无效。我国《民法典》第四百八十七条规定："受要约人在承诺期限内发出承诺，按照通常情形能够及时到达要约人，但是因其他原因致使承诺到达要约人时超过承诺期限的，除要约人及时通知受要约人因承诺超过期限不接受该承诺外，该承诺有效。"《公约》第21条（2）款规定："如果载有逾期接受的信件或其他书面文件表明，它是在传递正常、能及时送达发盘人的情况下寄发的，则该项逾期接受具有接受的效力，除非发盘人毫不迟延地用口头或书面通知被发盘人：他认为他的发盘已经失效。"因此，对于因邮递延误而造成的逾期接受，如果发盘人保持沉默，则等于承认合同已经成立。在实践中，对逾期接受，发盘人通常应立即向对方发出通知，明确表达自己的意见。

3. 接受撤回

对于接受的撤回，按英美法系"投邮生效"原则，接受一经投邮立即生效，合同就此成立，因此不存在接受的撤回。《公约》采用的是"到达生效"原则，其在第22条规定，接受可以撤回，但撤回通知必须在接受通知送达发盘人之前或同时送达发盘人。可见，《公约》在接受的撤回问题上采取的原则与发盘的撤回是相同的。我国《民法典》做了类似的规定。《民法典》第四百八十五条规定：承诺可以撤回；第一百四十一条规定：行为人可以撤回意思表示。撤回意思表示的通知应当在意思表示到达相对人前或者与意思表示同时到达相对人。

接受不存在撤销问题，因为接受在接受通知送达发盘人时生效，接受一经生效，双方之间的合同关系也就此确立。当事人如果反悔，撤销合同，就会构成违约行为，要为此承担法律责任。需要指出的是，在当前通信设施非常发达和各国普遍采用现代化通信手段的条件下，当发现发出的接受存在问题而想撤回或修改时，往往已经来不及了，因此为了防止出现差错以及避免不必要的损失，在实际业务中应当审慎行事。

贸易合同的签订

10.4 贸易合同的签订

经过交易磋商，一方发盘经另一方接受后，交易即告成立，买卖双方就构成了合同关系。双方在交易过程中的往返函电，即是合同的书面证明。但根据国际贸易实践，买卖双方通常还要签订一定格式的书面合同，例如合同书或确认书，以进一步明确双方的权利和义务。

10.4.1 签订书面合同的意义

1. 合同生效的条件

合同虽不拘泥于某种特定的名称和格式，但是，假如在买卖双方磋商时，一方曾声明以签订书面合同为准时，那么即使双方已对交易条件全部协商一致，在书面合同签订之前，合同也不能生效。在此情况下，签订书面合同就成为合同生效的条件。我国《民法典》第四百九十一条："当事人采用信件、数据电文等形式订立合同要求签订确认书的，签订确认书时合同成立。当事人一方通过互联网等信息网络发布的商品或者服务信息符合要约条件的，对方选择该商品或者服务并提交订单成功时合同成立，但是当事人另有约定的除外。"此外，按规定须经一方或双方所在国政府批准的合同，也必须是有一定格式的书面合同。

2. 合同成立的证据

根据法律要求，凡是合同必须能得到证明，提供证据，包括人证和物证。通过书面形式达成的合同，举证自不成问题；但通过口头磋商达成的合同，举证可能难以做到。因此，口头磋商成立的合同，如果不用一定的书面形式加以确定，就将由于不能被证明而不能得到法律的保障，甚至在法律上成为无效。例如，美国《统一商法典》第 2-201 条规定：凡 500 美元以上的货物买卖合同必须有书面文件为证，否则不得由法律强制执行。我国《民法典》第一百三十五条规定："民事法律行为可以采用书面形式、口头形式或者其他形式；法律、行政法规规定或者当事人约定采用特定形式的，应当采用特定形式。"因此，我国企业在与国外客户订立贸易合同时，可以约定采用书面形式。通过口头磋商达成的交易，双方签署一份书面合同往往必不可少。

3. 合同履行的依据

合同的履行是一个十分复杂的过程。它涉及很多企业、单位和部门，各方面都要围绕同一份合同协同合作，才能有序地、正确地将合同履行完毕。口头合同，如不形成书面合同，几乎无法履行。即使通过信件、电报、电传、传真电子数据交换、电子邮件等书面形式达成的交易，如不将双方协商一致的、分散于多份书面文件的条件，归纳成一份有一定格式的书面合同，也将难以得到有序、高效的履行。所以，不论通过口头或是书面形式磋商达成的交易，均须把协商一致的交易条件综合起来，全面、清楚地列明在一份有一定格式的书面合同上。这对进一步明确双方的权利和义务具有重要意义，也能为合同的有序、正确履行提供更好的依据。

10.4.2 贸易合同的形式

书面形式包括合同书、信件以及数据电文（如电报、传真、电子数据交换和电子邮件）等可以有形地表现所载内容的形式。在我国的贸易实践中，书面合同形式包括合同、确认书、备忘录和协议书等，其中以采用"合同"和"确认书"两种形式居多。

1. 合同

合同（contract）的特点在于：内容比较全面，对双方的权利、义务以及发生争议后如何处理，均有较详细的规定。大宗商品或成交金额较大的交易，多采用此种形式的合同。我国在对外贸易中使用的合同，分为销售合同（sales contract）和购买合同（purchase contract），又称出口合同（export contract）和进口合同（import contract）。这两种合同的格式和主要内容基本一致，其中包括商品的名称、品质、数量、包装、价格、装运、保险、支付、商检、索赔、仲裁、不可抗力等条款。在我国的对外贸易业务中，通常由我方填制合同正本一式两份，经双方签字后，买卖双方各自保存一份。合同有正本和副本之分，合同副本与正本同时制作，无须签字，亦无法律效力，仅供交易双方内部留作参考资料，其份数视双方需要而定。

2. 确认书

确认书（confirmation）属于一种简式合同，它所包括的条款比合同简单，一般只就主要的交易条件做出规定，对买卖双方的义务描述得不是很详细。这种形式的合同适用于金额不大、批数较多的商品，或者已订有代理、包销等长期协议的交易。我国在外贸业务中使用的确认书，分为销售确认书（sales confirmation）和购买确认书（purchase confirmation）。这两种确认书的格式基本一致。当达成交易时，通常也由我方填制一式两份，经双方签字后，各自保存一份。它无正本与副本之分。

上述两种形式的合同，即正式的合同和确认书，虽然在格式、内容繁简、条款项目的设立和措辞上有所不同，但在法律上具有同等效力，对买卖双方均有约束力。在我国对外贸易业务中，书面合同主要采用这两种形式。在我国进出口业务中，各企业都有印有固定格式的进出口合同或成交确认书。当面成交的，即由双方共同签署；通过函电往来成交的，由我方签署后，一般将正本一式两份送交国外成交方签署后退回一份，以备存查，并作为履行合同的依据。

3. 协议

在法律上，**协议**（agreement）与合同具有相同的含义。书面文件冠以"协议"或"协议书"的名称，只要其内容对买卖双方的权利和义务都做了明确、具体和肯定的规定，它就与合同一样对买卖双方有法律约束力。但是，如果交易洽商的内容比较复杂，双方商定了一部分条件，还有一部分条件有待进一步洽商，于是先签订一个"初步协议"（preliminary agreement）或"原则性协议"（agreement in general），在协议书中也做了"本协议属初步性质，正式合同有待进一步洽商后签订"（this agreement is of preliminary nature, a formal contract will be signed after further negotiation）之类的说明，这种协议就不属于正式有效的合同性质。

4. 意向书

意向书（letter of intent）是指在交易磋商尚未最后达成协议之前，买卖双方为了达成某项交易，将共同争取实现的目标、设想和意愿，有时还包括初步商定的部分交易条件，以书面形式记录，作为今后进一步谈判的参考和依据。这种书面文件即称为"意向书"。意向书只是双方当事人达成某项协议的意愿表示，不是法律文件，对当事人仅仅具有一定的道义上的约束力。但根据意向书，有关当事人彼此负有道义上的责任，在进一步洽谈时，一般不应与意向书中所做的规定偏离太远。

5. 备忘录

备忘录（memorandum）是在进行交易洽商时用来记录洽商的内容，以备今后核查的文件。如果当事人双方把洽商的交易条件完整、明确、具体地记入备忘录，并经双方签字，那么这种备忘录的性质和作用与合同无异。如果双方洽商后，只是对某些事项达成一致或一定程度的理解或谅解，并记入备忘录作为双方的初步协议，以及今后进一步合作的参考依据，并常常冠以"理解备忘录"或"谅解备忘录"（memorandum of understanding）的名称，则这种备忘录不具有法律约束力，只是对双方具有一定的道义上的约束力。备忘录在我国外贸实际工作中较少使用。

6. 订单和委托订购单

订单（order）是指进口商或实际买家拟制的货物订购单。**委托订购单**（indent）是指由代理商或佣金商拟制的代客购买货物的订购单。在我国出口贸易实践中，交易达成后，有的客户往往发出订单，要求我方签署后退回一份。这种经洽商成交后发出的订单，实际上是国外客户的购买合同或购买确认书。对此，我方应仔细审阅其内容，看其中的条款与双方已商定的各项交易条件是否一致。如果内容一致或者虽有添加、更改之处，但情况并不严重且我方可以接受，则应按对方要求签署订单；如果发现添加、更改之处是我方所不能接受的，则必须及时向对方提出异议，以免对方误认为我方已默认其订单中所列条款，进而产生不必要的纠纷。此外，有些并未与我方进行过磋商的国外客户有时会径自寄来订单，对于这类订单，应根据其具体内容区分其为发盘还是发盘邀请，并及时予以答复。

10.4.3 贸易合同的内容

我国对外贸易企业与国外客户签订的买卖合同，不论采取哪种形式，都是调整交易双方经济关系和彼此权利与义务的法律文件。其内容通常都包括约首（首部）、正文（主体）和约尾（尾部）三个部分。

1. 合同约首

合同约首包括以下方面。

（1）合同名称。合同名称是指合同的形式和性质，如售货（或订购）合同、大豆合同、补偿贸易合同等。即使是简化的合同，也应明确为售货（或订购）确认书。

（2）合同编号。在进出口业务中，一般采用"一约一号"，即根据一定的规则编号。合同编号由各公司企业自己编号，可按签订时间、公司代码、部门代码、客户类型、商品类型等来编号，可以为买卖双方开具信用证或制作单据提供依据，便于存档和查阅。

（3）缔约日期。通过谈判成交的，哪天签约就写哪天；通过函电洽商成交的，写最后确认成交日期。缔约日期均采用公历。

（4）缔约地点。通过面对面谈判成交的，在哪里谈的就写哪里；通过函电洽商成交的，谁制作合同就写谁的地点。关于缔约地点需注意的是，按照某些国家的法律规定或贸易习惯，缔约的地点关系到发生合同纠纷时，援引所谓"契约缔结地法"的问题，即在哪个国家签约，就可用哪个国家的法律来解决合同中的有关争议和纠纷。例如，缔约地点在中国，就按中国的法律来处理。

（5）缔约双方名称、电报挂号、网址、电话及地址等。这是签约的主体，要详细写明，不能简化，在签订合同时应做到明确、具体、详尽，前后一致，使合同的履行顺利进行，以免发生贸易纠纷。特别是关于买方的这些内容要详细、清楚，有些国家的法律还规定这是合同正式成立的条件之一。

2. 合同正文

合同的正文即主体，是合同的基本条款，包括货物的名称、品质、数量、包装、价格、装运、保险、支付、检验、不可抗力、索赔、仲裁等，具体规定了买卖双方各自的权利和义务，所以也叫作权利义务部分。商订合同主要是指双方磋商如何规定这些基本内容，它分列为合同的主要条款和一般条款。

3. 合同尾部

合同的尾部涉及合同的效力范围和有效条件等主要问题，所以又称为效力部分。它一般包括合同适用的法律和惯例、合同的有效期、合同的有效份数、合同的文字及其效力和双方代表签字等内容。有的合同还根据需要制作了附件并注明其效力附在后面，作为合同不可分割的一部分。

合同文本采用两种以上文字订立并约定具有同等效力的，对各文本使用的词句推定具有相同含义。各文本使用的词句不一致的，应当根据合同的相关条款、性质、目的以及诚信原则等予以解释。○

本章小结

贸易合同可以通过口头或书面的方式订立。磋商的内容就是合同的条款。交易磋商的程序一般包括询盘、发盘、还盘和接受，其中发盘和接受是必不可少的环节。发盘、接受在法律上分别称为"要约""承诺"，有严格的构成条件。关于发盘的生效、失效、撤回、撤销以及接受的生效、撤回等法律上都有明确规定。发盘经接受后，交易达成，合同成立。实践中通常签订书面合同，以作为合同成立的证据，利于合同履行。书面合同一般有合同书、确认书等形式，内容包括约首、正文和约尾三个部分。

练习题

1. 简述出口交易磋商的内容和一般程序。
2. 何谓询盘？询盘时应注意哪些事项？
3. 构成发盘的必要条件有哪些？
4. 何谓发盘的撤回和撤销？
5. 何谓接受？构成接受的条件有哪些？
6. 逾期接受在何种情况下仍具有接受效力？
7. 我方某公司与某外商洽谈进口交易一宗，经往来电子邮件磋商，就合同的主要条件全部达成协议，但在最后一次我方所发的表示接受的电子邮件中列有"以签订确认书为准"。事后对方拟就合同草稿，要我方确认，但由于对某些条款的措辞尚待进一步研究，故未及时给予答复。不久，该商品的国际市场价格下跌，外商催我方开立信用证，我方以合同尚未有效成立为由拒绝开证。试分析：我方的做法是否合理？为什么？
8. 我方某进出口公司向国外某商人询购某商品，不久，我方收到对方8月15日的发盘，发盘有效期至8月22日。我方于8月20日向对方复电："若价格能降至56美元/件，方可以接受。"对方未做答复。8月21日我方得知国际市场行情有变，于当日又向对方去电表示完全接受对方8月15日的发盘。试问：我方的接受能否使合同成立？为什么？
9. 某进出口公司欲进口包装机一批，对方发盘的内容为："兹可供普通包装机200台，每台500美元CIF青岛，6至7月装运，限本月21日复到我方有效。"我方收到对方发盘后，在发盘规定的有效期内复电："你方发盘接受，请内用泡沫，外加木条包装。"试问：我方的接受可否使合同成立？为什么？
10. 书面贸易合同有哪些形式？
11. 签订书面合同有哪些作用？

○ 《民法典》第四百六十六条。

第11章 CHAPTER11

出口贸易合同的履行

:: **学习目标**

| 掌握出口合同履行所涉及的基本程序和应注意的问题；
| 能根据合同的条款对信用证的内容进行审核和修改；
| 了解出口托运环节并熟悉相关运输单据，以及涉及运输的保险、检验和报关等相关步骤与单据；
| 熟悉出口过程中所涉及的议付单据及种类，掌握各种议付单据的填制规范。

目前，我国出口合同很多以 CIF 和 CFR 价格条件成交，以信用证方式结算货款。本章主要介绍这类典型合同的履行程序，以其他条件达成的合同可以参照执行。履行出口合同的环节，概括起来可分成货（备货、报验）、证（催证、审证、改证以及利用信用证融资）、运（托运、报关、保险）、款（制单结汇）四个基本环节。这些环节有些平行展开，有些互相衔接，但都必须严格按照合同的规定和法律、惯例的要求，做好每一步工作，同时还应密切注意买方的履约情况，以保证合同最终得以圆满履行。

11.1 备货和报验

为了保证按时、按质、按量交付约定的货物，在订立合同之后，卖方必须及时落实货源，备妥应交的货物，并做好出口货物的报验工作。

11.1.1 备货

1. 备货过程中应注意的问题

备货是指进出口公司根据合同和信用证规定，向生产加工及仓储部门下达联系单，要求有关部门按联系单的要求，对应交的货物进行清点、加工整理、刷制运输标志以及办理申报检验和领证等项工作。联系单是各个部门进行备货、

出口贸易合同的履行

出运、制单结汇的共同依据。在备货工作中，应注意以下几个问题。

（1）按合同规定的时间交货。

交货时间是买卖合同的主要条件。延迟装运或提前装运均可导致对方拒收或索赔。合同中如规定允许分期或分批装运，但同时又规定了每批的数量，则卖方必须严格照办。如果其中某一期未按规定时间或数量装运，买方可按违约情况要求损害赔偿直至解除该期合同，甚至解除该期以后各期的合同。

（2）货物包装应与合同和法律的要求一致。

合同中对包装有明文规定的，卖方必须严格照办。对于合同没有明文规定的，应注意符合有关法律的要求。《公约》规定："货物按照同类货物通用的方式装箱或包装，如果没有此种通用方式，则按照足以保全和保护货物的方式装箱或包装。"在合同包装条款不明确时，这是对卖方在包装方面的最低要求。

（3）货物的品质必须符合合同的规定和法律的要求。

货物品质应符合合同的规定。对于凭文字说明成交的合同，卖方所交货物必须与文字说明相符。文字说明包括品质指标、行业公认或买卖双方认定的等级、标明版本年份的标准以及技术说明书和图样等。对于凭样品成交的合同，卖方交付货物的内在质量与外观形态都应和样品一致。如果既凭文字说明又凭样品来表示商品品质，则卖方所交货物既要和文字说明相符，又要和样品一致，其中任何一种不一致，都构成违约。

（4）交货数量应符合合同的规定。

交货数量是合同的一个重要交易条件。对于卖方在交货数量上应承担的义务，各国法律都有具体的规定，但并不一致。《公约》规定，如果卖方多交，则买方对于多交的部分，可以拒收，也可以接收部分或全部；如果卖方少交，则买方有权要求卖方补交，并请求损害赔偿；如果卖方少交货物的后果构成了根本违反合同，则买方可宣告合同无效并有权索赔。

2. 与备货有关的文件

（1）国内购销合同。

国内购销合同与国际贸易合同大致相符，用中文填写，内容比较简单。它是表明出口贸易公司与国内生产厂家之间权利和义务的法律文件。

（2）货物出仓申请单。

比较大的集团公司往往有储运部门，这时必须填写货物出仓申请单，得到储运部门的出仓通知书后，方可办理以后的出口手续。

11.1.2　出口商品的检验

在国际贸易中，卖方所交货物的品质、数量、包装等必须符合合同规定。为了便于分清责任、确认事实，往往需要由权威的、公正的商检机构对商品进行检验并出具检验证书作为证明。这种由商检机构出具的检验证书，已成为国际贸易中买卖双方交接货物、结算货款、索赔和理赔的主要依据。出口商品的检验检疫、鉴定流程如图 11-1 所示。

1. 出口商品的检验范围

根据现行的法律、行政法规或国际条约、协议的规定，有一部分商品及其运输工具必须经过商检机构的检验。未经检验合格的，不能出口或不能在国内销售、使用。在我国，出入境检验检疫机构对列入目录的进出口商品以及法律、行政法规规定须经出入境检验检疫机构检验的其他进出口商品实施检验（称法定检验）。对法定检验以外的进出口商品，则根据国家规定实施抽查检验。

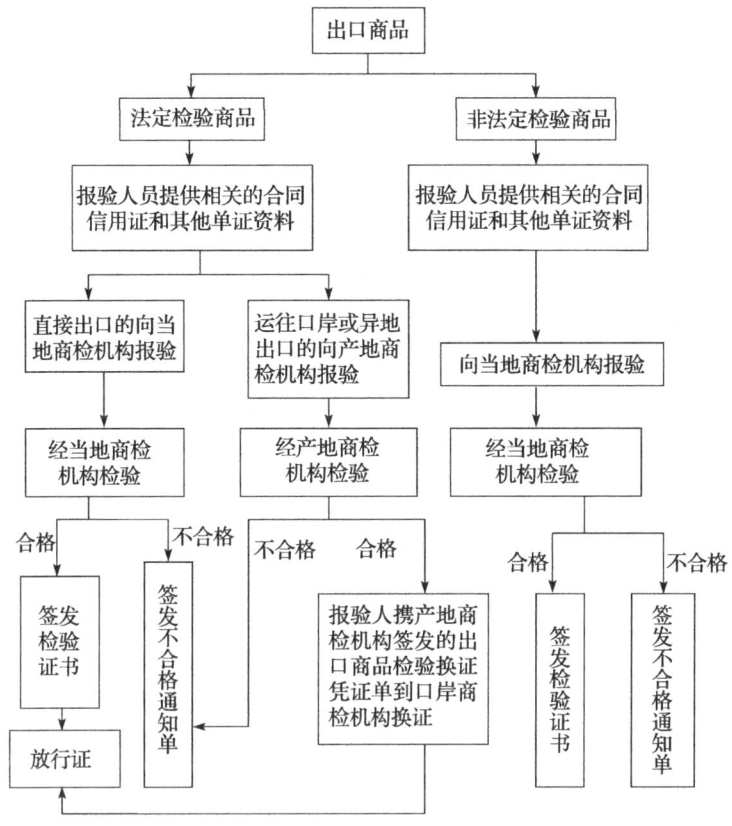

图 11-1 出口商品检验检疫、鉴定流程

出境的样品、礼品、暂准出境的货物以及其他非贸易性物品，免予检验（法律、行政法规另有规定的除外）。列入目录的进出口商品符合国家规定的免予检验条件的，由收货人、发货人或者生产企业申请，经国家市场监督管理总局审查批准，出入境检验检疫机构免予检验。

2. 出口商品的检验

（1）法定检验的出口商品。

法定检验的出口商品发货人应当在国家市场监督管理总局统一规定的地点和期限内，持合同等必要的凭证和相关批准文件向出入境检验检疫机构报检。法定检验的出口商品未经检验或者经检验不合格的，不准出口。出口商品应当在商品的生产地检验。国家市场监督管理总局可以根据便利对外贸易和进出口商品检验工作的需要，指定在其他地点检验。对于出口实行验证管理的商品，发货人应当向出入境检验检疫机构申请验证，出入境检验检疫机构按照国家市场监督管理总局的规定实施验证。

法定检验的出口商品经出入境检验检疫机构检验或者经口岸出入境检验检疫机构查验不合格的，可以在出入境检验检疫机构的监督下进行技术处理，经重新检验合格的，方准出口；不能进行技术处理或者技术处理后重新检验仍不合格的，不准出口。

（2）法定检验以外的出口商品。

法定检验以外的或实行验证管理的出口商品，经出入境检验检疫机构抽查检验不合格的，经处理后若重新检验合格方准出口，否则禁止出口。

对装运出口的易腐烂变质食品、冷冻品的集装箱、船舱、飞机、车辆等运载工具，承运人、装箱单位或者其代理人应当在装运前向出入境检验检疫机构申请清洁、卫生、冷藏、密固等适载检验。未经检验或者经检验不合格的，不准装运。

3. 办理申请出口商品检验的基本程序

（1）报验。具有该商品出口经营权的单位或受其委托的单位填写出口商品检验申请单，向当地商检机构申请报验。

（2）检验。报验的出口商品，原则上由商检机构进行检验，或由国家商检部门指定的检验机构进行检验。商检机构也可视情况，根据生产单位检验或外贸部门验收的结果换证，还可派出人员与生产单位共同进行检验。

（3）出证。出口商品经检验合格的，由商检机构签发检验证书，或在出口货物报关单上加盖检验印章。经检验不合格的，由商检机构签发不合格通知单。

11.2 催证、审证和改证

11.2.1 催证

如果在出口合同中买卖双方约定采用信用证方式，那么买方应严格按照合同的规定开立信用证，这是卖方履约的前提。但在实际业务中，国外进口商在市场发生变化或资金发生短缺的情况下，往往会拖延开证。对此，我们应催促对方迅速办理开证手续。特别是大宗商品交易或应买方要求而特制的商品交易，更应结合备货情况及时进行催证。必要时，也可请我国驻外机构或中国银行协助代为催证。

11.2.2 审证

信用证是依据合同开立的，信用证内容应该与合同条款一致。但在实践中，由于种种因素，如工作的疏忽、电文传递的错误、贸易习惯的不同、市场行情的变化或进口商有意用开证的主动权加列有利于自身利益的条款等，往往会出现开立的信用证条款与合同规定不符。为确保收汇安全和合同顺利履行，银行和出口商应该在国家对外政策的指导下，对不同国家、不同地区以及不同银行的来证，依据合同进行认真核对与审查。

根据 UCP 600 中有关义务与责任条款的规定：银行必须合理小心地审核一切单据，以确定单据表面上是否符合信用证条款。单据之间表面上的不一致，将被认为未能表面上符合信用证条款。单证不符就会失去安全收汇的保证，所以在装运之前，审查信用证的工作显得尤为重要。

1. 银行审证的主要范围

当信用证从开证行开来后，银行和出口公司都会对信用证进行审核，但是它们审核的重点各有不同，银行审核的重点主要是以下两方面。

（1）对开证行的审核。

1）政治性的审查。来证国家和地区必须是与我国有经济往来的国家和地区，应拒绝接受与我国无往来关系的国家和地区的来证。来证各项内容应符合我国方针政策，不得有歧视性内容，否则应根据不同情况向开证行交涉。

2）开证银行资信的审查。为了保证安全收汇，对开证行所在国家和地区的政治经济状况、开证行的资信、经营作风等必须进行审查，对于资信状况不佳的银行，应酌情采取适当措施。如果开证行资信比较差，收汇有风险，则外贸公司也可采取相应的措施。

3）审查印鉴、密押是否相符，索汇路线是否正确，是否符合支付协定等，保证安全及时收汇。

4）对开证行责任范围的审查。国外的开证行一般应遵循 UCP 600，如果开证行愿意依照该惯例解释信用证条款的话，就应该在信用证上注明。

（2）对信用证的审核。

1）信用证的性质应为不可撤销信用证，同时证内应载有开证保证付款的文句。但根据 UCP 600 规定，即使信用证没有注明"不可撤销"字样，仍应按不可撤销信用证处理。

2）信用证的大小写金额是否一致。

3）信用证要求的单据是否符合我国政策的许可。

4）信用证一般规定在受益人所在国到期。如果来证规定在其他国家到期，则最好不要接受。

5）审核信用证条款之间是否相互矛盾。例如，CFR 或 FOB 价格条件，要求出具保险单；信用证号码与出具汇票所根据的条款中的证号不一致；装运期晚于信用证的有效期等。

上述只是银行审核信用证的主要范围，银行审证细节要求远不止这些，外贸工作人员对此应有一般的了解，以便在银行审证有遗漏时补其不足。

2. 受益人以合同条款对照信用证进行审核

虽然银行对买卖双方的合同不做要求，但对于信用证的开立，进口商申请开证时毕竟以合同条件为基础，因此信用证应该反映合同的内容。审核信用证首先对合同中所规定的商品名称、品牌、商标、品质规格、包装条款、总值等一一核对。与合同有矛盾的项目应该向开证申请人提出修改，改妥后再安排装运。

（1）检查信用证的付款保证是否有效。

有下列情况之一的，不是一项有效的付款保证或该项付款保证是存在缺陷的。

1）信用证明确表明是可以撤销的。此信用证由于无须通知受益人或未经受益人同意就可以随时撤销或变更，应该说对受益人是没有付款保证的，对于此类信用证，不予接受。

2）应该保兑的信用证未按要求由有关银行进行保兑。

3）信用证未生效。

（2）检查信用证的付款时间是否与有关合同规定相一致。

要求支付的汇票是即期还是远期的，要与合同进行核对。如果合同为即期而来证要求远期支付，就有利息和汇兑风险问题，则应该修改信用证。如果信用证规定远期汇票，要分清是假远期还是真远期，真远期一般都有到期付款字样。

（3）检查信用证受益人和开证申请人的名称和地址是否完整和准确。

受益人应特别注意信用证上的受益人名称和地址是否正确。如果受益人的名称不正确，将会给今后的收汇带来不便。同时，应核对开证申请人（买方）名称和地址的写法是否正确。

（4）对商品的品质、规格、包装等条款的审查。

信用证中有关商品货名、规格、包装、单价等内容必须和合同规定相符。特别要注意有无另外的特殊条款，应结合合同内容认真研究，做出能否接受或是否修改的决定。

（5）检查信用证的数量是否与合同规定相一致。

若合同的数量有溢短装条款，则信用证应该有相应的条款，或者其金额应该按最高容许数量计算。如果不是，则应要求修改。

（6）检查装运期的有关规定是否符合要求。

应注意能否在信用证规定的装运期内备妥有关货物并按期出运。如果来证收到时，装运期太近，无法按期装运，应及时与客户联系修改。如果信用证中规定了分批出运的时间和数量，应注意能否办到，否则，任何一批商品未按期出运，该期及以后各期均告失效。

（7）检查信用证的金额、币制是否符合合同规定。

应注意信用证金额是否正确；检查信用证中的单价与总值是否准确，是否大小写并用且内容一致；如数量上可以有一定幅度的伸缩，那么信用证也应相应规定支付金额允许有一定幅度的浮动；检查币制是否正确。

（8）检查价格条款是否符合合同规定。

不同的价格条款涉及具体的费用如运费、保险费由谁分担。例如，合同规定FOB，根据此价格条款，有关的运费和保险费由买方即开证申请人承担。如果收到的信用证中要求海运提单注明"运费已付"，并要求提交保险单，显然与FOB合同的要求完全不同。对此要求如不及时修改，那么受益人将承担有关的运费和保险费。

（9）保险条款应符合合同规定。

如果来证要求投保的险别超出合同的规定，或者保险责任范围扩展至内陆或者加保各种附加险等，应与保险公司联系能否接受，由此发生的超保费原则上应该由买方负担并允许在信用证项下支付。但有时为了避免因为小额数目影响及时出运和收汇，卖方也会放弃对信用证的修改。

3. 信用证一般条款的审核

信用证中各种条款都应该逐条审核和落实，如果受益人提交的单据没有满足信用证的某项条款或某一条件，就会造成单证不符，有被开证行拒付的可能。所以不应接受有问题的条款，应该及时向开证申请人提出修改。

（1）检查能否在信用证规定的交单期交单。

如果来证中规定交单的日期不得迟于提单日后若干天，则过了限期，银行有权不付款。根据UCP 600第14条，正本运输单据，须由受益人或其代表在不迟于本惯例所指的发运日之后的21个日历日内交单，但是在任何情况下都不得迟于信用证的截止日。

（2）检查信用证的通知方式是否安全、可靠。

信用证一般是通过受益人所在国家或地区的通知行或保兑行通知给受益人的。根据UCP 600的有关规定及其解释，通知行应对所通知的信用证的真实性负责；如果不是这样寄交的，应特别注意风险的防范。

（3）检查货物是否允许分批出运和转运。

除信用证另有规定外，货物是允许分批付运的。特别注意UCP 600第32条规定，如信用证规定在指定的时间段内分期支取或分期发运，任何一期未按信用证规定期限支取或发运时，信用证对该期及以后各期均告失效。如果在信用证中规定了每一批货物出运的确切时间，则必须按此照办，如不能办到，必须修改。

（4）检查装运期和有效期。

装运期必须与合同规定一致，如国外来证太晚，无法按期装运，应及时电请国外买方延展装运期。信用证中规定的最迟装运日期，应与合同中的装运条款相一致，运输单据的出单日期或上面加注的装船或启运日期，不得迟于信用证最迟装运日期。

UCP 600第6条d款：信用证必须规定一个交单的截止日。规定的承付或议付的截止日将被视为交单的截止日。该截止日即为信用证的到期日。若信用证未规定装运期，则最迟装运日期即为信用证的到期日。

（5）检查船只限制条款。

应注意信用证中指定船龄、船籍、船公司或不准在某港口转船等条款能否办到。

（6）检查信用证中有无陷阱条款。

在审证时，除对上述内容进行仔细审核外，有时信用证内加列特殊条款（special condition），如指定船籍、船龄等条款或不准在某个港口转船等，一般不应轻易接受，若受益人能按要求做到，则也可酌情灵活掌握。

（7）检查信用证中有无矛盾之处。

例如，明明是空运，却要求提供海运提单；明明价格条款是 FOB，保险应由买方办理，而信用证中却要求提供保险单；装运期与议付期颠倒。信用证的议付有效期比装运期要晚，这是合乎常规的，反之如果装运期比议付有效期晚，如装运期为 6 月 30 日，而议付有效期为 6 月 15 日，则应修改，或与银行联系，由银行向开证行申请代改。

（8）检查有关信用证是否受 UCP 600 的约束。

明确信用证受 UCP 600 的约束，可以使信用证相关当事人在具体处理信用证业务时，对于信用证的有关规定有公认的解释和理解，避免因对某一规定的不同理解产生争议。

（9）对某一问题有疑问，可以向通知行或付款行查询，得到其帮助。

对信用证的全面审核过程中，如发现问题，应及时处理。对于影响安全收汇、难以接受或做到的信用证条款，必须要求国外买方通过银行对信用证进行修改。

4. 有关单据条款的审核

（1）保险单条款的审核。

信用证在保险条款中要明确投保哪些主要险别，不建议使用通常风险（usual risk）或惯常风险（customary risk）等含糊不清的险别，因为根据 UCP 600 第 28 条规定：信用证应规定所需投保的险别及（或）附加险。如果信用证使用诸如"通常风险"或"惯常风险"等含义不确切的用语，则无论是否有漏保风险，保险单据将照样被接受。

（2）海运提单条款的审核。

一般信用证对提单份数条款最常见的规定为全套正本提单（full set of original bills of lading）。按照统一惯例的规定，开立全套正本提单可以是一份或一份以上正本提单。

（3）包装单条款的审核。

对包装商品，信用证一般要求出具包装单。包装单表明货物不同规格、不同包装和每件具体情况。如果每件是不定量包装，则要逐一列出每件的毛重和净重等情况。如果是散装货物则不应接受这种单据。

（4）领事发票和领事签证单据条款的审核。

领事发票是根据进口国驻在出口国的领事馆所制定的固定格式而填制的一种发票，应由领事签章，或由受益人事先缮制单据，如发票和产地证等，再由领事签章。

以上为审核信用证时应注意的要点。此外，对于开证行在信用证中的各种疏漏、错误，受益人应仔细审核，以确保单证一致，安全收汇。

11.2.3 改证

对信用证进行了全面细致的审核以后，如果发现问题，应区分问题的性质，分别同银行、运输、保险、商检等有关部门研究，做出恰当妥善的处理。凡是属于不符合我国对外贸易方针政策，影响合同执行和安全收汇的情况，出口商必须要求国外客户通过开证行进行修改，并坚持在收到银行修改信用证通知书后才能对外发货，以免发生货物装出后而修改通知书未到的情况，造成工作上的被动和经济上的损失。

在办理改证工作时，凡需要修改的各项内容，应做到一次性向国外客户提出。根据 UCP 600 第 10 条规定：在受益人向通知修改的银行表示接受该修改内容之前，原信用证的条款和条件对受益人仍然有效。受益人应发出接受或拒绝接受修改的通知。如受益人未提供上述通知，当其提交至被指定银行或开证行的单据与信用证以及尚未表示接受的修改要求一致时，则该事实即视为受益人已做出接受修改的通知，并从此时起，该信用证已被修改。

对来证不符合规定的各种情况，还需做出具体分析，不一定坚持要求对方办理改证手续。如果来证内容不违反政策原则并能保证出口商安全迅速收汇，也可以灵活掌握。

11.3 出口托运

在国家货物买卖中，如果采用 CIF 或 CFR 术语成交，则根据《2020 年通则》的有关规定，出口方必须自付费用同承运人签订合同，同时负责租用适航的船舶或者向班轮公司订妥必要的舱位。

11.3.1 出口订舱

对于出口商而言，如果货物采用班轮运输，那么在备货及落实信用证的同时，就应该着手订舱，以便及时履行合同及信用证项下的交货和交单的义务。托运人查询船期表以选择合适的船舶、航次，然后向具体的船公司订舱位。整个出口托运订舱流程如图 11-2 所示。

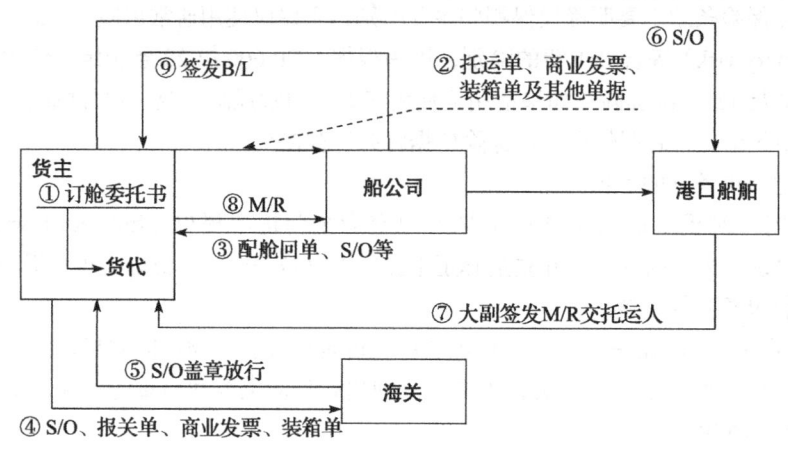

图 11-2　出口托运订舱流程

图 11-2 说明：

①出口企业，即货主在货、证准备好之后，填制订舱委托书，随附商业发票、装箱单等其他必要单据，委托货代订舱。有时还委托其代理报关以及货物的储运工作等事宜。

②货代接受订舱委托后，缮制集装箱货物托运单，随同商业发票、装箱单及其他必要的单证一同向船公司办理订舱。

③船公司根据具体情况，如接受订舱则在托运单的几联单据上填写与提单号码一致的编

号，填上船名、航次，并签署，即表示已经确认托运人的订舱，同时把配舱回单、装货单（S/O）等与托运人有关的单据退还给托运人。

④托运人持船公司签署的 S/O，填制出口货物报关单，连同商业发票、装箱单等其他有关的出口单证办理货物出口报关手续。

⑤海关根据有关规定对出口货物进行查验，如同意出口，则在 S/O 上盖放行章，并将 S/O 退还给托运人。

⑥托运人持海关盖章的由船公司签署的 S/O，要求船长装货。

⑦装货后，由船上的大副签署大副收据（M/R），交给托运人。

⑧托运人持 M/R，向船公司换取正本的已装船提单。

⑨船公司凭 M/R，签发正本提单并交给托运人凭以结汇。

除了上述的程序外，在货物装船后，托运人应及时向国外收货人发出装船通知（shipping advice），以便对方准备付款赎单、办理进口报关手续和接货手续。如 CFR、FOB 合同由买方自办保险，则及时发出装运通知显得尤为重要。

装船通知的内容一般有：订单或合同号、信用证号、货物明细、装运港、装运期限、船名、航次、预计开航日期或预计到达日期等。

11.3.2　出口报关

报关工作的全部程序分为申报、查验、放行三个阶段。

1. 出口货物的申报

（1）单据的准备。出口商在出口前应缮制全套报关单据，并根据装运日期及时向海关申报。全套报关单据包括报关委托协议书（格式以海关的要求为准）、装箱单、发票、合同、出口收汇核销单、出口货物报关单以及海关监管条件所涉及的各类证件。

（2）货物的准备。目前，海关实行货到报关，因此提前将出口货物准备好是顺利通关的必要条件。如果是工厂送货，出口商可将货物发运到承运人指定的集装箱中转站，由中转站负责将货物依次装入集装箱。如果出口商要求整箱装运，则承运人可将空箱运至出口商的仓库，在将货物装箱之后，直接将集装箱运至堆场。

2. 出口货物的查验

出口货物，除海关总署特准免验的以外，都应接受海关查验。查验的目的是核对报关单证所报内容与实际到货是否相符，有无错报、漏报、瞒报、伪报等情况，审查货物的出口是否合法。海关查验货物，应在海关规定的时间和场所进行。如有特殊理由，事先报经海关同意，海关可以派人员在规定的时间和场所以外查询。

3. 出口货物的放行

海关对出口货物的报关，经过审核报关单据、查验实际货物，并依法办理征收货物税费手续或减免税手续后，在有关单据上签盖放行章，而后货物的所有人或其代理人才能提取或装运货物。此时，海关对出口货物的监管才算结束。

11.3.3　出口保险

1. 出口货物保险的办理流程

（1）申请投保。当投保人需要对一笔货物申请保险时，可到当地保险公司办理手续。一般先填制"运输险投保单"一式二份。一份由保险公司签署后交投保人作为接受承保的凭证；一份由保险公司留存，作为缮制、签发保险单或保险凭证的依据，保险契约即告成立。

（2）出具保险单。保险单是保险人与被保险人之间的一种契约，规定了双方之间的权利与义务，是投保的一方支付保险费，保险的一方在保险标的遭受损失时承担赔偿责任的依据；同时也是投保单位通过银行结汇的重要单据之一。保险公司根据投保人填报的内容，凭以签发保险单或保险凭证，并计算保险费。

2. 保险索赔程序

（1）提出索赔申请。一旦出口货物遭受损失，对方（进口方）可以向保险单所载明的国外理赔代理人提出索赔申请。如中国人民保险公司在世界各主要港口和城市，均设有委托国外检验代理人和理赔代理人两种机构，前者负责检验货物损失，收货人取得检验报告后，附同其他单证，自行向出单公司索赔；后者可在授权的一定金额内，直接处理赔案，就地给付赔款。

（2）审定责任，予以赔付。被保险人在办妥索赔手续和提供齐全的单证后，即可等待保险公司审定责任，给付赔款。在我国，保险公司赔款方式有两种：一是直接赔付给收货单位；二是集中赔付给各有关外贸公司，再由各外贸公司与各订货单位进行结算。

11.4 制单结汇

11.4.1 制单

制单过程中必须遵循的一个原则是"单证一致"，即结汇单据上所表述的内容要与信用证上所要求的内容完全一致。这种一致属于"表面一致"，不管信用证的内容正确与否，单据都必须如实反映出来。

用于结汇的主要单据有如下几种。

1. 汇票

由于跟单信用证项下的汇票缮制必须严格按信用证上的要求办理，因此尽管汇票是票据的一种，我们也可将它视作信用证所要求提交的一种国际贸易结汇单据。汇票属于资金单据，它可以代替货币进行转让或流通。为了防止丢失，一般汇票都有两张正本，即 first exchange 和 second exchange，根据票据法的规定，两张正本汇票具有同等效力，但付款人付一不付二，付二不付一，先到先付，后到无效。银行在寄送单据时，一般也要将两张正本汇票分两个邮次向国外寄发，以防在邮程中丢失。

2. 商业发票

商业发票（commercial invoice）是出口商开立的发货价目清单，是装运货物的总说明，发票全面反映了合同的内容。发票的主要作用是供进口商凭以收货、支付货款和充当进出口商记账、报关纳税的凭据。在不用汇票的情况下（如付款信用证、即期付款交单），发票代替汇票作为付款的依据。发票没有统一的格式，其内容应符合合同规定，在以信用证方式结算时，还应与信用证的规定严格相符。由于发票是全套货运单据的中心，其他单据均参照发票内容缮制，因而它的制作不仅要求正确无误，还应排列规范、整洁美观。

3. 运输单据

运输单据因不同贸易方式而异，有海运提单、海运单、航空运单、铁路运单、货物承运收据及多式联运单据等。

4. 保险单

保险单是保险人与被保险人之间订立的保险合同的凭证，是被保险人索赔、保险人理赔的依据。在 CIF 或 CIP 合同中，出口商在向银行或进口商收款时，提交符合销售合同或信用证规定的保险单据是出口商必不可少的义务。

5. 原产地证书

原产地证书（certificate of origin）用以证明货物原产地或制造地，是进口国海关计征税率的依据。我国出口商品所使用的产地证主要有以下两种。

（1）普惠制产地证（GSP certificate of origin）。凡是向给惠国出口受惠商品，均须提供普惠制产地证，才能享受关税减免的优惠，所以不管来证是否要求提供这种产地证，我方出口商均应主动提交。普惠制产地证的书面格式名称为格式 A（Form A）。

（2）普通产地证。它用以证明货物的生产国别，进口国海关凭以核定应征税的税率。在我国，普通产地证可由出口商自行签发，或由出入境检验检疫机构签发，抑或由中国国际贸易促进委员会签发。在实际业务中，应根据买卖合同或信用证的规定，提交相应的产地证。在缮制产地证时，应按《中华人民共和国出口货物原产地规则》及其他规定办理。

6. 检验证书

国际贸易中**检验证书**（inspection certification）的种类很多，分别用以证明货物的品质、数量、重量和卫生条件等方面的情况。检验证书一般由国家指定的检验机构出具，也可根据不同情况，由出口企业或生产企业自行出具。应注意出证机构检验货物名称和检验项目必须符合信用证的规定。

7. 包装单据

包装单据（packing document）是指一切记载或描述商品包装种类和规格情况的单据，是商业发票的补充说明，主要有装箱单（packing list）、重量单（weight list）、尺码单（measurement list）。

8. 其他单证

其他单证按不同交易情况，由合同或信用证规定，常见的有：寄单证明（certificate for dispatch of documents）、寄样证明（certificate for dispatch of shipment sample）、邮局收据（post receipt）、快速收据（courier receipt）、装运通知（shipping advice）以及有关运输和费用方面的证明。

11.4.2 审单

1. 信用证结算审单准则

（1）按照 UCP 600 的规定审单。UCP 600 是确保在世界范围内将信用证作为可靠支付手段的准则，已被大多数的国家与地区接受和使用。UCP 600 所体现出来的国际标准银行惯例是各国银行处理结算业务必须遵循的基本准则。我们必须按照 UCP 600 的要求，合理谨慎地审核信用证要求的所有单据，以确定其表面上是否与信用证条款相符。

（2）按照信用证所规定的条件、条款审单。信用证是根据买卖双方的贸易合同而开立的，它一旦为各有关当事人所接受，即成为各有关当事人必须遵循的契约性文件。在信用证结算业务中，各有关当事人必须受其约束，按照信用证所规定的条件、条款，逐条对照，以确定单据是否满足信用证的要求。当信用证的规定与 UCP 600 抵触时，则应遵循信用证优先于

UCP 600 的原则，按照信用证的要求审核单据。

（3）按照银行的经营思想、操作规程审单。国际贸易结算作为银行经营的一项重要业务，在操作过程中，必须按照银行的有关操作规程行事。尤其是在向客户融资时，更应明确银行的观点和看法，有权对单据有关条目的处理做出自己的选择和判断，以体现银行的经营方针和经营作风。

（4）按照普遍联系的观点，结合上下文内容审单。信用证是一个与商务合同分离的独立文件，其内容是完整的、互为联系的。其中要求的条件、单据等是相辅相成、前后一致的。审单时必须遵循普遍联系的观点，结合上下文内容进行，避免片面、孤立地看待某一条款。

（5）按照合情、合理、合法的原则审单。审单员应根据自己所掌握的国际贸易结算知识，对各种单据的完整性和准确性，做出合乎情理的判断。例如，普惠制产地证是给惠国赋予受惠国出口货物减免的一种优惠凭证，其"收货人"一栏，应填写最终买主。如信用证未做明确规定，我们应根据提单的收货人、通知人以及货至目的地对最终买主做出合理的选择。

（6）按照单据的商业功能和结算功能相统一的原则审单。单据的商业功能，即在商务流转及商品买卖过程中的作用是主要的，结算功能是次要的，审单时应着重考虑其商业功能。我们应该了解各类单据的作用及功能，按照各类单据自身的功能及用途审单，避免将不必要的内容强加于单据。

2. 单证审核的基本方法

单证审核的方法概括起来有以下两种。

（1）纵向审核法。它是指以信用证或合同（在非信用证付款条件下）为基础对规定的各项单据进行一一审核，要求有关单据的内容严格符合信用证的规定，做到"单证一致"。

（2）横向审核法。它是指在纵向审核的基础上，以商业发票为中心审核其他规定的单据，使有关的内容相互一致，做到"单单一致"。

上述审核一般由制单员或审单员进行，为第一道审核；为安全起见，应当对有关单据进行复审。

3. 单证审核的重点

（1）综合审核。检查内容包括：规定的单证以及所需单证的份数是否齐全；所提供的文件名称和类型是否符合要求；有些单证是否按规定进行了认证；单证之间的货物描述、数量、金额、重量、体积、运输标志等是否一致；单证出具或提交的日期是否符合要求。

（2）分类审核。严格对汇票、商业发票、保险单据、运输单据、装箱单、重量单、产地证书、商检证书等进行审核。需要注意的是，均须先与信用证的条款进行核对，再与其他有关单据核对，求得"单证一致、单单一致"。

（3）常见差错。汇票大写、小写金额打错；汇票的付款人名称、地址打错；发票的抬头人打错；有关单据如汇票、发票、保险单等的币种不一致或不符合信用证的规定；发票上的货物描述不符合信用证的规定；多装或短装；有关单据的类型不符合信用证要求；单单之间商品名称、数量、件数、唛头、毛净重等不一致；应提交的单据提交不全或份数不足；未按信用证要求对有关单据如发票、产地证等进行认证；漏签字或盖章；汇票、运输提单、保险单据上未按要求进行背书；逾期装运；逾期交单。

4. 有问题单据的具体处理

（1）对有问题的单据必须进行及时更正和修正，否则，将影响安全收汇。在规定的有效期和交单期内，应当将有问题的单据全部改妥。因为根据 UCP 600 第 16 条规定，当按照指定要求行事的被指定银行、保兑行（如有）或开证行确定提交不符单据时，可以拒绝兑付或议付。当开证行确定不符交单时，可以依据其独立的判断联系申请人放弃有关不符点。

（2）有些单据由于种种原因不能按期更改或无法修改，对此可以向银行出具一份保函（通常称为担保书）。保函中交单人要求银行向开证行寄单并承诺如果买方不接受单据或不付款，银行有权收回已偿付给交单人的款项。对此银行方面可能会接受。不过最好不要这样做，因为出具保函后，收不到货款的风险依然存在，同时要承担由此产生的其他费用。交单人向银行出具保函一般应事先与客户联系并取得客户接受不符单据的确认文件。

（3）请银行向开证行拍发要求接受不符点并予付款的函电（俗称"打不符电"）。有关银行在收到开证银行的确认接受不符单据的函电后再行寄送有关单据，收汇一般有保证，此种方式可以避免未经同意盲目寄单情况的发生。但要求开证行确认需要一定的时间，同时要冒开证行不确认的风险并要承担有关的通信费用。

（4）改以托收方式。由于单据中存在不符点，原先信用证项下的银行信用已经变为商业信用，如果客人信用较好且急需有关文件提取货物，为减少一些中间环节，可采用托收方式。

上述各项措施主要是在有效控制货物所有权的前提下，以积极、稳妥的方式处理不符合有关规定的单据，避免货款两空情况的发生。因为只要掌握了代表物权的运输单据，买方就不能提取货物，如果买方仍然需要这批货物，那么买方可能会接受有不符点的单据。这里必须牢记的是，不符单据是有很大风险的，对不符单据的接受与否完全取决于买方。

11.4.3 交单

交单是指出口商（信用证受益人）在规定时间内向银行提交信用证规定的全套单据，这些单据经银行审核，根据信用证条款的不同付汇方式，由银行办理结汇。

交单应注意三点：第一是单据的种类和份数与信用证的规定相符；第二是单据内容正确，包括所用文字与信用证一致；第三是交单时间必须在信用证规定的交单期和有效期之内。

一般情况下交单方式有两种：一种是两次交单或称预审交单，即在运输单据签发前，先将其他已备妥的单据交银行预审，发现问题及时更正，待货物装运后收到运输单据，可以当天议付并对外寄单；另一种是一次交单，即在全套单据收齐后一次性送交银行，此时货已发运，银行审单后若发现不符点需要退单修改，将耗费时日，容易造成逾期而影响收汇安全。因而出口企业宜与银行密切配合，采用两次交单方式，加速收汇。

11.4.4 结汇

信用证项下的出口单据经银行审核无误后，银行按照信用证规定的付汇条件，将外汇结付给出口企业。在我国出口业务中，大多使用议付信用证。议付又称出口押汇，是指收取单据作为质押，按汇票或发票面值，扣除从议付日起到估计收到开证行或偿付行票款之日的利息，将货款先行垫付给出口商（信用证受益人）。随后议付行向开证行或其指定的付款行索偿，若索偿成功，结汇程序完成；若索偿不成功（开证行或付款行拒付），议付行可向出口商追还已垫付之货款。

💡 案例 11-1

【案情】

我国内地某公司与我国香港某公司达成了一笔 1 019 公吨镀锡铁皮和镀锌薄板，金额约

20万美元的交易。支付条件为即期信用证，规定为2月和3月。不久，中国银行广州分行很快开出了信用证，规定了商品的名称、规格、数量、重量和装运期等。中国船运公司应托运人请求，向其发运了48个集装箱，供其装货和加封。3月24日，承运人签发了"已装船"清洁提单，3月25日，香港方寄单至中国银行，并且香港的中国船运公司"海星"号轮到达黄埔。集装箱明显完好，封条未动。但启封以后，发现箱内只有充满脏水的铁桶，没有镀锡铁皮和镀锌薄板。3月30日，收货人立即将该欺诈行为通知了中国银行，并要求其通知指定的议付银行。但中国银行收到一份议付银行打来的电传，说已根据提示汇票和单据支付了货款。这时，外贸公司发现商业发票与提单两者不符：信用证内的商品发票中要求规格为50cm，而提单内规格为50mm。4月14日，内地方提出，香港议付银行可以行使追索权，向出口商索回货款。3天以后，中国银行又收到议付银行的电传，说中国银行提出偿还货款的要求超过了允许的合理时间，因此，要求中国银行（开证行）立即偿付。中国银行无奈做了偿付。

【讨论分析】
1. 在本案例中，受益人如何做才能较好地规避信用证项下的单据诈骗问题？
2. 在本案例中，进口商采取怎样的措施可以较好地预防单货不符的问题？
3. 在本案例中，开证行存在的问题是什么？
4. 内地公司可以依据"单单不符"拒绝赎单吗？

本章小结

  CIF或CFR贸易术语、即期信用证结算的出口合同，在履行过程中主要包括货（备货、报验）、证（催证、审证、改证以及利用信用证融资）、运（托运、报关、保险）、款（制单结汇）四个基本环节。各环节都有具体的细节需要注意。要求重点掌握信用证的审核要点，熟悉出口托运过程中各种相关单据的制作，能按信用证的要求以及"单证一致、单单一致、单货一致"的原则制作并审核议付单据。银行将按议付、付款或承兑信用证规定的付汇条件，将外汇结付给出口企业。

练习题

1. 某信用证上规定的交货期是大约10月15日，那么可以在哪个时间段出货？
2. 供货商未如期供货，但是我方已经开立不可撤销信用证，装运期为8月16日之前，有效期到8月底。请问：能否申请撤销信用证？如果货物不能如期装运，该信用证是不是自动失效？
3. 信用证境外到期能否接受？
4. 信用证规定，100公吨货物：shipment in two lots for 70 M/T and 30 M/T during May, 2022。在议付时，实际上并未分批装运，而是在同一条船上装了100公吨，只是分别做了两套单据。请问：这样做行吗？银行会接受吗？
5. 商业发票在何种情况下应签字？是不是所有的发票都应该签字？
6. 50纸箱和1木箱的货物，如何在提单或装箱单上体现？
7. 新加坡客户想把从我国某公司购买的产品转卖给英国并由我方直接运往英国。但是新加坡客户想在Form A上不体现中国公司名称，而是把发货人写为新加坡公司的抬头，请问能否如此操作？

第12章

进口贸易合同的履行

:: **学习目标**

| 掌握进口合同履行所涉及的基本程序和应注意的问题；
| 能根据合同的条款开立信用证；
| 掌握进口货物报关单的填制。

目前我国进口合同大多以 FOB 价格条件成交，以信用证方式结算货款，所以本章主要介绍此类合同的履行过程。在国际货物买卖合同中，买方的基本义务是接货、付款。所谓接货，主要是指按时派船接货和按时开立符合合同的信用证，而且买方在履行合同义务的同时，应随时注意和卖方接洽，督促其按合同履行交货义务。另外，进口环节中还包括保险、审单付款、报关、检验以及可能的索赔等事项，因此进口商应与各有关部门密切配合，逐项完成各个环节涉及的工作。

12.1 开立信用证

12.1.1 申请开证

进口合同签订后，进口商应填写开证申请书向银行办理开证手续。开证申请书是银行开立信用证的依据，也是申请人和银行之间的契约关系的法律证据。开证申请书包括以下两个部分。

第一部分是信用证的内容，包括受益人名称、地址、信用证的性质、金额、汇票内容、货物描述、运输条件、所需单据种类及份数、信用证的交单期、到期日和地点以及信用证通知方式等。

第二部分是申请人对开证银行的声明，其内容通常固定印制在开证申请书上，包括承认遵守 UCP 600 的规定；保证向银行支付信用证项下的货款、手续费、利息及其他费用；在申请人付款赎单前，单据及货物所有权属银行所有；开证行收下不符信用证规定的单据时申请人有权拒绝赎单等。

进口贸易合同的履行

12.1.2 开证注意事项

进口商在向银行申请开立信用证时,应注意以下事项。

1. 信用证的内容应是完整的

信用证内容应严格以合同为依据,对于应在信用证中明确的合同中的贸易条件,必须具体列明,不能使用"按××号合同规定"等表达方式。因为信用证是一个自足文件,有其自身的完整性和独立性,不应参照或依附于其他契约文件。根据 UCP 600 第 4 条 b 款规定:开证行应劝阻申请人将基础合同、形式发票或其他类似文件的副本作为信用证整体组成部分的做法。

2. 信用证的条件必须单据化

UCP 600 第 14 条规定:如果信用证中包含某项条件而未规定需提交与之相符的单据,银行将认为未列明此条件,并对此不予置理。因而,进口方在申请开证时,应将合同的有关规定转化成单据,而不能照搬照抄。

3. 按时开证

如合同规定了开证日期,进口商应在规定期限内开立信用证;如合同只规定了装运期的起止日期,则应使受益人在装运期开始前收到信用证;如合同只规定最迟装运日期,则应在合理时间内开证,以使卖方有足够时间备妥货物并予出运,这一时间通常掌握在交货期前一个月至一个半月左右。

4. 关于装船前检验证明

由于信用证是单据业务,银行不过问货物质量,因而可在信用证中要求对方提供双方认可的检验机构出具的装船前检验证明,并明确规定货物的数量和规格。如果受益人所交检验证明的结果和证内规定不符,银行即可拒付。

5. 关于保护性规定

UCP 600 第 1 条"统一惯例的适用范围"中规定,本规则适用于所有在正文中标明按本惯例办理的跟单信用证(包括本惯例适用范围内的备用信用证)。除非信用证中另有规定,本惯例对一切有关当事人均具有约束力。该条款说明了信用证的效力是大于惯例的。但如果进口商认为 UCP 600 的某些规定将给自己增加风险,则可利用"另有规定"这一前提,在信用证中列入相应的保护性条件。

12.2 办理运输和保险

在进口业务中,货物大多是通过海洋运输方式进行的。因为海洋运输具有载货量大、运费便宜等优点,其运用越来越广泛,占了整个国际货物运输量的 80% 以上。凡是以 FOB 或 FCA 贸易术语成交的合同,应该由我国进口方办理运输,负责签订运输合同。

12.2.1 办理运输

1. 派船接运货物

履行 FOB 交货条件下的进口合同时,应由买方负责派船到对方口岸接运货物。我国外贸公司大都通过外运代理机构办理此项业务,也有的直接向中国远洋运输公司等实际承运人洽办。根据合同规定，卖方在交货前一定时间内，应将预计装运日期通知买方。买方在接到上述通知后，应及时向运输公司办理租船订舱手续，在办妥租船订舱手续后，应按规定的期限将船名及船期及时通知对方，以便对方备货装船。同时，为了防止船货脱节和出现"船等货"的情况，应注意催促对方按时装运。对数量大或重要物资的进口，如有必要，也可请驻外机构就地了解、督促对方履约，或派人员前往出口地点检验监督。

另外，进口公司对租船还是订舱的选择，应视进口货物的性质和数量而定。凡需整船装运的，则需洽租合适的船舶承运；小批量的或零星杂货，则大都采用洽订班轮舱位。

按《2020年通则》规定，采用FOB贸易术语成交的，应由买方办理保险，所以在卖方装船后，应向买方发出货物已交至船上的充分通知，以利于买方准备接货。该装货通知一般应列明合同号、货名、数量、金额、船名及起航日期，买方据此资料办理保险。

2. 办理租船订舱时的注意事项

（1）洽商班轮舱位时，注意与信用证装船日期衔接，保证按时在装运港接运货物。
（2）应在订舱前查明班轮费率表有无附加费、有无折让回扣、计价标准是尺码吨还是重量吨。
（3）班轮运输装卸费条件有多种，应注意与进口合同中的费用负担条件相衔接。
（4）应确实了解所订班轮是否直达目的港、停靠港口多少、中途是否转船等。

当采用租用整船运输货物时，应注意运输市场的行情状况，还必须了解装卸港口的情况，并根据实际情况选择船型，以保证货物安全运输和尽可能节约费用，除此之外还应了解各航线港口的习惯、运输契约的格式。

12.2.2 办理进口保险

1. 办理保险的方法

（1）预约保险。

为了简化投保手续，防止漏保，我国外贸公司和经常有货物进口的企业，可以向保险公司办理预约保险（open cover），签订一份预约保险合同。该合同对进口货物的投保险别、保险费率、赔付方法和承保货物的范围都做了具体的规定。

在预约保险合同规定范围内的货物，一经启运，保险公司即启动承担保险责任。外贸企业在接到国外卖方的装船通知后，应立即填制预约保险起运通知书或将装船通知送达保险公司，这样即完成了投保手续。

（2）逐笔投保。

未与保险公司签订预约保险合同的企业，对进口货物须逐笔办理保险，进口企业在收到国外卖方的装船通知后，应立即填制投保单或装货通知单。内容包括货物名称、数量、保险金额、投保险别以及船名、船期、起运日期和估计到达日期、装运港和目的港。

保险公司接受承保后，将签发一份保险单作为双方之间保险合同的证明文件。

2. 支付保险费的时间和方式

（1）预约保险方式。

它是指以"进口货物装船通知书"或其他具有保险要求的单证为依据，由保险公司每月一次计算保险费后向进口公司收取。

（2）逐笔投保方式。

它是指以"进口货物国际运输预约保险起运通知书"上填明的保险金额为准，由进口公司直接付给保险公司。

12.3 审单和支付

我国的进口业务很多都使用信用证付款方式来结算货款，这就要求对方提交的各种议付单据应符合我方开立的信用证的条款。为了保障我方的权益，应认真做好审单工作。鉴于审单工作中企业和银行是相互关联的，企业与银行承担着共同的责任，所以它们之间必须保持密切的联系。

12.3.1 审单

1. 银行的审单责任

UCP 600 第 14 条 a 款明确规定了审核单据的标准："按照指定行事的被指定银行、保兑行（如有）以及开证行必须对提示的单据进行审核，并仅以单据为基础，以决定单据在表面上看来是否构成相符交单。"

第 14 条 g 款规定：信用证中未要求提交的单据，银行将不予置理。如果收到此类单据，可以退还提示人。也就是说明信用证上没有规定的单据，银行不予审核。如果银行收到此类单据，应退还交单人或将其照转，但对此不承担责任。

根据 UCP 600 规定，银行必须：审核单据；决定单据是否相符；决定接受还是拒绝单据。同时 UCP 600 还规定，开证行可以就不符点问题征询开证申请人的意见，但无论如何，这都不能解释为允许由开证申请人来审核单据。因为允许开证行与开证申请人联系的前提条件是开证行已自主确定了单证不符，而且此种联系的目的仅限于劝说开证申请人"放弃拒付"，而不是与其共同对单据继续进行挑剔或共谋拒付的理由。又据 UCP 600 的规定，若单据经审核存在不符点且银行决定拒付，则开证行所承担的信用证项下的付款责任得以免除；但当受益人在规定的时间内补交了符合信用证规定的单据时，开证行仍然必须承担其付款责任。

2. 银行的审单时间

UCP 600 第 14 条 b 款规定：按照指定行事的被指定银行、保兑行（如有）以及开证行，自其收到提示单据的翌日起算，应各自拥有最多不超过 5 个银行工作日的时间以决定提示是否相符。该期限不因单据提示日适逢信用证有效期或最迟提示期或在其之后而缩减或受到其他影响。该条规定说明，开证行、保兑行或者其他同样承担第一付款人责任的银行应该在一段合理时间内审核单据，即不应超过收到单据次日起的 5 个银行工作日，其应审核和决定接受或拒绝接受单据，并相应地通知交单方。

3. 银行的审单要点

以信用证方式结算，出口商必须提交与信用证相符合的单据，开证行必须对全套单据进行审核。现将主要单据审核要点简述如下。

（1）汇票。

1）信用证名下汇票，应加列出票条款（drawn clause），说明开证行、信用证号码及开证日期。

2）金额应与信用证规定相符，一般应为发票金额。如单据内含有佣金或货款部分托收，则按信用证规定的发票金额的百分比开列，金额的大小写应一致。

3）汇票付款人应为开证行或指定的付款行。若信用证未规定，应为开证行，不应以申请人为付款人。

4）出票人应为信用证受益人，通常为出口商，收款人通常为议付银行。

5）付款期限应与信用证规定相符。

6）出票日期必须在信用证有效期内，不应早于发票日期。

（2）提单。

1）提单必须按信用证规定全套提交。

2）提单应注明承运人名称，并经承运人或其代理人签名，或者船长或其代理人签名并注明身份。

3）除非信用证特别规定，提单应为清洁已装船提单。若为备运提单，则必须加上装船注记（shipped on board）并由船方签署。

4）以 CFR 或 CIF 方式成交，提单上应注明运费已付（freight paid）；以 FOB 方式成交，提单上应注明运费预付（freight prepaid）。

5）提单的日期不得迟于信用证所规定的最迟装运日期。

6）提单上所载件数、唛头、数量、船名等应和发票相一致，货物描述可用总称，但不得与发票货名相抵触。

（3）商业发票。

1）发票应由信用证受益人出具，无须签字，除非信用证另有规定。

2）商品的名称、数量、单价、包装、价格条件、合同号等描述，必须与信用证严格一致。

3）发票抬头应为开证申请人。

4）必须记载出票条款、合同号码和发票日期。

（4）保险单。

1）保险单正本份数应符合信用证要求，全套正本应提交开证行。

2）投保金额、险别应符合信用证规定。

3）保险单上所列船名、航线、港口、起运日期应与提单一致。

4）列明货物名称、数量、唛头等，并与发票、提单及其他货运单据一致。

（5）产地证。

1）应由信用证指定机构签署。

2）货物名称、品质、数量及价格等有关商品的记载应与发票一致。

3）签发日期不迟于装船日期。

（6）检验证书。

1）应由信用证指定机构签发。

2）检验项目及内容应符合信用证的要求，检验结果如有瑕疵，可拒绝受理。

3）检验日期不得迟于装运日期，但也不得比装运日期过早，因为检验证书一般都有有效期。

12.3.2 付款和拒付

信用证受益人在发运货物后，将全套单据经议付行寄交开证行（或保兑行）。如开证行经审单后认为单证一致、单单一致，即应予以即期付款或承兑或于信用证规定的到期日付款，开证行付款后无追索权。UCP 600 第 16 条 c 款中规定：如果开证行审单后发现单证不符或单单不符，应于收到单据次日起 5 个工作日内，以电讯方式通知寄单银行。也就是要求的通知必须以电讯方式发出，或者，如果不可能以电讯方式通知时，则以其他快捷方式通知，但不得迟于提示单据日期翌日起第 5 个银行工作日,并且应在通知中说明单据的所有不符点,并说明是否保留单据以待交单人处理或退还交单人。

对于单证不符的处理,按 UCP 600 规定,银行有权拒付。在实际业务中,银行需就不符点征求开证申请人的意见,以确定拒绝或仍可接受。作为开证申请人的进口方,对此应持慎重态度,因为银行一经付款,即无追索权。开证行向外付款的同时,即通知进口企业付款赎单。进口企业付款赎单前,同样需审核单据,若发现单证不一,有权拒绝赎单。

12.4 接货和报关

12.4.1 接货

进口企业通常委托货运代理公司办理接货业务。可以在合同和信用证中指定接货代理,此时出口商在填写提单时,应在被通知人栏内填上被指定的货运代理公司的名称和地址。船只抵港后,船方按提单上的地址,将"准备卸货通知"(notice of readiness to discharge)寄交接货代理。接货代理应负责现场监卸。如果未在合同或信用证中明示接货代理,则也可由进口方在收到船方径直寄来的"准备卸货通知"后,自行监卸。但大多情况下,仍可委托货运代理公司作为收货人的代表,现场监卸。

进口货物运达港口卸货时,要进行卸货核对。卸货时如发现短缺,应及时填制"短卸报告"交由船方签认,并根据短缺情况向船方提出保留索赔权的书面声明;如发现残损,货物应存放于海关指定仓库,待保险公司会同商检局检验后做出处理。

卸货后,货物可以在港口申请报验。根据《公约》规定:卖方交货后,在买方有一个合理的机会对货物加以检验以前,不能认为买方已接受了货物。如果买方经检验,发现卖方所交货物与合同不符,买方有权要求损害赔偿直至拒收货物。因此,买方收到货物后,应在合同规定的索赔期限内对货物进行检验,也可在用货单位所在地报验。

12.4.2 进口货物的征税

海关按照《中华人民共和国海关进出口税则》的规定,对进口货物计征进口关税。货物在进口环节由海关征收(包括代征)的税费有:进口货物关税、增值税、消费税、进口调节税、海关监管手续费等。进口货物关税、进口调节税的计算方法如下所述。

1. 进口货物关税

进口关税是货物在进口环节由海关征收的一个基本税种。进口关税的计算是以 CIF 价为基数计算的。如果是 FOB 价格进口,那么还要加上国外运费和保险费,其公式为:

$$进口关税税额 = CIF 价格 \times 关税税率$$

2. 进口调节税

进口调节税是国家对限制进口的商品或由于其他原因加征的税种,这是进口货物关税的附加税。具体计算公式为:

$$进口调节税 = CIF 价格 \times 进口调节税税率$$

12.4.3 进口报关

进口货物申报是指在进口货物入境时,由进口公司(收货人或其代理人)向海关申报、交验规定的单据文件，请求办理进口手续的过程。我国《海关法》对进口货物的申报时限做了如下规定：进口货物的收货人应当自运输工具申报进境之日起 14 日内向海关申报。进口货物的收货人超过 14 日期限未向海关申报的，由海关征收滞报金。对于超过 3 个月还没有向海关申报进口的，其进口货物由海关依法提取变卖处理。如果属于不宜长期保存的货物，海关可以根据实际情况提前处理。变卖后所得价款在扣除运输、装卸、储存等费用和税款后，尚有余款的，自货物变卖之日起一年内，经收货人申请，予以发还；逾期无人申请的，上缴国库。

进口报关需填写"进口货物报关单"并随同交验下列单据：

（1）进口许可证和国家规定的其他批准文件；
（2）提单或运单（结关后由海关加盖放行章发还）；
（3）发票；
（4）装箱单；
（5）减、免税或免验的证明；
（6）报验单或检验证书；
（7）产地证以及其他海关认为有必要提供的文件。

海关接受申报后，对进口货物实施查验，核对实际进口货物是否与相关单证所列相一致。查验一般在海关监管区域内的仓库、场所进行，对散装货物、大宗货物和危险品等，结合装卸环节，可在船边等现场查验。对于在海关规定场所查验有困难的，经报关人申请，海关可派人员到监管区域以外的地点查验放行。

进口货物接受查验、缴纳关税后，由海关在货运单据上签章放行，即为结关。收货人或其代理人可持海关签章的货运单据提取货物。

12.5 进口商品的检验

1. 法定检验的进口商品

法定检验的进口商品的收货人应当持合同、发票、装箱单、提单等必要的凭证和相关批准文件，向海关报关地的出入境检验检疫机构报检；海关放行后 20 日内，收货人应当依照规定，向出入境检验检疫机构申请检验。法定检验的进口商品未经检验的，不准销售，不准使用。法定检验的进口商品应当在收货人报检时申报的目的地检验。大宗散装商品、易腐烂变质商品、可用作原料的固体废物，以及已发生残损、短缺的商品，应当在卸货口岸检验。

除法律、行政法规另有规定外，法定检验的进口商品经检验，涉及人身财产安全、健康、环境保护项目不合格的，由出入境检验检疫机构责令当事人销毁，或者出具退货处理通知单并书面告知海关，海关凭退货处理通知单办理退运手续；其他项目不合格的，可以在出入境检验检疫机构的监督下进行技术处理，经重新检验合格的，方可销售或者使用。当事人申请出入境检验检疫机构出证的，出入境检验检疫机构应当及时出证。

出入境检验检疫机构对检验不合格的进口成套设备及其材料，签发不准安装使用通知书。经技术处理，并经出入境检验检疫机构重新检验合格的，方可安装使用。

2. 法定检验以外的进口商品

法定检验以外的或实施验证管理的进口商品，经出入境检验检疫机构抽查检验不合格的，依照《中华人民共和国进出口商品检验法实施条例》第二十条的规定处理。

法定检验以外的进口商品的收货人，发现进口商品质量不合格或者残损、短缺，申请出证的，出入境检验检疫机构或者其他检验机构应当在检验后及时出证。

对属于法定检验范围内的关系国计民生、价值较高、技术复杂的以及其他重要的进口商品和大型成套设备，应当按照对外贸易合同约定监造、装运前检验或者监装。收货人保留到货后最终检验和索赔的权利。出入境检验检疫机构可以根据需要派出检验人员参加或者组织实施监造、装运前检验或者监装。

国家对进口可用作原料的固体废物的国外供货商、国内收货人实行注册登记制度，国外供货商、国内收货人在签订对外贸易合同前，应当取得国家市场监督管理总局或者出入境检验检疫机构的注册登记。国家对进口可用作原料的固体废物实行装运前检验制度，进口时，收货人应当提供出入境检验检疫机构或者经国家市场监督管理总局指定的检验机构出具的装运前检验证书。

另外，国家允许进口的旧机电产品的收货人在签订对外贸易合同前，应当向国家市场监督管理总局或者出入境检验检疫机构办理备案手续。对价值较高、涉及人身财产安全、健康、环境保护项目的高风险进口旧机电产品，应当依照国家有关规定实施装运前检验，进口时，收货人应当提供出入境检验检疫机构或者经国家市场监督管理总局指定的检验机构出具的装运前检验证书。

12.6 进口索赔

在进口业务中，有时会出现卖方不按时交货，或所交货物的品质、数量、包装与合同规定不符的情况，也可能由于装运保管不当或自然灾害、意外事故等致使货物损坏或短缺，进口方可因此而向有关责任方提出索赔。

1. 索赔对象

（1）向卖方索赔。凡属下列情况可向卖方索赔：货物品质规格不符合合同规定；原装数量不足；包装不符合合同规定或因包装不良致使货物受损；未按期交货或拒不交货。

（2）向承运人索赔。凡属下列情况可向承运人索赔：货物数量少于运单所载数量；提单为清洁提单，由于承运人保管不当而造成货物短损。

（3）向保险公司索赔。属于投保险别的承保范围内的损失可向保险公司索赔。

2. 索赔注意事项

（1）索赔依据。索赔时应提交索赔清单和有关货运单据，如发票、提单（副本）、装箱单。在向卖方索赔时，应提交商检机构出具的检验证书；向承运人索赔时，应提交理货报告和货损货差证明；向保险公司索赔时，除上述各项证明外，还应附加由保险公司出具的检验报告。

（2）索赔金额。向卖方索赔金额，应按买方所受实际损失计算，包括货物损失和由此而支出的各项费用（如检验费、仓租、利息等）；向承运人和保险公司索赔，均按有关章程办理。

（3）索赔期限。向卖方索赔应在合同规定的索赔期限之内提出。如商检工作确有困难可能需要延长时间，可在合同规定的索赔有效期内向对方要求延长索赔期限，或在合同规定的索赔有效期内向对方提出保留索赔权。如合同未规定索赔期限，按《公约》规定，买方行使索赔期限自其收到货物之日起不超过两年；向船公司索赔期限为货物到达目的港交货后一年之内；向保险公司提出海运货损索赔的期限，则为被保险货物在卸载港全部卸离海轮后两年。

（4）买方职责。买方在向有关责任方提出索赔时，应采取适当措施保持货物原状并妥为保管。按国际惯例，如买方不能按实际收到货物的原状归还货物，就丧失宣告合同无效或要求卖方交付替代货物的权利；按保险公司规定，被保险人必须按保险公司的要求，采取措施避免损失进一步扩大，否则不予理赔。

本章小结

以 FOB 即期信用证结汇合同为例，进口合同的履行程序一般包括：开证、租船订舱、装运、办理保险、审单付款、接货报关、检验和索赔。开证时要求开证内容必须与合同内容一致，做到完备、明确、具体。接下来，要做好催交、租船订舱、派船工作。进口商可采用预约保险或逐笔保险方式办理保险。进口商应在规定时间内对银行转来的单据认真审核，在货到目的港后须按海关规定的办法报关纳税，并由进口商向中国商检局申请商品检验。如果发现质量、重量和包装等方面有问题，进口商应在分清责任的基础上，及时向有关方提出索赔。

练习题

1. 国内某研究所与某日商签订了一项进口合同，欲引进一台精密仪表。合同规定9月交货，但到9月15日，日本政府宣布该仪表属高科技产品，禁止出口，自宣布日起15天后生效。后日方来电以不可抗力为由要求解除合同。请问：日方的要求是否合理？我方如何处理较为妥当？

2. 我国内地X市的A公司委托沿海城市S市的B公司进口机器一台，合同规定买方对货物品质不符合同的索赔期限为货到目的港30天内。货到S市后，B公司即将货转到X市交A公司，但由于A公司的厂房尚未建好，机器无法安装。半年后，待厂房完工，机器装好，经商检机构检验，发现该机器均系旧货，不能很好运转，A公司遂请B公司向外商提出索赔，但外商置之不理。对此，我方应吸取什么教训？

3. 2021年，武汉某外贸公司从德国进口一批钢材。合同中规定的价格条款定为：USD 1000/MT FOB STOWED HAMBURG。当进口方所租船舶按合同规定到达 Hamburg 港时，出口方发来电传称：合同项下的货物已经运到香港，请进口商派船接货。请回答下列问题：

（1）按大陆法的规定，出口方的违约属于哪种类型？进口方有权采取哪些救济措施？

（2）针对出口商的上述行为，请你站在进口商的角度提出合理的解决方案。

4. 中国的某公司购买产自伊朗的槽钢，合同规定应符合德国的 DIN 标准，但是制造商实际是按照俄国的 TOCT 标准生产的。由于德国的 DIN 标准和俄国的 TOCT 标准对同一规格的槽钢规定的截面尺寸是不一致的，于是买方认为货物不符合合同，不能使用，但买方没有拒绝收货，也没有要求退货或者换货，而是向卖方提出只能作为废钢回炉，要求按废钢降价处理。你认为买方的做法是否正确？请说明理由。

5. 我国某外贸公司为国内一用户进口一台设备，并同外商签订了合同。待到装船时，外商突然来电称需要延迟交货40天，我国公司坚决不同意，后经多次交涉无果，我国公司最后通知外商，如不按期交货，我国公司将撤销合同并保留索赔权。请问：我方的这种做法是否恰当，为什么？

附录样单

（一）销售确认书

销售确认书
SALES CONFIRMATION

合同号：
CONTRACT NO：
日期：
DATE：
签约地点：
SIGNED AT：

卖方（Seller）：_____
  地址（Address）：_____
  电话（Tel）：_____ 传真（Fax）：_____
  电子邮箱（E-mail）：_____

买方（Buyer）：_____
  地址（Address）：_____
  电话（Tel）：_____ 传真（Fax）：_____
  电子邮箱（E-mail）：_____

买卖双方同意就成交下列商品订立条款如下：
The undersigned Sellers and Buyers have agreed to close the following transactions according to the terms and conditions stipulated below:

1. 货物名称及规格 Name of Commodity and Specification	2. 数量 Quantity	3. 单价 Unit Price	4. 金额 Amount	5. 总值 Total Value

数量及总值均可有 ____ % 的增减，由卖方决定。
With ___% more or less both in amount and quantity allowed at the Seller's option.

6. 包装
Packing

7. 装运期限
Time of Shipment
收到可以转船及分批装运之信用证 _____ 日内装出。
Within_____days after receipt of L/C allowing transhipment and partial shipment.

8. 装运口岸
Port of Loading

9. 目的港
Port of Destination

10. 付款条件：开给我方100%不可撤销即期付款及可转让可分割之信用证，并须注明可在上述装运日期后15日内在中国议付有效。

Terms of Payment: By 100% confirmed, Irrevocable, Transferable and Divisible Letter of Credit to be available by sight draft and to remain valid for negotiation in China until the 15th day after the aforesaid Time of Shipment.

11. 保险
Insurance

12. 装船标记
Shipping Mark

13. 双方同意以装运港中国进出口商品检验局签发的品质的数量（重量）检验证书作为信用证项下议付所提出单据的一部分。买方有权对货物的品质和数量（重量）进行复验，复验费由买方负担。如发现品质或数量（重量）与合同不符，买方有权向卖方索赔，但须提供经卖方同意的公证机构出具之检验报告。

It is mutually agreed that the Inspection Certificate of Quality（Weight）issued by the China Import and Export Commodity Inspection Bureau at the port of shipment shall be part of the documents to be presented for negotiation under the relevant L/C. The buyers shall have the right to re-inspect the Quality and Quality（Weight）of the cargo. The re-inspection fee shall be borne by the Buyers. Should the Quality and/or Quantity（Weight）be found not in conformity with that of the contract, the Buyers are entitled to lodge with the Sellers a claim which should be supported by survey reports issued by a recognized Surveyer approved by the Sellers.

14. 备注

REMARKS

（1）买方须于 __ 年 __ 月 __ 日前开到本批交易的信用证（或通知卖方进口许可证号码），否则，售方有权不经通知取消本确认书，或接受买方对本合同未执行的全部或一部分，或对因此遭受的损失提出索赔。

The buyers shall have the covering Letter of Credit reach the Sellers (or notify the Import. License Number) before _____, otherwise the Sellers reserve the right to rescind without further notice or to accept whole or any part of this Sales Confirmation not fulfilled by the Buyers, or to lodge a claim for losses this sustained of any.

（2）凡以 CIF 条件成交的业务，保额为发票的 110%，投保险别以本售货确认书中所开列的为限，买方要求增加保额或保险范围，应于装船前经售方同意，因此而增加的保险费由买方负责。

For transactions concluded on CIF basis it is understood that the insurance amount will be for 110% of the invoice value against the risks specified in the Sales Confirmation. If additional Insurance amount of coverage is required, the buyers must have the consent of the Sellers before Shipment and the additional premium is to be borne by the buyers.

（3）品质数量异议：如买方提出索赔，凡属品质异议须于货到目的口岸之日起 3 个月内提出，凡属数量异议须于货到目的口岸之日起 15 日内提出，对所装运物所提任何异议属于保险公司、轮船公司及其他有关运输机构或邮递机构所负责者，售方不负任何责任。

QUATLITY/QUANTITY DISCREPANCY: In case of quality discrepancy, claim should be filed by the Buyers within 3 months after the arrival of the goods at port of destination, while of quantity discrepancy, claim should be filed by the Buyers within 15 days after the arrival of the goods at port of destination. It is understood that the Sellers shall not be liable for any discrepancy of the goods shipped due to causes for which the Insurance Company, Shipping Company, other transportation, organization/or Post Office are liable.

（4）本确认书所述全部或部分商品，如因人力不可抗拒的原因，以致不能履约或延迟交货，卖方概不负责。

The Sellers shall not be held liable for failure or delay in delivery of the entire lot or a portion of the goods under this Sales Confirmation on consequence of any Force Majeure incidents.

（5）买方开给售方的信用证上请填注本确认书号码。

The buyers are requested always to quote THE NUMBER OF THIS SALES CONFIRMATION in the Letter of Credit to be opened in favour of the Sellers.

（6）仲裁：凡因本合同引起的或与本合同有关的争议，均应提交中国国际经济贸易仲裁委员会华南分会，按照申请仲裁时该会实施的仲裁规则进行仲裁，仲裁裁决是终局的，对双方均有约束力。

ARBITRATION: Any dispute arising from or in connection with this Sales Confirmation shall be submitted to China International Economic and Trade Arbitration Commission (CIETAC), South China Sub-Commission for arbitration in accordance with its rules in effect at the time of applying for arbitration. The arbitral award is final and binding upon both parties.

（7）本合同用中英文两种文字写成，两种文字具有同等效力。本合同共 ____ 份，自双方代表签字（盖章）之日起生效。

This Contract is executed in two counterparts each in Chinese and English, each of which shall deemed equally authentic. This Contract is in _____ copies, effective since being signed/sealed by both parties.

卖方：_____　　　买方：_____
（签字）　　　　　　　　　　　　　　　（签字）
Seller: _____　　　Buyer: _____
（Signature）　　　　　　　　　　　　（Signature）

（二）汇票

BILL OF EXCHANGE

凭   不可撤销信用证
Drawn Under _____   Irrevocable L/C No. _____

日 期   支取 Payable With
Date _____   interest @ ___% 按 ___ 息 ___ 付款

号码   汇票金额   北京   年 月 日
No. _____   Exchange for _____   Beijing _____

见票   日后（本汇票之副本未付）付交
At _____ sight of this FIRST of Exchange（Second of Exchange Being unpaid）Pay to the order of _____

金额
The sum of _____

此致
To _____

（三）开证申请书

中国农业银行
AGRICULTURAL BANK OF CHINA

开立不可撤销跟单信用证申请书
APPLICATION FOR IRREVOCABLE DOCUMENTARY CREDIT

To：AGRICULTURAL BANK OF CHINA ZHEJIANG BRANCH   Date:

☐Issue by airmail ☐With brief advice by tele-transmission ☐Issue by tele-transmission (which shall be the operative instrument)	Credit No. Date and place of expiry
Applicant	Beneficiary (Full name and address)
Advising Bank	Amount:
Partial shipments Transshipment ☐allowed ☐allowed ☐not allowed ☐not allowed	Credit available with By ☐sight payment ☐acceptance ☐negotiation
Loading on board: not later than For transportation to: ☐FOB ☐CFR ☐CIF ☐or other terms	☐deferred payment at against the documents detailed herein ☐and beneficiary's draft(s) for __ % of invoice value at_____ sight drawn on_____.

Documents required: (marked with X)
1. ( ) Signed commercial invoice in ____ copies indicating L/C No. and Contract No. _____.
2. ( ) Full set of clean on board Bills of Lading made out to order and blank endorsed, marked "freight [ ] to collect / [ ]prepaid [ ] showing freight amount" notifying _____ .
   ( ) Airway bills/cargo receipt/copy of railway bills showing "freight [ ] to collect/[ ] prepaid [ ] indicating freight amount" and consigned to_____ .
3. ( ) Insurance Policy/Certificate in ____ copies for ____ % of the invoice value showing claims payable in _____ in currency of the draft, blank endorsed, covering All Risks, War Risks and _____.
4. ( ) Packing List/Weight Memo in ____ copies indicating quantity, gross and weights of each package.
5. ( ) Certificate of Quantity/Weight in _____ copies issued by _____.
6. ( ) Certificate of Quality in ____ copies issued by [ ] manufacturer/[ ] public recognized surveyor_____.
7. ( ) Certificate of Origin in _____ copies .
8. ( ) Shipping advice by fax to the applicant of shipment within 24 hours after the contract goods are loaded on the airplane, showing the contract no., name of commodity, invoice value, quantity, packing, gross weight, net weight, flight No., the date of shipment.
   ( )Other documents, if any Beneficiary's Certificate confirming that one copy each of the above mentioned documents have been sent to the Buyer within two days after the date of shipment.

Description of goods:

Additional instructions:
1. ( ) All banking charges outside the opening bank are for beneficiary's account.
2. ( ) Documents must be presented within __ days after date of issuance of the transport documents but within the validity of this credit.
   ( ) Other terms, if any

STAMP OF APPLICANT

（四）信用证

SWIFT 信用证实例

Issue of a Documentary Credit

```
                                    BKCHCNBJA08E SESSION: 000 ISN: 000000
                                    BANK OF CHINA
                                    LIAONING
                                    NO. 5 ZHONGSHAN SQUARE
                                    ZHONGSHAN DISTRICT
                                    DALIAN
                                    CHINA
                                    KOEXKRSEXXX MESSAGE TYPE: 700
                                    KOREA EXCHANGE BANK
Destination Bank                    SEOUL
                                    178.2  KA, ULCHI RO, CHUNG-KO
```

Field	Tag	Value
Sequence of Total	27	1/1
Form of Documentary Credit	40A	IRREVOCABLE
Letter of Credit Number	20	LC84E0081/99
Date of Issue	31C	120916
Date and Place of Expiry	31D	121015 KOREA
Applicant Bank	51a	BANK OF CHINA LIAONING BRANCH
Applicant	50	DALIAN WEIDA TRADING CO., LTD.
Beneficiary	59	SANGYONG CORPORATION CPO BOX 110 SEOUL KOREA
Currency Code, Amount	32B	USD 1 146 725.04
Available with…by…	41A	ANY BANK BY NEGOTIATION
Drafts at	42C	45 DAYS AFTER SIGHT
Drawee	42A	BANK OF CHINA LIAONING BRANCH
Partial Shipments	43P	NOT ALLOWED
Transshipment	43T	NOT ALLOWED
Port of Loading/Airport of Departure	44E	RUSSIAN SEA
Port of Discharge/Airport of Destination	44F	DALIAN PORT, P.R.CHINA
Latest Date of Shipment	44C	120930

Description of Goods or Services: 45A
FROZEN YELLOWFIN SOLE WHOLE ROUND (WITH WHITE BELLY) USD770/MT CFR DALIAN QUANTITY: 200MT
ALASKA PLAICE (WITH YELLOW BELLY) USD600/MT CFR DALIAN QUANTITY: 300MT
Documents Required: 46A
1. SIGNED COMMERCIAL INVOICE IN 5 COPIES.
2. FULL SET OF CLEAN ON BOARD OCEAN BILLS OF LADING MADE OUT TO ORDER AND BLANK ENDORSED, MARKED "FREIGHT PREPAID" NOTIFYING LIAONING OCEAN FISHING CO., LTD. TEL: (86)411-3680288.
3. PACKING LIST/WEIGHT MEMO IN 4 COPIES INDICATING QUANTITY/GROSS AND NET WEIGHTS OF EACH PACKAGE AND PACKING CONDITIONSAS CALLED FOR BY THE L/C.
4. CERTIFICATE OF QUALITY IN 3 COPIES ISSUED BY PUBLIC RECOGNIZED SURVEYOR.
5. BENEFICIARY'S CERTIFIED COPY OF FAX DISPATCHED TO THE ACCOUNTEE WITH 3 DAYS AFTER SHIPMENT ADVISING NAME OF VESSEL, DATE, QUANTITY, WEIGHT, VALUE OF SHIPMENT, L/C NUMBER AND CONTRACT NUMBER.
6. CERTIFICATE OF ORIGIN IN 3 COPIES ISSUED BY AUTHORIZED INSTITUTION.
7. CERTIFICATE OF HEALTH IN 3 COPIES ISSUED BY AUTHORIZED INSTITUTION.
ADDITIONAL INSTRUCTIONS: 47A
1. CHARTER PARTY B/L AND THIRD PARTY DOCUMENTS ARE ACCEPTABLE.
2. SHIPMENT PRIOR TO L/C ISSUING DATE IS ACCEPTABLE.
3. BOTH QUANTITY AND AMOUNT 10 PERCENT MORE OR LESS ARE ALLOWED.

Charges	71B	ALL BANKING CHARGES OUTSIDE THE OPENNING BANK ARE FOR BENEFICIARY'S ACCOUNT.
Period for Presentation	48	DOCUMENTSMUST BE PRESENTED WITHIN 15 DAYS AFTER THE DATE OF ISSUANCE OF THE TRANSPORT DOCUMENTS BUT WITHIN THE VALIDITY OF THE CREDIT.
Confirmation Instructions	49	WITHOUT

Instructions to the Paying/Accepting/Negotiating Bank: 78
1. ALL DOCUMENTS TO BE FORWARDED IN ONE COVER, UNLESS OTHERWISE STATED ABOVE.
2. DISCREPANT DOCUMENT FEE OF USD 50.00 OR EQUAL CURRENCY WILL BE DEDUCTED FROM DRAWING IF DOCUMENTS WITH DISCREPANCIES ARE ACCEPTED.

"Advising Through" Bank	57A	KOEXKRSEXXX MESSAGE TYPE: 700 KOREA EXCHANGE BANK SEOUL 178.2　KA, ULCHI RO, CHUNG-KO

********other wordings between banks are omitted********

（五）海运提单

1 Shipper	B/L NO.
	SEA GOLD TRANSPORTATION ,INC. **金海国际航运有限公司** **Combined Transport BILL of LADING**
2 Consignee	
3 Notify Party	RECIVED in apparent good order and condition except as otherwise noted the total number of containers or other packages or units enumerated below for transportation hereof .One of the bills of lading must be surrendered duty endorsed in exchange for the goods or deliver order. On presentation of this document duly endorsed to the Carrier by or on behalf of the holder of the bill of lading. the rights and liabilities arising in accordance with the terms and conditions her of shall, without prejudice to any rule of common law or statute rendering them binding on the Merchant, become binding in all respects between the Carrier and the Holder of the bill of lading as though the contract evidenced herby had be made between them.
4 Pre-carriage by	5 Place of Receipt	
6 Ocean Vessel Voy.No.	7 Port of Loading	
8 Port of Discharge	9 Place of Delivery	REFERENCE NO.

Marks & Nos. Container Seal No.	No of containers or P'kgs	Kind of Packages: Description of Goods	Gross Weight kgs	Measurement（CBM）
		Declared Cargo value USD _____ per Clause 5 on the reverse of this bill of lading. If Merchant enters a value. Carrier's per package limitation of liability shall not apply and the ad valorem rate in Carrier's tariff will be charged.		

10 TOTAL NO.OF CONTAINERS OR PACKAGES (IN WORDS)	

11 FREIGHT & CHARGES	Per	Prepaid	Collect	

EX. Rate:	Prepaid at	Payable at	Place and date of Issue
	Total Prepaid	No. of Original B(s)/L	Signed for the Carrier

（六）商业发票

杭州瑞江化工有限公司
Hangzhou Ruijiang Chemical Co.,Ltd
Floor 12th,No.99,Huaxing Road,Hangzhou Zhejiang China

TO: *** Company

Invoice Number 14RJK09274
Sale Contract No 1-STA14001
Date 2014/09/04

商 业 发 票
COMMERCIAL INVOICE

唛头及号数 Marks && Numbers	品名及规格 Commodities and Descriptions	数量 Quantities	单价 Unit Price	总价 Amount
		CIF ST. PETERSBURG . RUSSIA		
	1)Methyl Hydrogen Silicone Fluid RJ-202	200KGS	USD2.80	USD560.00
METHYL HYDROGEN SILOXANE		Freight Cost		USD86.00
FLUID RJ-202		Total		USD646.00
NET WEIGHT:				
GROSS WEIGHT:				
BATCH NO.:				
M.F.G. DATE:	TT in advance			
EXP. DATE:				
ORIGIN:	FROM SHANGHAI . CHINA TO ST. PETERSBURG . RUSSIA BY SEA			
	TOTAL PACKED IN 1 IRON DRUMS			
	TOTAL GROSS WEIGHT 220.00 KGS			
	TOTAL NET WEIGHT 200.00 KGS			
	TOTAL MEASUREMENTS 0.300 M3			

NAME: HANGZHOU RUIJIANG CHEMICAL CO.,LTD
Bank''s Name:CHINA CONSTRUCTION BANK, ZHEJIANG BRANCH
A/C NO:33001616127053001936
SWIFT CODE ： PCBCCNBJZJX

杭州瑞江化工有限公司
Hangzhou Ruijiang Chemical Co.,Ltd.

（七）装箱单

杭州瑞江化工有限公司
Hangzhou Ruijiang Chemical Co.,Ltd
Floor 12th,No.99,Huaxing Road,Hangzhou Zhejiang China

Invoice No: 14RJK09274
Date: 2014/09/04
S/C NO: 1-STA14001

Marks & Nos:
METHYL HYDROGEN SILOXANE FLUID RJ-202
NETWEIGHT
GROSS WEIGHT:
BATCH NO.:
M.F.G. DATE:
EXP. DATE:
ORIGIN:

装箱单
PACKING LIST

Description	Package No	Quantity	N.WT(Kgs)	G.WT(Kgs)	Meas.(M3.)
1) Methyl Hydrogen Silicone Fluid RJ-202 3910000008	1IRON DRUMS	200KGS	200KGS	220KGS	0.30
TOTAL:	1IRON DRUMS	200KGS	200.00KGS	220.00KGS	0.300CBM

TOTAL PACKED IN 1 IRON DRUMS
NET WEIGHT 200.00 KGS
GROSS WEIGHT 220.00 KGS
TOTAL MEASUREMENTS 0.300 M3

(八) 代理报检委托书

代理报检委托书

编号：_____

_____出入境检验检疫局：

本委托人（备案号/组织机构代码_____）保证遵守国家有关检验检疫法律、法规的规定，保证所提供的委托报检事项真实、单货相符。否则，愿承担相关法律责任。具体委托情况如下：

本委托人将于_____年____月间进口/出口如下货物：

品　名		HS 编码	
数（重）量		包装情况	
信用证/合同号		许可文件号	
进口货物收货单位及地址		进口货物提/运单号	
其他特殊要求			

特委托_____（代理报检注册登记号_____），代表本委托人办理上述货物的下列出入境检验检疫事宜：

□1. 办理报检手续；
□2. 代缴纳检验检疫费；
□3. 联系和配合检验检疫机构实施检验检疫；
□4. 领取检验检疫证单；
□5. 其他与报检有关的相关事宜：_____。

联 系 人：_____
联系电话：_____
本委托书有效期至_____年____月____日　　　　委托人（加盖公章）
　　　　　　　　　　　　　　　　　　　　　　　　　　年　月　日

受托人确认声明

本企业完全接受本委托，保证履行以下职责：
1.对委托人提供的货物情况和单证的真实性、完整性进行核实；
2.根据检验检疫有关法律法规规定办理上述货物的检验检疫事宜；
3.及时将办结检验检疫手续的有关委托内容的单证、文件移交委托人或其指定的人员；
4.如实告知委托人检验检疫部门对货物的后续检验检疫及监管要求。
如在委托事项中发生违法或违规行为，愿承担相关法律和行政责任。

联 系 人：_____
联系电话：_____　　　　　　　　　受托人(加盖公章)
　　　　　　　　　　　　　　　　　　　　　　年　月　日

本委托书一式三联，第一联检验检疫机构留存，第二联委托人留存，第三联代理报检单位留存。

（第一联）

（九）一般原产地证书（CO）

ORIGINAL

1.Exporter	Certificate No.
2.Consignee	**CERTIFICATE OF ORIGIN** **OF** **THE PEOPLE'S REPUBLIC OF CHINA**
3.Means of transport and route	5.For certifying authority use only
4.Country / region of destination	

6.Marks and numbers	7.Number and kind of packages; description of goods	8.H.S.Code	9.Quantity	10.Number and date of invoices

11.Declaration by the exporter	12.Certification
The undersigned hereby declares that the above details and statements are correct, that all the goods were produced in China and that they comply with the Rules of Origin of the People's Republic of China.	It is hereby certified that the declaration by the exporter is correct.
Place and date, signature and stamp of authorized signatory	Place and date, signature and stamp of certifying authority

（十）出口货物报关单

中华人民共和国海关出口货物报关单

预录入编号：　　　　　　　　　海关编号：

出口口岸		备案号		出口日期		申报日期	
经营单位		运输方式	运输工具名称			提运单号	
发货单位		贸易方式		征免性质		结汇方式	
许可证号		运抵国（地区）		指运港		境内货源地	
批准文号		成交方式	运费		保费		杂费
合同协议号		件数	包装种类		毛重（千克）		净重（千克）
集装箱号		随附单据				生产厂家	
标记唛码及备注							

项号　商品编号　商品名称、规格型号　数量及单位　最终目的国（地区）单价　　总价　　币制　征免

税费征收情况

录入员　　　录入单位 报关员	兹声明以上申报无讹并承担法律责任	海关审单批注及放行日期(签章)	
		审单	审价
单位地址	申报单位（签章）	征税	统计
邮编　　　电话　　　填制日期		查验	放行

参考文献

[1] 海闻,林德特,王新奎. 国际贸易[M]. 上海:格致出版社,2012.

[2] 王明明. 国际贸易理论与实务[M]. 北京:机械工业出版社,2017.

[3] 贾建华,阚宏. 新编国际贸易理论与实务[M]. 3版. 北京:对外贸易大学出版社,2012.

[4] 陈宪,应诚敏,韦金鸾. 国际贸易理论与实务[M]. 4版. 北京:高等教育出版社,2012.

[5] 贾金思,郎丽华,姚东旭. 国际贸易:理论·政策·实务[M]. 2版. 北京:对外经济贸易大学出版社,2010.

[6] 吴国新. 国际贸易:理论·政策·实务[M]. 4版. 上海:上海交通大学出版社,2004.

[7] 陈岩. 国际贸易理论与实务[M]. 5版. 北京:清华大学出版社,2021.

[8] 芬斯特拉,泰勒. 国际贸易(原书第3版)[M]. 张友仁,侯锦慎,杨森林,译. 北京:中国人民大学出版社,2017.

[9] 刘庆林,孙中伟. 国际贸易理论与实务[M]. 北京:人民邮电出版社,2003.

[10] 项义军,张金萍. 国际贸易[M]. 3版. 北京:经济科学出版社,2013.

[11] 张林,张荐华. 国际贸易理论与政策[M]. 北京:科学出版社,2011.

[12] 赵春明. 国际贸易[M]. 2版. 北京:高等教育出版社,2007.

[13] 李小北,李禹桥,路剑,等. 国际贸易学[M]. 4版. 北京:高等教育出版社,2016.

[14] 盛洪昌. 国际贸易[M]. 3版. 北京:人民大学出版社,2013.

[15] 李永,李月娥. 现代国际贸易理论与政策[M]. 上海:立信会计出版社,2010.

[16] 张相文,曹亮. 国际贸易学[M]. 2版. 武汉:武汉大学出版社,2004.

[17] 佟家栋,周申. 国际贸易学:理论与政策[M]. 3版. 北京:高等教育出版社,2014.

[18] 冷柏军,张玮. 国际贸易理论与实务[M]. 2版. 北京:中国人民大学出版社,2019.

[19] 钱学锋. 企业层面的贸易理论与经验分析[M]. 北京:北京大学出版社,2020.

[20] 梁俊伟,代中强. 发展中国家对华反倾销动因:基于宏微观的视角[J]. 世界经济,2015,38(11):90-116.

[21] 王瑾. 发展中国家对华反倾销的影响与动因:与发达国家的比较分析[J]. 国际贸易问题,2008(8):49-55.

[22] 童宏祥. 应对发展中国家反倾销的哲学思辨[J]. 特区经济,2011(6):21-23.

[23] 张德锋,王伟,高露华. 逆全球化背景下中国出口企业应对反倾销措施的策略[J]. 国际贸易,2020(6):22-29.

[24] 侯明,王洪会. 应对贸易摩擦多发的政府路径选择[J]. 当代经济研究,2007(1):49-52.

[25] 鲍晓华. 反倾销措施的贸易救济效果评估[J]. 经济研究,2007(2):71-84.

[26] 冯宗宪,向洪金. 欧美对华反倾销措施的贸易效应:理论与经验研究[J]. 世界经济,2010,33(3):31-55.

[27] 王孝松，谢申祥. 中国究竟为何遭遇反倾销：基于跨国跨行业数据的经验分析[J]. 管理世界，2009（12）：27-38.

[28] 王厚双，刘向丽，等. 国际贸易摩擦：理论、法理、经验与对策研究[M]. 北京：九州出版社，2008.

[29] 李小北. 反倾销案例：中国在对外贸易中如何应对棘手问题[M]. 北京：经济管理出版社，2019.

[30] 何艳华. 区域贸易协定中的反倾销制度研究[M]. 北京：北京大学出版社，2018.

[31] 李詠篁. 支持和践行多边主义：中国参与WTO争端解决法律实践（2011—2020）[M]. 北京：商务印书馆，2021.

[32] 裴长洪. 我国对外贸易发展：挑战、机遇与对策[J]. 经济研究，2005（9）：103-112.

[33] 卓骏，顾宇. 完善对华反倾销预警信息交流机制的几点思考[J]. 国际贸易问题，2008（9）：110-113，128.

[34] 杜慧敏，卓骏. WTO后过渡期出口企业反倾销摩擦原因及对策的博弈分析[J]. 国际贸易问题，2008（6）：121-128.

[35] 杨海峰，卓骏. 发展中国家对华反倾销成因分析[J]. 技术经济与管理研究，2005（1）：21-23.

[36] 卓骏，单晓菁，胡丹婷. 欧盟对华反倾销统计预警模型研究[J]. 国际贸易问题，2003（10）：48-53.

[37] 卓骏，胡丹婷. 对外贸易政策类型的实证研究[J]. 国际经贸探索，2003（3）：14-16.

[38] 卓骏，胡丹婷，单晓菁. 发达国家对华反倾销预警系统的警兆指标探讨[J]. 统计研究，2002（12）：39-42.

[39] 卓骏. 反倾销预警系统研究[M]. 北京：清华大学出版社，2008.

[40] 王建华，范荷芳. 美国对华反补贴政策的演变与内在动因分析[J]. 国际贸易问题，2007（11）：79-83.

[41] 盛斌，钱学锋，黄玖立，等. 入世十年转型：中国对外贸易发展的回顾与前瞻[J]. 国际经济评论，2011（5）：84-101+4.

[42] 赵瑾. 应对贸易摩擦的国际经验和中国选择[J]. 国际经济评论，2004（5）：23-25.

[43] 潘晓明. 中美贸易摩擦下的国际经济治理困境[J]. 国际经济合作，2018（8）：16-21.

[44] 马跃. 大国崛起过程中的国际贸易摩擦研究[D]. 大连：东北财经大学，2013.

[45] 刘强，谢雪. 贸易保护主义的回归：1881—1891年英国公平贸易运动[J]. 财经问题研究，2021（8）：22-30.

[46] 王平. WTO与中国对外贸易[M]. 武汉：武汉大学出版社，2011.

[47] REN S J，NGAI E W T，CHO V.Examining the determinants of outsourcing partnership quality in Chinese small-and medium-sized enterprises[J]. International Journal of Production Research，2010，48（2）：453-475.

[48] JETU F T，RIEDL R.Determinants of information systems and information technology project team success: a literature review and a conceptual model[J]. Communications of the Association for Information Systems，2012，30（27）：455-482.

[49] QU W G，PINSONNEAULT A，OH W.Influence of industry characteristics on information technology outsourcing[J]. Journal of Management Information Systems，2011，27（4）：99-128.

[50] 王晓红，于倩. 全球经济治理视野的服务外包产业转型[J]. 改革，2016（4）：54-63.

[51] 姜荣春. 全球服务外包产业发展演进：主要轨迹、典型事实及政策建议[J]. 国际贸易，2014（5）：61-65.

［52］ 魏浩，黄皓骥. 服务外包与国内就业：基于全球 15 个国家 25 个行业的实证分析［J］. 国际贸易问题，2012（5）：64-73.

［53］ 江小涓. 服务全球化的发展趋势和理论分析［J］. 经济研究，2008（2）：4-18.

［54］ 张月友，刘丹鹭. 逆向外包：中国经济全球化的一种新战略［J］. 中国工业经济，2013（5）：70-82.

［55］ 王子先. 服务贸易新角色：经济增长、技术进步和产业升级的综合性引擎［J］. 国际贸易，2012（6）：47-53.

［56］ 卢锋. 服务外包的经济学分析：产品内分工视角［M］. 北京：北京大学出版社，2007.

［57］ 李昭华，潘小春. 国际结算［M］. 2 版. 北京：北京大学出版社，2015.

［58］ 毛其淋. 贸易自由化、异质性与企业动态：基于中国加入 WTO 的经验研究［M］. 北京：商务印书馆，2020.

［59］ 孟. 英国得自对外贸易的财富［M］. 袁南宇，译. 北京：商务印书馆，1959.

［60］ 陈岱孙. 从古典经济学派到马克思：若干主要学说发展论略［M］. 北京：商务印书馆，2014.

［61］ 刘海洋，林令，刘铁斌. 新新贸易理论研究：基于企业异质性的分析框架［M］. 北京：经济科学出版社，2017.

［62］ 国际商会（ICC）. 国际贸易术语解释通则 2020：国际商会国内与国际贸易术语使用规则［M］. 中国国际商会，组织编译. 北京：对外经济贸易大学出版社，2020.

［63］ 国际商会（ICC）. 国际贸易术语解释通则 2010［M］. 中国国际商会，组织译. 北京：中国民主法制出版社，2011.

［64］ 国际商会中国国家委员会. 2000 年国际贸易术语解释通则［M］. 北京：中信出版社，2003.

［65］ 邓旭，陈晶莹. 国际贸易术语解释与国际货物买卖合同：以 INCOTERMS 2010 和 CISG 为视角［M］. 北京：经济管理出版社，2012.

［66］ 中国国际商会. ICC 跟单信用证统一惯例（UCP 600）［M］. 北京：中国民主法制出版社，2006.

［67］ 陈岩，于永达. 解析贸易术语［M］. 北京：清华大学出版社，2005.

［68］ 苏宗祥，徐捷. 国际结算［M］. 7 版. 北京：中国金融出版社，2020.

［69］ 黎孝先，王健. 国际贸易实务［M］. 7 版. 北京：对外经济贸易大学出版社，2020.

［70］ 吴百福，徐小薇，聂清. 进出口贸易实务教程［M］. 8 版. 上海：上海人民出版社，2020.

［71］ 余庆瑜. 国际贸易实务［M］. 3 版. 北京：中国人民大学出版社，2021.

［72］ 冷柏军. 国际贸易实务［M］. 3 版. 北京：中国人民大学出版社，2020.

［73］ 梁琦. 国际结算［M］. 4 版. 北京：高等教育出版社，2019.

［74］ 余世明. 国际商务单证实务［M］. 8 版. 广州：暨南大学出版社，2021.

［75］ 余世明. 国际贸易实务及案例［M］. 广州：暨南大学出版社，2020.

［76］ 祝卫，程洁，谈英. 出口贸易模拟操作教程［M］. 4 版. 上海：上海人民出版社，2019.

［77］ 左连村. 国际贸易案例分析［M］. 广州：中山大学出版社，2018.

［78］ 庞红，尹继红，沈瑞年. 国际结算［M］. 6 版. 北京：中国人民大学出版社，2019.

［79］ 刘德标，罗凤翔. 国际贸易实务案例分析［M］. 北京：中国商务出版社，2005.

［80］ 刘静华. 国际货物贸易实务［M］. 3 版. 北京：对外经济贸易大学出版社，2013.

［81］ 余世明. 国际贸易实务练习题及分析解答［M］. 2 版. 广州：暨南大学出版社，2009.

［82］ 张炳达，顾涛. 海关报关实务［M］. 3 版. 上海：上海财经大学出版社，2015.

推荐阅读

	中文书名	原作者	中文书号	定价
1	货币金融学(美国商学院版,原书第5版)	弗雷德里克 S. 米什金 哥伦比亚大学	978-7-111-65608-1	119.00
2	货币金融学(英文版·美国商学院版,原书第5版)	弗雷德里克 S. 米什金 哥伦比亚大学	978-7-111-69244-7	119.00
3	《货币金融学》学习指导及习题集	弗雷德里克 S. 米什金 哥伦比亚大学	978-7-111-44311-7	45.00
4	投资学(原书第10版)	滋维·博迪 波士顿大学	978-7-111-56823-0	129.00
5	投资学(英文版·原书第10版)	滋维·博迪 波士顿大学	978-7-111-58160-4	149.00
6	投资学(原书第10版)习题集	滋维·博迪 波士顿大学	978-7-111-60620-8	69.00
7	投资学(原书第9版·精要版)	滋维·博迪 波士顿大学	978-7-111-48772-2	55.00
8	投资学(原书第9版·精要版·英文版)	滋维·博迪 波士顿大学	978-7-111-48760-9	75.00
9	公司金融(原书第12版·基础篇)	理查德 A. 布雷利 伦敦商学院	978-7-111-57059-2	79.00
10	公司金融(原书第12版·基础篇·英文版)	理查德 A. 布雷利 伦敦商学院	978-7-111-58124-6	79.00
11	公司金融(原书第12版·进阶篇)	理查德 A. 布雷利 伦敦商学院	978-7-111-57058-5	79.00
12	公司金融(原书第12版·进阶篇·英文版)	理查德 A. 布雷利 伦敦商学院	978-7-111-58053-9	79.00
13	《公司金融(原书第12版)》学习指导及习题解析	理查德 A. 布雷利 伦敦商学院	978-7-111-62558-2	79.00
14	国际金融(原书第5版)	迈克尔 H.莫菲特 雷鸟国际管理商学院	978-7-111-66424-6	89.00
15	国际金融(英文版·原书第5版)	迈克尔 H.莫菲特 雷鸟国际管理商学院	978-7-111-67041-4	89.00
16	期权、期货及其他衍生产品(原书第11版)	约翰·赫尔 多伦多大学	978-7-111-71644-0	199.00
17	期权、期货及其他衍生产品(英文版·原书第10版)	约翰·赫尔 多伦多大学	978-7-111-70875-9	169.00
18	金融市场与金融机构(原书第9版)	弗雷德里克 S. 米什金 哥伦比亚大学	978-7-111-66713-1	119.00